新工科·普通高等教育汽车类系列教材

汽车内燃机设计

韩同群　编著

机械工业出版社

本书全面系统地论述了汽车用往复活塞式内燃机的开发与设计。全书共 10 章，首先是绪论，阐述与汽车及内燃机相关的重大问题和内燃机作为车用动力的应用前景、汽车企业研发体系建设以及汽车内燃机开发流程和主要技术手段；然后是汽车内燃机选型、汽车内燃机主要参数确定、汽车内燃机工作过程计算、往复活塞式内燃机动力学、汽车内燃机曲轴系统扭转振动、汽车内燃机配气机构动力学与设计、汽车内燃机主要零部件设计、汽车内燃机系统设计；最后是汽车内燃机开发的试验评价与产品定型。每章都有教学目标、思考题和项目训练。

本书可作为普通高等院校车辆工程专业的教材，还可供汽车类相关专业，如汽车服务工程和交通运输等专业的学生以及从事汽车内燃机开发、设计和制造的工程技术人员参考。

图书在版编目（CIP）数据

汽车内燃机设计/韩同群编著. —北京：机械工业出版社，2021.10
新工科·普通高等教育汽车类系列教材
ISBN 978-7-111-68975-1

Ⅰ.①汽⋯ Ⅱ.①韩⋯ Ⅲ.①汽车-内燃机-设计-高等学校-教材 Ⅳ.①U464

中国版本图书馆 CIP 数据核字（2021）第 165939 号

机械工业出版社（北京市百万庄大街 22 号　邮政编码 100037）
策划编辑：段晓雅　责任编辑：段晓雅　章承林
责任校对：陈　越　封面设计：张　静
责任印制：李　昂
北京中科印刷有限公司印刷
2022 年 1 月第 1 版第 1 次印刷
184mm×260mm · 21 印张 · 516 千字
标准书号：ISBN 978-7-111-68975-1
定价：69.00 元

电话服务　　　　　　　　　　　网络服务
客服电话：010-88361066　　　机　工　官　网：www.cmpbook.com
　　　　　010-88379833　　　机　工　官　博：weibo.com/cmp1952
　　　　　010-68326294　　　金　书　网：www.golden-book.com
封底无防伪标均为盗版　　　　　机工教育服务网：www.cmpedu.com

前言

目前，我国已成为全球第一大汽车生产国并拥有第一大汽车市场。我国汽车产业虽然取得了丰硕的成果，但还未达到国际一流水平。我国要由汽车大国走向汽车强国，必须增强创新能力、提高研发能力。其中，人才是关键，这涉及两个层面：一是培养足量符合要求的研发人员；二是企业及其研发机构对研发人员的组织、管理和使用。

汽车企业要具备不断适应市场需求的研发能力。在企业既定经营目标的指导下，调动企业资源，整合资金、技术、生产、渠道和营销等多方面的资源，根据市场需求开发适销对路的产品，达到产品综合竞争优势最强，从而实现生产者与使用者都满意的产品组合，创造效益最大化。汽车企业必须建立研发中心，进行新产品的研发和管理。因此，要实现成功的产品研发，必须在强大的人才库的支撑下，建立一套行之有效、规范的研发管理和项目管理体系。

高等学校是人才培养的摇篮，汽车工程师一般是在高等学校接受过相关专业学习毕业的本科生或研究生，并在企业积累经验。一名合格的汽车工程师应该具备怎样的能力和视野，应该掌握哪些技能，高等学校的相关专业在人才培养中应该把握怎样的口径，学生能力的培养如何与企业需求有效对接等，这些都是国内汽车界、教育界讨论最多且还必须继续讨论下去的问题。专业领域的教材建设是人才培养的重要环节，为了适应我国汽车工业发展的需要及汽车类专业的教学要求，尤其是培养合格的汽车工程师的要求，特编写本书。

在传统专业设置上，与汽车紧密相关的专业就是车辆工程和内燃机。专业方向课基本上遵循"构造—原理（理论）—设计—试验"的主线，传统的内燃机教材只单纯涉及若干方面的问题，"内燃机设计"教材一般也是以内燃机各系统的受力展开的，不免陷入"力学计算即设计"的狭小范畴。本书力图将"设计"扩展为"设计开发"，用更丰富和详尽的内容来阐述汽车内燃机在开发过程中涉及的各种问题。

汽车内燃机设计应具备科学严格的流程，包括研发组织、市场调研、样机设计（包括虚拟样机和实物样机）、试验评价、产品定型和市场投放等过程。所以，产品的开发从来就不是纯技术问题，还必须考虑多方面的约束和限制，以及诸多前瞻性问题。本书从阐述与汽车及内燃机相关的重大问题出发，首先试图使设计者具备强烈的社会责任感，认知工程伦理；然后介绍企业成熟的研发体系，以拓宽学生视野并培养其组织能力，同时介绍汽车内燃机的选型，阐述汽车内燃机设计过程三大经典计算（工作过程计算、动力学计算和零部件强度校核计算）；接下来介绍汽车内燃机各系统的设计，设计过程中的力学问题，主要零部件的设计等；最后介绍产品的试验评价与产品定型。每章都有教学目标、思考题和项目训练，以更加强调项目训练对提升设计能力的重要性。

  本书由湖北汽车工业学院韩同群教授编著，编者有多年汽车企业的工作经验，曾从事汽车整车及汽车内燃机产品的设计和试验工作，广泛接触汽车开发设计、生产制造、试验使用和售后服务等工作。编者根据多年的工作和教学经验编写了本书，以适应高校人才培养的要求。希望本书为有志于成为汽车工程师的青年学子提供一架进阶之梯。

  由于编者水平有限，加之经验不足，书中难免有错误和疏漏之处，恳请广大读者批评指正。

编 者

本书主要符号表

符号	名　　称	符号	名　　称
a	加速度	K	沿连杆轴向力（连杆力），弹簧补偿系数
A	面积，活塞顶投影面积，点火间隔角，曲轴轴颈的重叠度	l	长度，连杆长度，副连杆长度
A_e	排气门的几何流动截面面积	l_0	化学计量比，理论空气量
A_f	气门开启通过断面面积（时间断面）	l_v	气门杆长度
A_m	平均时间断面	L	主连杆长度
A_s	进气门的几何流动截面面积	L_0	气缸中心距
c_V	比定容热容	m	质量，燃烧品质指数
C	刚度，常数，系数，刚度矩阵，阻尼矩阵，弹簧指数	m'	活塞组质量
C_0	机构刚度	m_1	连杆往复部分质量
C_s	弹簧刚度	m_2	连杆旋转部分质量
d	直径	M	转矩或弯矩，总质量，混合气的相对分子质量
D	气缸直径，阻尼准则数	M_e	内燃机输出转矩
D_1	曲轴主轴颈直径，风扇轮叶内径，飞轮内径	M_N	倾覆力矩
D_2	连杆轴颈直径，风扇叶轮外径，曲柄销直径，飞轮外径	M_ξ	阻尼力矩
D_v	气门内径	n	内燃机转速，数量，曲轴安全系数
e	偏心距，轴的柔度	n_e	凸轮轴转速
E	弹性模量	n_n	内燃机标定转速
F_g	气体作用力	N	气缸壁侧压力（侧向力）
F_j	往复惯性力	p	压力（压强）
F_r	旋转惯性力	p_{me}	平均有效压力
g_e	燃油消耗率	p_{mm}	摩擦损失平均压力
g_m	机油消耗率	p_t	理论循环平均有效压力
G	切变模量	P_e	有效功率，标定功率
h	挺柱、气门升程	P_i	指示功率
H	升程，高度，活塞总高度	P_L	升功率
H_u	燃料低热值	q	比压
i	摇臂比，传动比	Q	热量，气体流量
I	断面惯性矩，转动惯量	r	曲柄半径，半径
k	锥度修正系数，散热器的传热系数，等熵指数，总布置紧凑系数，偏心式曲柄连杆机构偏心率	R	气体常数，半径
		S	冲程或行程
		S_0	活塞环自由端距
		T	切向力，热力学温度，振动周期
		u	比热力学能，泊松比，节气门开度

(续)

符号	名称	符号	名称
v	速度,比体积	θ_T	同缸异名凸轮夹角
v_m	活塞平均速度	ξ	阻尼系数,盈亏功系数
V	体积	ξ_0	临界阻尼系数
V_h	单缸工作容积	ρ	凸轮曲率半径,密度,预膨胀比
W	机械功	σ	应力
W_ξ	阻尼功	σ_0	冲击疲劳强度
x	活塞运动位移	σ_{-1}	对称循环下的弯曲疲劳强度
z	气缸数,气门数	σ_{-1e}	对称循环下的拉压疲劳强度
Z	径向力	σ_b	材料的抗拉强度
α	曲柄转角,过量空气系数,瞬时平均换热系数,理论应力集中系数	σ_s	材料的屈服极限
β	连杆摆角,材料膨胀系数,气门头部背锥角	σ_v	气门锥角
		τ	冲程数,切应力
γ	V型内燃机气缸轴线夹角,气门锥角	φ	曲轴转角,角位移,散热器储备系数,凸轮转角
γ_e	主副连杆式机构关节角	φ_c	挺柱位移对应的凸轮转角
δ	壁厚,内燃机运转不均匀系数(转速)	φ_{e1}、φ_{e2}	配气相位排气提前角和滞后角(曲轴转角)
Δp	压力降	φ_{i1}、φ_{i2}	配气相位进气提前角和滞后角(曲轴转角)
ε	压缩比,轴颈在轴承中的偏心率,平衡系数,过量平衡率,凸轮压力角	φ_{TG}	异缸同名凸轮夹角
		ϕ	包角,自由振动角振幅,流动函数
η_i	指示热效率	Φ	热流量,强迫振动角振幅,连杆小头固定角
η_m	机械效率	ψ	飞轮的转动惯量系数
η_t	理论循环热效率	ψ_F	比时间断面
η_v	充气效率	ψ_{Fm}	凸轮型线丰满系数
θ	角度,凸轮工作段半包角	ψ_f	时间断面丰满系数
λ	连杆比,压力升高率	ψ_n	振动模态
μ	转矩不均匀系数,流量系数,总适应性系数	ω	角速度,圆频率
		ω_e	固有频率

目 录

前言
本书主要符号表
第1章 绪论 ·· 1
  1.1 与汽车及内燃机相关的重大问题 ·· 1
    1.1.1 能源问题 ·· 1
    1.1.2 环境问题 ·· 1
    1.1.3 内燃机作为车用动力的应用前景 ·· 2
  1.2 汽车企业研发体系 ·· 4
    1.2.1 汽车企业的研发模式 ·· 4
    1.2.2 汽车企业开发能力的内涵 ·· 6
  1.3 汽车内燃机开发流程和主要技术手段 ·· 7
    1.3.1 发动机在汽车开发中的地位 ··· 7
    1.3.2 汽车整车的研发过程 ·· 7
    1.3.3 汽车内燃机设计开发流程和主要技术手段 ······································ 10
  项目训练 ·· 16
第2章 汽车内燃机选型 ·· 18
  2.1 汽车发动机分类 ··· 18
  2.2 汽油机与柴油机 ··· 18
    2.2.1 汽油机的特点与应用 ·· 18
    2.2.2 柴油机的特点与应用 ·· 21
    2.2.3 汽车内燃机选配的基本原则 ··· 22
  2.3 几种汽车内燃机类型的讨论 ··· 22
    2.3.1 冲程数 ··· 22
    2.3.2 冷却方式 ·· 22
    2.3.3 气缸数和气缸布置形式 ··· 23
    2.3.4 进气形式 ·· 23

思考题和项目训练 ……………………………………………………………… 24

第3章 汽车内燃机主要参数确定 ………………………………………… 25
3.1 性能指标 ……………………………………………………………… 25
3.1.1 动力性指标 ……………………………………………………… 25
3.1.2 经济性指标 ……………………………………………………… 28
3.1.3 可靠性与耐久性指标 …………………………………………… 28
3.1.4 运转性能与适应性指标 ………………………………………… 29
3.1.5 低公害指标 ……………………………………………………… 29
3.2 基本结构参数 ………………………………………………………… 31
3.2.1 气缸直径和气缸数 ……………………………………………… 31
3.2.2 气缸中心距 L_0 与气缸直径 D 的比值 L_0/D ………………… 32
3.2.3 行程缸径比 S/D 和活塞行程 S ……………………………… 32
3.2.4 曲柄半径 r 与连杆长度 L 的比值 …………………………… 33
3.2.5 汽车内燃机的几个综合评价参数 ……………………………… 34
3.3 汽车内燃机的结构和总体布置 ……………………………………… 35
思考题和项目训练 ……………………………………………………………… 37

第4章 汽车内燃机工作过程计算 …………………………………………… 39
4.1 内燃机实际循环的示功图 …………………………………………… 39
4.2 内燃机实际循环的计算 ……………………………………………… 41
4.2.1 概述 ……………………………………………………………… 41
4.2.2 内燃机实际循环的热力学模型 ………………………………… 41
4.2.3 热力学模型的计算参数与内容 ………………………………… 43
4.3 内燃机从零维模型到多维模型的发展 ……………………………… 51
思考题和项目训练 ……………………………………………………………… 54

第5章 往复活塞式内燃机动力学 …………………………………………… 56
5.1 内燃机动力学计算概述 ……………………………………………… 56
5.1.1 内燃机动力学计算的主要内容和作用 ………………………… 56
5.1.2 内燃机动力学计算方法与工具 ………………………………… 57
5.2 曲柄连杆机构运动学 ………………………………………………… 58
5.2.1 曲柄连杆机构的形式 …………………………………………… 58
5.2.2 多缸内燃机的结构形式 ………………………………………… 59
5.2.3 曲柄连杆机构运动规律 ………………………………………… 60
5.2.4 曲柄连杆机构运动规律在内燃机设计中的作用 ……………… 70
5.3 曲柄连杆机构动力学 ………………………………………………… 70
5.3.1 中心式曲柄连杆机构中的作用力分析 ………………………… 70
5.3.2 中心式曲柄连杆机构中力的传递及作用效果分析 …………… 74
5.3.3 偏心式曲柄连杆机构中的作用力和力矩 ……………………… 77
5.3.4 主副连杆式曲柄连杆机构中的作用力和力矩 ………………… 78
5.3.5 曲柄连杆机构动力计算 ………………………………………… 79

5.4 内燃机的平衡与平衡分析 ………………………………………………………… 82
  5.4.1 内燃机平衡的基本概念 …………………………………………………… 82
  5.4.2 内燃机的平衡措施 ………………………………………………………… 84
  5.4.3 单缸内燃机平衡 …………………………………………………………… 85
  5.4.4 单列式多缸内燃机平衡 …………………………………………………… 90
  5.4.5 双列式多缸内燃机平衡 ………………………………………………… 100
思考题和项目训练 ………………………………………………………………… 115

第6章 汽车内燃机曲轴系统扭转振动 117

6.1 扭转振动的基本概念及研究意义 ……………………………………………… 117
6.2 内燃机当量扭振系统的组成与简化 …………………………………………… 118
  6.2.1 弹性参数（扭转刚度或柔度）的换算 ………………………………… 119
  6.2.2 惯性参数（等效转动惯量）的换算 …………………………………… 122
  6.2.3 曲轴系统扭转振动计算的当量转换 …………………………………… 124
6.3 扭转振动系统自由振动计算 …………………………………………………… 126
  6.3.1 单自由度系统与多质量扭振系统 ……………………………………… 126
  6.3.2 曲轴系统自由扭转振动振型图 ………………………………………… 130
6.4 单自由度系统的有阻尼自由振动与强迫振动分析 …………………………… 131
  6.4.1 单自由度系统的有阻尼自由振动 ……………………………………… 131
  6.4.2 单自由度系统的有阻尼强迫振动 ……………………………………… 132
6.5 曲轴系统扭转振动分析与减振 ………………………………………………… 133
  6.5.1 曲轴系统扭转振动的激振力矩 ………………………………………… 133
  6.5.2 曲轴系统的共振与临界转速 …………………………………………… 136
  6.5.3 曲轴系统扭转振动的消减措施 ………………………………………… 138
  6.5.4 扭振的现代测试分析方法 ……………………………………………… 142
思考题和项目训练 ………………………………………………………………… 145

第7章 汽车内燃机配气机构动力学与设计 147

7.1 配气机构的形式及评价 ………………………………………………………… 147
  7.1.1 配气机构的形式 ………………………………………………………… 147
  7.1.2 单个气门通过能力评价 ………………………………………………… 148
7.2 配气机构运动学和凸轮型线设计 ……………………………………………… 150
  7.2.1 配气机构运动规律 ……………………………………………………… 150
  7.2.2 凸轮型线设计 …………………………………………………………… 155
7.3 配气机构动力学 ………………………………………………………………… 162
  7.3.1 配气机构动力学模型 …………………………………………………… 162
  7.3.2 凸轮型线动力修正 ……………………………………………………… 166
7.4 凸轮轴及气门驱动件设计 ……………………………………………………… 167
  7.4.1 凸轮位置确定 …………………………………………………………… 167
  7.4.2 挺柱、气门和弹簧的设计 ……………………………………………… 169
思考题和项目训练 ………………………………………………………………… 178

第8章 汽车内燃机主要零部件设计 ······ 180
8.1 曲轴飞轮组设计 ······ 180
8.1.1 曲轴的工作条件和设计要求 ······ 180
8.1.2 曲轴的结构设计 ······ 181
8.1.3 提高曲轴强度的措施 ······ 184
8.1.4 曲轴的强度计算 ······ 186
8.1.5 飞轮设计 ······ 193
8.2 连杆组设计 ······ 196
8.2.1 连杆的工作条件和设计要求 ······ 196
8.2.2 连杆材料 ······ 197
8.2.3 连杆主要参数的选择 ······ 198
8.2.4 连杆的结构设计 ······ 199
8.2.5 利用有限元法对连杆进行计算分析 ······ 203
8.3 活塞组设计 ······ 205
8.3.1 活塞组的工作条件与设计要求 ······ 205
8.3.2 活塞的材料 ······ 206
8.3.3 活塞设计 ······ 206
8.3.4 活塞环设计 ······ 214
8.3.5 活塞环的力学及结构计算 ······ 220
8.3.6 油环的设计计算 ······ 224
8.3.7 活塞环的组合 ······ 225
8.4 机体与气缸盖设计 ······ 226
8.4.1 气缸体的工作条件与设计要求 ······ 227
8.4.2 气缸体的设计 ······ 228
8.4.3 应用有限元法对机体进行结构设计 ······ 234
8.4.4 气缸盖设计 ······ 235
8.4.5 气道设计的CFD方法以及气缸盖CAE分析 ······ 239
思考题和项目训练 ······ 241

第9章 汽车内燃机系统设计 ······ 244
9.1 燃烧系统 ······ 244
9.1.1 汽油机的燃烧室和燃烧系统 ······ 244
9.1.2 直喷汽油机燃烧系统开发 ······ 246
9.1.3 柴油机的燃烧室和燃烧系统 ······ 252
9.1.4 CFD在柴油机燃烧系统开发中的应用 ······ 260
9.2 进、排气系统 ······ 264
9.2.1 车用柴油机进气系统 ······ 265
9.2.2 车用柴油机排气系统 ······ 267
9.2.3 乘用车汽油机进气系统 ······ 269
9.2.4 乘用车汽油机排气系统 ······ 271

9.2.5　排气系统噪声和振动设计 …………………………………… 273
　9.3　供油系统 ………………………………………………………………… 277
　　9.3.1　汽油机供油系统 ……………………………………………… 277
　　9.3.2　柴油机电控供油系统 ………………………………………… 280
　9.4　ECU 的设计与标定 …………………………………………………… 284
　　9.4.1　ECU 的开发流程 ……………………………………………… 284
　　9.4.2　汽车内燃机的核心控制策略和控制功能 …………………… 285
　　9.4.3　ECU 的标定 …………………………………………………… 289
　9.5　润滑系统和冷却系统 …………………………………………………… 296
　　9.5.1　润滑系统设计 ………………………………………………… 296
　　9.5.2　冷却系统设计 ………………………………………………… 300
　　9.5.3　汽车内燃机热管理系统与整车热管理系统 ………………… 308
　思考题和项目训练 ……………………………………………………………… 310

第 10 章　汽车内燃机开发的试验评价与产品定型 ……………………… 311
　10.1　汽车内燃机开发过程中遵守的标准 ………………………………… 311
　10.2　汽车内燃机开发试验项目总揽 ……………………………………… 316
　　10.2.1　关键零部件试验 ……………………………………………… 316
　　10.2.2　系统及其重要参数测试 ……………………………………… 317
　　10.2.3　内燃机总成试验 ……………………………………………… 317
　10.3　汽车内燃机定型试验 ………………………………………………… 318
　　10.3.1　《汽车发动机定型　试验规程》介绍 ……………………… 318
　　10.3.2　新产品定型过程 ……………………………………………… 319
　思考题和项目训练 ……………………………………………………………… 322

参考文献 ……………………………………………………………………… 323

第1章

绪　　论

教学目标：充分认识汽车产业对社会经济发展的重要意义，同时了解汽车及以化石燃料为主的内燃机带来的能源问题与环境问题。能够从动力性、经济性、环境保护等方面分析内燃机作为车用动力的应用前景，与其他车用动力进行分析比较，了解汽车内燃机开发的技术路线。

通过查阅资料、企业调研等途径了解企业的研发部门组成及运行模式，了解汽车产品开发流程以及企业研发部门应具备的工程能力，了解内燃机总成在汽车开发中的地位以及内燃机本身的设计开发流程和主要技术手段，明确要成为一名合格的设计师应具备的知识和能力。

1.1　与汽车及内燃机相关的重大问题

1.1.1　能源问题

汽车主要原动力内燃机的燃料大多取自于石油，而石油资源日益紧张，因此，低油耗的汽车受到人们的欢迎。20世纪90年代后期，全世界环保意识不断加强，降低CO_2排放量的呼声高涨，全世界展开了引进油耗法规或强化法规的一系列措施。另外，汽车厂也开始开发灵活燃料汽车（Flexible Fuel Vehicle，FFV）。

兼顾到环保问题以及经济增长，汽车动力向可再生循环能源转换已经成为重大课题。现在部分汽车已经开始使用石油以外的燃料和电池动力，但是从现阶段的能量密度以及运输性能方面考虑，这些替代能源还不能取代石油。因此，今后还需要进一步提高以石油为原料的内燃机的效率。

1.1.2　环境问题

1. 区域（城市）环境

城市汽车保有量急剧增长，大气质量恶化已成为严重的社会问题。汽油曾经使用四烷基铅提高辛烷值，引发了铅中毒事件。日本1975年开始实施常规汽油无铅化政策，我国在

2000年已执行。另外，针对汽车尾气中的CO、HC、NO_x以及柴油车排放的颗粒物（Particulate Matter，PM）等，各国政府以大中城市为中心继续对排放法规进行强化。

2. 地球环境

20世纪后期，大气中的CO_2浓度急剧上升。1985年，相关国家在奥地利召开会议，提出了包含CO_2在内的温室效应气体（Green House Gas，GHG）浓度与地球变暖的关系，汽车的CO_2排放（也可以等同油耗）开始受到关注。1997年，在日本京都召开了联合国气候变化框架公约第三次缔约国大会，会议制定了《京都议定书》，并要求在1990年CO_2排放量的基础上，从2008年开始至2012年的目标期限内，日本降低6%、美国降低7%、欧洲降低8%（俄罗斯批准后，京都议定书从2005年2月开始生效，但是CO_2最大的排放国美国没有批准）。日本曾经针对汽油乘用车的平均油耗制定目标，即以1995年为标准，到2010年平均改善23%。欧洲以及日本的汽车工业协会分别在2009年将乘用车CO_2平均排量控制在140g/km（换算成汽油车的油耗为16.9km/L）以内。

1.1.3 内燃机作为车用动力的应用前景

1. 汽车发动机（动力）的技术动向

（1）高功率 如今，汽车已经不再是单纯运输人、物的工具，而是人们追求舒适性及驾驶乐趣的"伙伴"。随着高速公路网等基础设施的不断完善，人们对动力性的要求也越来越高。内燃机作为车用动力，从低转速区域到高转速区域，从低负荷到高负荷，可利用的运转区域非常大。而从结构以及排气温度的制约上来看，必须在整个运转范围内对气门正时、空燃比、点火时刻进行优化。通过采用可变机构、自动调速机构和各种电子控制机构等，可以在相对较大的范围内提升动力性。

（2）低油耗 低油耗汽车可用来应对石油紧张、全球变暖等问题，可通过降低行驶阻力、提高内燃机热效率、提高动力传动系统的效率等措施降低汽车行驶油耗。据统计，多数汽车内燃机的热效率在35%左右（目前可达到40%～50%，柴油机比汽油机高），而使用频率较高的低负荷区域只能达到10%左右，总体效率非常低。为了提高内燃机在低负荷区域的热效率，汽车厂家相继开发了各种低油耗技术，例如稀薄燃烧、废气再循环（Exhaust Gas Recirculation，EGR）、可变工作缸数、降低摩擦及采用各种方法改善燃烧等。

动力传动系统方面，开发多级自动变速器（Automatic Transmission，AT）、金属带式无级变速器（Continuously Variable Transmission，CVT）、机械式自动变速器（Automated Manual Transmission，AMT）和双离合器自动变速器（Dual Clutch Transmission，DCT）等多种新动力传递机构相结合的新产品，以提高动力传动系统的整体工作效率。

内燃机与电动机相结合的混合动力汽车（Hybrid Electric Vehicle，HEV）也是实现低油耗的有效途径。

（3）低公害 汽车排放的有害物质（CO、HC、NO_x等）与实施尾气排放法规以前相比，已经降低到20世纪八九十年代的1%左右的水平，而油箱等燃料供给系统直接排入大气的燃料蒸气也明显减少，对加油过程中的燃料蒸气排放量也有很严格的法规要求。美国加州在2005年下达了导入零尾气排放汽车（Zero Emission Vehicle，ZEV）的政策，包括零尾气排放等级的超低排放汽车（Partial Zero Emission Vehicle，PZEV）、使用混合动力等先进技术车辆（Advanced Technology Partial Zero Emission Vehicle，AT-PAEV），以及纯电动汽车等。

(4) 新一代的汽车动力 开发以氢气为燃料的燃料电池（Fuel Cell，FC）电动汽车。FC 的尺寸、价格以及氢气的储藏方法等依然存在尚待解决的问题，要想真正成为主流的汽车动力源还需要时间。

2. 内燃机作为车用动力的应用前景

(1) 汽油机 汽油机作为车用动力已有 120 多年的历史，在包括零部件在内的各系统完善与改进、可靠性与耐久性、节能与环保等领域不断取得进步。在汽油机的节能、环保技术方面，世界各国做了大量工作，并取得了一系列突破性进展。世界各大汽车公司和研究机构在汽油机相关领域做了大量的研究，诞生了大量的节能减排技术，使汽油机的有害物排放几乎接近于零，这有力地说明了传统汽油机在节能减排方面尚存巨大潜力。

1) 汽油机结构轻巧，工作柔和，在乘用车领域仍将占主导地位。通过不断的研究和技术突破，汽油机有害物排放可能几乎接近为零，并更加节能。

2) 油品问题。我国必须大力推进油品升级，这不但可以满足低排放汽油机的要求，还将对在用的车辆降低污染物排放产生重大影响，是治理雾霾的有效手段。

3) 汽油机起动、怠速和部分负荷排放高，效率低，通过采用可变气门正时（Variable Valve Timing，VVT）技术、缸内直喷技术、增压技术、可变排量技术、先进的催化转换器、废气再循环技术、开发小型机等以及不同方法的技术组合都可以提高汽油机的热效率、改善排放。

(2) 柴油机 在汽车发展史上，柴油机作为乘用车动力是近几十年的事，目前，世界性的车用动力柴油化趋势已经非常明显。柴油机在重型汽车中，欧洲、美国和日本已经实现 100%；柴油机在商用汽车中，欧洲和美国都达到了 90%，日本为 83%；柴油机在乘用车中，欧洲达到 33%，日本为 19%，美国较少。小型客车和轿车的动力柴油化的趋势也越来越明显，低油耗、低污染的柴油轿车在欧洲得到迅速发展。

与汽油机相比，柴油机具有以下优势：

1) 柴油机的热效率高。对于装备柴油机的车辆，由于转矩曲线平坦，在较大的负荷变化范围内经济性好。

2) 柴油机排放性能改进潜力很大。因为柴油机采用的是过量空气燃烧和高压缩比，CO 排放比汽油机要低得多，大约只是汽油机的 1/10。在冷机工况下，柴油没有 HC 的蒸发排放，在热机工况下，HC 的排放量也要低得多。据统计，现代柴油轿车排放的 HC 比使用三效催化转换器的汽油车低。催化剂对于改善汽油机的 HC 排放虽然有显著的作用，但它对低温的适应性差，尤其是在市区汽车经常停车或起动的工况下更是如此，而柴油机因为其 HC 排放本来就低，就不存在此问题。在 CO_2 排放方面，由于柴油机热效率高，其 CO_2 排放明显低于汽油机。在颗粒物排放方面，过去一般认为只有柴油机才有，而实际上汽油机也有，最新研究表明，使用最新技术的柴油机其 PM 排放有可能达到汽油机的水平，改进潜力很大。

3) 柴油机可靠性高，电器部分简单，且采用精密的高压供油系统，没有汽油机常见的电路和油路故障。另外，柴油机没有汽油机的爆燃燃烧，故其整机可靠性要比汽油机高。一般来说，其使用寿命比汽油机几乎长一倍。

与同类汽油机相比，柴油机也有劣势：柴油机的升功率小、比质量大、成本和价格高；且噪声高、振动大，尤其是低速时，振动更大，易引起车身共振，从而影响乘坐舒适性；另外，低温起动相对汽油机困难，颗粒物排放远高于汽油机。

目前，能源问题和生态环境日益恶化给我国社会发展带来了越来越大的压力，能源和环境问题已经成为亟待解决的重大社会问题。

1.2 汽车企业研发体系

1.2.1 汽车企业的研发模式

一个成熟的汽车企业必然有成功的新产品研发模式。通过考查国内外成功的汽车企业，可以发现，产品研发必须在强大的人才库支撑下，建立一套行之有效、规范的研发管理和项目管理体系。

欧美整车开发时间一般在36~48个月，设计流程一般分为以下五个主要阶段：
1）产品规划、产品定义与对比研究阶段。
2）产品描述与可行性分析阶段。
3）详细产品设计工程阶段。
4）设计验证阶段。
5）数据冻结，最终发布与生产准备阶段。图1-1所示为欧美汽车企业典型研发结构图。

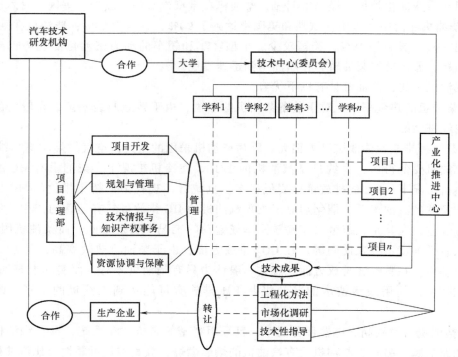

图1-1 欧美汽车企业典型研发结构图

在亚洲，丰田汽车公司的研发模式值得研究。丰田汽车公司实行多项目管理的研发组织模式，强调分产品线平台规划，产品开发部门有多个开发中心，在每一个开发中心内部实行强矩阵的组织结构与项目管理模式。

丰田汽车公司的总体研发中心基本平台是：负责后轮驱动的平台和相关车型开发的第一开发中心；负责前轮驱动的平台和相关车型开发的第二开发中心；负责功能型车和轻型货车的平台和相关车型开发的第三开发中心；负责为所有的汽车项目开发零部件和分总成的第四开发中心。团队组成和产品开发的逻辑顺序如图1-2所示。

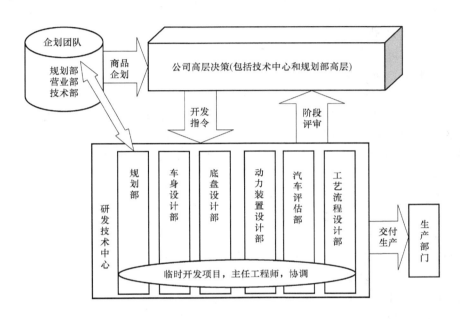

图1-2　丰田汽车公司的团队组成和产品开发的逻辑顺序

丰田汽车公司的研发模式，实践证明其富有成效和竞争力。其主要特色是建构强矩阵的项目管理模式，减小研发中心规模，提高组织的协调能力和工作效率，并加强成本管理，在规划部内设成本计划部。在权限上，主任工程师享有较高的地位，主任工程师和职能部门经理同向中心负责人汇报。减少每个职能部门经理的管理项目，加大共用基础模块和共享零部件的比例。在每个项目的管理上，丰田汽车公司采取扩大职能、减少项目、降低冲突和共享模块强矩阵的项目管理模式。

设计开发能力就是指掌握了汽车分析、判断、解决、预测技术问题的方法，企业的研发人员在掌握现有科学技术知识的基础上，按汽车开发流程，科学地把握市场需求，找到产品定位，确定产品定义，并组织人力物力去开发、制造、销售汽车产品的能力，该能力是企业创新资源投入积累的结果。

如果只论及企业的研发部门和整车的开发，汽车企业研发涉及以下几个方面：
1）合作模式。
2）研发机构设置。

3) 功能设定。

4) 研发人员构成。

5) 项目与人员的管理与运作。

1.2.2 汽车企业开发能力的内涵

在近百年中，汽车开发设计技术经历了由经验设计发展到以科学试验和技术分析为基础的设计。早期，经验设计是以已有产品的经验数据为依据，运用一些带有经验常数或安全系数的经验公式进行设计和计算的一种传统的设计方法。由于缺乏精确的设计数据和科学的计算方法，所设计的产品或过于笨重或可靠性差。一种新车型的开发，往往要经过设计试制——试验——改进设计——试制——试验等二次或多次循环。反复修改，完善设计后才能定型，设计周期长、质量差、消耗大。

20世纪60年代中期，形成了计算机辅助设计（Computer Aided Design，CAD）新方法，使设计逐步实现半自动化和自动化。另外，汽车结构和性能参数等的优化选择与匹配，零部件的强度核算与使用寿命预测，产品有关方面的模拟计算与仿真分析，都在计算机上进行，这些方法统称为计算机辅助设计和计算机辅助工程（Computer Aided Engineering，CAE）。

在汽车设计过程中应用各种专用的试验设备进行测试和试验，对汽车产品的结构、性能以及零部件的强度、使用寿命进行测试，与CAE交互进行，使汽车开发设计以试验和技术分析计算为主要手段。

从宏观来看，研究汽车企业整车研发能力主要从其研发投入能力、研发管理能力、研发实施能力、研发收益能力以及文化创新能力等着手。无论怎样的研发模式，机构和人员的配备以及项目的运行都是为了形成具有市场竞争力的研发能力，也是汽车产品开发和发展技术水平应具备的硬件和软件能力。汽车企业研发部门应具备以下能力：

(1) 集成设计能力 能将汽车及相关领域的前沿技术与成熟技术集成运用，将生产制造能力与技术性能、经济指标相统一，平衡协调各种矛盾，使开发出的车型的综合性能和综合经济技术指标具有较高的市场竞争力。

(2) 总成设计能力 建立包括车型、车身、动力总成、电子技术应用和其他关键总成及零部件的设计能力，采用现代设计理论与方法，如CAD、CAE、CAS（计算机辅助造型）、CAT（计算机辅助试验）、虚拟工程、快速成型和逆向工程等研发产品。

(3) 单件产品与小批量试制能力 建立和完善试制手段，形成完整试制能力。

(4) 试验研究能力 汽车整车、系统、总成、部件、节能、环保、安全、电子、新能源、新材料和新工艺的试验验证、评估与研究能力。

(5) 信息开发与运用能力 能及时掌握国内或目标市场国家和地区的法律法规要求、资源状况和市场特点；能及时、准确地反馈用户的意见和要求；有能力构建产品开发的相关数据库并共享。成熟车企的工程师1/3~1/2的时间都是在建立数据库。即使人员有所变动，工作也能很好地继续下去。新入职员工只要拥有基本的自学能力和专业素质，依靠数据库，也会很快成长为合格的研发人员。

包含试验在内的汽车开发支持系统如图1-3所示。

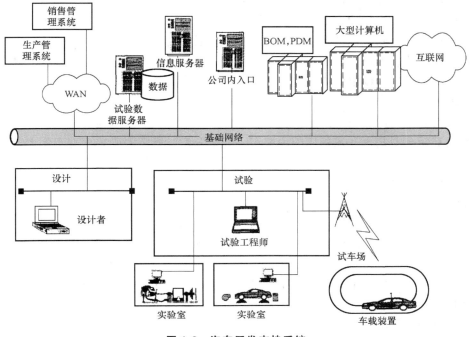

图 1-3 汽车开发支持系统

1.3 汽车内燃机开发流程和主要技术手段

1.3.1 发动机在汽车开发中的地位

发动机是汽车动力总成的一部分，动力总成（Power Train 或 Power Plant）指的是车辆上产生动力，并将动力传递到路面的一系列总成和零部件。广义上，动力总成包括发动机、变速器、驱动轴、差速器、离合器等，但通常动力总成一般仅指发动机和变速器，以及集成到发动机和变速器上的其余零件，如离合器、前差速器等。

另外，动力总成匹配和优化是发动机设计的重要内容，一般新车型的开发都会选用成熟的动力总成，发动机部门的工作之一是针对新车型的特点及要求对发动机进行性能标定和空间布置，进行发动机与整车的匹配，该工作一直持续到样车试验阶段，与底盘工程设计同步进行。

1.3.2 汽车整车的研发过程

正向开发的量产汽车研发过程一般由以下四个阶段组成：

1. 市场调研与方案策划

市场调研要进行项目立项，通过市场调研对相关的法律法规、经济形势、市场信息进行系统地收集、整理、记录和分析，了解和掌握消费者对汽车的消费趋势、消费偏好和消费要求的变化，确定消费者对要开发的汽车产品是否有需求，或者是否有潜在的需求，然后根据调研数据进行分析和研究，总结出科学可靠的市场调研报告。

汽车市场调研包括市场细分、目标市场选择、产品定位等几个方面。项目可行性分析是在市场调研的基础上进行的,根据市场调研报告生成项目建议书,进一步明确新车型。

项目可行性分析除了包括外部的政策法规分析及内部的自身资源和研发能力的分析外,还包括设计、工艺、生产及成本等方面的内容。在完成项目可行性分析后,要对新车型的设计目标进行初步设定,设定的内容包括车辆形式、动力参数、底盘各个总成要求、车身形式及强度要求等。

编制最初版本的产品技术描述说明书,确定新车型的重要参数和使用性能。在方案策划阶段还要确定新车型是否开发相应的变型车,如果开发,则需要确定变型车的形式及种类。

方案策划阶段的最终成果是一份符合市场要求、开发可行性能够保证得到研发各个部门确认的新车型设计目标大纲。

2. 概念设计

概念设计阶段需要制订详细的研发计划,确定各个设计阶段的时间节点;评估研发工作量,合理分配工作任务;进行成本预算,及时控制开发成本;制作零部件清单,以便进行后续开发工作。

概念设计主要完成三个工作:总布置设计、造型设计和制作油泥模型。

总布置设计是确定汽车的总体设计方案,绘制汽车总布置草图,根据汽车的总体设计方案及整车性能要求提出对各总成及部件的布置和特性参数等设计要求,协调整车与各总成之间、相关总成之间的布置关系和参数匹配关系。在完成总布置草图,确定基本尺寸的基础上进行造型设计,包括外形设计和内饰设计两部分。

设计效果图绘制完毕后一般需要进行一次评审。目前,可使用各种绘图软件制作三维计算机数据模型观察效果,然后择优进行1:5的油泥模型制作,评审通过后进行1:1的油泥模型制作。

1:1的油泥模型制作完毕后,根据需要将进行风洞试验,以测定其空气动力学性能,通常进行贴膜处理,以便检查表面质量和产生逼真的实车效果。

3. 工程设计与数模构建

工程设计的主要任务就是完成整车各总成及零部件的设计,协调整车与总成之间和总成与总成之间的装配关系,完成CAD模型,构建数字化模型。工程设计主要完成以下几个方面的工作:

(1) 总布置细化　在总布置草图的基础上,细化总布置设计,精确地给出各总成的尺寸和位置,为各总成和部件分配精确的布置空间,确定各总成及部件的详细结构形式、特征参数等条件。主要的工作包括发动机舱详细布置图、底盘详细布置图、内饰布置图、外饰布置图及电器布置图等。

(2) 车身造型　车身或造型部门在油泥模型制作完成后,使用专用的三维测量仪对油泥模型进行测量,形成"点云"数据,然后根据"点云"数据形成汽车产品的外形,测量的数据包括外形和内饰两部分。在车身造型数据测量完成后,通常要使用这些数据来重新铣削一个模型,目的是验证车身数据是否有错误。

(3) 发动机选配　一般新车型的开发都会选用原有成熟的发动机动力总成,发动机部门的主要工作是针对新车型的特点及要求对发动机进行布置,并进行发动机与整车的匹配。开发新一代发动机按照发动机开发流程进行,一般也选用本企业原有成熟的发动机作为参考样机。

(4) 白车身构建　白车身是车身结构件及覆盖件的焊接总成，包括发动机罩、翼子板、侧围、车门及行李舱盖在内的未经过涂装的车身本体。白车身是保证整车强度的封闭结构。白车身由车身覆盖件、梁、支柱及结构加强件组成，因此，该阶段的主要工作就是确定车身结构方案，对各组成部分进行详细设计，使用三维软件（如 UG、CATIA 等）构建并进行材料的选择和工艺性分析，完成装配关系图及车身焊点图。

(5) 底盘设计　对底盘的传动系统、行驶系统、转向系统和制动系统进行详细设计，主要工作包括：

1) 对各系统的零部件进行尺寸、结构、工艺、功能及参数等方面的定义。
2) 根据定义进行结构设计及计算，完成三维数模的构建。
3) 根据三维数模进行模拟试验及零部件样件试验。
4) 根据三维图完成设计图和装配图。其中，传动系统的主要设计内容为离合器、变速器和驱动桥的设计；行驶系统的主要设计内容为悬架设计；转向系统的主要设计内容为转向器及转向传动机构的设计；制动系统的设计内容包括制动器以及 ABS 等控制机构的设计。

(6) 内、外饰选择与配套　汽车内、外饰包括汽车外装饰件及内饰件，因其安装在车身本体上，故也称为车身附属设备。这些部件通常不是汽车企业自己制造，而是由配套生产厂家来生产。

(7) 电器系统布置　电器系统包括全车的所有电器、电子控制系统，需完成全车线路图。

经过以上工程设计工作，最终完成整车设计方案后，可以开始编制详细的产品技术说明书及详细的零部件清单，验证法规，确定整车性能。

4. 样车试制、样车试验与产品定型

样车的试验包括两个方面：性能试验和可靠性试验。性能试验的目的是验证设计阶段各总成及零部件经过装配后能否达到设计要求，及时发现问题，修改并完善设计方案。可靠性试验的目的是验证汽车的耐久性。试验应根据国家制定的有关标准逐项进行，不同车型有不同的试验标准。根据试制和试验的结果进行分析和总结，对出现的各种问题进行改进设计，再进行第二轮试制和试验，直至产品定型。

汽车的试验类型主要有试验场测试、道路测试、风洞试验和碰撞试验等。试验场的不同路段分别模拟不同路况，有砂石路、雨水路、搓板路和爬坡路等。道路测试通常要在不同的区域环境中进行，以测定在不同气候条件下车辆的行驶性能及可靠性。

风洞试验主要是为了测试汽车的空气动力学性能，获取风阻系数，积累空气动力学数据。一般要对汽车正面和侧面的风阻进行测定，正面的试验用于计算正面风阻系数和提升力，侧面的试验主要是考察侧向风对汽车行驶的影响。

碰撞试验的作用是测试汽车结构的强度，在新车上市前，汽车企业要经过多次测试，通过碰撞试验可以发现汽车安全上的问题，进而有针对性地对车身结构进行加强设计。碰撞试验主要包括正面碰撞、侧面碰撞及追尾碰撞。

汽车样车试验各阶段完成后，新车型的性能得到确认，然后进行产品定型，之后转入投产启动阶段。

汽车整车的研发过程 V 形开发模式如图 1-4 所示。

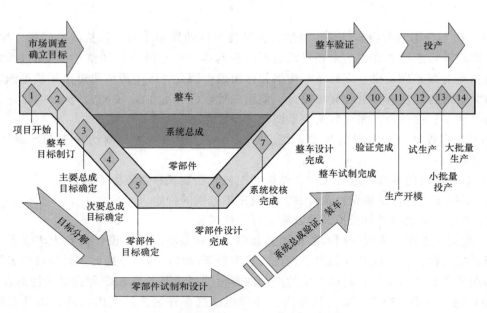

图 1-4 汽车整车的研发过程 V 形开发模式

1.3.3 汽车内燃机设计开发流程和主要技术手段

从新车型的开发流程可以看出，不一定要进行新发动机的开发，选配的机型只需要满足布置设计的要求和具备法规适应性即可。发动机的更新换代遵从与整车相关而又独立于整车开发的规律。如果需要开发新一代汽车内燃机，基本上由以下几个阶段构成：

1. 产品计划

（1）确定任务，规划产品　根据市场需要和法规需要进行必要性、可行性论证，进行调查研究，访问市场和用户，征求对产品的要求；了解制造厂的工艺条件、设备能力及配件供应情况；收集同类先进产品的资料，考察同类产品；确定参考样机，没有从零开始的产品设计，发动机总成一般是继承本企业的产品。

世界通行的产品规划方法是，考虑根据车辆的目标性能要求确定发动机性能，考虑到将来的发展性、搭载车型推广、生产工厂等各个方面的因素，然后确定发动机形式和主要参数。

1）动力性。动力性要基于整车动力性能需求，动力性包括最高车速、最大爬坡度和 0~100km/h 加速时间。这些性能与汽车内燃机的功率和转矩特性相关。

最大功率：一般使用升功率（比功率，单位为 kW/L）来评价最大功率，由于燃料的种类和内燃机的形式不同，也会产生最大功率的差异。以下措施可提高升功率：

① 提高平均有效压力：压缩比、进气量（吸入气体动态效果和增压）、燃烧速度等。

② 提高最大功率转速：进排气性能（气门直径、气门升程、进排气口形状）、行程/缸径比（活塞速度）等。

③ 降低摩擦损失：主要运动系统（活塞、曲轴）的滑动摩擦、气门机构驱动损失、附件（冷却液、润滑油泵、发电机、空调压缩机等）的驱动损失。

④ 减少排气损失：尾气净化装置（催化剂、微粒过滤器等）、消声器等损失。

最大转矩和转矩特性：一般都使用升转矩（N·m/L）来评价最大转矩，与最大功率不同的是将重点放在了达到最大转矩的转速和转速范围。

一般情况下，排量越小，最大功率的转速越高。将高速内燃机与汽车匹配时，必须根据车辆的特点，确定适宜的转矩特性及排量。

最理想的转矩特性是希望在所有转速范围内得到平稳的转矩曲线，以及取得节气门操作量大小与转速成比例的功率为佳。考虑到车辆需要在低速到高速的大范围内使用，以及常用转速范围的使用便利性，在较大的范围内能获得大转矩是汽车内燃机追求的目标。

例如，图1-5所示为某缸内汽油直接喷射（Gasoline Direct Injection，GDI）汽油机的目标外特性曲线，在较大的转速范围内（1500~4000r/min）转矩都较高且平稳变化，以适应汽车动力性的需要。

2）经济性。最终油耗一般采用实车评价的方法，与内燃机性能、变速器性能、车身性能等密切相关。因此，设计阶段就要设定内燃机效率、变速器效率、行驶阻力、车身质量等目标值，使开发的产品满足车辆要求的性能和法规的要求。提高内燃机经济性的主要措施有：

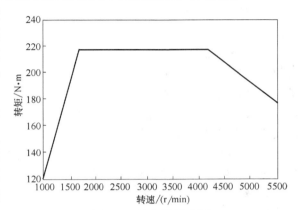

图1-5　某小排量GDI汽油机的目标外特性曲线

① 利用可变气门机构降低泵气损失，减少排气损失。

② 降低摩擦损失为主的机械损失，提高发动机的效率。

③ 开发缸内直接喷射方式的汽油机，优化燃烧系统。

④ 采用涡轮增压回收排气能量。

⑤ 利用混合动力，开发急速停车、减速能量回收等功能。

⑥ 乘用车动力柴油化。

⑦ 大型车用机械式变速器多级化与自动控制，采用锁止控制式自动变速器（AT）及可实现与比油耗（Brake Specific Fuel Consumption，BSFC）最佳匹配的无级变速器（CVT）。

3）舒适性。汽车的舒适性与内燃机振动及噪声相关的有：

① 内燃机的整体振动。

② 气门机构的振动、噪声。

③ 曲轴的振动、噪声。

④ 排气系统的振动、噪声。

⑤ 进气系统的振动、噪声。

⑥ 附件、零部件的振动、噪声。

⑦ 燃烧波动噪声、燃烧噪声。

⑧ 活塞拍击噪声。

4）耐久、可靠性。根据车辆使用环境和条件的要求，进行有针对性的研究开发，采取相应的对策。使用环境和条件包括：①不同的温度、湿度、大气压（海拔高度）等大气条件。②沙尘、水雾、道路冬季防滑撒盐融雪等所造成的腐蚀性。③油脂种类、燃料性状、行驶距离、使用负荷的频率等。

5）维修性。车辆与内燃机的维修分为检测维修和拆卸维修。检测维修在有关车辆法规中有明确的规定，要求车辆的检测能够快速并正确地进行。

6）生产性和成本。为了提高生产率、降低投资及成本，要充分考虑工厂的生产设备、生产方案、组装部件等，考虑如何最大限度地利用现有设备及与已有生产设备共用等。生产的全国化甚至全球化使零部件供应互相补给，在换型等方面更需要加强工作的计划性。

7）法规适应性。上文已述油耗要符合法规的问题。汽车在环保方面要适应不同地区的不同法规，主要有：

① 尾气排放。对汽车尾气中的大气污染物（CO、HC、NO、PM）有严格的法规限制。目前，汽油机利用理论空燃比控制技术对空燃比进行精确控制，同时利用三效催化转换器来满足尾气排放法规的要求。柴油机通过电子控制高压喷射等技术达到高喷射压力和柔性控制，并采用涡轮增压系统、废气再循环以及氧化催化剂净化系统降低NO_x排放量，针对PM排放开发出了微粒过滤系统等。

② 蒸发排放。针对加油、停车及行驶时的蒸发碳氢化合物HC，做了规定。通过炭罐吸附碳氢化合物，并将被吸附的碳氢化合物在发动机内燃烧来解决此问题。

③ 车载故障诊断系统：利用车辆的电子装置监视对尾气排放有影响的所有零部件。当发生故障时，通过视觉信号将故障传递给驾驶人。

④ 噪声法规（静肃性）。

⑤ 抗电磁波干扰。

⑥ 报废车辆再循环和化学物质。很多国家制定了报废车辆再循环法、有毒有害物质管理法，在汽车及发动机开发时要予以充分考虑。

（2）拟订产品设计任务书　经过产品规划后，拟订产品设计任务书，说明产品的原因、用途、适用范围等，以及汽车内燃机的主要设计参数和要达到的技术指标。产品设计任务书一般包括以下内容：

1）形式（汽油或柴油）、气门数、直立或卧式、燃烧室形式。

2）总排量。

3）功率P_e、转速n、转矩M。

4）冲程数（4或2）、缸径D、冲程S。

5）冷却方式（水冷或风冷）。

6）排污（环境）指标（噪声、废气）。

7）燃油消耗率g_e[g/(kW·h)]。

8）平均有效压力p_{me}。

9）活塞平均速度v_m。

10）机油消耗率g_m[g/(kW·h)]。

11）大修期、保用期。

12）与用途有关的质量和外形尺寸（各型商用车、各型乘用车）。详细的参数确定方法将在第3章中讲述。

在任务书中对内燃机主要结构进行说明，说明燃烧系统、主要零部件（活塞、连杆、曲轴飞轮、机体及气缸盖）、配气机构、供油方式、润滑系统、冷却系统、起动系统及产品系列化和变型、强化的可能性等。

（3）性能初步估算 利用成熟的内燃机性能模拟软件进行初期性能模拟。目前，应用比较多的是美国 Gamma Technologies 公司的 GT-Power 和奥地利 AVL 公司的 BOOST 软件，均为一维气体流动模拟软件，可初步估算内燃机的性能，精度较高。

2. 设计实施

本阶段的任务是虚拟样机的设计及优化。虚拟设计（Virtual Design，VD）技术是利用虚拟现实技术开发新产品的重要技术。在设计初期，可直接在虚拟环境的计算机环境中创建产品模型，即虚拟样机（Virtual Prototyping，VP），并将其置于虚拟环境中进行试验。这样不仅可以使产品的结构和功能得到模拟，人、机交互性能也能得到测试，使产品缺陷在最初的设计阶段就能被及时发现并解决。

虚拟现实技术应用到以下各个领域：计算机辅助设计（CAD）、计算机辅助工程分析（CAE）、计算机辅助制造（Computer Aided Manufacturing，CAM）、计算机辅助造型（Computer Aided Styling，CAS）、计算机辅助试验（Computer Aided Testing，CAT）等，并形成统一的具有集成性的并行工程网络，缩短了产品的开发周期。

内燃机作为一种十分复杂的热力机械，涉及运动学、动力学、热学、力学、噪声学等方面，而 CAD/CAE 技术可以充分发挥虚拟现实优势、有针对性地解决问题。虚拟现实技术在现代汽车内燃机的开发设计过程中的主要应用如下：

（1）利用 CAD 进行总布置设计 构建三维实体造型和虚拟装配，确定主要零部件的允许运动尺寸和结构方案。早期的 CAD 只是单纯的二维绘图，使用的 AutoCAD、CAXA 等是电子图板，随着三维 CAD 软件技术的发展，如 UG、Pro/E、SOLID WORKS、CATIA 的应用，CAD 向集成化、网络化、智能化、标准化、可视化等方向发展。目前，流行的 CAD 技术基础理论主要是以 Pro/E 为代表的参数化造型理论和以 I-DEAS 为代表的变量化造型理论，都属于基于约束的实体造型技术。

内燃机设计具有继承性与相关性的特点，一般情况下整体已趋于完善，考虑开发成本与周期，系列化开发已成为设计过程中较为重要的一部分，在综合考虑软、硬件成本及软件应用适应性上，内燃机设计行业普遍选择 Pro/E 软件。

Pro/E 软件能适应全尺寸约束，适用于设计基准与工艺基准的特征，使内燃机及零部件各几何特征的继承性与相关性被限定在满足产品结构的主要特征上，即设计基准与工艺基准的特征，保证了特征的可读性与可更改性。内燃机的总布置应与整车进行并行设计，即从上到下与从下到上相结合的设计方法。

对于继承性较强且有需修改设计的零部件，如气缸体、气缸盖等，可首先完成气缸体、气缸盖的设计模板和铸造模型的设计模型，然后修改发动机参数，形成新的气缸体、气缸盖模板，根据连杆的运动线图修改气缸体模板，形成新的气缸体，如图 1-6 所示。

Pro/E 软件功能可以实现：
1) 内燃机参数的相应修改（再生）。
2) 内燃机总布置条件的相应修改（再生）。
3) 气缸盖模型的相应修改（再生），如图 1-6a 所示。

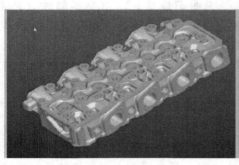 

a)　　　　　　　　　　　　　　　　b)

图1-6　发动机气缸盖模型和气缸体模型的相应修改（再生）
a）气缸盖模型　b）气缸体模型

4）气缸体模型的相应修改（再生），如图1-6b所示。

5）气缸体水套的相应修改（再生）。

6）气缸体芯子的相应修改（再生）。

建模过程中要经常使用"几何检查"功能来检查绘制的特征是否存在问题，以免对后期绘制二维图和CAE工作产生影响。

（2）虚拟装配　先对已造型的零件进行相邻各相关件色彩搭配的渲染，再通过约束关系或无约束的精确定位方式进行部件装配及整机装配，并对装配件进行干涉检查。若有干涉，可以修改零件尺寸和形状，直至干涉检查至合格为止。装配后，可对已虚拟装配的机型进行机构运动模拟，显示机构运动的效果。图1-7所示为运用CAD软件设计并装配好的汽车内燃机的整体图。

（3）CAE分析　在完成零件的三维造型后，利用CAE软件对内燃机中的运动机构进行静力分析、动力分析（如振动特性分析、排气管的动力响应分析等）、屈曲分析、强度分析、疲劳寿命分析、热传导分析、设计灵敏度及优化分析等。通过对初步设计的虚拟样机进行有限元分析，若发现不合要求，则重新转入步骤（1），直至合格为止。CAE技术在内燃机设计中的主要应用有：

图1-7　运用CAD软件设计并装配好的汽车内燃机的整体图

1）结构强度分析。结构强度是保证内燃机工作安全性、可靠性的重要指标，可以判断各结构在工作载荷作用下是否安全，哪些部位会发生应力集中，哪些部位强度不足，以此来改进设计。

2）动力学仿真分析。动力学仿真基于多体动力学理论，可在研究阶段预测内燃机运动机构甚至整车的动力学性能。

3)其他分析。结构优化设计、模态分析、疲劳分析、热分析、噪声分析等也都是内燃机设计中经常要进行的仿真工作,绝大多数的大型有限元分析软件都能做以上分析。

(4)零部件设计延伸至计算机辅助制造(CAM) 设计的零件在经过 CAE 软件分析合格后,可利用 CAM 技术对零件进行加工及相关处理,对不适应之处进行反馈修改。

CAM 的核心是计算机数值控制(简称数控),是将计算机应用于生产制造过程。CAM 技术已经成为 CAX(CAD、CAE、CAM 等)体系的重要组成部分,可以直接在 CAD 系统上建立起来的参数化、全相关的三维几何模型(实体+曲面)上进行加工编程,生成正确的加工轨迹。运用 CAM 软件可以对零件进行加工工艺分析,根据零件加工面的形状特征确定工艺方案,选择机床和工艺装备及切削用量,确定加工工艺路线及工艺规程,同时还可生成加工刀具轨迹并对轨迹进行实时或快速仿真校验,对选定的数控设备进行后置处理。

在完成设计零件的虚拟制造后,可进行用户评价虚拟样机环节,用户在专业技术人员的协助下检测发动机性能,对其做出公正的评价。设计人员结合用户(整车)的意见,对产品进行部分或全部的修改,直至满意。

(5)按照企业标准编制零部件图样目录 将零部件三维图设计和优化后形成零部件工作图、总成纵横剖面图等,以及按完成的设计计算工作构建工程数据库。例如,建立总成和零部件的数字化定义及其全息模型。图 1-8 所示为气缸体的三维全息模型。

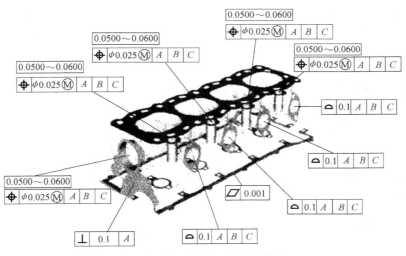

图 1-8 气缸体的三维全息模型

为了创建工程实用的数字样机,必须在符合产品开发过程等有关标准规范、准则的前提下,正确进行产品及其零部件的数字化定义。此外,还需利用软件对装配体的匹配、公差和装配质量进行正确和有效的评估分析,保证从 CAD 系统生成的三维数字模型是一个全息模型,即含有几何精度、尺寸公差、几何公差、表面粗糙度等几何工艺信息,以供下一步的设计依据。

(6)数字样机文档的可视化 数字样机的数据文档要及时创建、维护和发布,这里的数据文档,大致可以分为三类:

1)如图 1-8 所示的几何模型及其相关属性信息数据。

2)知识库。

3) 有关数字样机的文档，如设计报告书、计划任务书、计算报告书、检测报告书、使用操作手册、维护手册及培训手册等。

3. 样机制作与试验

试制多缸机样机，进行多缸机试验（磨合、调整、性能试验、耐久试验、可靠性试验、配套试验和扩大用户试验），进行样机鉴定和小批量生产。

4. 改进处理与定型

在总结了多缸机试制、样机性能试验和用户配套试验的基础上，要进行多方面的综合改进和进一步的试验考核，然后由企业或者地方主管部门组织新产品的鉴定和定型。

试制和定型需进行的试验将在本书第10章详细讲述。

项 目 训 练

1. 查阅资料，阐述欧洲汽车排放法规的发展历程，从环境保护的角度分析内燃机作为车用动力的利与弊。
2. 调查近三年国内各类商用车产销情况，分析商用车产销与经济增速的关系。
3. 通过阅读图1-9所示的整车与底盘系统开发流程和图1-10所示的先进车用电控柴油机开发流程，写一篇综述，阐述企业研发工程能力建设，包含但不限于以下工作内容：

1) 概念设计（CAD和CAE、数据库支持平台）。

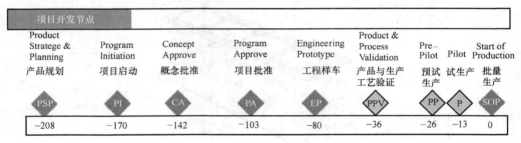

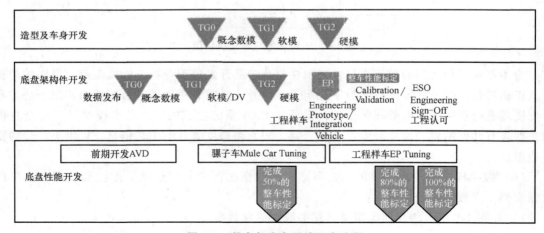

图1-9 整车与底盘系统开发流程

图 1-10 先进车用电控柴油机开发流程

2) 详细设计（产品设计和制造工艺并行）。

3) CAE 计算（CAD 和 CAE、数据库支持平台）。

4) 样件制造和采购。

5) 样机装配。

6) 燃烧开发。

7) 机械开发和试验验证设计与 CAE 计算。

8) 发动机台架完整试验标定。

9) 零部件功能试验。

10) 发动机耐久试验验证。

11) 车辆和动力总成匹配和标定。

第 2 章 汽车内燃机选型

教学目标：充分认识装备汽车用动力的多样性和主流，掌握往复活塞式内燃机的分类。认识汽油机和柴油机的优缺点，了解两者在汽车上的应用及各自的应用车辆类型。了解车用汽油机和柴油机的前沿技术，初步掌握选配发动机时要满足的动力需求及遵循的统计规律。

汽车动力总成选型是车型开发的始点工作之一，先确定动力总成，再发挥动力总成最佳性能为整车服务。动力总成的基本性能在很大程度上决定了整车的基本性能，因此，根据动力总成的比较和一般原则便可初步确定动力总成，再根据整车匹配的实际情况进行调整，最终实现动力总成与整车的最佳性能匹配。

2.1 汽车发动机分类

发动机是汽车的心脏，为汽车行驶提供动力。汽车发动机的分类如图 2-1 所示。

这里不包括电动汽车用的电动机，因为无论普通电池的纯电动汽车，还是燃料电池电动汽车，都属于电池+电动机组成发动机，这里也不讨论混合动力，即电池+电动机+内燃机的驱动形式。

在讨论发动机选型时，只考虑用途广泛的往复活塞式内燃机，而不涉及冷僻类型。在往复活塞式内燃机的讨论中也只涉及部分关键与热点问题，如内燃机类型、动力大小、冲程数、气缸排列型式、进气方式、冷却方式、前沿技术应用等。

2.2 汽油机与柴油机

2.2.1 汽油机的特点与应用

统计表明，汽油机作为乘用车动力占主导地位。传统意义上，汽油机的热效率不如柴油机，尤其是在部分负荷下。汽车工作于转速和负荷构成的平面工况，经济工况范围越宽，经济性越好，汽油机经济工况范围不如柴油机宽，但汽油机运转柔和，排放更容易控制，且在节能方面也在不断进步。

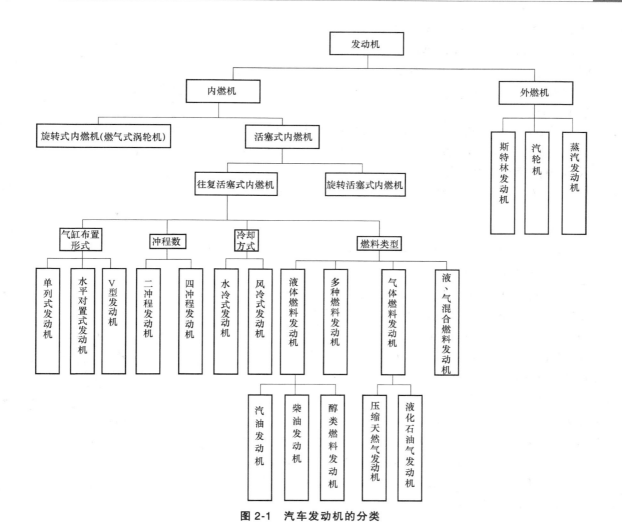

图 2-1　汽车发动机的分类

1. 汽油机的主要优点

1）汽油挥发性好，与空气混合迅速，较短时间内易形成均匀的可燃混合气，所以空气利用充分，转速可以较高，升功率高，结构紧凑，燃烧快速、完全。

2）由于升功率高，最高燃烧压力低，结构轻巧，比质量小（一般只有柴油机的一半左右）。

3）由于质量小，省材料，又不必用柴油机供油系的超精密的零件，制造成本较低（大约只有同功率柴油机的一半）。

4）由于运转柔和，因此噪声较小。

5）冷起动性能好。

6）尾气排放控制方面，有害污染物 CO、HC 和 NO_x 排放在均质燃烧模式用三元催化转换器容易控制且已降得较低，稀薄燃烧模式下污染物的转换效率也正在取得突破。

现代电子技术的飞速发展为汽车内燃机的技术突破提供了可能，很多用机械方式解决不了的问题，可通过应用电子技术得到解决，如汽油机直喷技术、可变气门正时技术、可变进气管长度技术、燃烧速率控制技术、可变排量技术、柴油机高压共轨直喷技术等,都是在电子控制技术平台上发展起来的。现代汽车内燃机技术已进入电子时代,使汽车更具智能化。节能、环保技术的运用将成为未来汽车内燃机技术发展的主旋律。

图2-2所示为奥迪2.0L涡轮增压燃料分层喷射(Turbocharger Fuel Stratified Injection,TFSI)汽油机。该汽油机入选2008年全球十佳发动机,其主要技术特点:

1)废气涡轮增压+燃料分层缸内直接喷射,汽油高蓄压装置。

2)双平衡轴。

3)低摩擦凸轮滚子挺柱配气机构。

4)双凸轮轴可变气门正时系统。

图2-2 奥迪2.0L TFSI汽油机

目前,乘用车用汽油机向小型化发展,小型汽油机不仅要"小",即排量小(0.6~1.5L)、体积小、质量小,而且还要"高"和"优"。汽油机小排量化并具有高性能,即较高的升功率(大于70kW/L),还要低油耗、低排放,满足越来越严格的燃油消耗和排放法规要求。

传统的"黄金动力"1.6L自然吸气汽油机的市场占比正在出现下降趋势,而小排量汽油机1.0L、1.2L三缸汽油机越来越多地出现,如图2-3所示的法国PSA集团1.2THP涡轮增压直喷汽油机。该汽油机主要技术特点:

1)缸内高压直喷,废气涡轮增压,轻质涡轮技术。

2)高升功率,102kW最大功率和230N·m最大转矩。

3)Stop-Start发动机智能启停系统。

4)连续可变正时(Continue Variable Valve Timing,CVVT),其进气正时相位提供最大70°曲轴转角的可变角度,同时排气正时相位提供最大50°曲轴转角的可变角度。

图2-3 法国PSA集团1.2THP涡轮增压直喷汽油机

5)解耦式齿轮平衡轴技术,有效降低振动。

6)内置湿式正时带系统。

7)双质量飞轮,双质量刚度-阻尼系统。

2. 汽油机的主要缺点

1)由于压缩比受爆燃限制,热效率较低,而且多数进气管喷射模式用量调节的方法来改变负荷,即用节气门对进气进行节流,致使小负荷时燃油经济性急剧恶化。

2)同样受爆燃限制,汽油机缸径难以做大,一般单缸功率很难超过30kW,也就限制了整机功率的提高。

2.2.2 柴油机的特点与应用

1. 柴油机的主要优点

近年来，世界性的车用动力柴油化趋势非常明显。与汽油机相比，柴油机具有以下优势：

1) 由于采用压燃原理，压缩比高，燃油经济性好，最低燃油消耗率比一般汽油机低15%~25%。同时，在较大的负荷变化范围内经济性好，汽车工作的平面（转速和负荷构成的平面）工况对应的万有特性上低油耗区较宽，这对于经常在部分负荷下运转的发动机节油效果明显。

2) 尾气排放控制方面，柴油机的尾气排放主要是颗粒物，其次才是HC和CO。随着直喷机型的普及，NO_x排放控制也变得与汽油机一样重要。

因为柴油机采用过量空气燃烧和高压缩比，CO排放比汽油机要低得多，大约只是汽油机的1/10。在冷机工况下，柴油没有HC的蒸发排放；在热机工况下，HC的排放量也低得多。在温室气体CO_2排放方面，由于柴油机热效率高，其CO_2排放明显低于汽油机。

3) 颗粒物排放要高于汽油机，但研究表明，使用最新技术的柴油机颗粒物排放有可能达到直喷汽油机的水平。

4) 在NO_x排放方面，柴油机比汽油机要高，以欧V标准为例，M类乘用车柴油机为180mg/km，汽油机为60mg/km，但都降到了较低的水平。

5) 柴油机的工作可靠性和使用耐久性优于汽油机，柴油机电器部分简单，且采用精密的高压供油系统，电路和油路故障率低。另外，柴油机没有汽油机的爆燃燃烧，故其整机可靠性要比汽油机高。一般来说，柴油机使用寿命比汽油机几乎长一倍。

6) 柴油机可以采用较大的缸径或较高的增压比来提高单缸功率，故柴油机的总功率上限几乎不受限制。

2. 柴油机的主要缺点

1) 由于最高燃烧压力高，结构笨重。与同类汽油机相比，柴油机的升功率小、比质量大，成本和价格高。

2) 由于运行粗暴，噪声和振动较大，尤其是在低速状态下工作时，振动大且易引起车身共振，影响乘坐舒适性。

3) 低温起动相对汽油机困难，需要采取专门措施。

4) 颗粒物排放高于汽油机。

鉴于上述技术特性，考虑石油产品中汽油和柴油的生产和使用平衡，轻型移动式动力机具、摩托车、乘用车用汽油机是合理的。一般轻型货车与乘用车大多用汽油机作为动力，载质量5t以上的重型货车和同等级的大客车、公共汽车则应用柴油机。农用运输车、工程机械、农业机械、铁路机车、中等以上船舶一般用柴油机。

图2-4所示为东风DDi75柴油机，该机型采用先进的设计理念和设计方法，以及现代设计流程，秉承高可靠性、高动力性、低油耗、

图2-4 东风DDi75柴油机

低排放和低成本设计理念,具有以下特点:

1) 采用高强度蠕墨铸铁气缸体和气缸盖、整体锻钢曲轴、凸轮轴。
2) 气缸体结构全对称,整体结构紧凑,承载力强。
3) 采用 BOSCH 高压共轨燃油喷射系统。

2.2.3 汽车内燃机选配的基本原则

选配内燃机作为车用动力时,首先要满足动力需求,且遵循必要的统计规律。对载货汽车来说,内燃机功率取决于汽车总质量。一般对于总质量在 20t 以上的重型载货汽车,吨功率为 4~7kW/t;总质量为 5~19t 的中型载货汽车,吨功率为 7~13kW/t;总质量小于 4t 的轻型载货汽车或乘用车,吨功率为 10~22kW/t,最高可达 50kW/t,因为多为城市用车,要求加速性好,并尽量少换档,轿车内燃机的功率主要取决于最高车速(可达 140~200km/h)和加速性,其吨功率高达 50~100kW/t。此外,乘用车内燃机应有优异的工况变动响应性。

在经济性方面,内燃机的燃料经济性评价指标为燃油消耗率 g_e[g/(kW·h)],也称比油耗。常用的有额定功率燃油消耗率、外特性最低燃油消耗率和万有特性最低燃油消耗率。

对于汽车内燃机,低负荷、低转速下的燃油消耗率更加重要。为使整车百公里油耗最低,不仅要求内燃机的最低燃油消耗率值低,还要求低油耗的工况范围大,要求内燃机特性与汽车的匹配良好。所以,汽车用内燃机要求部分负荷和低转速下的经济性及在急剧变动的瞬态工况下的经济性要好。对于同一汽车,用功率较大的内燃机可以得到较好的加速性和较高的最高车速,但在车速较低的大部分使用工况下,负荷率低,加上大功率内燃机自身质量大,油耗高于配功率较小的内燃机的汽车,所以,在汽车的动力性与经济性之间应做合理的折中。

2.3 几种汽车内燃机类型的讨论

2.3.1 冲程数

中、小功率高速往复活塞式内燃机中占优势的是四冲程内燃机,与二冲程内燃机相比,四冲程内燃机更加坚固、可靠、耐磨,经济性好,指标稳定,因此,汽车内燃机多用四冲程内燃机。

二冲程内燃机的燃料和润滑油消耗较大,HC 排放量大,急速和小负荷工况运转不稳定,活塞和气缸套的热负荷较大。若用扫气泵则噪声较大,若用回流扫气则很难保证良好的扫气效率。但是,二冲程内燃机在同样转速下比四冲程内燃机工作频率高一倍,摩擦损失小,升功率可高出 50%~70%,且转矩变化比较均匀。

用曲轴箱作为扫气泵对气缸进行回流扫气的二冲程汽油机是结构最为简单的内燃机,因此在摩托车、摩托艇、喷雾机、割草机等小型动力装置上应用广泛。但近年来,为节约燃油与润滑油,尤其为减少 HC 排放,小型二冲程汽油机有逐渐被高速四冲程汽油机取代的趋势。车用汽油机也几乎全是四冲程内燃机。中、小功率高速柴油机一般通过增压提高比功率,几乎不考虑采用二冲程内燃机。

2.3.2 冷却方式

液体冷却(简称液冷)式内燃机由于冷却均匀稳定,强化潜力比空气冷却(简称风冷)

式内燃机大，且工作可靠，因此绝大多数内燃机是液冷式。在其他相同的条件下，由于充气效率的差别，液冷式内燃机的平均有效压力比风冷式内燃机高 5%~10%，风冷式内燃机的主要困难是气缸盖的火花塞或喷油嘴及排气门附近局部高热负荷区不易得到足够强度的冷却，影响了可靠性和耐久性。对汽油机来说，过热导致爆燃，限制了压缩比的提高。所以，汽油机与风冷的相容性不如柴油机。大缸径内燃机和增压内燃机热负荷重，更不宜采用风冷。

风冷式内燃机的优点是不用冷却液体，冷却系统构造简单，不存在泄漏、积垢、沸腾、结冰等问题，冷却系统工作可靠，使用方便。

随着无毒、不可燃、高沸点、低凝点的防冻液的普遍推广，过去水冷式内燃机包括对环境温度适应性不好在内的一些缺点，逐步得到克服。目前，风冷式内燃机主要用于小功率机型，如摩托车、移动式小型动力机具等，国外也有成熟的用于军用车辆的风冷式柴油机。

2.3.3 气缸数和气缸布置形式

气缸数和气缸布置形式对往复活塞式内燃机的外形尺寸、平衡性和制造成本等有很大影响。在给定的功率下，如果平均有效压力和活塞平均速度不变，则内燃机的升功率将与气缸数的二次方根成正比。也就是说，多缸内燃机比较紧凑轻巧，同时，其往复质量平衡性好，飞轮尺寸较小，转矩输出均匀，运转平顺，起动容易，加速响应特性好等。

小缸径内燃机（特别是柴油机）由于燃烧室面容比变大，散热损失大，经济性差，此外，多缸内燃机零件数增加，结构复杂，可靠度下降，制造和使用成本提高。

乘用车和轻型载货汽车除最小排量车型用二缸内燃机或三缸内燃机外，绝大多数用四缸内燃机，少数高级乘用车用六缸内燃机。中型载货汽车多用四缸内燃机，少数用六缸内燃机。重型载货汽车则绝大多数为六缸内燃机，少数超重型载货汽车用十二缸内燃机。

总之，车用内燃机中四缸内燃机和六缸内燃机占多数，具有明显的综合优势。

气缸布置形式，六缸以下的内燃机绝大多数是单列的，其气缸轴所在平面与地面垂直（称为单列式内燃机）或倾斜某一角度（称为斜置式内燃机），后者是为了降低总高度，多用于乘用车。当气缸轴线平面呈水平时称为卧式内燃机，这时总高度大大降低，布置在前部有利于改善汽车面积和视野，布置在汽车中部的车厢地板下面，有利于改善汽车视野和操纵性（轴负荷分布比较合理）、机动性（前轮活动性好，转弯半径可减小），适用于大型客车和重型载货汽车。不过，卧式内燃机的冷却和操纵系统比较复杂，保养和检修需要专门设备。

载货汽车用的六缸柴油机基本是直列式，高级乘用车用六缸汽油机则多是 V 型，其长度短，特别适于采用横置，与整车匹配十分紧凑，但其平衡性不如单列式六缸内燃机。V 型八缸内燃机在气缸夹角为 90°时，其结构紧凑，比质量小，机体刚度好，曲轴扭振固有频率高（不易共振），且接近理想的平衡特性，但结构复杂、成本高，除极少数超豪华车型外已很少应用。重型载货汽车用柴油机，通过采用高增压加中冷技术，单列式六缸结构一般也已足够，很少用 V 型八缸内燃机。V 型十二缸内燃机用于少数超重型载货汽车。对置气缸式（卧式）内燃机虽具有长度短、高度低的优点，但因宽度过大、刚度差而应用不广。

2.3.4 进气形式

增压是提高内燃机平均有效压力的有效手段，废气涡轮增压由于利用了部分排气能量，从而使机械损失相对减小，经济性得到改善。增压柴油机的滞燃期缩短，运行粗暴性得到改善，噪声相对下降。由于可用较大的空燃比，增压机的颗粒物排放量较少。通过推迟喷油、废气再循环可以抑制 NO_x 排放。最初，内燃机车、船舶、发电机组等大功率柴油机均为增压型，而汽车只有重型长途运输用车才用增压柴油机。由于涡轮增压器在突然加速时动态响应有滞后，阻碍了它在车速经常变化的汽车上的应用。随着小型涡轮增压器技术的进步，其效率提高，转子惯量减小，响应更快，制造成本下降，车用柴油机的增压已越来越普遍。值得说明的是，有些车用柴油机采用增压主要是为了增大低速转矩，有些则是为了降低额定转速，从而实现低排放、低噪声，而不是完全为了提高最大功率。

增压技术在汽油机的应用上的困难主要有易爆燃、汽油机与增压器匹配难、混合气难控制等。

目前，汽油喷射系统已基本淘汰化油器，尤其是随着汽油缸内直接喷射（GDI）技术的成熟，上述混合气难控制的问题不复存在。利用爆燃传感器的闭环爆燃控制系统，能够自动改变点火时刻，使易爆燃的问题得到了较好的解决。汽油机和涡轮增压器技术的进步将使汽油机与增压器匹配难的问题逐步解决。总之，无论车用柴油机还是汽油机，增压都是今后的发展方向。

思考题和项目训练

一、思考题

1. 作为车用动力，汽油机的主要优点是什么？柴油机的主要优点是什么？
2. 假如柴油机与汽油机的排量一样，都是非增压或者都是增压机型，哪一个升功率高？为什么？假如不限排量，柴油机与汽油机哪一个可以做得功率更大？为什么？

二、项目训练

1. 进行市场调查，以某一区域和时间段为调查范围，调查乘用车和商用车对柴油机与汽油机的应用情况。
2. 阅读国家标准 GB/T 3730.1—2001，熟悉汽车的定义及分类。

（1）写出下列各乘用车类型的定义。

1）普通乘用车。

2）小型乘用车。

3）高级乘用车。

4）旅行车。

5）活顶乘用车。

6）仓背乘用车。

7）多用途乘用车。

8）越野乘用车。

（2）举出以上车型在市场上的产品例子。它们各装备了哪些类型的发动机？排量是多少？有哪些技术优势？

（3）以上车型除内燃机外，还有怎样的车用动力？结合市场表现说明其优、缺点。

3. 进行市场调查，选一款商用车辆（货车），对其装备的内燃机类型进行分析，指出其竞争优势和不足。

第 3 章

汽车内燃机主要参数确定

教学目标：掌握汽车内燃机动力性、经济性、可靠性与耐久性、运转性能与适应性和低公害等指标的基本概念与基本内容，明确哪些是强制性指标，哪些是要努力提高与优化的指标。掌握气缸直径和气缸数、气缸中心距与气缸直径的比值、行程缸径比、曲柄半径与连杆长度的比值等结构参数对内燃机性能的影响和相互制约关系，在初步设计时，应用若干基本参数对汽车内燃机进行评价。广泛调查、分析市场上表现良好的车用汽油机、柴油机的总体布置和内部结构。

3.1 性能指标

汽车内燃机的主要参数包括：动力性能参数，如功率、平均有效压力、活塞平均速度、转矩；结构参数，如活塞行程 S 与气缸直径 D 的比值 S/D，曲柄半径 r 与连杆长度 L 的比值 λ（$\lambda = r/L$），气缸中心距 L_0 与气缸直径 D 的比值 L_0/D；对于 V 型内燃机还包括气缸夹角 γ，这些参数反映了内燃机的工作性能和设计质量。选择这些参数时，要针对设计任务的要求，既要反映市场的要求，又要结合国内外技术发展的实际情况，再加上设计者的经验和研究工作的积累。

3.1.1 动力性指标

1. 功率

保证所要求的功率和在燃料经济性最佳的前提下尽可能提高功率输出，内燃机功率与其主要参数之间的关系为

$$P_e = \frac{p_{me}V_h zn}{30\tau} = 0.785\frac{p_{me}v_m zD^2}{\tau} \tag{3-1}$$

式中，P_e 为有效功率（kW）；p_{me} 为平均有效压力（MPa）；z 为气缸数；V_h 为单缸工作容积（L）；n 为内燃机转速（r/min）；τ 为冲程数，对四冲程内燃机，$\tau = 4$，对二冲程内燃机，$\tau = 2$；v_m 为活塞平均速度（m/s）；D 为气缸直径（mm）。

若 S 为活塞行程（mm），则有

$$V_h = \frac{\pi}{4}\left(\frac{D}{100}\right)^2 \frac{S}{100} \tag{3-2}$$

$$v_m = \frac{S}{1000} \frac{n}{30} \tag{3-3}$$

2. 平均有效压力

平均有效压力 p_{me} 是标志内燃机热力循环进行的有效性及内燃机结构合理性和制造完善性最重要的指标之一，平均有效压力可表达为

$$p_{me} = \eta_i \eta_v \eta_m \frac{H_u \rho_s}{\alpha l_0} \tag{3-4}$$

式中，η_v 为充气效率（也称充量系数）；α 为过量空气系数；η_i 为指示热效率；η_m 为机械效率；H_u 为燃料低热值（kJ/kg）；l_0 为化学计量比或理论空气量；ρ_s 为进口状态下的进气密度。

由式（3-4）可知，内燃机的 p_{me} 与所用热力循环类型、混合气形成方法、燃料的种类、燃烧和换气过程的质量、进气状态及机械效率等有关。

为了提高内燃机的充气效率，可采用合理的进气系统，减小流动阻力；优化配气机构和配气定时，如多气门结构。汽油机由化油器到进气道汽油喷射，进气节流效应下降，可使 η_v 增大。目前，发展到用缸内汽油直接喷射和分层充量燃烧技术，可部分或完全取消节气门对进气量的节流调节，泵气损失大幅下降，η_v 进一步提高，同时使 η_m 提高。利用电控可变配气正时和可变谐振进气系统，可以在各种转速下获得最大可能的 η_v。

提高 η_i 主要靠提高压缩比，但汽油机受到爆燃的限制。提高汽油辛烷值使炼制成本提高，但目前全电控汽油机已基本普及，利用爆燃传感器反馈控制点火正时。利用每气缸 4 或 5 个气门配合篷形紧凑燃烧室、中央火花塞，使最大火焰行程短，抗爆性大为提高。由于热力学定律的固有限制，指示热效率的增长速率随压缩比的增大而递减。

为提高柴油机的 p_{me}，要尽可能降低过量空气系数，需改进混合气形成方法，改善空气与燃料的宏观与微观混合，优化燃烧室形状、燃料喷射和气流运动的匹配。

提高内燃机 p_{me} 有效的措施之一是采用涡轮增压技术。近年来，汽油机、柴油机都有成熟的涡轮增压技术。

目前，现代化车用汽油机的 p_{me} 范围为 0.9~1.3MPa，增压机型为 1.2~1.5MPa。车用柴油机的 p_{me} 范围为 0.7~1.0MPa，增压机型为 0.9~1.5MPa，个别的强化增压中冷柴油机的 p_{me} 最大值达到了 2MPa。

3. 活塞平均速度

内燃机以活塞平均速度 v_m 为标准，分为高速内燃机、中速内燃机与低速内燃机。习惯上，$v_m > 9$m/s 为高速内燃机；$v_m = 6 \sim 9$m/s 为中速内燃机；$v_m < 6$m/s 为低速内燃机。v_m 表征活塞式内燃机的工作强度，影响内燃机的性能、可靠性和使用寿命。

（1）v_m 对性能的影响　由式（3-1）可知，提高 v_m 可使内燃机功率提高。但是当结构确定时，进、排气阻力（即进、排气过程中的压力降 Δp）与 v_m 成正比，活塞组的摩擦损失平均压力 p_{mm} 与 v_m 成正比，故 v_m 提高导致 p_{me} 下降。所以用提高 v_m 来改善内燃机性能时，必须对结构做相应的改进，例如，减小进、排气系统的流动阻力，减小活塞组的摩擦损

失等。

（2）v_m 对受力件机械应力的影响　曲柄连杆机构的零件由惯性力引起的机械应力近似与 v_m^2 成正比。因为旋转惯性力

$$F_r = m_r r \omega^2 \propto D^3 S n^2$$

最大往复惯性力

$$F_{jmax} = m_j r \omega^2 (1+\lambda) \propto D^3 S n^2$$

式中，m_r 为旋转质量（kg）；m_j 为惯性质量（kg）；r 为曲柄半径（m）；ω 为曲轴角速度（rad/s）；λ 为曲柄连杆比；D 为气缸直径（mm）；S 为行程（mm）；n 为转速（r/min）。

受力面积与 D^2 成正比，故其引起的拉、压应力与 $D^3 S n^2 / D^2 = D S n^2$ 成正比，而 $D S n^2$ 与 $v_m^2/(S/D)$ 成正比，$v_m^2/(S/D)$ 称为惯性负荷系数。对于行程缸径比 S/D 相同的内燃机，应力与 v_m^2 成正比，对于弯曲应力、扭转应力及承压面上的比压，单位长度的变形或应变，也可得出类似的比例关系。

（3）v_m 对热负荷的影响　内燃机气缸内单位时间所发散的热量与燃料发热量成正比，也就与功率 P_e 成正比，因而与 $D^2 v_m$ 成正比。所以，气缸的热负荷，即单位时间、单位面积发散的热量与 v_m 成正比。

（4）v_m 对摩擦件磨损和寿命的影响　由气体压力引起的气缸活塞组磨损速率可认为与摩擦功率成正比，摩擦功率与气体作用力 F_g 和 v_m 的乘积成正比，因而与 $D^2 v_m$ 成正比。由惯性力引起的磨损速率则与 $D^2 v_m^3$ 成正比。

综合起来，单位时间、单位面积的线性磨损量可认为与 $v_m^\sigma (\sigma = 1 \sim 3)$ 成正比，也就是说，随着 v_m 的提高，内燃机的寿命急剧下降。

在内燃机发展史中，v_m 虽也逐渐提高，但总的来说提高幅度很有限，说明提高 v_m 这一参数有很多技术困难。目前，自然吸气高速车用汽油机的 v_m 最大可达 18m/s，而增压汽油机则限于 15m/s 以下。轻型自然吸气柴油机 v_m 的上限为 14m/s，而重型大功率高速增压柴油机的 v_m 一般限制在 12m/s 以下。

4. 转矩

标定功率和标定转速确定之后，内燃机在标定工况下的转矩 M_e 为

$$M_e = \frac{P_e 30000}{n} \cdot \frac{P_e}{\pi} \times 9549.3 = \frac{31.831 p_{me} \pi V_h}{\tau} \quad (\text{N} \cdot \text{m}) \tag{3-5}$$

式中，P_e 为标定功率（kW）；p_{me} 为平均有效压力（MPa）；V_h 为单缸工作容积（L）；τ 为冲程数。

重型汽车、拖拉机、工程机械内燃机除对功率和转速有要求外，还要求具有一定的转矩储备，转矩特性一般用转矩储备系数（又称转矩适应性系数 μ_m）和转速适应性系数 μ_n 及两者的乘积——总适应性系数 μ 表示。转矩适应性系数为

$$\mu_m = \frac{M_{emax}}{M_{en}} \tag{3-6}$$

式中，$M_{e\max}$ 为最大转矩；M_{en} 为标定工况下的转矩。μ_m 大于 1。

转速适应性系数 μ_n 为

$$\mu_n = \frac{n_n}{n_{M e \max}} \tag{3-7}$$

式中，n_n 为标定转速；$n_{M e \max}$ 为最大转矩对应的转速。μ_n 也大于 1。

总适应性系数 μ 为

$$\mu = \mu_m \mu_n \tag{3-8}$$

总适应性系数越大，内燃机适应外界阻力变化的能力越强。

3.1.2 经济性指标

内燃机的经济性指标是指运转中的消耗（燃油、机油）以及维修费用等，通常都是以燃油消耗率和机油消耗率为经济性的主要指标。

1. 燃油消耗率

燃油消耗率是指单位有效功率所消耗的燃料量，用 g_e [g/(kW·h)] 来表示，即

$$g_e = \frac{B}{P_e} \times 10^3 \tag{3-9}$$

式中，B 为每小时耗油量（kg/h）；P_e 为有效功率（kW）。

g_e 又可表示为

$$g_e = \frac{3.6 \times 10^6}{\eta_{et} H_u} \tag{3-10}$$

式中，H_u 为燃料低热值（kJ/kg）；η_{et} 为有效热效率，且 $\eta_{et} = \eta_i \eta_m$。可见，燃油消耗率与有效热效率成反比。

燃油消耗率 g_e 随运转工况而变化，与内燃机的工作过程完善度、燃烧室结构、机械效率等因素有关。汽油机的 $g_e = 265 \sim 340 \text{g/(kW·h)}$，柴油机 $g_e = 215 \sim 270 \text{g/(kW·h)}$。

2. 机油消耗率

机油消耗率 g_m 是指内燃机在标定工况下消耗的机油量，与活塞的密封性及轴承的设计有密切的关系。标定工况下的机油消耗率 $g_m = 0.8 \sim 4 \text{g/(kW·h)}$。

3.1.3 可靠性与耐久性指标

内燃机的可靠性是指在设计规定的使用条件下，具有持续工作，不致因故障而影响内燃机正常工作的能力。可靠性指标通常是以在保证期内，不停车故障次数、停车故障次数，以及更换零件和非主要零件的数目来表示的。

主要零件包括气缸盖、活塞、活塞环、活塞销、连杆、连杆轴瓦、连杆螺杆、曲轴、机体、曲轴箱、凸轮轴、进/排气门、气门弹簧、摇臂、调速弹簧、调速飞锤、销子、高压泵凸轮轴与柱塞精密偶件、出油阀偶件、机油泵、齿轮、驱动轮、增压器等，这个范围是发展变化的。

汽车、拖拉机、工程机械内燃机的保证期一般为 1500~2000h，农用柴油机的保证期为出厂后一年内保证使用 1500h，汽油机的保证期为 500h。

根据可靠性理论，对内燃机这类可修复产品，通常采用可靠度、有效度、故障率、修复率、平均故障间隔时间、平均无故障时间、平均修复时间、可靠寿命、使用寿命等作为衡量可靠性的指标。目前，一般还只采用保证期中的故障情况，以及使用寿命作为衡量内燃机可靠性的指标，且以使用寿命作为衡量内燃机耐久性的指标。

使用寿命是指内燃机从开始使用到第一次大修前累计运转的小时数，或车辆行驶的公里数。

例如，载重汽车柴油机的使用寿命一般为 $(30~60) \times 10^4$ km（7500~15000h），工程机械柴油机的使用寿命一般为 6000~15000h，农用柴油机的使用寿命一般为 6000~8000h。

3.1.4 运转性能与适应性指标

内燃机的运转性能主要是指内燃机操纵使用是否方便，运转是否平稳，起动性与加速性等。

运转平稳是指内燃机平衡良好，振动小。

起动性好是指内燃机起动可靠，一般要求内燃机在 -5℃ 的温度下不附加任何辅助装置就能顺利起动，而在更低的温度（-40℃）下，利用一些辅助装置也能迅速起动。

加速性是以内燃机从急速加速到全负荷的时间来表示的，车用内燃机要求时间越短越好，汽车、拖拉机、工程机械内燃机一般为 5~10s。

内燃机的适应性指适应不同地理条件、不同气候条件的工作能力。

适应不同地理条件的工作能力，通常是指内燃机适应高原的工作能力，适应风砂泥泞等恶劣环境的能力，以及在倾斜路面运转所能达到的坡度等。汽车、拖拉机要求能在前/后倾斜 20°~30°、侧向倾斜 20°左右的情况下正常工作。

适应不同气候的工作能力，是指内燃机在高温地区不会过热，在高寒地区能够迅速起动。汽车、拖拉机、工程机械内燃机一般要求能够在 ±40℃ 的温度范围内良好地工作。

3.1.5 低公害指标

1. 噪声

噪声对人体有害，环境噪声标准（The Standard for the Environment Noise）是为了保护人群健康和生存环境，对噪声容许范围所作的规定。各国一般参照国际标准化组织（ISO）推荐的基数，并根据本国和地方的具体情况而制定。例如，我国提出了环境噪声容许范围：夜间（22 时至次日 6 时）噪声不得超过 30dB，白天（6 时至 22 时）不得超过 40dB。

交通噪声主要指的是机动车辆、飞机、火车和轮船等交通工具在运行时发出的噪声。这些噪声源是流动的，干扰范围大。内燃机噪声是车辆噪声的主要来源。

汽车通过对整车噪声的控制来限制发动机噪声，汽车加速行驶车外噪声限值见表 3-1。

2. 排气污染

为防止大气污染，对汽车内燃机排放废气中的有害成分有明确限制。我国汽车内燃机排放限制，目前已执行到国Ⅵ标准，我国于 2001 年实施的《轻型汽车污染物排放限值及测量方法（Ⅰ）》等效于欧Ⅰ标准，2004年实施的《轻型汽车污染物排放限值及测量方法（Ⅱ）》等效于欧Ⅱ标准，2007年实施的《轻型汽车污染物排放限值及测量方法（Ⅲ）》等效于欧Ⅲ标准，2010年以后实施了分别相当于欧Ⅳ标准、欧Ⅴ标准的国Ⅳ标准、国Ⅴ标准和国Ⅵ标准。

表 3-1 汽车加速行驶车外噪声限值（GB 1495—2002）

汽车分类	噪声限值/dB(A)	
	第一阶段 2002.10.1—2004.12.30 期间生产的汽车	第二阶段 2005.1.1 以后 生产的汽车
M_1	77	74
M_2(GVM≤3.5t)，或 N_1(GVM≤3.5t)： GVM≤2t 2t<GVM≤3.5t	78 79	76 77
M_2(3.5t<GVM≤5t)，或 M_3(GVM>5t)： P<150kW P≥150kW	82 85	80 83
N_2(3.5t<GVM≤12t)，或 N_3(GVM>12t)： P<75kW 75kW≤P<150kW P≥150kW	83 86 88	81 83 84

注：1. GVM 为汽车最大总质量。
    2. P 为内燃机额定功率。
    3. M_1、M_2（GVM≤3.5t）和 N_1 类汽车装用直喷式柴油机时，则其限值增加 1dB（A）。
    4. 对于越野汽车，其 GVM>2t 时：如果 P<150kW，其限值增加 1dB（A）；如果 P≥150 kW，其限值增加 2dB（A）。
    5. M_1 类汽车，若其变速器前进档多于四个，P>140kW，P/GVM 之比大于 75kW/t，并且用第三档测试时其尾端出线的速度大于 61km/h，则其限值增加 1dB（A）。

目前，已执行的国Ⅵ标准即欧Ⅵ排放法规是世界上最严格的排放法规，即 GB 18352.6—2016《轻型汽车污染物排放限值及测量方法（中国第六阶段）》和 GB 17691—2018《重型柴油车污染物排放限值及测量方法（中国第六阶段）》。表 3-2 和表 3-3 所列分别为轻型汽车Ⅰ型试验国Ⅵ标准的 6a、6b 两阶段排放限值，重型汽车相关内容可参考 GB 17691—2018。

表 3-2 轻型汽车Ⅰ型试验国Ⅵ标准的 6a 阶段排放限值（GB 18352.6—2016）

车辆 类别	测试质量 (TM)/kg	限值											
		CO /(mg/km)		总碳氢化 合物 (THC) /(mg/km)		非甲烷碳 氢化合物 (NMHC) /(mg/km)		NO_x /(mg/km)		N_2O /(mg/km)		颗粒物 (PM) /(mg/km)		粒子数量(PN) /(个/km)	
	级别	PI	CI	PI	CI	PI	CI	PI	CI	PI	CI	PI	CI	PI	CI
第一类车	全部	700	700	100	100	68	68	60	60	20	20	4.5	4.5	—	$6.0×10^{11}$

（续）

车辆类别	测试质量(TM)/kg		CO /(mg/km)		总碳氢化合物(THC) /(mg/km)		非甲烷碳氢化合物(NMHC) /(mg/km)		NO_x /(mg/km)		N_2O /(mg/km)		颗粒物(PM) /(mg/km)		粒子数量(PN) /(个/km)	
	级别		PI	CI	PI	CI	PI	CI	PI	CI	PI	CI	PI	CI	PI	CI
第二类车	Ⅰ	TM≤1305	700	700	100	100	68	68	60	60	20	20	4.5	4.5	—	$6.0×10^{11}$
	Ⅱ	1305<TM≤1760	880	880	130	130	90	90	75	75	25	25	4.5	4.5	—	$6.0×10^{11}$
	Ⅲ	1760<TM	1000	1000	160	160	108	108	82	82	30	30	4.5	4.5	—	$6.0×10^{11}$

注：1. M类车是指：
   M_1类：用于载客的乘客座位（含驾驶员座位）不超过9个的载客汽车。
   M_2类：具有9个以上乘客座位（含驾驶员座位）且最大设计总质量小于或等于5000kg的载客汽车。
   M_3类：具有9个以上乘客座位（含驾驶员座位）且最大设计总质量大于5000kg的载客汽车。
2. N类车是指：
   N_1类：最大设计总质量小于或等于3500kg的载货汽车。
   N_2类：最大设计总质量大于3500kg，但小于或等于12000kg的载货汽车。
   N_3类：最大设计总质量大于12000kg的载货汽车。
3. 轻型汽车是指最大设计总质量不超过3500kg的M_1类、M_2类和N_1类汽车。
4. 重型汽车是指最大设计总质量大于3500kg的M_2类、M_3类、N_2类和N_3类汽车。
5. 第一类车指包括驾驶员座位在内，座位数不超过六座，且最大设计总质量不超过2500kg的M_1类汽车。第二类车指第一类车以外的其他所有轻型汽车。
6. 在制造厂要求下，最大设计总质量超过3500kg，但不超过4500kg的M_1类、M_2类、N_2类汽车也可按本标准要求进行检验。
7. PI为点燃式内燃机；CI为压燃式内燃机。

表3-3 轻型汽车Ⅰ型试验国Ⅵ标准的6b阶段排放限值（GB 18352.6—2016）

车辆类别	测试质量(TM)/kg		CO /(mg/km)		总碳氢化合物(THC) /(mg/km)		非甲烷碳氢化合物(NMHC) /(mg/km)		NO_x /(mg/km)		N_2O /(mg/km)		颗粒物(PM) /(mg/km)		粒子数量(PN) /(个/km)	
	级别		PI	CI	PI	CI	PI	CI	PI	CI	PI	CI	PI	CI	PI	CI
第一类车	全部		500	500	50	50	35	35	35	35	20	20	3.0	3.0	—	$6.0×10^{11}$
第二类车	Ⅰ	TM≤1305	500	500	50	50	35	35	35	35	20	20	3.0	3.0	—	$6.0×10^{11}$
	Ⅱ	1305<TM≤1760	630	630	65	65	45	45	45	45	25	25	3.0	3.0	—	$6.0×10^{11}$
	Ⅲ	1760<TM	740	740	80	80	55	55	50	50	30	30	3.0	3.0	—	$6.0×10^{11}$

3.2 基本结构参数

3.2.1 气缸直径和气缸数

由式（3-1）可知，内燃机的有效功率P_e与气缸直径D成正比。在p_{me}、v_m等参数不变的情况下，D 的大小不影响机械应力、变形和热负荷。

若 M 为内燃机净质量，内燃机比质量即单位功率的质量 $m = \dfrac{M}{P_e}$，因为 $P_e \propto D^2$，$M \propto D^3$，所以 m 与 D 成正比。另外，气缸工作容积的比表面（单位工作容积的表面积）与 D 成反比，因而相对磨损与 D 成反比。因此，当 D 增大时，内燃机结构变得笨重，但相对磨损可以减少，寿命可以延长。

目前，汽油机气缸直径 D 的上限大约为 100mm，车用汽油机 $D = 60 \sim 90$mm。柴油机 $D = 60 \sim 1000$mm，其中车用柴油机 $D = 80 \sim 140$mm。

乘用车内燃机往往以总排量 $V_{st} = zV_s$ 来分类。一般以 $V_{st} = 0.6 \sim 1.2$L（$z = 2 \sim 4$）的汽油机（很少用柴油机）配普及车型，$V_{st} = 1.2 \sim 2.5$L（$z = 4$）的发动机（汽油机、柴油机都有）配标准车型，$V_{st} = 2.5 \sim 3.5$L（$z = 6$）的发动机配豪华车型，$V_{st} > 3.5$L（$z = 8$ 或 12）的发动机配超豪华车型。

3.2.2　气缸中心距 L_0 与气缸直径 D 的比值 L_0/D

气缸中心距与气缸直径的比值 L_0/D 能表征内燃机长度尺寸的紧凑性及质量指标。气缸中心距 L_0 的大小取决于气缸盖的类型（整体式、分体式、单体式）、气缸套的类型（整体式、干式、湿式）、气缸布置形式（单列式或 V 型）、冷却方式（水冷式或风冷式），以及曲轴的结构类型及各部位尺寸。在确定 L_0/D 时，首先要考虑曲轴的主轴颈、曲柄销的长度及曲柄臂的厚度，使主轴承及连杆大头轴承有足够的承压面积，并保证曲轴有良好的强度和刚度；其次要考虑气缸盖的布置方式，保证气缸盖固定螺栓及进、排气道的布置，对水冷式内燃机要保证冷却液道的布置，为了缩短内燃机长度，实现轻量化目标，在保证上述基本要求的基础上，汽车内燃机应尽可能采用较小的 L_0/D 值。

目前，汽车、工程机械、农用内燃机的 L_0/D 值一般在 $1.10 \sim 1.50$ 之间，其中汽油机：单列式为 $1.10 \sim 1.25$，V 型为 $1.15 \sim 1.30$。柴油机：单列式为 $1.10 \sim 1.35$，V 型为 $1.25 \sim 1.50$。

3.2.3　行程缸径比 S/D 和活塞行程 S

由式（3-1）可知，对一定的 P_e，当 z、p_{me} 和 τ 已选定时，必须根据 n 和 V_s 确定 D 和 S，或根据 v_m 和 D 确定 n 和 S。在第一种情况下，要校核 v_m 是否合适；在第二种情况下，要校核 n 是否符合使用要求，即行程缸径比 S/D 对内燃机有多方面的影响。

1. S/D 对有效功率 P_e 的影响

当 v_m 不变时，S/D 减小意味着 n 上升，因而与 n 成正比的 P_e 跟着增大，使内燃机更加紧凑轻巧。但当转速 n 不是受限于 v_m 而受限于其他因素不能随 S/D 的下降而升高时，上述结论便不成立。例如，柴油机的燃烧过程往往受 n 制约，而与 v_m 无关，所以柴油机往往不通过减小 S/D 进行强化。

2. S/D 对燃烧室形状的影响

S/D 小的短行程内燃机气缸余隙比较扁平，对压缩比高的柴油机尤其如此，使燃烧室有效容积比减小，燃烧过程较难组织。对汽油机来说，短行程内燃机的燃烧室也显得不紧凑，燃烧较慢，且 HC 排放较高。

3. S/D 对散热的影响

在其他相同的条件下，S/D 下降使 D 增大，使得传到气缸冷却水套的热量减少，活塞组零件的温度上升。经验表明，当 $S/D=1$ 时，总散热量的 2/3 由气缸盖传出，1/3 由气缸筒传出；而当 $S/D=1.5$ 时恰恰相反。

4. S/D 对外形尺寸的影响

单列式内燃机的总长度主要取决于 z 和 D，所以 S/D 小的短行程内燃机总长度较大。虽然高度较小，但这一优点不太明显。因此，单列式内燃机应该用较大的 S/D。对双列式内燃机来说，总长度一般取决于曲轴的轴向尺寸，气缸布置比较宽松，所以用短行程结构可以减小内燃机的高度和宽度而不牺牲总长度，获得总体上更好的紧凑性。

同一总排量 V_{st} 值可以由不同的气缸直径 D 和活塞行程 S 组合而成。目前的技术条件下，当每一气缸工作容积一定时，采用较小的 S/D 值有如下优点：

1) 可相应提高转速而不至于使活塞平均速度超过许可值，因而可提高功率。

2) 可降低单列式内燃机高度，缩小卧式及对置式内燃机的宽度，降低 V 型内燃机的高度和宽度。对于对置式和 V 型内燃机而言，其长度并不全取决于气缸的大小，而是取决于曲轴各轴承所要求的最小轴向尺寸，因而可减小外形尺寸并相应减小质量。

3) 由于曲柄半径减小，曲轴主轴颈和曲柄销轴颈的重叠度增大，因此刚度增大，应力状态得以改善。同时，连杆长度缩短，对其强度和刚度均有利。

4) 由于气缸直径相对增大，易于布置气缸盖上的气道和配气机构，这样可以采用较高的转速，而且气门通道的加大有利于改善进气条件。

但是，首先要考虑上述各方面的影响，当采用较小的 S/D 值时，由于气缸直径的加大，热负荷、机械负荷和噪声相应加大；对于单列式内燃机，其长度增大；此外，较小的 S/D 值不利于燃烧室的设计。

习惯上称 $S/D=1$ 的内燃机为方形内燃机；$S/D<1$ 者为短行程内燃机；$S/D>1$ 者为长行程内燃机。现代汽车及工程机械内燃机的 S/D 值一般为 0.7~1.3，对于高速柴油机而言，S/D 值为 0.9~1.15，中速柴油机的 S/D 值为 1~1.25，低速柴油机的 S/D 值为 1.6~2.2。汽油机的 S/D 值为 0.8~1.2。现代汽车内燃机，尤其是 V 型内燃机多采用短行程。

3.2.4 曲柄半径 r 与连杆长度 L 的比值

曲柄半径与连杆长度的比值 $\lambda=r/L$ 是决定内燃机连杆长度 L 的一个结构参数。当活塞行程 S 确定后，曲柄半径 $r=S/2$，因此，在确定参数 λ 后，即可确定连杆长度 L。

对于单列式内燃机，λ 越大，连杆长度 L 越短，在 D、S 相同的情况下，内燃机的高度或宽度越小，内燃机外形结构越紧凑，质量越小。同时，连杆长度缩短后，使得连杆杆身具有较大的刚度和强度。λ 加大后使得往复运动质量的加速度及连杆摆角也相应加大，但是因为连杆质量减小，往复惯性力与侧压力变化不大。因此，为了保证内燃机的紧凑性和轻量化，在设计时一般尽可能选取较大的 λ，使得连杆长度尽量短。但是，连杆长度的缩短是有所限制的，即：

1) 活塞在下止点时，活塞裙部不应与曲轴平衡重相碰。

2) 活塞在上止点时，曲柄臂不应与气缸套下部相碰。

3) 连杆在气缸套内摆动时，连杆杆身不应与气缸套下部相碰。

为了缩短连杆长度，必要时可在气缸套上开槽，或将活塞裙部切去一部分。现代汽车内燃机的 λ 值一般为 0.25~0.33。

3.2.5 汽车内燃机的几个综合评价参数

评价汽车内燃机选型、基本参数的合理性以及结构设计的完善性、紧凑性，可以利用内燃机的质量、外形尺寸指标和强化参数，它们可以用来评价内燃机的结构紧凑性和金属材料的利用程度。

定义 M 为内燃机净质量（kg）（不包括燃油、机油、冷却液及其他不装在内燃机本体上的附属设备），V 为内燃机外接立方体体积（m³），A_{pt} 为活塞顶投影面积（m²），P_e 为有效功率，V_{st} 为排量（L），v_m 为活塞平均速度。

可用以下参数来对汽车内燃机进行综合评价，分别用相应的公式计算：

1) 升功率 P_L（kW/L）

$$P_L = \frac{P_e}{V_{st}} \propto p_{me} n \tag{3-11}$$

2) 活塞面积功率 P_S（kW/m²）

$$P_S = \frac{P_e}{z A_{pt}} \propto p_{me} v_m \tag{3-12}$$

3) 单位体积功率 P_V（kW/L）

$$P_V = \frac{P_e}{V}$$

$$P_V = \frac{P_e}{V_{st}} \times \frac{V_{st}}{V} = P_L \frac{V_{st}}{V} = P_L k \tag{3-13}$$

4) 比质量 m（kg/kW）

$$m = \frac{M}{P_e} = \frac{M_L}{P_L} \tag{3-14}$$

5) 比体积 v（L/kW）

$$v = \frac{V}{P_e} = \frac{V_L}{P_L} \tag{3-15}$$

6) M_L 升质量（kg/L）

$$M_L = \frac{M}{V_{st}} \tag{3-16}$$

7) V_L 升体积（m³/L）

$$V_L = \frac{V}{V_{st}} \tag{3-17}$$

P_L 表征内燃机工作过程的强化和完善程度，与 $p_{me} n$ 成正比。

P_S 表征单位时间内通过燃烧室单位面积的平均热量，即内燃机的热负荷，与 $p_{me} v_m$ 成正比。这说明 p_{me} 和 v_m 的增大都会使内燃机的热负荷增大。另外，内燃机气压力引起的应力与 p_{me} 成正比，而惯性力引起的应力与 v_m^2 成正比。因此，乘积 $p_{me} v_m$ 称为内燃机的强化系数。而 P_S 对活塞组和气缸盖的设计有决定性的影响。

$k = \dfrac{V_{st}}{V}$ 称为总布置紧凑系数，是升体积的倒数。

比质量 m 直接涉及车辆的燃料消耗。m 实质上包括了工作过程的强化程度（用 P_L 评价）和结构完善程度（用 M_L 评价）两个方面。对于结构设计来说，用 m 和 M_L 评价更合理。

内燃机铸件质量占总质量的 60% 以上，如果用铝合金铸造机体（气缸体）、气缸盖等可大大减小质量，铝合金在汽油机中广泛应用。铸铁件要在工艺条件允许的情况下，尽量减小壁厚。各种盖板、罩壳类零件或用金属板材冲压，或用工程塑料制造。

3.3 汽车内燃机的结构和总体布置

　　汽车内燃机总体布置的原则是：在满足技术任务书要求的前提下，尽量使得布置紧凑合理、结构简单可靠、工艺性好，且便于拆装和维修，符合产品系列化、零部件通用化、零件标准化的要求，同时要为产品的发展留有余地。总体布置的具体内容如下：

　　1）根据初步确定的主要零部件的结构形式及轮廓尺寸进行布置，绘制纵横剖面图和一些必要的局部视图，以便能发现各个零部件间的尺寸、空间位置、拆装、运动轨迹方面所出现的矛盾并及时解决。

　　2）根据初步选定的辅助系统类型及主要机件轮廓尺寸，合理确定其在内燃机中的安装位置及安装方式，检验各个机件间是否发生干涉、是否便于拆装维修以及需要设计哪些专用工具。

　　3）确定零部件、各系统布置及外形尺寸，绘制一套完整的内燃机纵横剖面图及外形图。

　　4）对于系列化产品的总体布置，除了绘制内燃机的基本型的纵横剖面图及外形图外，还要在基本型的基础上进行变型系列产品的总体布置，每种变型产品要绘制一套纵横剖面图及外形图。图3-1所示为某乘用车单列式四缸汽油机剖面图。

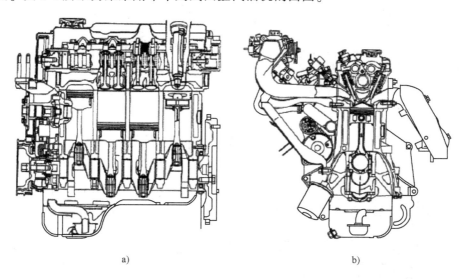

图 3-1　某乘用车单列式四缸汽油机剖面图

a）纵剖面　　b）横剖面

　　用三维布置图表示更直观。图3-2所示为康明斯ISDe40车用六缸柴油机三维布置图。

　　三维布置图与纵横剖面图可互为补充，但不可替代。图3-3所示为整体机体的双列式汽油机内部结构图及横剖面图。图3-4所示为某三缸增压汽油机内部结构图及横剖面图。

　　图3-5所示为大众V10 TDI柴油机内部结构图和横剖面图。图3-6所示为采用双轴平衡机构的1.8L奥迪FSI发动机外形图及横剖面图。

图 3-2　康明斯 ISDe40 车用六缸柴油机三维布置图

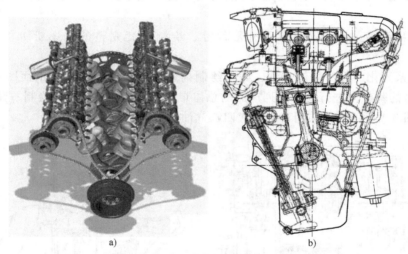

图 3-3　整体机体的双列式汽油机内部结构图及横剖面图
a）内部结构图　b）横剖面图

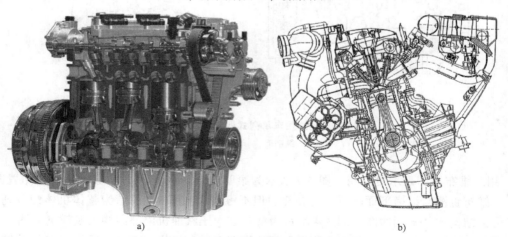

图 3-4　某三缸增压汽油机内部结构图及横剖面图
a）内部结构图　b）横剖面图

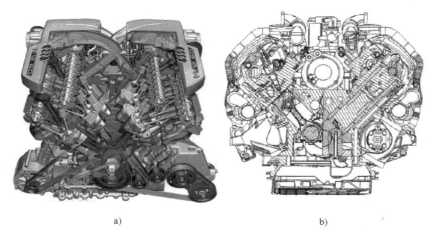

图 3-5 大众 V10 TDI 柴油机内部结构图和横剖面图

a) 内部结构图　b) 剖面图

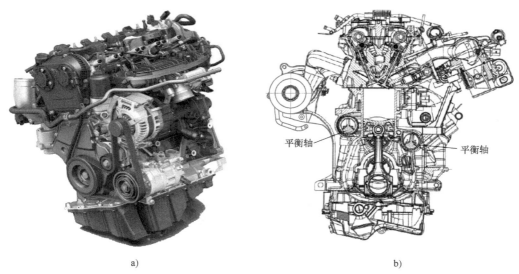

图 3-6 采用双轴平衡机构的 1.8L 奥迪 FSI 发动机外形图及横剖面图

a) 外形图　b) 横剖面图

思考题和项目训练

一、思考题

1. 柴油机与汽油机的气缸直径、行程都一样，假设 $D=90mm$、$S=90mm$，是否都可以达到相同的最大设计转速（如 $n=6000r/min$）？为什么？

2. 活塞平均速度提高，可以强化内燃机动力性，分析其带来的副作用是什么。

3. 某发动机为了提高功率，采用扩大气缸直径的途径，如果气缸直径扩大比较多，比如扩大 5mm，与之相匹配的还要改变哪些机构的设计？还要进行哪些必要的计算？

二、项目训练

1. 阅读国家标准 GB 18352.6—2016《轻型汽车污染物排放限值及测量方法（中国第六阶段）》和 GB 17691—2018《重型柴油车污染物排放限值及测量方法（中国第六阶段）》，概括地写出其主要内容。

2. 进行市场调查，选择一款国内企业的车用内燃机，计算其在本章中涉及的几个综合评价参数，分析该机型的技术特点和竞争优势。

第4章 汽车内燃机工作过程计算

教学目标：明确汽车内燃机设计过程中三大经典计算之一——工作过程计算的内容和作用，掌握工作过程计算的基本理论，对内燃机实际工作过程进行简化，明确提高车用内燃机性能的方向。会分析内燃机实际循环示功图的各信息和参数，依据示功图建立内燃机循环的热力学模型并计算其性能参数。了解市场成熟的内燃机性能模拟软件，至少学习和掌握其一。了解工作过程计算的三类内燃机燃烧模型（零维模型、准维模型、多维模型），逐步提高对缸内的工作过程数值模拟精度的认识，掌握零维模型的计算方法。

4.1 内燃机实际循环的示功图

内燃机将热量通过在气缸中的气体进行工作循环转化为机械能，机械能由曲柄连杆机构的运动来传递，在克服了各种损耗以后，表现为对外做功。

内燃机理论循环及计算在"工程热力学"或"内燃机原理"课程中已涉及，本章研究内燃机实际循环计算。

气缸内部实际进行的工作循环非常复杂，要评定燃烧过程进行的完善程度，需要借助于不同形式的燃烧分析仪（示功器）和数据采集系统，通过仪器来记录相对于不同曲轴转角时气缸内压力的变化，所得结果即为 $p\text{-}V$ 示功图或 $p\text{-}\varphi$ 示功图。图 4-1 所示为燃烧分析仪装置。

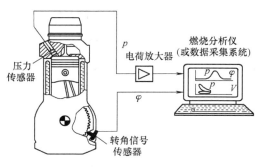

图 4-1 燃烧分析仪装置

图 4-2 所示为自然吸气四冲程单缸内燃机实际循环的 p-V 图和 p-φ 图。图 4-2a 中，V_a 为气缸总容积，V_s 为气缸工作容积，V_c 为气缸压缩容积（即燃烧室容积），p_0 为大气压力，p_d 为气缸内进气压力，p_e 为排气压力。

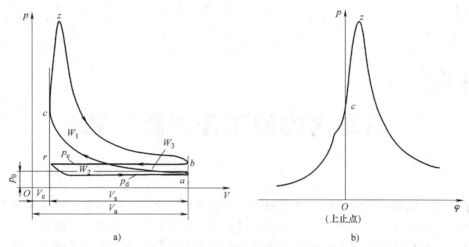

图 4-2 自然吸气四冲程单缸内燃机实际循环的 p-V 图和 p-φ 图
a) p-V 图　b) p-φ 图

p-V 图上的曲线所包围的面积表示工质完成一个实际循环所做的有用功。p-φ 图为展开示功图。p-V 示功图和 p-φ 示功图只要有其中一种，就可以利用曲柄连杆机构中的活塞位移和曲轴转角间的几何关系，转换出另一种示功图。

示功图用来分析实际循环，可以计算实际循环功（即指示功）及其他参数。

示功图是研究内燃机实际循环的依据，从示功图上可以观察到工作循环的各个不同阶段——压缩、燃烧、膨胀以及进气、排气等过程中的压力变化情况，运用热力学知识和所积累的试验数据来分析比较，就可以对整个工作过程或不同阶段的完善程度做出正确的判断。示功图是研究发动机工作过程的重要试验依据。从示功图上可以获得的信息量有：

1) 实际循环的平均指示压力 p_{mi} 和指示功率 P_i。利用燃烧分析仪，只要输入缸径、行程、曲柄连杆比、压缩比、冲程数等以及选定平均值所要求的循环数，就能根据工作过程所采集到的热力学数据和转速，给出某一定循环数的 p_{mi} 和 P_i 平均值。

2) 最高燃烧压力 p_z 及其所在的曲轴转角位置 φ_z。从示功图上气缸压力随曲轴转角变化的数据中，可以确定 p_z 值和 φ_z 值。前者是计算和评判内燃机零部件强度的主要依据，后者是评判燃烧放热的及时性和距离上止点位置的依据。

3) 能给出压力升高率 $\dfrac{dp}{d\varphi}$ 随曲轴转角变化的 $\dfrac{dp}{d\varphi}$-φ 图。示功图中最大压力升高率 $\left(\dfrac{dp}{d\varphi}\right)_{max}$ 及其所在位置，可以作为衡量内燃机工作粗暴程度的主要标志，$\dfrac{dp}{d\varphi}$-φ 图还给出了着火时刻和示功图最高值的位置。

4) 根据 p-φ 图，可以得出放热规律 $\dfrac{dQ}{d\varphi}$-φ 图和放热加速度 $\dfrac{d^2Q}{d\varphi^2}$-φ 图，从而可以得到最大

放热率 $\left(\dfrac{\mathrm{d}Q}{\mathrm{d}\varphi}\right)_{\max}$ 及其所在位置。

5）根据 p-φ 图，燃烧分析仪可以将其转换为 p-V 图。

6）根据测得的低压示功图，可以确定进、排气损失功。

依据示功图可建立内燃机循环的热力学模型并计算其性能。

4.2 内燃机实际循环的计算

4.2.1 概述

内燃机设计过程三大经典计算为工作过程计算、动力学计算和零部件强度校核计算，本章介绍工作过程计算。

内燃机工作过程计算目前通用的燃烧模型可分为三类：零维模型、准维模型、多维模型。

内燃机实际循环的计算是从零维模型的研究开始的，其对内燃机缸内过程采用了均匀性假设：系统内各点的热力状态相同、化学成分相同，即系统内各参数不随空间坐标而变化，只随时间 t 或曲轴转角 φ 而变化，故也称为零维系统。

零维模型又称单区模型（Single-Zone Model）。通过对大量的燃烧放热过程的统计分析，找出规律，用经验公式或曲线拟合的方法，建立表达燃烧放热过程参数间的经验关系式，将复杂的燃烧过程简化表达成几个特征参数间的关系，零维系统内的状态变化可用常微分方程来描述。

利用零维系统进行工作过程计算的意义如下：

1）简单工作过程计算是基础，任何内燃机工作过程与性能计算，其基础问题相同。各阶段的处理特点也相同，初始参数、边界条件的选取也一样。

2）简单工作过程计算对预测内燃机总体性能参数（如功率、转矩、油耗等）的精度很高，是新机型设计初期必需的研究工作。

3）可以对内燃机的调整特性（性能随某特定参数的变化）进行较高精度的研究。

在零维模型的基础上发展起来的准维燃烧模型，考虑了喷雾、湍流火焰传播等。从湍流的参数入手，可以更加精确地对内燃机实际燃烧过程进行模拟，建立质量燃烧率函数，预测缸内不同区域的温度和压力，并能预测有害气体的排放浓度。

目前，广泛应用的性能模拟软件，如 GT-POWER、BOOST、WAVE 等，其核心为管道内的一维流动+零维内燃机工作过程+部分准维喷雾等模型。

4.2.2 内燃机实际循环的热力学模型

1. 模型的假定

在推导缸内工作过程计算的基本微分方程时，采用如下的简化假定：

1）不考虑气缸内各点的压力、温度和浓度的差异，认为缸内的状态是均匀的。

2）工质的比热容、比热力学能和比焓等热力学参数仅与气体的温度和气体的成分有关。

3）不考虑进、排气系统压力和温度的波动对进、排气过程的影响，气体流动视为等熵的准定常流动,且不计气体流入和流出时的动能。

4）不考虑通过活塞环组、气门等处的气体泄漏损失。

2. 基本守恒方程

内燃机缸内工作过程包括物理、化学及机械运动与摩擦等各方面。根据上述假设条件,可以用三个基本参数,即缸内工质压力 p、缸内工质温度 T 及缸内工质质量 m 来表示缸内的气体状态,并可用能量守恒方程、质量守恒方程及气体状态方程把整个工作过程联系起来。图 4-3 所示为内燃机零维模型计算示意图。

（1）质量守恒方程 工作循环的质量守恒方程为

$$\frac{dm}{d\varphi} = \frac{dm_B}{d\varphi} + \frac{dm_s}{d\varphi} - \frac{dm_e}{d\varphi} \tag{4-1}$$

式中,φ 是曲轴转角;$\frac{dm_B}{d\varphi}$ 是喷入气缸的燃料质量;$\frac{dm_s}{d\varphi}$ 是流入气缸的气体质量;$\frac{dm_e}{d\varphi}$ 是流出气缸的气体质量。

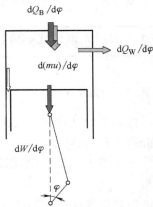

图 4-3 内燃机零维模型计算示意图

（2）气体状态方程 进、排气及燃烧过程按理想气体状态方程,即

$$pV = mRT \tag{4-2}$$

式中,p、V、T 分别表示缸内气体的压力、容积和温度;m 表示气体质量。由于是混合气体,则单位质量混合气体的气体常数 R 为

$$R = 8314.3/M$$

式中,M 为混合气的相对分子质量（平均摩尔质量）。

（3）能量守恒方程 能量守恒方程为

$$\frac{d(mu)}{d\varphi} = \sum \frac{dQ_i}{d\varphi} + \frac{dW}{d\varphi} + \sum \frac{dm_j}{d\varphi} h_j \tag{4-3}$$

热量的交换方程为

$$\sum \frac{dQ_i}{d\varphi} = \sum \frac{dQ_B}{d\varphi} - \sum \frac{dQ_W}{d\varphi} \tag{4-4}$$

工质流入、流出控制容积引起的能量变化为

$$\sum \frac{dm_j}{d\varphi} h_j = \sum \frac{dm_s}{d\varphi} h_s - \sum \frac{dm_e}{d\varphi} h_e \tag{4-5}$$

式（4-3）~式（4-5）中,$\frac{dQ_B}{d\varphi}$ 是喷入燃油燃烧放出的热量;$\frac{dQ_W}{d\varphi}$ 是工质与气缸盖、气缸套、活塞进行热交换的热量;$\frac{dW}{d\varphi} = -p\frac{dV}{d\varphi}$ 为气体活塞所做的机械功;$\frac{dm_s}{d\varphi}$ 和 h_s 分别是流入气缸的气体质量和比焓;$\frac{dm_e}{d\varphi}$ 和 h_e 分别是流出气缸的气体质量和比焓。一般气体的比热力学能和质量同时变化,故有

$$\frac{d(mu)}{d\varphi} = m\frac{du}{d\varphi} + u\frac{dm}{d\varphi} \tag{4-6}$$

比热力学能 u 是气体温度和成分的函数,气体成分又可用瞬时过量空气系数 λ 来表示,因此,比热力学能 u 可以简化成温度和瞬时过量空气系数的函数,即 $u = u(T, \lambda)$。将 u 写成全微分形式为

$$\frac{du}{d\varphi} = \frac{\partial u}{\partial T}\frac{dT}{d\varphi} + \frac{\partial u}{\partial \lambda}\frac{d\lambda}{d\varphi} \tag{4-7}$$

由于 $\frac{\partial u}{\partial T} = c_V$,将式(4-7)带入式(4-3)整理可得

$$\frac{dT}{d\varphi} = \frac{1}{mc_V}\left(\frac{dQ_B}{d\varphi} - \frac{dQ_W}{d\varphi} - p\frac{dV}{d\varphi} + \frac{dm_s}{d\varphi}h_s - \frac{dm_e}{d\varphi}h_e - u\frac{dm}{d\varphi} - m\frac{\partial u}{\partial \lambda}\frac{d\lambda}{d\varphi}\right) \tag{4-8}$$

式中,Q 是与外界的热量交换;m 是气体质量;u 是比热力学能;h 是比焓;λ 是瞬时过量空气系数;下标 s 表示通过气门流入气缸的气体;下标 B 表示燃料燃烧放热项;下标 W 表示通过壁面与系统间发生的热量交换;下标 e 表示流出气缸的气体质量和热量交换。为了使计算统一,假定加入系统的能量或质量为正,离开系统的能量和质量为负。

4.2.3 热力学模型的计算参数与内容

1. 缸内热力过程分析

对气缸内热力过程的分析计算,要确定气缸内工质状态变化及能量转换情况。在气缸内,微分方程的求解是分阶段进行的。通常选择压缩始点,即进气门关闭时刻为计算始点,一直到下一个循环的进气门关闭时刻为止为一个工作循环,分为压缩期、燃烧期、膨胀期、换气过程(又分为纯进气、气门叠开、纯排气)四个阶段。

(1)压缩期 从进气门关闭到燃烧开始为压缩期,进、排气门均处于关闭状态,如果忽略压缩阶段的漏气损失,该期间无任何气体流入、流出气缸,也无燃料喷入气缸,缸内气体质量不变,气体的性质不变。

因此,$\frac{dm_B}{d\varphi} = 0$,$\frac{dm_s}{d\varphi} = 0$,$\frac{dm_e}{d\varphi} = 0$,质量守恒方程可以简化为

$$\frac{dm}{d\varphi} = 0,\quad \frac{d\lambda}{d\varphi} = 0$$

此时,瞬时过量空气系数 λ 为一常数,即

$$\lambda = \frac{m_1}{l_0 m_{Br}}$$

故
$$m = m_L + m_{Br}$$

式中,m_1 是一个循环内吸入气缸的新鲜空气;l_0 为完全燃烧 1kg 燃油所消耗的空气量,一般取常数 14.7;m_L 是缸内空气质量,包括残余废气中的空气量;m_{Br} 是一个循环进入本循环废气量折算的燃料量。若无废气再循环,且完全扫气,$m_{Br} = 0$,则 $\lambda = \infty$,此时可以令 $\lambda = 10^4$。

由以上分析,能量方程可以简化为

$$\frac{dT}{d\varphi} = -\frac{1}{mc_V}\left(\frac{dQ_W}{d\varphi} + p\frac{dV}{d\varphi}\right) \tag{4-9}$$

（2）燃烧期　在燃烧期内，进、排气门关闭，没有气体流进、流出，工质的质量变化是由于燃料的燃烧引起的，故质量守恒方程可以简化为

$$\frac{dm}{d\varphi} = \frac{dm_B}{d\varphi}$$

要计算该阶段工质质量变化，需根据供油系统的结构参数将喷油规律计算出来。由于将燃烧过程认为是按已知的表观放热规律向缸内工质的加热过程，该表观放热规律常称为当量燃烧规律。按照这种假定，就可以忽略着火延迟期内缸内工质质量的变化，工质质量变化只发生在着火以后，喷油规律与当量燃烧规律呈现基本相同的走势。由于燃料放热规律$\frac{dQ_B}{d\varphi}$是预先给定的（如韦伯函数表达的燃烧放热规律），因此缸内工质质量变化率为

$$\frac{dm}{d\varphi} = \frac{dm_B}{d\varphi} = \frac{1}{H_u}\frac{dQ_B}{d\varphi}$$

此时缸内某瞬时燃料量为按当量燃烧规律燃烧掉的燃料量和压缩过程中残余废气量折合的燃料量之和，即

$$m_B(\varphi) = \frac{1}{H_u}\int_{\varphi_B}^{\varphi_E}\frac{dQ_B}{d\varphi} + m_{Br}$$

式中，φ_B是燃烧始点曲轴转角；φ_E是燃烧终点曲轴转角。

缸内工质质量为

$$m = m_L + m_B$$

瞬时过量空气系数λ的变化关系为

$$\lambda = \frac{m_L}{l_0 m_B}$$

则

$$\frac{d\lambda}{d\varphi} = \frac{1}{l_0 m_B}\left(\frac{dm_L}{d\varphi} - \frac{m_L}{m_B}\frac{dm_B}{d\varphi}\right)$$

其中，l_0取常数14.7，燃烧期间m_L也为常数，于是$\frac{dm_L}{d\varphi} = 0$，因此

$$\frac{d\lambda}{d\varphi} = -\frac{m_L}{14.7 m_B H_u}\frac{dQ_B}{d\varphi}$$

则燃烧期间的能量方程为

$$\frac{dT}{d\varphi} = \frac{1}{mc_V}\left(\frac{dQ_B}{d\varphi} - \frac{dQ_W}{d\varphi} - p\frac{dV}{d\varphi} - u\frac{dm}{d\varphi} - m\frac{\partial u}{\partial \lambda}\frac{d\lambda}{d\varphi}\right) \tag{4-10}$$

燃烧期间，m和λ的变化都是按已知的$\frac{dQ_B}{d\varphi}$规律变化的，而不依赖于气缸内其他状态参数。

（3）膨胀期　在该期间工质质量保持不变，数量上比压缩期多了循环供油量，即

$$m = m_L + m_{Br} + m_B$$

λ 值不变，相当于燃烧终了时的值，即

$$\lambda = \frac{m_L}{14.7(m_{Br} + m_{Br})} = 常数$$

其能量方程与压缩期式（4-9）相同。

（4）换气过程 从排气门开启、排出废气，到进气门关闭、完成进气，这一过程统称为换气过程。在换气过程的不同阶段，缸内气体质量和瞬时过量空气系数发生变化。在换气期间，通过系统边界有质量传递。该期间内无燃烧反应，即 $\frac{dQ_B}{d\varphi} = 0$，在换气期间能量方程和质量方程分别为

$$\frac{dT}{d\varphi} = \frac{1}{mc_V}\left(-\frac{dQ_W}{d\varphi} - p\frac{dV}{d\varphi} + \frac{dm_s}{d\varphi}h_s - \frac{dm_e}{d\varphi}h_e - u\frac{dm}{d\varphi} - m\frac{\partial u}{\partial \lambda}\frac{d\lambda}{d\varphi}\right) \quad (4\text{-}11)$$

$$m = m_s - m_e \quad (4\text{-}12)$$

在纯排气期内，缸内废气排出气缸，$\frac{dm_s}{d\varphi} = 0$，$\frac{dm_e}{d\varphi} \neq 0$。能量方程和质量方程可以简化为

$$\frac{dT}{d\varphi} = \frac{1}{mc_V}\left(-\frac{dQ_W}{d\varphi} - p\frac{dV}{d\varphi} - \frac{dm_e}{d\varphi}(h_e + u)\right) \quad (4\text{-}13)$$

$$\frac{dm}{d\varphi} = -\frac{dm_e}{d\varphi} \quad (4\text{-}14)$$

在气门叠开阶段，同时存在进气和排气，无燃油喷入气缸，则 $\frac{dQ_B}{d\varphi} = 0$，$\frac{dm_B}{d\varphi} = 0$，对于瞬时过量空气系数有

$$\frac{d\lambda}{d\varphi} = \frac{1}{14.7m_B}\frac{dm_L}{d\varphi} \quad (4\text{-}15)$$

能量守恒方程和质量守恒方程可简化为

$$\frac{dT}{d\varphi} = \frac{1}{mc_V}\left(-\frac{dQ_W}{d\varphi} - p\frac{dV}{d\varphi} + \frac{dm_s}{d\varphi}h_s - \frac{dm_e}{d\varphi}h_e - u\frac{dm}{d\varphi} - m\frac{\partial u}{\partial \lambda}\frac{d\lambda}{d\varphi}\right) \quad (4\text{-}16)$$

$$\frac{dm}{d\varphi} = \frac{dm_s}{d\varphi} - \frac{dm_e}{d\varphi} \quad (4\text{-}17)$$

而在纯进气时，排气门关闭，进气门打开，有新鲜空气流入气缸，无燃料排出缸外，则有 $\frac{dm_e}{d\varphi} = 0$，$\frac{dm_B}{d\varphi} = 0$，瞬时过量空气系数有

$$\frac{d\lambda}{d\varphi} = \frac{1}{14.7m_B}\frac{dm_L}{d\varphi} \quad (4\text{-}18)$$

能量守恒方程和质量守恒方程可简化为

$$\frac{dT}{d\varphi} = \frac{1}{mc_V}\left(-\frac{dQ_W}{d\varphi} - p\frac{dV}{d\varphi} + \frac{dm_s}{d\varphi}h_s - \frac{dm_e}{d\varphi}h_e - u\frac{dm}{d\varphi} - m\frac{\partial u}{\partial \lambda}\frac{d\lambda}{d\varphi}\right) \quad (4\text{-}19)$$

$$\frac{dm}{d\varphi} = \frac{dm_s}{d\varphi} \tag{4-20}$$

通过以上分析，可以按照曲轴转角分别求出微分方程式中的 m、p、V、u、h、λ，以及 $\frac{\partial u}{\partial T}$、$\frac{\partial u}{\partial \lambda}$、$\frac{dQ_B}{d\varphi}$、$\frac{dQ_W}{d\varphi}$、$\frac{dV}{d\varphi}$、$\frac{dm_s}{d\varphi}$、$\frac{dm}{d\varphi}$、$\frac{d\lambda}{d\varphi}$、$\frac{dm_e}{d\varphi}$ 等参数，具体计算时，为了保持良好的计算精度，可以使用四阶龙格-库塔（Runge-Kutta）方法进行计算。

2. 边界条件计算

为了联立求解缸内工作过程微分方程，必须确定边界条件，主要有以下几个方面：

（1）瞬时气缸工作容积　进行循环模拟计算时，内燃机的主要结构参数，如压缩比 ε、气缸直径 D、行程 S 及曲柄连杆比 $\lambda = \frac{r}{l} = \frac{S}{2l}$ 等作为已知数据输入，这些参数确定后，气缸容积的变化规律就是活塞位移的变化规律，即

$$V(\varphi) = \frac{V_s}{2}\left[\frac{2}{\varepsilon-1} + 1 - \cos\frac{\pi\varphi}{180} + \lambda\left(1 - \sqrt{1 - \lambda^2\sin^2\frac{\pi\varphi}{180}}\right)\right] \tag{4-21}$$

式中，V_s 为气缸工作容积，$V_s = \frac{\pi D^2 S}{4}$；$\varphi$ 为曲轴转角，从曲柄在上止点 $\varphi = 0$ 算起，则气缸容积变化率为

$$\frac{dV}{d\varphi} = \frac{V_s}{2}\left(\sin\frac{\pi\varphi}{180} + \frac{\lambda}{2} \cdot \frac{\sin\frac{2\pi\varphi}{180}}{\sqrt{1 - \lambda^2\sin^2\frac{\pi\varphi}{180}}}\right) \tag{4-22}$$

（2）进、排气流量　包括以下方面：

1）基本流量方程。气体的流动是不稳定的，在理论计算时假定流动过程是等熵的准定常流动，而实际流量等于理论流量再乘以流量系数，即

$$\frac{dm}{d\varphi} = \mu A \sqrt{2p\rho}\,\phi \tag{4-23}$$

式中，A 是几何流通截面面积；μ 是流量系数；p、ρ 分别表示上游气体的压力、密度；ϕ 表示流动函数。

ϕ 的计算方法如下：

当 $\frac{p_2}{p_1} > \left(\frac{2}{k+1}\right)^{\frac{k}{k+1}}$ 时，为亚临界流动，此时有

$$\phi = \sqrt{\frac{k}{k-1}\left[\left(\frac{p_2}{p_1}\right)^{\frac{2}{k}} - \left(\frac{p_2}{p_1}\right)^{\frac{k+1}{k}}\right]} \tag{4-24}$$

当 $\frac{p_2}{p_1} \leq \left(\frac{2}{k+1}\right)^{\frac{k}{k+1}}$ 时，为超临界流动，此时有

$$\phi = \frac{2}{k+1}^{\frac{1}{k-1}}\sqrt{\frac{k}{k+1}} \tag{4-25}$$

式中，p_1、p_2 分别表示节流位置前（上游）和节流位置后（下游）的气体压力。

进气过程为亚临界过程，则进气流量为

$$\frac{\mathrm{d}m_\mathrm{s}}{\mathrm{d}\varphi} = \mu_\mathrm{s}\frac{A_\mathrm{s}}{6n}\sqrt{2p_\mathrm{s}\rho_\mathrm{s}}\sqrt{\frac{k_\mathrm{s}}{k_\mathrm{s}-1}\left[\left(\frac{p_\mathrm{s}}{p}\right)^{\frac{2}{k}}-\left(\frac{p_\mathrm{s}}{p}\right)^{\frac{k+1}{k}}\right]} \quad (4\text{-}26)$$

排气过程分为超临界排气和亚临界排气两阶段，超临界排气流量为

$$\frac{\mathrm{d}m_\mathrm{e}}{\mathrm{d}\varphi} = \mu_\mathrm{e}\frac{A_\mathrm{e}}{6n}\sqrt{2p_\mathrm{e}\rho_\mathrm{e}}\left(\frac{2}{k+1}\right)^{\frac{1}{k-1}}\sqrt{\frac{k}{k+1}} \quad (4\text{-}27)$$

亚临界排气过程流量为

$$\frac{\mathrm{d}m_\mathrm{e}}{\mathrm{d}\varphi} = -\mu_\mathrm{e}\frac{A_\mathrm{e}}{6n}\sqrt{2p_\mathrm{e}\rho_\mathrm{e}}\sqrt{\frac{k_\mathrm{e}}{k_\mathrm{e}-1}\left[\left(\frac{p_\mathrm{e}}{p}\right)^{\frac{2}{k}}-\left(\frac{p_\mathrm{e}}{p}\right)^{\frac{k+1}{k}}\right]} \quad (4\text{-}28)$$

以上各式中，k_s、k、k_e 分别为进气、缸内气体、排气等熵指数；A_s、A_e 分别为进、排气门的几何流动截面面积。

进、排气门几何流动截面面积是随凸轮升程 $h_\mathrm{v}(\varphi)$ 而变化的，而气门升程以 $h_\mathrm{v}(\varphi)$ 升程曲线用插值法，再乘以摇臂杠杆比计算得到。一般气门的几何流动截面面积按垂直于气门座的截锥台的侧表面计算，其计算公式为

$$A_{\mathrm{s,e}} = z\pi h_\mathrm{v}(\varphi)\cos\sigma_\mathrm{v}[D_\mathrm{v}+h_\mathrm{v}(\varphi)\sin\sigma_\mathrm{v}\cos\sigma_\mathrm{v}] \quad (4\text{-}29)$$

式中，σ_v、D_v 分别是进、排气门锥角和内径；z 为气门数。

凸轮升程曲线 $h_\mathrm{v}(\varphi)$ 可以由实测值来表达，或由设计的凸轮型线决定。

2）流量系数。流量系数是该流通截面面积下实际流量与理论流量之比，是气门升程的函数。由于进气道、气口形状及加工质量等的差别，其流量系数相差较大，在热力过程与配合计算中最好由实物或者模型用稳流试验确定出的曲线作为输入数据进行计算。在没有试验数据的情况下，可参照类似机型的数据，使用下述经验公式进行计算：

$$\mu_{\mathrm{s,e}} = a - b\left(\frac{h_\mathrm{v}}{D_\mathrm{v}}\right)^c \quad (4\text{-}30)$$

式中，$\mu_{\mathrm{s,e}}$ 是进、排气门流量系数；a、b、c 是经验常数，根据实际情况选取。

（3）传热率 工质向气缸盖底面、活塞顶面和气缸套的湿表面等燃烧室各壁面的换热量 Q_W 是工作过程模拟计算中较复杂的部分。一般来说，传热过程计算应包括以下三个方面：

1）工质与燃烧室各壁面的传热。
2）燃烧室各壁面内的热传导。
3）燃烧室外壁面与冷却介质之间的传热。

循环模拟计算主要考虑第一种情况。

1）传热量的计算。燃烧室各壁面由气缸盖底面、活塞顶面和气缸套组成。根据工质对燃烧室各壁面的瞬时平均换热系数 α 和壁面平均温度 $T_{\mathrm{W}i}$，按传热学中的牛顿冷却公式，气缸内工质传热量为

$$\frac{\mathrm{d}Q_\mathrm{W}}{\mathrm{d}\varphi} = \frac{1}{6n}\sum_{i=1}^{3}\alpha A_i(T-T_{\mathrm{W}i}) \quad (4\text{-}31)$$

式中，n 是发动机转速；α 是瞬时平均换热系数；T 是缸内工质温度（K），随曲轴转角 φ 变化；A_1 是气缸盖换热面积；A_2 是活塞换热面积；A_3 是气缸套换热面积；$T_{\mathrm{W}1}$ 是气缸盖平均温度；$T_{\mathrm{W}2}$ 是活塞平均温度（K）；$T_{\mathrm{W}3}$ 是气缸套平均温度（K）。

2) 瞬时平均换热系数计算。现有的内燃机瞬时平均换热系数 α 的计算公式较多，目前经常引用的公式基本上可以归纳成两大类，即纯经验公式和准则公式，纯经验公式如 Eichelberg 公式，准则公式如 Woschni 公式、Sitkei 公式等。由于影响气缸内工质换热的因素较多，问题复杂，加之各研究者对影响换热过程各因素的不同理解，以及试验机型和条件不同，各公式之间差异较大。

以 Woschni 公式为代表的按相似理论推导出来的半经验公式认为传热是温度的扩散，而温度的扩散则是在物体的"相"内或"相"间存在着温度场，所以可以把描述流体在流动中的重要特征数，如努塞特（Nusselt）数 Nu、普朗特（Prandtl）数 Pr、雷诺（Reynolds）Re 数等引入传热方程中，并考虑燃烧室的特征尺寸（如气缸直径等）、燃烧方式等有关的附加项。采用相似准则并归纳试验数据，具有较好的通用性，应用范围广，适合燃烧室空间平均传热的计算。

Woschni 公式是在直喷式和预燃室式四冲程增压柴油机、传统汽油机上进行了比较广泛的试验，整理得出的公式。该公式适用范围较广，目前被广泛采用，其形式为

$$\alpha = 820 p^{0.8} T^{-0.53} D^{-0.2} \left[C_1 v_m + C_2 \frac{T_a V_s}{p_a V_a}(p-p_0) \right]^{0.8} \tag{4-32}$$

式中，p 是缸内工质压力（MPa）；T 是缸内工质温度（K）；D 是气缸直径（m）；v_m 是活塞平均速度（m/s）；p_a、T_a、V_a 是压缩始点时的缸内工质压力（MPa）、温度（K）、气缸总容积（m³）；V_s 是气缸工作容积（m³）；p_0 是发动机倒拖时的气缸压力（MPa）；C_1 是气流速度系数；C_2 是燃烧室形状系数。若 C_u 是稳流吹风试验时，风速计叶片的切向速度（m/s），则有

$$\begin{cases} C_1 = 6.18 + 0.417 C_u/v_m \text{（进、排气阶段）} \\ C_1 = 2.28 + 0.308 C_u/v_m \text{（压缩、膨胀阶段）} \\ C_2 = 3.24 \times 10^{-3} \text{（直喷式燃烧室）} \\ C_2 = 6.22 \times 10^{-3} \text{（分隔式燃烧室）} \end{cases} \tag{4-33}$$

3) 燃烧室内壁壁面温度。一般分成活塞顶部、气缸盖和气缸套三个对象进行考察。三部分接触面积存在温度差异，同时各部分在工作循环中也会发生温度波动。根据不同机型数据，对三部分壁面的平均温度可采用如下经验公式：

$$\begin{cases} T_{W1} = 373 + 0.7 p_{me} \\ T_{W2} = 393 + 3 p_{me} \\ T_{W3} = 373 + 0.4 p_{me} \end{cases} \tag{4-34}$$

(4) 燃烧放热规律 包括以下几个方面：

1) 燃烧放热规律计算。燃烧放热规律指单位时间燃料燃烧放出的热量，其表达式为

$$\frac{dQ_B}{d\varphi} = H_u m_B \frac{dx}{d\varphi} \tag{4-35}$$

式中，H_u 为燃料的低热值（kJ/kg）；m_B 为每个循环供油量（mg/cycle）；x 为在某一曲轴转角时已燃烧掉的燃油质量与 m_B 之比；$\frac{dx}{d\varphi}$ 为瞬时燃烧速率。

2) 瞬时燃烧速率的计算。燃料的低热值和每个循环供油量已知，所以燃烧放热率的研

究归结为对瞬时燃烧速率 $\frac{dx}{d\varphi}$ 的研究。$\frac{dx}{d\varphi}=f(\varphi)$ 与燃烧的物理化学过程、内燃机的结构参数及运行参数等因素有关，目前，还很难用一个精确的数学方法来描述，计算 $\frac{dx}{d\varphi}$ 主要有以下几种方法：

一是利用现有实测示功图进行数值分析，计算出燃烧放热率 $\frac{dQ_B}{d\varphi}\left(\text{或}\frac{dx}{d\varphi}\right)$，以此作为已知输入数据进行工作过程计算。这种方法接近实际燃烧过程，但需有母型机，并要求有较精确的实测 p-φ 示功图及有关实测参数。

由上述分析可知，$\frac{dQ_B}{d\varphi}=f(m,m_B,\varphi)$，在内燃机结构参数已知的情况下，只要知道每一时刻 φ 时的工质质量 m 和燃油质量 m_B，利用已知的 p-φ 示功图，就可求得 $\frac{dQ_B}{d\varphi}$。图 4-4 所示为四阶龙格-库塔法求解 $\frac{dQ_B}{d\varphi}$ 常微分方程问题程序框图。

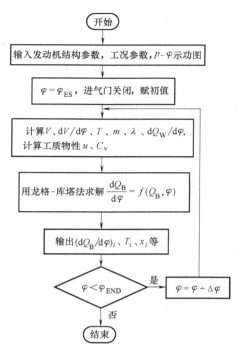

图 4-4　四阶龙格-库塔法求解 $\frac{dQ_B}{d\varphi}$ 常微分方程问题程序框图

p-φ 示功图的光顺处理：测录的 p-φ 曲线尽管用多循环平均化方法处理后消除了随机误差对放热率计算的影响，但计算放热规律要求 p-φ 曲线可导，而传感器所测得的压力只是它所在位置的压力，存在高频振荡，难以用平均化方法消除，致使计算的放热率曲线产生较大的振荡，掩盖了放热规律的主要特征，用曲线拟合的方法将经平均化方法处理的 p-φ 曲线进行光顺处理，既能满足使 p-φ 曲线可导的要求，也能满足消除放热率曲线的随机振荡且不失真的要求。

p-φ 示功图数学光顺处理的方法有样条函数、最小二乘法、正交多项式、五点三次平滑法等，光顺处理不能过度，其中样条函数对压力数据进行光顺处理效果较好。图 4-5 所示为

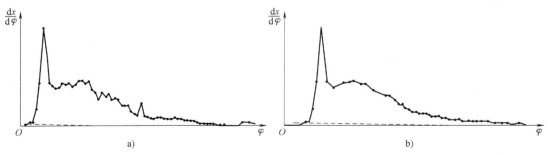

图 4-5　对 p-φ 示功图光顺处理后得到的瞬时燃烧放热率 $\frac{dx}{d\varphi}$
a) 光顺处理前　b) 光顺处理后

对 p-φ 示功图光顺处理后得到的瞬时燃烧放热率 $\dfrac{\mathrm{d}x}{\mathrm{d}\varphi}$。

二是建立简化的或复杂的燃烧模型，从实际燃烧的物理化学过程出发，建立简化的或复杂的燃烧模型。这种模型考虑燃烧过程的中间细节，如考虑油束的形成和发展规律、油滴及油气的浓度分布、油滴与空气的相对运动、气缸内温度的分布等因素，因而能更接近实际的燃烧过程。要完全模拟实际燃烧过程，则需要建立可压缩黏性气体运动、油束贯穿度、油滴碎裂和汽化、空气卷吸、化学动力学和湍流扩散等模型，而且模型应该是三维和非稳态的，且建立这些模型需要许多经验系数。

三是代用燃烧规律，用半经验公式或数学函数去模拟实际放热曲线，即不把燃烧过程本身作为判断结果的标准，而是把工作过程计算的某些指标，如功率、燃油消耗率、最高燃烧压力等作为判断结果的标准，使计算的最终结果与实测值基本符合。通常在下列两方面逼近真实燃烧过程：模拟函数的总放热量等于实际燃烧的总放热量；模拟函数的放热过程和实际燃烧过程所产生的平均指示压力、指示燃油消耗率、最高燃烧压力等指标基本相同。

已提出的多种零维燃烧放热模型可分为三类：
① 用喷油规律来计算燃烧放热规律的数学模型。
② 在实测示功图的基础上利用基本方程对燃烧放热进行数值分析的数学模型。
③ 拟合出来的代用燃烧放热模型。

由于喷油规律的获取往往较为复杂，而根据实测数据进行数值分析不仅计算量大，而且需要大量的试验数据，不适宜用于仿真预测。目前使用最多的就是第三类，即以代用燃烧放热规律为基础的燃烧放热模型，如韦伯（Vibe）燃烧规律。

韦伯燃烧规律根据链式化学反应理论，认为参与化学反应的原始物质的分子能与引起有效反应的活化中心数目成正比。其经验公式为

$$x = 1 - \mathrm{e}^{-cy^{m+1}} \tag{4-36}$$

$$\frac{\mathrm{d}x}{\mathrm{d}\varphi} = c(m+1)^m \mathrm{e}^{-cy^{m+1}} \tag{4-37}$$

式中，$y = \dfrac{\varphi - \varphi_{\mathrm{Vb}}}{\varphi_{\mathrm{Ve}} - \varphi_{\mathrm{Vb}}} = \dfrac{\varphi - \varphi_{\mathrm{Vb}}}{\varphi_z}$，$\varphi$、$\varphi_{\mathrm{Vb}}$、$\varphi_{\mathrm{Ve}}$、$\varphi_z$ 分别是瞬时曲轴转角、燃烧始点角、燃烧终点角、燃烧持续角；m 为燃烧品质指数；c 为系数。

当 $y = 1$ 时，只有 $c \to +\infty$ 时，才能使 $x = 1$，假定燃烧结束时，已燃烧的燃料占循环供油量的 99.9%，此时 x 与 1 的偏差小于 0.1%，由此可得

$$c = \ln(1-x) = \ln(1-0.999) = -6.908$$

这样，式（4-36）和式（4-37）可以简化为

$$x = 1 - \mathrm{e}^{-6.908 y^{m+1}} \tag{4-38}$$

$$\frac{\mathrm{d}x}{\mathrm{d}\varphi} = 6.908(m+1)\left(\frac{\varphi - \varphi_{\mathrm{Vb}}}{\varphi_z}\right)^m \mathrm{e}^{-6.908\left(\frac{\varphi - \varphi_{\mathrm{Vb}}}{\varphi_z}\right)^{m+1}} \tag{4-39}$$

由式（4-38）和式（4-39）可知，只要适当选取三个参数 m、φ_{Vb}、φ_{Ve}，韦伯函数就唯一被确定下来。m、φ_{Vb}、φ_{Ve} 三个参数可以根据某一工况的试验数据或参考同类机型选取。燃烧品质指数 m 是表征放热率分布的一个函数，它决定了燃烧放热率的曲线形状，m 越大，

放热率图形重心后移,燃烧越柔和,压力升高比越平缓;反之,燃烧越粗暴,压力升高比越大。

图 4-6 所示为参数 m 与实际放热率形状的关系。

m 与实际放热率形状有关,通常用试凑的方法得到,可以计算出一个与实测示功图很接近的示功图,其计算出的发动机最大爆发压力和平均指示压力在允许的误差范围内。

柴油机完全应用链式反应来描述放热规律还不完全符合真实燃烧过程,但根据柴油机燃烧过程的试验数据,利用韦伯函数的基本形式,建立起能反映柴油机燃烧过程的当量燃烧规律,实践证明可行。

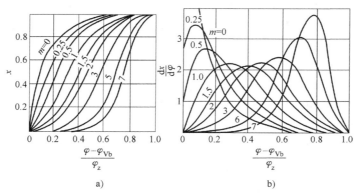

图 4-6 参数 m 与实际放热率形状的关系

a) 对 x 的影响   b) 对 $\dfrac{\mathrm{d}x}{\mathrm{d}\varphi}$ 的影响

汽油机的燃烧过程可将缸内分为已燃部分和未燃部分,在性能计算中,使用较多的也是韦伯函数。研究表明,韦伯代用燃烧模型在低、中速汽油机中能够获得令人满意的结果,但在高速机中会产生较大的误差。

4.3 内燃机从零维模型到多维模型的发展

1. 从零维模型到多维模型

由于常微分方程的数值求解较容易,因此内燃机性能模拟计算采用零维模型很方便。但零维模型对排放物的形成不能预测,且缺失空间特性。此外,零维模型计算的准确性依赖于经验系数。

准维模型为多区模型,将零维模型中计算质量燃烧率的方法应用在准维模型中,可近似考虑空间特性,物理意义明确,但准维模型基于不同假设的模型众多,只注重平均结果。

多维模型又称精细模型,综合热力学、流体力学、化学动力学和数值计算等多种手段,从质量守恒方程、动量守恒方程、连续性方程、状态方程等基本微分方程出发,得到气缸内气体流速、湍流特性、温度场、排放浓度等多维信息。多维模型能揭示燃烧机理,摆脱经验数据(模型中系数具有通用性),发展快、前景好。

2. 准维模型

准维模拟是把零维模型的热力学框架应用的范围拓宽到燃烧过程的变化,即通过现象子模型预测内燃机燃烧过程的某些细节,考虑了燃烧过程中未燃区域、燃烧区域和易燃区域等的实际存在。准维模型虽然未仔细考虑空间分布,但可从燃烧、可燃混合气形成、火焰传播现象出发,列出描述分区内各参数随时间变化的关系式,计算各分区内的温度和浓度等参数。

例如,由于对柴油机燃烧过程的分析方式不同,目前已发展了多种不同观点、不同功能、不同用途的准维燃烧模型,其中美国康明斯(Cummins)公司林慰梓等提出的以气相喷注为基础的"气相喷注燃烧模型"和日本广岛大学广安博之等提出的以油滴蒸发为基础的"油滴蒸发燃烧模型"比较具有代表性,技术比较成熟。

零维模型和准维模型都是在热力学理论的基础上,以时间为自变量来描述燃烧过程。两者的主要区别在于:零维模型将整个燃烧室视为均匀场,忽略有关参数随燃烧室空间位置的变化;准维模型则对燃烧室空间做分区处理,从而能在一定程度上反映有关参数随燃烧室空间位置的变化。

准维模型建立了内燃机设计参数和运转参数与气流、喷雾、燃烧过程(非零维过程)之间的关系,可用来预测结构、运转参数变化后的燃烧特性。

作为补充,准维模型可以预估由空间参数(流动、混合气浓度、温度等)不均匀引起的部分性能(排放、燃烧、传热、爆燃等)的变化。

准维模型一般有油气模型、油滴模型、燃烧模型等,这类模型的基础是试验观察和物理猜测相结合,模型的数学求解比较简单,耦合到零维空间后,一般假设参数变化并不因耦合而变化。

零维模型和准维模型不能从本质上去揭示有关燃烧现象的机理,因而也就不能对内燃机的性能做更详尽的客观分析和预测。

3. 多维模型

多维模型是缸内燃烧过程二维和三维空间分布的模型。在多维模型中,各守恒方程与描述湍流运动、化学反应、边界层特征的子模型一起,结合适当的边界条件,可用数值方法求解,计算结果能够提供有关燃烧过程中的气流速度、温度和成分在燃烧时空间分布的详细信息,因此,多维模型是较为精细的模型。

多维模型是一个十分复杂的热力学系统,其中包含气流运动,质量、动量和能量的传递与转换,燃油的喷射、雾化与蒸发,混合气的形成、着火与燃烧、传热,废气与微粒的排放以及边界条件等。

早期多维模拟计算局限在二维,采用轴对称假设、气门不偏心,后来气门的处理比较接近实际。至于活塞顶部凹坑,最早模拟平顶活塞,后来逐渐开始模拟带有圆柱凹坑、缩口 ω 形和有底部凸台的凹坑燃烧室。

气缸内的空气流动在引入湍流之后,从局部来看是三维的,而且当流动出现湍流以后,对称的条件就不一定能产生对称的结果,因此模拟必须能体现三维的本质。三维模拟经历了从单纯的流动模拟到喷雾模拟、燃烧模拟直到排放模拟的过程。三维模拟对缸内流场的分布、流动发展趋势、涡流、翻滚流、挤流和反挤流的预测符合实际,在定性上能满足要求,在定量上还有待提高。随着计算数值方法和计算流体力学等学科的成熟,缸内的工作过程多维数值模拟得到了较快的发展。其中美国的洛斯阿拉莫斯(Los Alamos)国家实验室和英国帝国理工学院的研究工作处于领先地位。

(1) KIVA 软件的开发过程　在一系列多维模拟的程序中，美国洛斯阿拉莫斯国家实验室开发的 KIVA 软件较为优秀。

1972 年，C. W. Hirt 等学者首次提出了目前被广泛应用于内燃机缸内工作过程计算的 ICED-ALE 方法。此隐式方法可以避免显式计算可能受到的声速稳定性的限制，而且能够模拟弯曲或移动的边界表面，特别适合于求解内燃机这类几何形状不规则且工作容积不断变化的流动问题。首先开发 RICE 程序，利用矩形计算区域分析网格、模拟涡流的漩涡扩散，用有多种化学反应和燃油种类的动力学来模拟实际化学动力学，用特定的有限差分公式来有效地处理低马赫声速问题。

普林斯顿大学改进了 RICE 程序，虽然仍未能全部解决三维计算问题，但表现了活塞的运动情况。继 RICE 程序之后，另一种基于欧拉法的 APACHE 二维计算程序被开发出来，它具有 RICE 程序的功能，并对任意形状的单元具有普遍适应性。APACHE 程序之后，人们又开发出 CONCHAS 程序，同样，它采用任意形状的单元，提供了循环的拉格朗日-欧拉公式，能形成伴随活塞运动的计算网格。此外，使用小网格模型，考虑了湍流的影响等。随后，CONCHAS - SPRAY 程序代替了 CONCHAS 程序，包括了喷射动力学模型，用统计学的方法描述了微粒尺寸的光谱分析及蒸发的影响。应用的亚网格形式是一种涡流动能的传输方程和涡流边界层与固定壁面关系的处理方法，使涡流运动得以计算；通过化学动能反应过程和化学平衡反应过程，化学反应得以计算。CONCHAS-SPRAY 程序之后，逐渐发展形成了 KIVA 软件。

(2) KIVA 软件的功能和应用　KIVA 软件用与 CONCHAS-SPRAY 程序相同的方法处理二维、三维问题。它扩充了喷射模型，可处理喷射和炭化问题，采用了声速的方法来提高低马赫数的计算效率。

1989 年，Amsden 等人在 KIVA 软件的基础上研制了 KIVA-II 程序，使得计算效率、精度、物理子模型、使用方便性和通用性都有了很大提高。

KIVA-II 程序的公式和数学计算过程具有通用性，能用于层流和湍流、亚声速和超声速流、单一过程和两个过程扩散的流动，并允许燃料种类和化学反应随实际情况而变化。用微粒随机分布的方法来计算液体喷射雾化，包括了液滴碰撞和在空气动力作用下的液滴粉碎。

KIVA-II 程序可求解涡流运动的不稳定方程，理想气体的化学混合反应和单一成分燃油喷射蒸发的方程。其计算过程基于有限体积计算法，叫作任意拉格朗日-欧拉法（ALE）。空间上的差分形成了有限差分网格，把计算区域分成许多小的正方体单元。单元的角叫作顶点，而顶点的位置是关于时间的任意指定的函数，因此，允许拉格朗日法与欧拉法单独或共同描述。任意的网格形状可以满足弯曲的边界条件，也可以移动来满足燃烧室几何形状的变化。这种方法的优势在于网格的划分并不一定需要垂直的关系，在任何情况下，这种方法的空间差分是成立的，可用来求解整数形式的基本方程。

1991 年，美国洛斯阿拉莫斯国家实验室在 KIVA-II 程序的基础上研制出 KIVA-III 程序。该程序使用块结构，可以把许多复杂的几何形状分成许多简单的块结构来计算，可以计算非常复杂的几何形状。1997 年，KIVA-III 程序的改进版 KIVA-IIIV 程序完成。KIVA-IIIV 程序包括了进、排气过程，可以模拟伴随进、排气门运动的气流流动，所以可以模拟完整的内燃机工作循环，涉及气体流动、喷油、传热和废气的生成等，包含了内燃机工作过程中的所有物理现象。KIVA-IIIV 程序最显著的特点是增加并扩展了 Hessel 气阀模型，因而使气阀模型的精度只依赖于网格的分辨率和单元的变形；气门可以有各自的升程曲线，气门可以是垂直的也可以是倾斜的。KIVA-ⅢV 程序的另一个特点是增加了油膜流动模型，包括喷油附壁、溅射、任意复杂壁面上油膜在空气动力效应下的流动和油膜重新进入气流时的热量与质量的交换。KIVA-ⅢV 程序还增加了混合控制湍流燃烧模型和炭烟模型，改进了导热壁面定律模型，使计算结果和试验数据更加一致。

思考题和项目训练

一、思考题

内燃机实际循环的示功图有哪几种？在示功图中气缸参数有哪些？

二、项目训练

1. 认识内燃机性能和一维气体动力仿真分析软件，如 AVL BOOST 软件、GT-Power 软件和 VAVE 软件等。

AVL BOOST 软件专注于各类内燃机性能仿真与优化，是行业领先的内燃机仿真工具，软件包含三个主要模块：

1）工作循环模拟（Cycle Simulation）。
2）进、排气系统噪声分析。
3）尾气后处理。

工作循环模拟是最常用的模块，可以进行内燃机稳态及瞬态性能模拟及优化。

通过学习软件的使用，学习一个四缸汽油机的例子模型，并分析其性能。

2. 在项目训练 1 的基础上，学习建立图 4-7 所示的四缸增压柴油机模型，并计算以下项目：

（1）循环平均参数

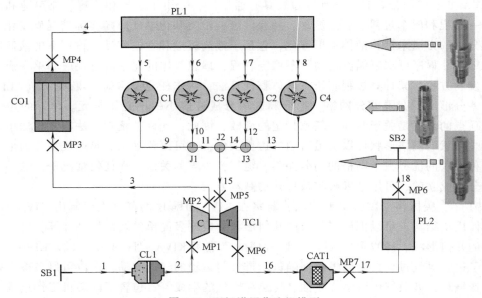

图 4-7 四缸增压柴油机模型

1）转速。
2）平均有效压力 BMEP。
3）功率。
4）转矩。
5）燃油消耗率 BSFC。
6）空气质量流量。
7）燃油质量流量。
8）过量空气系数。
9）环境温度和压力。
10）进气管的静态压力和温度。
11）排气管的静态压力和温度。
（2）循环变动参数
1）缸内示功图。
2）进气管的动态压力。
3）排气管的动态压力。

第 5 章　往复活塞式内燃机动力学

教学目标：充分认识动力学计算对汽车内燃机设计的重要作用。掌握曲柄连杆机构运动规律在内燃机设计中的应用，能对中心式曲柄连杆机构中的作用力和力的传递及作用效果进行分析，能对曲柄连杆机构进行动力计算。了解偏心式和主副连杆式曲柄连杆机构中的作用力和力矩的特点。掌握内燃机的平衡的概念，在学习单缸内燃机平衡措施的基础上，对常见车用单列式多缸内燃机和双列式多缸内燃机平衡进行分析比较，为汽车内燃机选型提供依据。

掌握一款多体系统动力学分析虚拟样机模型的软件，如 ADAMS，会利用软件建立曲柄连杆机构多体系统动力学模型并进行计算。了解曲柄连杆机构运动学与动力学对整机振动噪声计算的作用。

5.1　内燃机动力学计算概述

5.1.1　内燃机动力学计算的主要内容和作用

第 4 章已讲述了内燃机设计过程三大经典计算之一——工作过程计算，本章及第 6、7 章介绍动力学计算。动力学计算内容繁多，是在分析了曲柄连杆机构的运动学与动力学、内燃机的平衡、曲轴系统的扭转振动、配气机构动力学等内容基础上进行的，基本包括但不限于以下内容：

1）曲柄连杆机构运动计算。
2）曲柄连杆机构受力计算。
3）内燃机平衡计算。
4）轴系扭振计算。
5）主轴承及连杆轴承润滑计算。
6）配气正时链/带传动计算。
7）整机振动计算。
8）整机噪声计算。

本章首先讲述曲柄连杆机构的运动学与动力学，然后介绍内燃机的平衡。曲轴系统的扭转振动、配气机构动力学单独成章，分别在第 6 章和第 7 章讲述。

5.1.2 内燃机动力学计算方法与工具

目前，内燃机动力学的研究可归纳为基于质点力系的分析方法和基于虚拟样机的分析方法两大类。前者通过抽象化提取内燃机运动机构的基本特征，基于适当简化、当量处理基础上的质点模型进行分析；后者采用三维模型的连续质量体虚拟样机进行分析。

1. 基于质点力系的分析方法

传统上对内燃机曲柄连杆机构进行动力学分析，基本上都是采用质点力系分析方法，其分析简图如图 5-1 和图 5-2 所示。

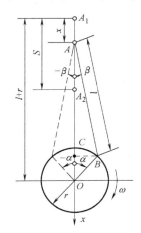

图 5-1　曲柄连杆机构运动学分析简图

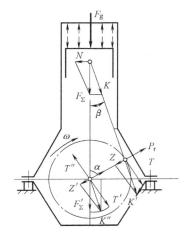

图 5-2　曲柄连杆机构受力分析简图

图 5-1 和图 5-2 中各运动件被简化为位置在其质心处的质点，连杆组简化为分别位于大、小头中心的两个质点，各质点间通过刚性杆件联系在一起，质点与杆件之间由铰链连接。质点可以承受外力载荷（如气体压力和惯性力），杆件可以接受运动驱动。通过质点、铰链和杆件，该质点力系既可以传递运动，也可以传递力。

在缸内气体压力已知的前提下，根据各运动件的质量，在确定的运行工况下求得各构件的惯性力，再按对应的曲轴转角将气体压力与惯性力合成。通过力的合成与分解，得到内燃机各部位在一个工作循环内的受力状态即载荷幅值及作用方向，具体力的传递与分析见 5.3 节。

进行主轴承座载荷分析，最早采用简支梁法，将曲轴分割成若干段，每段分别作为支承在两个轴承上的简支静定梁，这种方法完全不考虑相邻各缸对主轴承载荷的影响，与实际存在较大差异。后来采用连续梁法，将多拐曲轴当量转化为刚度阶梯变化的连续梁，在考虑支承弹性等因素的情况下，建立连续梁五弯矩方程，求出当量连续梁各支承处的弯矩，再以单个曲拐作为研究对象，求取在外力和支承弯矩共同作用下的轴承载荷。目前，以"三弯矩法"和"五弯矩法"为理论基础的轴承载荷计算方法，依然是传统方法中最常用的算法。

2. 基于虚拟样机的分析方法

随着计算机辅助设计（Computer Aided Design，CAD）、多体系统动力学（Multibody System Dynamics，MSD）、虚拟样机（Virtual Prototyping，VP）等技术的兴起，出现了基于虚拟

样机的分析方法。用专业化的 CAD 商用软件，如 I-DEAS、CADDS、Pro/E、UG、CATIA 等建立实体模型，进行内燃机动力学分析。

基于 CAD、MSD 技术发展起来的虚拟样机技术，首先要利用 CAD 技术建立内燃机各运动件的三维实体模型，然后搭建整机运动机构的虚拟样机模型。

例如，ADAMS 软件中多体系统动力学模块可以仿真由柔体和刚体组成的混合系统，其中每个个体均可以旋转或平移。通过确定多体系统中的关键点，可以执行更细致的元件级结构分析。多体系统动力学模块还可以自由分析结构各个部分的受力情况，以及柔性组件中产生的应力，预测由于大形变或疲劳而可能发生的破坏。

图 5-3 所示为某四缸内燃机多体系统动力学分析 VP 模型。

采用基于 MSD 的 VP 仿真技术分析内燃机内部的振声激励力的优点是：

图 5-3　某四缸内燃机多体系统动力学分析 VP 模型

1）采用 CAD 三维模型用于仿真分析，避免了传统算法对实际结构的简化处理而引起误差。

2）通过柔性化处理的主要承、传力零件等，可真实反映实际结构的弹性特性，以及构件的弹性变形对激励载荷的影响。

3）基于多体系统的一体化仿真，可以充分计及各载荷之间的相互影响及共同作用效果。

实际上，通过对分析结果的对比研究，采用上述两种分析方法的相关结果相差不大，而且基于质点力系的分析方法思路清晰、使用简便。到目前为止，基于质点力系的分析方法依然是进行内燃机动力学研究的基本技术途径。

5.2　曲柄连杆机构运动学

往复活塞式内燃机曲柄连杆机构由活塞组、连杆组和曲轴飞轮组三大基本构件组组成。在稳定工况下，曲柄连杆机构的运动规律称为运动学，而三大基本构件组的位移、速度、加速度与曲柄转角及各几何参数之间的关系称为动力学。

5.2.1　曲柄连杆机构的形式

曲柄连杆机构的形式有中心式曲柄连杆机构、偏心式曲柄连杆机构、主副连杆式曲柄连杆机构等，如图 5-4 所示。

1. 中心式曲柄连杆机构

中心式曲柄连杆机构的气缸中心线通过并垂直于曲轴回转中心线，如图 5-4a 所示。

把中心式曲柄连杆机构应用到多列内燃机上，形成同心连杆式机构，每个气缸都有一套标准的曲柄连杆机构，同排各缸连杆大端与同一曲柄销（连杆轴颈，下同）连接，这些连杆大端旋转中心从轴向看是同心的，如图 5-4b 所示。

连杆大端与曲柄销的连接方式具有叉形连接（图5-4c）和并列连接（图5-4d）两种。同心连杆式机构可以组成单轴多列式内燃机，同一曲柄销连接太多气缸，会使曲轴长度增加，刚度降低。

2. 偏心式曲柄连杆机构

偏心式曲柄连杆机构的气缸中心线不通过曲轴回转中心线，而向回转方向偏移一定的偏心距e，如图5-4e所示。当气缸中心线朝曲轴回转方向偏置时，气缸中心线位于曲轴回转中心线右侧，活塞向缸壁作用的侧击力较小，气缸和活塞间的磨损减轻，且在相同曲柄半径时活塞行程较大，工作容积相应增加。

 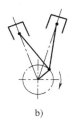 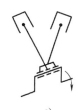   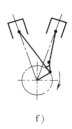

a)   b)   c)   d)   e)   f)

图5-4 内燃机曲柄连杆运动机构的形式
a) 中心式 b) 同心连杆式 c) 同心连杆式叉形连接 d) 同心连杆式并列连接 e) 偏心式 f) 主副连杆式

3. 主副连杆式曲柄连杆机构

该结构的主连杆大端与曲柄销直接连接，副连杆大端则通过销轴连接在主连杆大端上，形成关节式结构，如图5-4f所示。根据列数的不同，一个曲柄可以连接一个主连杆和若干个副连杆工作，形成V型、对置型、W型、X型和星型等单轴多列式内燃机，如图5-5b~f所示。

5.2.2 多缸内燃机的结构形式

1. 单列式

单列式内燃机的气缸排成一直线，如图5-5a所示。单列式内燃机只有一根曲轴，每个曲柄连接一套结构相同的曲柄连杆机构。单列式内燃机应用最为广泛，但单列式内燃机缸数不宜过多，一般不超过8缸，否则内燃机过长将引起机身纵向刚度降低，底座与曲轴变形较大，曲轴过长也会使内燃机扭转振动性能变差。目前，汽车单列式内燃机以3缸、4缸、5缸、6缸居多。

2. 单轴多列式

为了增加缸数和提高单机功率，可采用单轴多列式、多轴多列式和对向活塞式。

  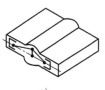 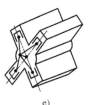 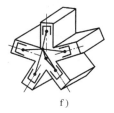

a)   b)   c)   d)   e)   f)

图5-5 多缸内燃机的结构形式
a) 单列式 b) V型 c) 对置型 d) W型 e) X型 f) 星型

单轴多列式内燃机一个曲柄上连接两套以上的曲柄连杆机构工作,相当于两台以上的单列式内燃机共用一根曲轴,如图 5-5b~f 所示。

V 型内燃机曲柄连杆运动机构的典型结构如图 5-6 所示。

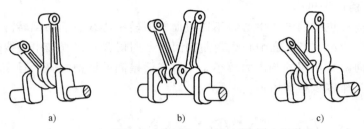

图 5-6　V 型内燃机曲柄连杆运动机构的典型结构
a) 同心连杆式并列连接　b) 主副连杆式连接　c) 同心连杆式叉形连接

在汽车内燃机上,单列式和 V 型内燃机曲柄连杆运动机构应用较多。

5.2.3　曲柄连杆机构运动规律

以质点力系分析方法来研究曲柄连杆机构运动规律,可求出各运动构件的运动规律,进而计算机构中的作用力和力矩、内燃机的平衡,进行曲轴系统扭转振动的分析、整机振动以及有关零件的设计等。

当内燃机匀速转动时,曲柄的瞬时位置用曲柄中心线与气缸中心线间的夹角 α 表示。α 称为曲柄转角,其他运动参量都可表示为 α 的函数。连杆的瞬时位置用连杆中心线与气缸中心线间的夹角 β 表示,β 称为连杆摆角。

1. 中心式曲柄连杆机构

中心式曲柄连杆机构的运动学分析简图如图 5-1 所示。气缸中心线通过曲轴中心 O,OB 为曲柄,AB 为连杆,B 为曲柄销中心,A 为活塞销中心。曲柄半径 OB 的长度为 r,连杆 AB 的长度为 l。

当 $\alpha=0°$ 时,活塞销中心 A 运行到最上面的位置,即上止点位置 A_1 处。当 $\alpha=180°$ 时,A 运行到最下面的位置,即下止点位置 A_2 处,活塞行程 S 与曲柄半径 r 的关系为

$$S = \overline{A_1A_2} = \overline{A_1O} - \overline{A_2O} = (l+r)-(l-r) = 2r$$

如果曲柄按顺时针旋转,当曲柄转角为 α 的任一时刻,由图 5-1 所示活塞运行的位移 x 为 $\overline{A_1A}$,则有

$$x = \overline{A_1A} = \overline{A_1O} - \overline{AO} = \overline{A_1O} - (\overline{CO}+\overline{AC}) = (l+r) - (r\cos\alpha + l\cos\beta) \tag{5-1}$$

因为曲柄半径与连杆长度的比值为 $\lambda = \dfrac{r}{l}$,一般为 1/3~1/5。

根据图 5-1,有

$$\lambda = \frac{r}{l} = \frac{\sin\beta}{\sin\alpha}$$

或

$$\lambda\sin\alpha = \sin\beta$$
$$\cos\beta = \sqrt{1-\lambda^2\sin^2\alpha} \tag{5-2}$$

则式（5-1）可整理为

$$x = r(1-\cos\alpha) + l(1-\sqrt{1-\lambda^2\sin^2\alpha}) \tag{5-3}$$

式（5-3）为活塞位移的精确计算式，当用计算机进行计算时，可以直接用此式；当用手工计算时，可将此式加以简化。根据牛顿二项式定理，将式（5-2）展开为

$$\cos\beta = 1 - \frac{1}{2}\lambda^2\sin^2\alpha - \frac{1}{2\times4}\lambda^4\sin^4\alpha - \frac{1}{2\times4\times6}\lambda^6\sin^6\alpha - \frac{1}{2\times4\times6\times8}\lambda^8\sin^8\alpha - \cdots \tag{5-4}$$

由于 $\lambda = 1/3 \sim 1/5$ 值比较小，式（5-4）中高于二次方的各项之值都很小。例如，对于 $\lambda = 1/3.5$ 时，当 $\alpha = 90°$ 或 $\alpha = 270°$ 时，第三项和第四项的最大值只等于 0.00083 和 0.000011。为了计算简便，只取式（5-4）的前两项即足够精确。因此，取

$$\cos\beta \approx 1 - \frac{1}{2}\lambda^2\sin^2\alpha \tag{5-5}$$

将式（5-5）代入式（5-1），得

$$\begin{aligned}x &= (l+r) - \left[r\cos\alpha + l\left(1-\frac{1}{2}\lambda^2\sin^2\alpha\right)\right] = r\left(1-\cos\alpha + \frac{1}{2}\lambda\sin^2\alpha\right)\\ &= r\left[(1-\cos\alpha) + \frac{1}{4}\lambda(1-\cos2\alpha)\right] = x_\mathrm{I} + x_\mathrm{II}\end{aligned} \tag{5-6}$$

式（5-6）为活塞位移的近似计算表达式。

由式（5-6）可知：当 $\alpha = 0°$ 时，$x = 0$；当 $\alpha = 90°$ 时，$x = r(1+\lambda/2)$；当 $\alpha = 180°$ 时，$x = 2r$。活塞位移 x 随 α 变化的规律及活塞位移 x 与连杆比 λ 的变化关系如图5-7所示。

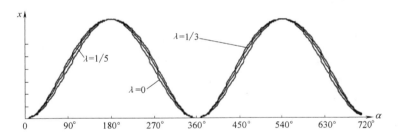

图5-7 活塞位移 x 随 α 变化的规律及活塞位移 x 与连杆比 λ 的变化关系

由图5-7可知，连杆比 λ 值越大，活塞的位移曲线越丰满；除曲轴转角 $\alpha = 0°$、180°、360°、540°、720°时的五个上、下止点位置外，其他任意时刻连杆比 λ 值越大则位移越大。

将式（5-3）对时间 t 微分，便可求得活塞速度 v 的精确值，为

$$v = \frac{\mathrm{d}x}{\mathrm{d}t} = \frac{\mathrm{d}x}{\mathrm{d}\alpha}\frac{\mathrm{d}\alpha}{\mathrm{d}t} = r\omega\left(\sin\alpha + \frac{\lambda\sin2\alpha}{2\cos\beta}\right) \tag{5-7}$$

将式（5-6）对时间 t 微分，便可求得活塞速度 v 的近似值，为

$$v = r\omega\left(\sin\alpha + \frac{\lambda}{2}\sin2\alpha\right) \tag{5-8}$$

在式（5-8）中，活塞速度可以写成两个速度分量之和，即

$$v = r\omega\sin\alpha + r\omega\frac{\lambda}{2}\sin2\alpha = v_\mathrm{I} + v_\mathrm{II} \tag{5-9}$$

因此，活塞速度可视为由 $v_{\mathrm{I}} = r\omega\sin\alpha$ 和 $v_{\mathrm{II}} = r\omega\dfrac{\lambda}{2}\sin2\alpha$ 两部分运动速度所组成，如图 5-8 所示。

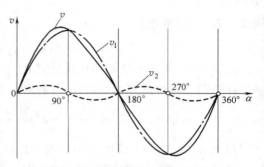

图 5-8 活塞的速度曲线

由式（5-8）可知，当 $\alpha = 0°$ 时或 $\alpha = 180°$ 时（活塞位于上、下止点），$v = 0$，这是由于活塞在这两点将改变运动方向。当 $\alpha = 90°$ 时，$v = r\omega$，此时活塞速度等于曲柄销中心的圆周速度。但是这并不是活塞的最大速度，最大速度时的曲柄转角为 $\alpha_{v_{\max}}$，可用 v 对 α 微分求极值的方法来求得，即由

$$\frac{\mathrm{d}v}{\mathrm{d}\alpha} = r\omega(\cos\alpha + \lambda\cos2\alpha) = r\omega[\cos\alpha + \lambda(2\cos^2\alpha - 1)] = 0$$

令

$$2\lambda\cos^2\alpha + \cos\alpha - \lambda = 0$$

得

$$\alpha_{v_{\max}} = \arccos\left[\frac{1}{4\lambda}(-1 + \sqrt{-1 + 8\lambda^2})\right]$$

因此，$\alpha_{v_{\max}} < 90°$ 或 $\alpha_{v_{\max}} > 270°$，即活塞速度的最大值出现在偏向上止点一边，大体上在上止点前后 75°左右。不同 λ 值时活塞速度 v 与 α 的关系如图 5-9 所示。

由图 5-9 可知，λ 值越大，活塞最大速度值也越大，相应的曲柄转角 $\alpha_{v_{\max}}$ 越小。

根据图形和公式分析可知：

$\alpha = 0° \sim 180°$，v 为正值（活塞向曲轴中心线方向运动）。

$\alpha = 180° \sim 360°$ 时，v 为负值（活塞背着曲轴中心线方向运动）。

$\alpha = 0°$、$180°$、$360°$ 时，$v = 0$（活塞正在改变运动方向）。

$\alpha = 90°$、$270°$ 时，$v = r\omega$，但并不是 $v_{\max}$。

活塞速度在曲柄旋转一周中，时快时慢地变化，平均速度 v_{m}（m/s）为

$$v_{\mathrm{m}} = \frac{2S}{\frac{60}{n}} = \frac{Sn}{30}$$

式中，S 是活塞行程（m）；n 是曲轴转速（r/min）。

活塞平均速度 v_{m} 虽然只能粗略地估计活塞运动的快慢，但它是表征内燃机性能指标的重要参数之一。

将式（5-7）对时间 t 微分，可求得活塞加速度 a 的精确值为

$$a = \frac{\mathrm{d}v}{\mathrm{d}t} = \frac{\mathrm{d}v\mathrm{d}\alpha}{\mathrm{d}\alpha\mathrm{d}t} = r\omega^2\left(\cos\alpha + \lambda\frac{\cos2\alpha}{\cos\beta} + \frac{\lambda^3\sin^2 2\alpha}{4\cos^2\beta}\right) \tag{5-10}$$

将式（5-8）对时间 t 微分，可求得活塞加速度 a 的近似值为

$$a = r\omega^2(\cos\alpha + \lambda\cos2\alpha)$$

式（5-10）也可以写为

$$a = r\omega^2\cos\alpha + \lambda r\omega^2\cos2\alpha = a_{\mathrm{I}} + a_{\mathrm{II}} \tag{5-11}$$

因此，活塞加速度也可视为是两个简谐运动加速度之和，即由 $a_{\mathrm{I}} = r\omega^2\cos\alpha$ 和 $a_{\mathrm{II}} = \lambda r\omega^2\cos2\alpha$ 两部分组成，如图 5-10 所示。

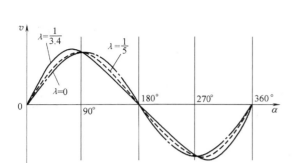

图 5-9 不同 λ 值时活塞速度 v 与 α 的关系

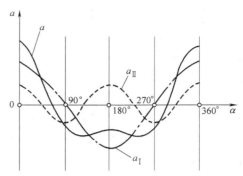

图 5-10 活塞加速度曲线的合成

活塞加速度的极值点以及相应的曲柄转角 α 可用式（5-11）对 α 的微分并令其等于 0 来求得，即

$$\frac{\mathrm{d}a}{\mathrm{d}\alpha} = r\omega^2(\sin\alpha + 2\lambda\sin2\alpha) = 0$$

即

$$\sin\alpha(1 + 4\lambda\cos\alpha) = 0$$

由此可得

$$\sin\alpha = 0$$

或

$$1 + 4\lambda\cos\alpha = 0$$

第一种情况：$\sin\alpha = 0$，加速度极值点出现在 $\alpha = 0°$ 和 $\alpha = 180°$ 处，相应的加速度分别为

$$\alpha = 0°, a = r\omega^2(1+\lambda)$$
$$\alpha = 180, a = -r\omega^2(1-\lambda)$$

不同 λ 值时的活塞加速度曲线如图 5-11 所示。

第二种情况：$1 + 4\lambda\cos\alpha = 0$，即加速度的极值点还会出现在 $\alpha' = \arccos\dfrac{-1}{4\lambda}$ 处，相应的加速度为

$$a = -r\omega^2\left(\lambda + \frac{1}{8\lambda}\right)$$

由图 5-11 可知，第二种情况只会出现在 $\lambda > 1/4$ 的机构中，对于 $\lambda \leq 1/4$ 的机构无意义。

因此，在曲轴旋转一周中，当 $\lambda \leq 1/4$ 时，α 在 $0°$、$360°$ 时有最大的正加速度值 $r\omega^2(1+\lambda)$；当 α 在 $180°$ 时，有最大的负加速度值 $-r\omega^2(1-\lambda)$。当 $\lambda > 1/4$ 时，α 在 $0°$、$360°$ 时有最大的正加速度值，其值为 $r\omega^2(1+\lambda)$；而 α 在 α'、$360°-\alpha'$ 两处有最大的负加速度值，其值为 $-r\omega^2\left(\lambda + \dfrac{1}{8\lambda}\right)$，而此时，$\alpha$ 在 $180°$ 处的加速度值仍为 $-r\omega^2(1-\lambda)$。

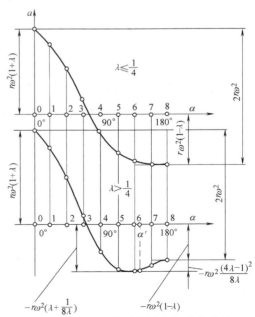

图 5-11 不同 λ 值时的活塞加速度曲线

2. 偏心式曲柄连杆机构

图 5-12 所示为偏心式曲柄连杆机构运动分析图。气缸中心线偏离曲轴回转中心的距离为 e，当曲轴顺时针方向转动时，偏心的方向如图 5-12 所示，即将活塞销孔（气缸中心线）布置朝向次推力面一侧（称为正偏置）。

（1）活塞销的正偏置和曲轴的正偏置　正偏置一般用于柴油机。柴油机的做功冲程最大爆发压力 F_{gmax} 较大，故侧压力 N 较大，为降低最大主推力 N_{max}，改善活塞和气缸套主推力面的磨损，压缩冲程时，次推力面的侧向推力将有所增大，但其绝对值本身较小，所以影响较小，故可达到使气缸两侧磨损均匀的效果。

图 5-12 中点 A'、A'' 分别表示活塞在上、下止点时的位置，相应此时曲柄的转角分别为 α_1 与 α_2。假设连杆长度 $\overline{AB}=l$，曲柄半径 $\overline{OB}=r$。定义偏心量 e 与曲柄半径 r 的比值为偏心率 k，即

$$k = \frac{e}{r}$$

k 的取值范围一般为 0.05~0.25，由直角三角形 $\triangle A'EO$ 和 $\triangle A''EO$，得

$$\sin\alpha_1 = \frac{e}{l+r} = \frac{k\lambda}{1+\lambda}$$

$$\sin\alpha_2 = -\frac{e}{l-r} = -\frac{k\lambda}{1-\lambda}$$

可以看出，活塞从上止点到下止点的曲柄转角为 $\alpha_2-\alpha_1>180°$，活塞从下止点到上止点的曲柄转角为 $360°-(\alpha_2-\alpha_1)<180°$。即偏心机构中，活塞下行和上行所经过的曲柄转角不同，有利于加大进气行程和膨胀行程，使进气更充分，提高充气效率，膨胀更彻底。

由图 5-12 可得

$$l\sin\beta = r\sin\beta - e$$

$$\sin\beta = \lambda(\sin\alpha - k)$$

连杆转动的角度为

$$\beta = \arcsin[\lambda(\sin\alpha - k)] \tag{5-12}$$

由图 5-12 中 $\triangle ABD$ 和 $\triangle BOC$ 的几何关系，可以求得当曲柄转角为 α 的任一瞬时活塞位移 x 的精确计算表达式，即

$$x = \overline{A'E} - \overline{AE} = \overline{A'E} - (\overline{DE} + \overline{AD}) = \sqrt{(l+r)^2 - e^2} - (r\cos\alpha + l\cos\beta) \tag{5-13}$$

将式（5-13）对时间 t 微分，可求得活塞速度的精确计算表达式，即

$$v = r\omega\left(\sin\alpha + \frac{\lambda\sin2\alpha}{2\cos\beta} - \lambda k\frac{\cos\alpha}{\cos\beta}\right) \tag{5-14}$$

对应的活塞加速度精确计算表达式为

$$a = \frac{dv}{dt} = r\omega^2\left[\frac{\cos(\alpha+\beta)}{\cos\beta} + \lambda\frac{\cos^2\alpha}{\cos^3\beta}\right] \tag{5-15}$$

由图 5-12 中直角三角形 $\triangle A'EO$ 和 $\triangle A'EO$ 的几何关系可知

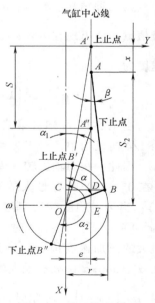

图 5-12　偏心式曲柄连杆机构运动分析图

$$\overline{A'E} = \sqrt{(l+r)^2 - e^2} = r\sqrt{\left(\frac{1}{\lambda}+1\right)^2 - k^2}$$

$$\overline{A''E} = \sqrt{(l-r)^2 - e^2} = r\sqrt{\left(\frac{1}{\lambda}-1\right)^2 - k^2}$$

则活塞行程为

$$S = \overline{A'E} - \overline{A''E} = r\left[\sqrt{\left(\frac{1}{\lambda}+1\right)^2 - k^2} - \sqrt{\left(\frac{1}{\lambda}-1\right)^2 - k^2}\right] \tag{5-16}$$

如果将式（5-16）中两个根号展开为级数式，整理后略去高次项，可得活塞行程的近似式，即

$$S = 2r\left[1 + \frac{k}{2\left(\frac{1}{\lambda^2}-1\right)}\right] = 2r + \frac{1}{2}\Delta S \tag{5-17}$$

显然式（5-17）中 ΔS 必为正值，通常 $\Delta S = 0.002r \sim 0.02r$，所以 $S > 2r$。偏心式曲柄连杆机构的活塞行程比中心式曲柄连杆机构的略大。

活塞在上、下止点时的转角 α_1 与 α_2 的计算式分别为

$$\sin\alpha_1 = \frac{e}{l+r} = \frac{\lambda k}{1+\lambda}$$

$$\sin\alpha_2 = -\frac{\lambda k}{1-\lambda}$$

由式（5-12）得

$$\cos\beta = \sqrt{1-\sin^2\beta} = \sqrt{1-\lambda^2(\sin\alpha-k)^2}$$

将其按牛顿二项式定理展开，略去高次项代入式（5-13），整理得偏心式曲柄连杆机构活塞位移的近似计算表达式为

$$x \approx r\left[(1-\cos\alpha) + \frac{\lambda}{4}(1-\cos2\alpha) - k\lambda\sin\alpha\right] \tag{5-18}$$

将式（5-18）分别对时间 t 作一次和二次微分，可得活塞速度 v 和加速度 a 的近似计算表达式为

$$v \approx r\omega\left(\sin\alpha + \frac{\lambda\sin2\alpha}{2} - k\lambda\cos\alpha\right) \tag{5-19}$$

$$a \approx r\omega^2(\cos\alpha + \lambda\cos2\alpha + k\lambda\sin\alpha) \tag{5-20}$$

由式（5-18）~式（5-20）可知，由于偏心距的影响，偏心式曲柄连杆机构的活塞位移、速度和加速度近似公式比中心式曲柄连杆机构分别多了一项 $-rk\lambda\sin\alpha$、$-r\omega k\lambda\cos\alpha$ 和 $r\omega^2 k\lambda\sin\alpha$，而一般 $k\lambda = 0.01 \sim 0.06$，因这些项数值很小，可忽略不计，这样在近似计算中就可把偏心式曲柄连杆机构的运动规律按中心式曲柄连杆机构的运动规律来处理。

（2）活塞销的负偏置　车用汽油机转速远高于柴油机，而其缸内最大压力低于柴油机，其左、右、主、次推力面的磨损不均匀不是主要问题，一般不需要采用正偏置。而转速过高时，上止点位置处活塞频繁高速换向，会导致活塞拍击缸壁，产生"敲缸"噪声，这已经成为主要问题。采用活塞销的负偏置有利于解决该问题。活塞销的负偏置可形成偏转力矩，

形成"先靠后移"的工作原理：因活塞销座偏置，在接近压缩上止点时，作用在活塞销座轴线以右的气体压力大于左边，使活塞倾斜，活塞裙部下端提前换向。而活塞在越过上止点、侧压力反向时，活塞才以左下端接触处为支点，顶部向左转（不是平移），完成换向，如图5-13所示。

在接近进排气上止点时，作用在活塞销座轴线以右的气体压力也大于左边（合力向上），也达到"先靠后移"的效果，如图5-14所示。可见偏置活塞销座使活塞换向分成了两步：第一步是在气体压力较小时进行，且活塞裙部弹性好，有缓冲作用；第二步虽气体压力大，但是个渐变过程。因此，两步过渡使换向冲击力大为减弱。

活塞销的负偏置曲柄连杆机构的运动规律不再赘述。

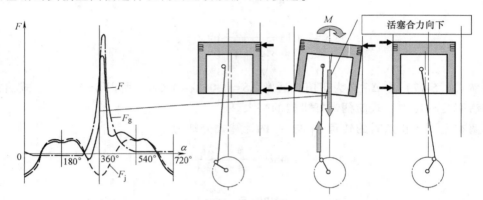

图5-13 压缩上止点前后形成偏转力矩及活塞"先靠后移"示意图

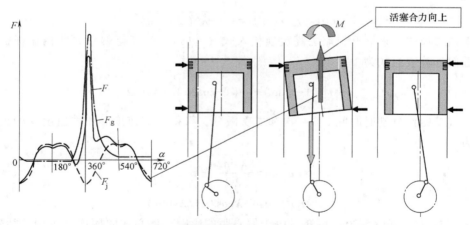

图5-14 进排气上止点前后形成活塞"先靠后移"示意图

3. 主副连杆式曲柄连杆机构

（1）主副连杆式曲柄连杆机构的特点　图5-15所示为主副连杆式曲柄连杆机构运动分析简图。

图5-15中，AB为主连杆，其长度为L，r是曲柄半径，CD为副连杆，其长度为l，B点为曲柄销中心，C点为主连杆与副连杆连接销的中心，BC长为r_e，并称r_e为关节半径，γ_e为AB与BC的夹角，称为关节角；γ为主副气缸中心线之间的夹角，称为气缸夹角；α为曲

柄偏离主气缸中心线的转角,α_e为曲柄偏离副气缸中心线的转角;β和β_e分别为主副连杆偏离主副气缸中心线的夹角。

V型内燃机采用主副连杆机构时,其中主连杆及主气缸活塞运动学与中心曲柄连杆机构完全相同。由于副气缸的曲柄连杆机构已不是主气缸中所用的三铰链机构,而是副连杆通过副连杆销与主连杆连接形成的四铰链机构,因此,副气缸中活塞、连杆的运动规律与主气缸中活塞、连杆的运动规律不同。

根据已确定的主连杆长度L、气缸夹角γ及曲柄半径r等结构参数,可用优化设计方法选择最适当的关节角γ_e、关节半径r_e及副连杆长度l等,以使差异减小,但是差异总是存在的。

主副连杆机构有两种不同的构造:①$\gamma_e=\gamma$,优点是可以保证主副气缸有相近的活塞行程和相同的几何压缩比ε,但是主连杆承受来自副气缸的附加弯矩及主气缸活塞承受来自副气缸的附加侧压力比较大;②$\gamma_e>\gamma$,优点是使主连杆的附加弯矩及主气缸活塞上的附加侧压力较小,但难以保证主副气缸有比较相近的活塞行程和相同的几何压缩比。

一般地,γ_e比γ略大,令$\gamma_e-\gamma=\varphi_1$,本节主要讨论副连杆和副气缸活塞的运动规律。

(2) 副连杆运动分析 由图5-15得

$$l\sin\beta_e = r\sin\alpha_e - r_e\sin(\beta-\varphi_1)$$

或

$$\sin\beta_e = \frac{r}{l}\sin\alpha_e - \frac{r_e}{l}\sin(\beta-\varphi_1)$$

则副连杆摆动的角位移为

$$\beta_e = \arcsin\left[\frac{r}{l}\sin\alpha_e - \frac{r_e}{l}\sin(\beta-\varphi_1)\right] \tag{5-21}$$

将式(5-21)对时间t微分,得副连杆摆动的角速度为

$$\dot{\beta}_e = \frac{\omega}{\cos\beta_e}\left[\frac{r}{l}\cos\alpha_e - \frac{\dot{\beta}}{\omega}\frac{r_e}{l}\cos(\beta-\varphi_1)\right] \tag{5-22}$$

将式(5-22)对时间t微分,得副连杆摆动的角加速度为

$$\ddot{\beta}_e = -\frac{\omega^2}{\cos\beta_e}\left[\frac{r}{l}\sin\alpha_e + \left(\frac{\ddot{\beta}}{\omega^2}\right)\frac{r_e}{l}\cos(\beta-\varphi_1) - \left(\frac{\dot{\beta}}{\omega}\right)^2\frac{r_e}{l}\sin(\beta-\varphi_1) - \left(\frac{\dot{\beta}_e}{\omega}\right)^2\sin\beta_e\right] \tag{5-23}$$

(3) 副气缸活塞运动分析 下面的推导均假设按曲轴旋转方向副连杆在前,主连杆在后,并将其称为副连杆导前机构,如图5-15所示。副气缸活塞的位移为

$$x_e = x_{0e} - x_0$$

式中,x_{0e}为副气缸活塞在上止点时曲轴中心至活塞销中心的距离;x_0为曲柄转角为α_0时,曲轴中心至活塞销的中心的距离。

$$x_0 = r\cos\alpha_e + r_e\cos(\beta-\varphi_1) + l\cos\beta_e$$

$$x_e = x_{0e} - [r\cos\alpha_e + r_e\cos(\beta-\varphi_1) + l\cos\beta_e] \tag{5-24}$$

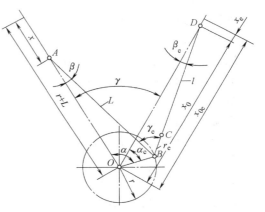

图5-15 主副连杆式曲柄连杆机构运动分析简图

对式（5-24）微分，可得副气缸活塞的速度与加速度。

速度为

$$v_e = r\omega\sin\alpha_e + r_e\dot{\beta}\sin(\beta-\varphi_1) + l\dot{\beta}_e\sin\beta_e \qquad (5-25)$$

加速度为

$$a_e = r\omega^2\cos\alpha_e + r_e\dot{\beta}^2\cos(\beta-\varphi_1) + r_e\ddot{\beta}\sin(\beta-\varphi_1) + l\dot{\beta}_e^2\cos\beta_e + l\ddot{\beta}_e\sin\beta_e \qquad (5-26)$$

由式（5-24）~式（5-26）可求出不同副连杆曲柄转角 α_e 时，副气缸活塞相应的位移、速度与加速度，此时必须首先求出 x_{0e} 值。由于 x_{0e} 是表示副气缸活塞在上止点时曲轴中心到活塞销中心的距离，而此时相应的曲柄转角 α_e 是未知的，因此可利用活塞在上、下止点时其速度必为零的条件，采用迭代逼近的方法求出，具体步骤如下：

由式（5-25）可知活塞在上、下止点时的曲柄转角应为

$$\alpha_e' = \arcsin\left[-\frac{r_e\dot{\beta}\sin(\beta-\varphi_1)}{r\omega} - \frac{l\dot{\beta}_e\sin\beta_e}{r\omega}\right] \qquad (5-27)$$

式中

$$\beta = \arcsin[\lambda\sin(\alpha_e+\gamma)]$$

$$\dot{\beta} = \omega\lambda\frac{\cos(\alpha_e+\gamma)}{\cos\beta}$$

$$\beta_e = \arcsin\left[\frac{r}{l}\sin\alpha_e - \frac{r_e}{l}\sin(\beta-\varphi_1)\right]$$

$$\dot{\beta}_e = \frac{\omega}{\cos\beta_e}\left[\frac{r}{l}\cos\alpha_e - \frac{\dot{\beta}}{\omega}\frac{r_e}{l}\cos(\beta-\varphi_1)\right] \qquad (5-28)$$

令活塞在上止点时的曲柄转角为 α_{e1}，由于 α_{e1} 在 0°附近，第一次先设 $\alpha_{e1}=0$°，代入式（5-28）求出 α_{e1}'，再用 α_{e1}' 值代入式（5-28）求出新的 α_{e1}''，如此迭代下去，直到两次计算值之差在允许精度范围之内，则认为此时的 α_{e1}'' 值即为副气缸活塞位于上止点时的曲柄转角。同理，可求出活塞位于下止点时的曲柄转角 α_{e2}''，但此时迭代初值应设 $\alpha_{e2}=180$°。

求出 α_{e1} 值后，代入式（5-24）中，并令 $x_e=0$，即可求出 x_{e0}，再用 α_{e2} 之值代入式（5-24）就可求出副气缸活塞的行程 S_e。

以上讨论的是 $\gamma_e \neq \gamma$ 的情况。当 $\gamma_e = \gamma$ 时，可按 $\gamma_e - \gamma = \varphi_1 = 0$°的关系进行计算。

主气缸与副气缸活塞的运动规律比较如图 5-16 所示。图 5-16 中的横坐标，对于主气缸活塞相应的曲柄转角为 α，对于副气缸活塞相应的曲柄转角为 α_e。

由图 5-16 和上文可以看出主副气缸活塞在运动关系上具有以下特点：

1）副气缸活塞与主气缸活塞在位移、速度和加速度的数值及变化规律不同，参数不对称，这使主副气缸惯性力的平衡和扭转振动的计算都复杂化。

2）由于副气缸的 α_{e1} 和 α_{e2} 与主气缸

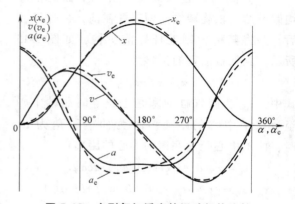

图 5-16 主副气缸活塞的运动规律比较

的不一样,这给主副气缸喷油定时与配气正时的一致性带来不利影响。

3) 副气缸活塞的行程 S_e 大于主气缸活塞行程 S,使得主副气缸的工作容积不同。如果假设:$\alpha_{e1}=0°$,$\alpha_{e2}=180°$,$\cos\beta_{e1}=1$,$\cos\beta_{e2}=1$,则在 $l=L-r$ 的条件下主,副气缸活塞行程差值 ΔS 的简单近似公式为

$$\Delta S = S_e - S \approx 2\lambda r_e \frac{r}{l} \sin\gamma \sin\varphi \tag{5-29}$$

对于 $\gamma=45°\sim60°$,压缩比 $\varepsilon=12\sim16$ 的内燃机,式(5-29)有较高的精确度,误差为 $1\%\sim2\%$。

总的看来,主副气缸活塞在运动关系方面的差别不大,特别是当 $\gamma_e=\gamma$ 时。通常可以根据已确定的 L、γ 及 r 等值,选取适当的结构参数 r_e、l、γ_e 以使上述差别在合理的要求范围内。

(4) 副连杆销运动分析 副连杆销上除了受到来自副连杆的推力和拉力之外,还受到副连杆传递到副连杆销处的质量所产生的惯性力。此外,在计算主连杆上副连杆销凸耳处的强度或副连杆销轴承的油膜润滑情况时,也需要运用副连杆销处的运动参数。

建立一个以曲柄旋转中心 O 为原点,以主缸中心线为 Y 轴,沿垂直方向为 X 轴的直角坐标系,如图 5-17 所示。

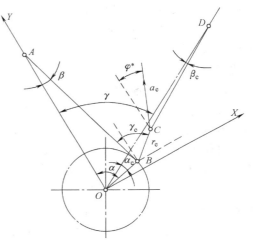

图 5-17 副连杆销运动分析简图

当曲柄转角为 α 时,副连杆销 C 点在 X-Y 坐标系中的坐标方程为

$$\begin{aligned} X_C &= r\sin\alpha + r_e\sin(\gamma_e-\beta) \\ Y_C &= r\cos\alpha + r_e\cos(\gamma_e-\beta) \end{aligned} \tag{5-30}$$

可以证明,式(5-30)为椭圆的参数方程,即副连杆销的运动轨迹。

将式(5-30)对时间 t 微分两次,可得副连杆销 C 点处的加速度在 X 轴和 Y 轴方向上的两个分量为

$$a_{Cx} = \frac{d^2 X_C}{dt^2} = \omega^2 \left[-r\sin\alpha + r_e\cos(\gamma_e-\beta)\frac{r\sin\alpha}{L\cos\beta} - r_e\frac{r^2}{L^2}\cos^2\alpha\frac{\sin\gamma_e}{\cos^3\beta} \right]$$

$$a_{Cy} = \frac{d^2 Y_C}{dt^2} = \omega^2 \left[-r\cos\alpha - r_e\sin(\gamma_e-\beta)\frac{r\sin\alpha}{L\cos\beta} - r_e\frac{r^2}{L^2}\cos^2\alpha\frac{\cos\gamma_e}{\cos^3\beta} \right]$$

C 点的加速度为

$$a_C = \sqrt{(a_{Cx})^2 + (a_{Cy})^2} \tag{5-31}$$

加速度方向由 φ^* 角确定,并有

$$\varphi^* = \arctan\frac{a_{Cx}}{a_{Cy}} \tag{5-32}$$

式中,φ^* 是 C 点加速度矢量与 X 轴的夹角。

5.2.4 曲柄连杆机构运动规律在内燃机设计中的作用

1. 活塞简谐运动的规律

由式（5-6）、式（5-9）、式（5-11）可得，活塞运动（位移、速度、加速度）遵从简谐运动的规律，如位移的一阶谐量与曲轴速度同步，可以用矢量圆来表示，二阶谐量比曲轴速度快一倍，如图5-18所示。

2. 利用活塞运动规律进行设计计算

（1）示功图转换　通过测量缸内的压力随曲轴转角或容积的变化规律得到示功图。在进行泵气损失计算和燃烧过程分析时，需要活塞的位移规律才能进行 p-V 和 p-φ 示功图的转换。

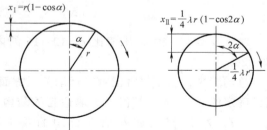

图 5-18　活塞位移一阶谐量和二阶谐量

（2）气门干涉校验　需校核活塞在排气上止点附近时是否与早开的进气门或晚关的排气门发生干涉，用活塞的位移规律进行气门干涉校核，如图5-19所示。在进行曲柄连杆机构的受力分析和活塞摩擦磨损的计算时，也要用到活塞的位移运动规律。

（3）动力计算　活塞速度用于计算活塞处于不同位置时与气缸套的磨损程度，以最大活塞速度 $v_{\max}$ 进行评价。以中心式曲柄连杆机构为例，可以通过用活塞速度公式对曲轴转角 α 求导，导数值等于零的方法得到活塞最大速度，而活塞平均速度为 $v_\mathrm{m}=\dfrac{Sn}{30}$，活塞最大速度与平均速度的比

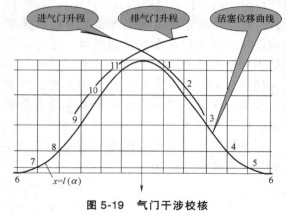

图 5-19　气门干涉校核

值为 $\dfrac{v_{\max}}{v_\mathrm{m}}\approx 1.625$，能很快地估算出活塞的最大速度且满足精度要求。

5.3　曲柄连杆机构动力学

在内燃机的曲柄连杆机构中，作用着气体作用力、运动件的惯性力及外界负载对内燃机运动的反作用力。此外还有运动件与固定件之间、运动件与运动件之间、运动件与空气之间的摩擦阻力及自重等。

曲柄连杆机构动力学要计算的作用力有气体作用力和运动件的惯性力。

外界负载对内燃机运动的反作用力通过"翻转力矩"来分析。

5.3.1　中心式曲柄连杆机构中的作用力分析

内燃机中的基本作用力源有两个方面：

1) 气缸内的气体压力,是内燃机工作需要的作用力。
2) 曲柄连杆机构运动时产生的惯性力,与各运动件的质量成正比。
通过分析力与力矩的传递过程,可以了解曲柄连杆机构中主要零件的受力状况。

1. 缸内气体压力

缸内气体压力随曲轴转角不同而周期性变化。气体压力作用在活塞顶上,通过活塞销传递到曲柄连杆机构。活塞上的气体作用力 F_g 等于活塞上、下两面的空间内气体压力差与活塞顶面积的乘积,即

$$F_g = \frac{\pi D^2}{4}(p-p')$$

式中,p 是气缸内的气体压力(MPa);p' 是曲轴箱内气体压力(MPa);D 是活塞直径(mm)。对于四冲程内燃机来说,一般取 $p'=0.1$MPa(接近一个标准大气压)。

如图 5-20 所示,内燃机示功图用来表示气缸内的气体压力 p 随曲柄转角 α 的变化关系。

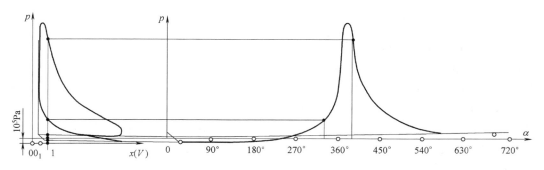

图 5-20 内燃机示功图

2. 中心式曲柄连杆机构的惯性力

惯性力包括往复惯性力和旋转惯性力。

(1) 运动件的惯性质量及其换算方法 曲柄连杆机构惯性力与各运动件的质量成正比,由于运动件形状复杂,为了简化,将复杂的质量系统换算成在动力学上与实际质量系统相当的质量系统。各运动质量按其运动特点分为活塞组、曲柄组和连杆组。

1) 活塞组的换算。活塞组是做纯往复直线运动零件的总称,包括活塞、活塞环、活塞销以及紧固元件(如弹簧锁环、活塞销定位塞子等)。活塞组质量可以近似认为集中在活塞销中心处,即活塞销中心线是活塞组的传力点,有的机型活塞销中心偏离气缸中心时存在误差,但由于一般偏移量很小,故可忽略。

2) 曲柄组的换算。曲柄组为做纯回转运动零件的总称。确定曲轴质量时,只需考虑其中不平衡部分的质量。对于与曲轴中心线对称部分的平衡质量(如主轴颈等),所产生的离心惯性力互相抵消。

曲轴由若干个单位曲柄所组成,若暂不考虑平衡块的质量,则单位曲柄的不平衡质量主要包括曲柄销(连杆轴颈)和两边曲柄臂的不平衡部分,如图 5-21 所示。

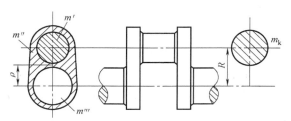

图 5-21 曲柄不平衡质量换算简图

为计算方便,把单位曲柄不平衡质量换算为集中于曲柄半径 r 处的质量 m_k。回转质量换算的原则:简化后的集中质量 m_k 所产生的旋转惯性力和原来实际系统不平衡质量所产生的离心惯性力相等。

由图 5-21 可知,曲柄不平衡部分的质量包括两部分。一部分是以曲柄销中心线为对称中心的曲柄销,以及附着在它上面的曲柄臂部分的质量 m',其质心位置离曲轴轴线的距离就是曲柄半径 r,故简化后的质量不变,$m'_R = m'$。另一部分是主轴颈和曲柄销之间一个曲柄臂的质量 m'',曲轴角速度为 ω,如果其质心位置与曲轴轴线的距离为 ρ,根据离心惯性力相等,则 m'' 换算到曲柄半径 r 处的集中质量 m''_R 应满足以下条件,即 $m''_R r \omega^2 = m'' \rho \omega^2$,所以

$$m''_R = m'' \frac{\rho}{r} \tag{5-33}$$

m'' 质心在曲轴轴线上不产生旋转惯性力。

一个曲柄销和两个曲柄臂换算到曲柄半径 r 处的曲柄组的旋转质量为

$$m_k = m' + 2m'' \frac{\rho}{r} \tag{5-34}$$

其中 m'、m'' 和 ρ 等数值,可根据曲轴的图样资料利用 CAD 建模求得。

3)连杆组的换算。连杆组做平面复合运动,包括连杆体、连杆小头衬套、连杆盖以及连杆螺栓等,其总质量用 m_e 表示。为计算简便,认为连杆小头随活塞做往复运动,连杆大头随曲柄做旋转运动,而连杆杆身则做复合的平面运动(既有移动又有摆动),因此将连杆组的质量换算成集中于活塞销中心处做往复运动的质量 m_1 和集中于曲柄销处做旋转运动的质量 m_2,如图 5-22 所示。

根据质量换算原则,连杆代替系统的动力效应必须与原连杆相同,应满足以下三个条件。

① 质量不变。简化后的质量总和应等于原连杆组总质量 m_e,即

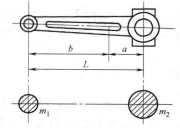

图 5-22 连杆组质量换算简图

$$m_1 + m_2 = m_e \tag{5-35}$$

② 系统的质心位置不变。代替系统质心与原连杆质心重合,力矩得以平衡,如果简化为如图 5-22 所示的两个质量,则

$$m_2 a - m_1 b = 0 \tag{5-36}$$

③ 系统对质心的转动惯量不变。所有简化后的质量对于连杆组质心的转动惯量之和应等于连杆原来的转动惯量 I_e,即

$$m_2 a^2 + m_1 b^2 = I_e \tag{5-37}$$

实际上,把连杆质量换算成如图 5-22 所示的 m_1、m_2 两个质量,对上述三个条件不能完全满足,即第三个条件不能得到满足。因为换算后的质量,对于连杆组质心的转动惯量和 I'_e 不等于连杆组原来的转动惯量 I_e。这是因为 I'_e 的大小同质量分布有关,质量分布离质心越远,则 I'_e 越大,转换后转动惯量比原系统的转动惯量要大。

一般,I'_e 和 I_e 相差不大,连杆可以简化为 m_1、m_2 双质量系统,则由式(5-36)可得

$$m_2 = \frac{a}{b} m_1$$

将其代入式（5-35），可得

$$\begin{cases} m_1 = \dfrac{a}{b+a}m_e = \dfrac{a}{l}m_e \\ m_2 = \dfrac{b}{b+a}m_e = \dfrac{b}{l}m_e \end{cases} \quad (5\text{-}38)$$

图 5-23 所示为曲柄连杆机构质量当量系统运动简图。

（2）往复惯性力　活塞组质量 m_P 和连杆小头代替质量 m_1，都沿气缸中心线做往复直线运动，因此，集中在活塞销中心做往复直线运动的质量为

$$m_j = m_P + m_1 \quad (5\text{-}39)$$

惯性力的大小等于运动质量和加速度的乘积，而方向则与加速度相反，因此曲柄连杆机构总的往复惯性力为

$$F_j = -m_j a \quad (5\text{-}40)$$

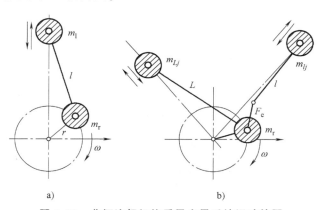

图 5-23　曲柄连杆机构质量当量系统运动简图
a) 中心式曲柄连杆机构　b) 主副连杆式曲柄连杆机构

将加速度近似式（5-11）代入式（5-40），得

$$F_j = -m_j r\omega^2(\cos\alpha + \lambda\cos2\alpha) = -m_j r\omega^2\cos\alpha - m_j r\omega^2\lambda\cos2\alpha = F_{jI} + F_{jII} \quad (5\text{-}41)$$

式中，F_{jI} 为一阶往复惯性力；F_{jII} 为二阶往复惯性力。

显然，此处若将加速度准确式（5-10）代入式（5-40），则还可得到四阶往复惯性力 F_{jIV}、六阶往复惯性力 F_{jVI}……由于四阶以上的往复惯性力的幅值很小，因此工程上一般只考虑一阶往复惯性力和二阶往复惯性力。

式（5-41）中，m_j、r 和 λ 是常数，内燃机在稳定工况时 ω 是定值，所以往复惯性力的大小和方向都随曲柄转角做周期性变化。往复惯性力沿气缸中心线作用并与活塞加速度反向，为使计算时不易弄错，动力学中规定往复惯性力和气体压力都是沿气缸中心线向下为正值，得

$$F_{jI} = -m_j r\omega^2\cos\alpha = K\cos\alpha \quad (5\text{-}42)$$

其中，常数 $K = -m_j r\omega^2$。因此，F_{jI} 就是矢量 K 以曲轴角速度 ω 回转时在气缸中心线的分量（图 5-24a）。当 $\alpha = 0° \sim 90°$ 和 $\alpha = 270° \sim 360°$ 时，F_{jI} 方向向上为负值，而当 $\alpha = 90° \sim 270°$ 区间时，F_{jI} 方向向下为正值。

同理，二阶往复惯性力 F_{jII} 就是矢量 K 以角速度 2ω 回转时在气缸中心线的分量（图 5-24b）。当 $\alpha = 0° \sim 45°$、$\alpha = 135° \sim 225°$ 和 $\alpha = 315° \sim 360°$ 时，F_{jII} 向上为负值，而当 $\alpha = 45° \sim 135°$ 和 $\alpha = 225° \sim 315°$ 时，F_{jII} 向下为正值。

中心式曲柄连杆机构的往复惯性力在忽略了高次项之后，其变化曲线如图 5-25 所示。

（3）旋转惯性力　曲柄不平衡质量 m_k 和连杆大头代替质量 m_2 都简化于曲柄销中心处，并随曲柄做回转运动，因此回转运动总的不平衡质量为

$$m_r = m_k + m_2 \quad (5\text{-}43)$$

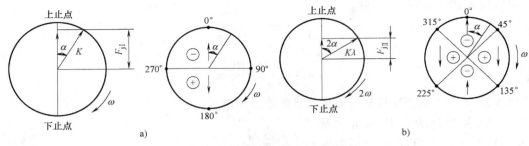

图 5-24 往复惯性力正负值区间
a) 一阶往复惯性力图 b) 二阶往复惯性力图

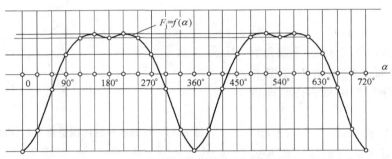

图 5-25 中心式曲柄连杆机构往复惯性力变化曲线

则曲柄连杆机构的不平衡的离心惯性力 F_r 为

$$F_r = m_r r \omega^2 \tag{5-44}$$

其中，m_r、r 和 ω 都是定值，因此离心惯性力的大小是不变的，其方向总是沿着曲柄半径方向向外。

5.3.2 中心式曲柄连杆机构中力的传递及作用效果分析

1. 活塞销中心处的总作用力

在活塞销中心处，同时作用着气体作用力 F_g 和往复惯性力 F_j，由于作用力的方向都沿着气缸中心线，将其代数和相加，可得总作用力 F_Σ 为

$$F_\Sigma = F_g + F_j \tag{5-45}$$

图 5-26 中表示了 F_Σ、F_g、F_j 随曲柄转角 α 的变化关系。作用在活塞销中心处的总作用力 F_Σ 对曲柄连杆机构产生一系列的力和力矩。

2. 总作用力 F_Σ 的传递

如图 5-27 所示，F_Σ 可分解为沿连杆方向上的连杆作用力 K 及垂直于气缸壁的侧压力 N，即

$$K = F_\Sigma / \cos\beta \tag{5-46}$$

$$N = F_\Sigma \tan\beta \tag{5-47}$$

连杆作用力 K 使连杆受到压缩或拉伸，侧压力 N 使气缸壁在连杆对气缸中心线倾斜时受到侧向推压。

连杆作用力 K 的方向规定：使连杆受压时为正号，使连杆受拉时为负号。缸壁侧压力 N

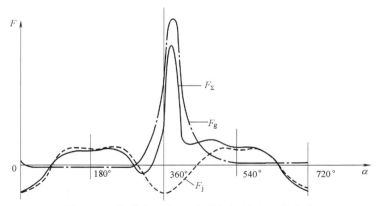

图 5-26 气体作用力 F_g 和往复惯性力 F_j 的合成

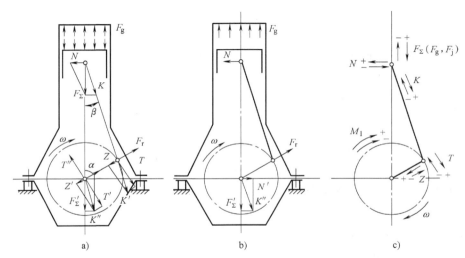

图 5-27 曲柄连杆机构中力的传递及作用效果分析简图
a) 力的传递情况 b) 作用在机体上的力和力矩 c) 力和力矩的符号与方向

的正负号规定：当侧压力 N 所形成的反转矩与曲轴旋转方向相反时，侧压力 N 为正值，反之则为负值。

力沿连杆传递到曲柄销中心时，得力 K'（$K'=K$），再将它分解为垂直于曲柄的切向力 T 和沿曲柄半径的径向力 Z，则有

$$T = K\sin(\alpha+\beta) = F_\Sigma \frac{\sin(\alpha+\beta)}{\cos\beta} \tag{5-48}$$

$$Z = K\cos(\alpha+\beta) = F_\Sigma \frac{\cos(\alpha+\beta)}{\cos\beta} \tag{5-49}$$

切向力 T 和径向力 Z 随曲柄转角 α 变化的关系曲线如图 5-28 所示。

径向力 Z 沿曲柄半径传递到曲轴中心时得 Z'（$Z'=Z$），同时在曲轴中心线上作与切向力 T 平行且大小相等方向相反的力 T'、T''，这样，就将力 T 分解为作用在曲轴中心的一个力 T' 和由 T、T'' 形成的力偶矩 M_1，T'' 作用在主轴承上，力偶矩 M_1 使内燃机曲轴得以克服外

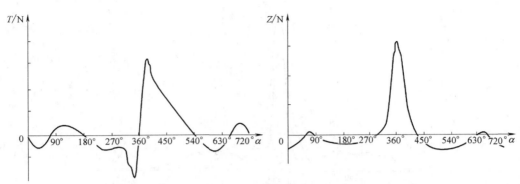

图 5-28 切向力 T 和径向力 Z 随曲柄转角 α 变化的关系曲线

界阻力矩而旋转，此即一个气缸所能发出的指示转矩，其值为

$$M_1 = Tr = F_\Sigma r \frac{\sin(\alpha+\beta)}{\cos\beta} \tag{5-50}$$

由于曲柄半径 r 是常数，因而内燃机指示转矩 M_1 随曲柄转角 α 变化的关系曲线即为切向力 T 随曲柄转角 α 变化的关系曲线，只是纵坐标的比例尺不同而已。

力 T' 和力 Z' 合成为作用在主轴承上的力 K''，其值与 K'、K 相等，方向也与 K'、K 相同。将力 K'' 进一步分解为沿气缸中心线的力 F_Σ' 和垂直于气缸中心线的力 N'，并有

$$F_{\Sigma'} = K''\cos\beta = K\cos\beta = F_\Sigma \frac{\cos\beta}{\cos\beta} = F_\Sigma \tag{5-51}$$

$$N' = K''\sin\beta = K\sin\beta = F_\Sigma \tan\beta = N \tag{5-52}$$

3. 曲柄连杆机构力的作用效果

由式（5-45）可知，气体作用力 F_g 和往复惯性力 F_j 的合力 F_Σ，经曲柄连杆机构的传递，产生了一个绕曲轴回转中心线对外输出的动力矩——单缸指示转矩 M_1，其随曲轴转角的变化规律如图 5-29 所示。

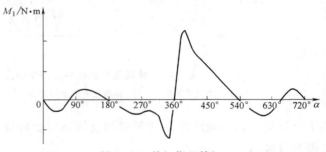

图 5-29 单缸指示转矩

由式（5-52）可知，传递到曲轴中心的力 N'，与缸壁侧压力 N 大小相等、方向相反，产生了一个与指示转矩 M_1 反向的力偶矩 M_N，称为反力矩或单缸倾覆力矩，其值为

$$M_N = -NA = -F_\Sigma \tan\beta(l\cos\beta + r\cos\alpha) = -r\frac{F_\Sigma}{\cos\beta}\left(\frac{l}{r}\sin\beta\cos\beta + \cos\alpha\sin\beta\right)$$
$$= -r\frac{F_\Sigma}{\cos\beta}(\sin\alpha\cos\beta + \cos\alpha\sin\beta) = -F_\Sigma \frac{\sin(\alpha+\beta)}{\cos\alpha} r = -M_1 \tag{5-53}$$

由式（5-53）可知，对中心式曲柄连杆机构，一个气缸发出的指示转矩 M_1 与倾覆力矩 M_N 大小相等、方向相反。M_N 通过机体传递到内燃机的安装支架上，引起内燃机绕曲轴中心线产生纵摇振动。

由式（5-51）可知，F_Σ 经由曲柄连杆机构传递到曲轴中心的力 $F_{\Sigma'}$，作用在主轴承上与 F 等值反向。显然，它由作用于主轴承上的气体作用力 $F_{g'}$ 和往复惯性力 $F_{j'}$ 两部分组成，即

$$F_{\Sigma'} = F_{g'} + F_{j'}$$

式中，$F_{g'} = F_g$；$F_{j'} = F_j$。

由于气体作用力 F_g 发生在燃烧室里，在活塞顶承受气体作用力的同时，气缸盖与气缸壁都承受与活塞顶等值的气体作用力（压强）。力的作用效果在机体上互相抵消，只是造成使气缸体、气缸盖螺栓产生拉伸或压缩的应力，并不传至内燃机的体外，是内部力。

传递给主轴承上的往复惯性力 F_j 是以自由力的形式出现的，通过轴承传至机体，作用在内燃机的安装支架上，引起内燃机垂向振动。

此外，式（5-43）所示的集中于曲柄销中心做旋转运动的不平衡旋转质量 m_r，所产生的旋转惯性力 F_r，也作用在主轴承上，并通过机体传给支架。将其在曲轴回转中心线处分解为沿气缸中心线方向的分量 F_{rV} 和垂直于气缸中心线方向的分量 F_{rH}，如图 5-27a 所示，有

$$F_{rV} = F_r \cos\alpha \tag{5-54}$$
$$F_{rH} = F_r \sin\alpha \tag{5-55}$$

显然，对于单个曲柄连杆机构，F_{rV}、F_{rH} 均为自由载荷，F_{rV} 引起内燃机的垂向振动，F_{rH} 引起内燃机的横向振动，旋转惯性力 F_r 需要进行平衡。

5.3.3 偏心式曲柄连杆机构中的作用力和力矩

作用在偏心式曲柄连杆机构中的力和力矩，与中心式曲柄连杆机构中的力和力矩略有区别，其中往复惯性力的区别仅在于往复运动件的加速度不同，对此，有

$$F_j = -m_j r\omega^2 (\cos\alpha + \lambda\cos 2\alpha + \lambda k\sin\alpha) = F_{jI} + F_{jII}$$

式中，一阶往复惯性力 $F_{jI} = -m_j r\omega^2 (\cos\alpha + \lambda k\sin\alpha)$；二阶往复惯性力 $F_{jII} = -m_j r\omega^2 \lambda\cos 2\alpha$。

由于连杆比 λ、偏心率 k 的数值相对很小，可以忽略，这样偏心式曲柄连杆机构就与中心式曲柄连杆机构基本相同，旋转惯性力与气体作用力两者没有区别。

图 5-30a 所示为曲轴偏心时作用力的分解与传递，与中心式曲柄连杆机构的区别在于：作用在主轴承上的力 $F_{\Sigma'}$ 不通过气缸中心线，而 $F_{\Sigma'} = F_\Sigma = F_g + F_j$，其中 F_g 通过气缸中心。这样，作用在机体上的翻转力矩除了 N 与 N' 形成的力偶矩外，还多出一个力偶矩 $F_g e$，即翻转力矩为

$$M_N = -(Tr - F_g e)$$

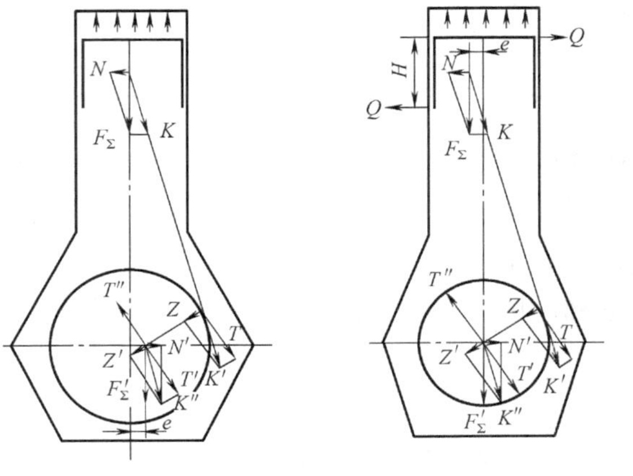

图 5-30b 所示为活塞销偏心时作用力的分解与传递。由于作用在活塞顶上的气体压力中

图 5-30 偏心式曲柄连杆机构中力的传递

a) 曲轴偏心 b) 活塞销偏心

心相对于传力点活塞销中心有个偏心量 e，活塞承受力偶矩 $F_g e$ 而倾置，此力偶矩通过活塞作用在气缸壁上，并可用一个等效力偶矩 Qe 来代替（图5-30b）。因此，活塞在原来侧压力 N 上又加了力 Q，而使力的分布变得更为复杂了。此外，可以证明，这种机构机体上承受的翻转力矩也为 $M_N = -(Tr - F_g e)$。

5.3.4 主副连杆式曲柄连杆机构中的作用力和力矩

主副连杆式曲柄连杆机构中主气缸除了受到本身的气体作用力和往复惯性力之外，还要受到副气缸气体作用力和往复惯性力的影响。此外，副气缸的工作过程也与主气缸不同，因此造成副气缸和主气缸气体作用力变化规律的差异，但差别不大。5.2.3节讨论了副连杆和副气缸活塞的运动规律，本节也主要讨论副气缸作用力，如图5-31所示。

副气缸活塞上总作用力的分解与传递：主气缸活塞上的总作用力 F_Σ 的分解与传递和中心式曲柄连杆机构是完全相同的。图5-31所示为副气缸活塞上总作用力的分解与传递示意图，图5-31中未注明几何尺寸参考图5-15。

副气缸活塞上的总作用力 $F_{\Sigma e} = F_{ge} + F_{je}$，由图5-31，同样可以分解为沿副连杆轴线方向上的连杆作用力 K_e 和垂直于副缸缸壁的侧压力 N_e，并有

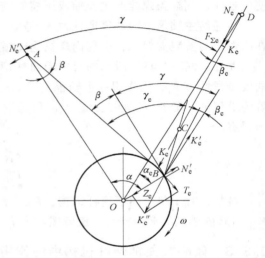

图5-31 主副连杆式曲柄连杆机构中副气缸活塞上总作用力的分解与传递示意图

$$K_e = \frac{F_{\Sigma e}}{\cos\beta_e} \tag{5-56}$$

$$N_e = F_{\Sigma e}\tan\beta_e \tag{5-57}$$

其中，β_e 可根据 $\sin\beta_e = \dfrac{r}{l}\sin\alpha_e - \dfrac{r_e}{l}\sin(\beta-\varphi_1)$ 求得。力 K_e 将沿着副连杆的轴线作用在副连杆销 C 处。在曲柄销 B 处加 K'_e 和 K''_e 两个力，其大小相等、方向相反，其值等于 K_e。

可以看出：K_e 对于曲柄销中心 B 的作用，相当于一个作用力 K_e 和一个力臂为 $r\sin(\beta-\beta_e-\varphi_1)$ 的力矩。该力矩将由主连杆承受。在 A、B 两点形成两个大小相等、方向相反并且与主缸中心线垂直的附加侧压力 N'_e，其值为

$$N'_e = \frac{K_e r_e \sin(\beta-\beta_e-\varphi_1)}{L\cos\beta} \tag{5-58}$$

为了分析力矩 $K_e r\sin(\beta-\beta_e-\varphi_1)$ 在主连杆上形成的附加弯曲力矩的作用，以主连杆的中间断面（即过主连杆大、小头孔中心连线中点的断面）所承受的附加弯矩 M'_{AB} 为例来看对主连杆的影响，M'_{AB} 的值为

$$M'_{AB} = K_e r\sin(\beta-\beta_e-\varphi_1)/2$$

对于主连杆上任一断面所承受的附加弯矩 M_{AB} 的值为

$$M_{AB}=K_{e}r\sin(\beta-\beta_{e}-\varphi_{1})\frac{d}{L}=F_{\Sigma e}\frac{r_{e}d}{L}\frac{\sin(\beta-\beta_{e}-\varphi_{1})}{\cos\beta} \tag{5-59}$$

其中，d 是主连杆上任一断面到主连杆小头孔中心的距离。当采用主副连杆机构时，应对以上所述的附加侧压力 N'_e 和附加弯矩 M_{AB} 予以计算。

将作用于 B 点的力 K''_e 和 N'_e 分解成切向力 T_e 和径向力 Z_e，则有

$$\begin{aligned}T_{e}&=K_{e}\sin(\alpha_{e}+\beta_{e})+N'_{e}\cos\alpha\\ Z_{e}&=K_{e}\cos(\alpha_{e}+\beta_{e})+N'_{e}\sin\alpha\end{aligned} \tag{5-60}$$

将 T_e、Z_e 分别与主气缸切向力 T、径向力 Z 合成，即可得到作用在曲柄销上的总切向力 T_0 和总径向力 Z_0，合成时应按照主、副气缸点火的相位关系来进行，即分别将两个气缸的 T 和 T_e 或 Z 和 Z_e 按代数和来求出 T_0 和 Z_0。作用在一个曲柄上的转矩 M_{1e} 等于总切向力 T_0 与曲柄半径的乘积，即

$$M_{1e}=T_{0}K \tag{5-61}$$

主气缸活塞和气缸壁之间的总侧压力 N_e 应该等于主气缸原有的侧压力和副气缸附加于主气缸的侧压力 N' 的代数和，此处同样应考虑主、副气缸之间的点火关系，即

$$N_{e}=N+N'_{e} \tag{5-62}$$

主副连杆式曲柄连杆机构中主、副气缸总的反转矩、往复惯性力和旋转惯性力对机体和支架的作用情况与中心式曲柄连杆机构中的这些力的作用情况相同，是引起内燃机振动的根源。

5.3.5 曲柄连杆机构动力计算

1. 计算内容及作用

综合 5.3.1 节~5.3.4 节的分析结果，为了进行内燃机零部件强度、轴承负荷和输出转矩等的计算，曲柄连杆机构中的力一般都要进行以下基本计算，即动力计算：

1）合成力。气体压力一般来自性能试验得到的示功图，示功图上的是缸内压力，通过工作过程模拟计算得到缸内压力和总气压力。

2）侧向力。主要用来计算活塞与气缸套的磨损。

3）连杆力。计算连杆强度的主要载荷。

4）切向力。主要用来计算单缸转矩、轴承载荷，以及作为曲轴强度计算的边界条件。

5）径向力。用来计算轴颈负荷，同时也是计算曲轴强度的重要边界条件。

6）单缸转矩与总转矩。

7）翻转（倾覆）力矩。

动力计算结果如图 5-32 所示。

2. 多缸机转矩合成方法

（1）主轴颈所受转矩 求某一主轴颈的转矩，要把从第一拐起到该主轴转前一拐的各单缸转矩叠加起来。叠加时要注意各缸的工作相位，还要

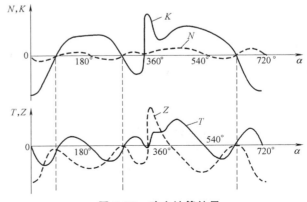

图 5-32 动力计算结果

遵循各缸转矩向后传递的规则。

例如，六缸四冲程汽车内燃机，点火顺序为 1-5-3-6-2-4，如图 5-33 和图 5-34 所示。每缸转矩相同，只是工作相位不同。如果第一缸的转矩为 $M_{q1} = M_1(\alpha)$，则后续各缸的转矩为 $M_{q2} = M_1(\alpha + 240°)$，$M_{q3} = M_1(\alpha + 480°)$，$\cdots$，$M_{q6} = M_1(\alpha + 360°)$。

则第一主轴颈到第七主轴颈的转矩 $M_{z1} \sim M_{z7}$ 分别为：

第一主轴颈　　$M_{z1} = 0$。

第二主轴颈　　$M_{z2} = M_1(\alpha)$。

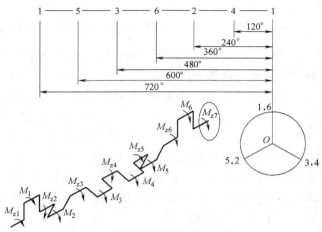

图 5-33　主轴颈转矩和连杆轴颈转矩

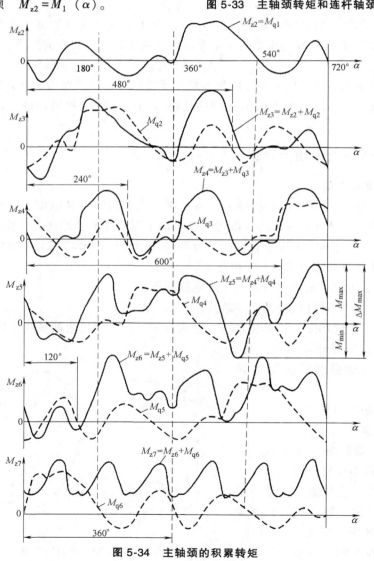

图 5-34　主轴颈的积累转矩

第三主轴颈　$M_{z3} = M_{z2} + M_1(\alpha+240°)$。
第四主轴颈　$M_{z4} = M_{z3} + M_1(\alpha+480°)$。
第五主轴颈　$M_{z5} = M_{z4} + M_1(\alpha+120°)$。
第六主轴颈　$M_{z6} = M_{z5} + M_1(\alpha+600°)$。
第七主轴颈　$M_{z7} = M_{z6} + M_1(\alpha+360°) = \sum M$。

$\sum M$ 称为各主轴颈的积累转矩。最后一个主轴颈的积累转矩就是多缸机的合成转矩，即多缸机的输出转矩。

(2) 各连杆轴颈所受转矩　根据转矩向后传递的原则，如图 5-33 所示，M_i 应该等于前一个主轴颈上的积累转矩 M_{zi} 与由作用在本曲柄销上的切向力所引起单缸转矩的一半，因为切向力 T 由本拐两端的主轴承各承担一半，只有前端支反力对本拐曲柄销有转矩作用，如图 5-35 所示。各连杆轴颈的转矩 $M_1 \sim M_6$ 分别为：

$$M_1 = \frac{1}{2}Tr = \frac{1}{2}M_1(\alpha)$$

$$M_2 = M_{z2} + \frac{1}{2}M_1(\alpha+240°)$$

$$M_3 = M_{z3} + \frac{1}{2}M_1(\alpha+480°)$$

$$M_4 = M_{z4} + \frac{1}{2}M_1(\alpha+120°)$$

$$M_5 = M_{z5} + \frac{1}{2}M_1(\alpha+600°)$$

$$M_6 = M_{z6} + \frac{1}{2}M_1(\alpha+600°)$$

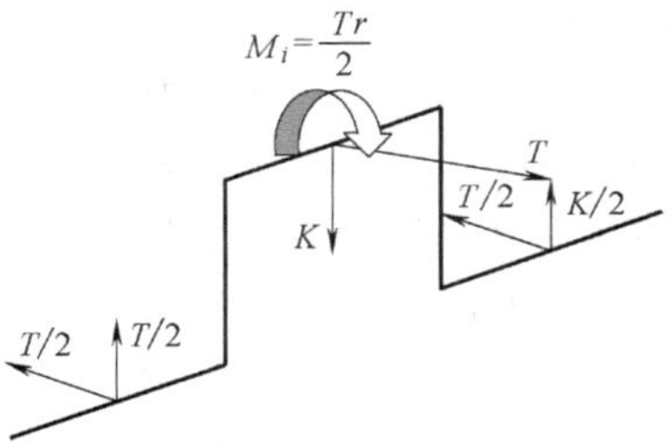

图5-35　连杆轴颈（曲柄销）转矩

(3) 平均转矩　图 5-36 所示为四冲程四缸机输出转矩，可以求出转矩平均值，即

$$(\sum M)_m = \frac{\int_{\alpha_1}^{\alpha_2} \sum M \mathrm{d}\alpha}{\alpha_2 - \alpha_1} = \frac{\int_0^A \sum M \mathrm{d}\alpha}{A} = \frac{A_2 - A_1}{A}$$

$$A = \frac{720°}{z} \quad 或 \quad \frac{360°}{z} \tag{5-63}$$

式中，A_2 和 A_1 为合成转矩曲线图上的正负面积，即表示所做的正功和负功；$(\sum M)_m$ 为指示转矩，与指示压力和指示功率对应，考虑机械效率之后，可以计算有效功率、有效转矩等动力指标；z 为气缸数。其中

$$(\sum M)_m = 9549.5 \frac{P_i}{n} = \frac{p_{mi} V_h n z}{30\tau}$$

式中，P_i 为指示功率（kW）；p_{mi} 为平均指示压力（MPa）；z 为气缸数；V_h 为气缸工作容积（L）；n 为最大功率点转速（r/min）；τ 为冲程数。

考虑机械效率之后，可以计算有效功率、有效转矩等动力指标。

(4) 输出转矩的不均匀性　一般以标定工况评价输出转矩的不均匀性，用转矩不均匀系数 μ 表示，即

$$\mu = \frac{(\sum M)_{max} - (\sum M)_{min}}{(\sum M)_m} \tag{5-64}$$

式中，$(\sum M)_{max}$、$(\sum M)_{min}$ 分别为输出转矩的最大值和最小值；$(\sum M)_m$ 是平均转矩。

往复惯性力对转矩的影响只体现在式 (5-64) 的分子上，对分母没有影响。对同一台内燃机，转矩不均匀性随工况变化而改变。转矩不均匀会使内燃机产生抖动。提高转矩均匀性，即降低转矩不均匀系数的措施有：

1) 增加气缸数。气缸数增加，一个工作循环内做功的次数增加，使均匀性得到明显改善。图 5-34 所示的最后一个主轴颈的积累转矩就是六缸机的输出转矩，对比图 5-36 所示四缸机输出转矩曲线，可以看

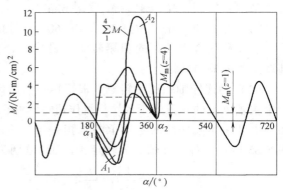

图 5-36 四冲程四缸机输出转矩

出：四缸机在 720°范围内只有四个波峰，波谷在零线以下是负值；六缸机在 720°范围内有六个波峰，各波峰的形状和大小很均匀，波峰与波谷的差别不大，而且波谷都在零线上方，故六缸机的转矩均匀性优于四缸机。

2) 点火均匀。点火均匀即点火间隔均匀，其影响在内燃机的振动和输出转矩上体现。

3) 减小运动件的质量差异。每缸运动件的质量相差大，会造成各缸的往复惯性力有较大的差别，从而造成转矩不均匀。

4) 增大飞轮惯量。飞轮的主要功能是减小转矩输出的不均匀性，但考虑到其他因素，飞轮不能太大。飞轮设计见第 8 章。

5.4 内燃机的平衡与平衡分析

5.4.1 内燃机平衡的基本概念

往复活塞式内燃机由于工作过程的周期性和机件运动的周期性，产生的旋转惯性力和往复惯性力呈周期性变化。如果这些力在机内不能互相抵消，则传给支承的力也会周期性变化；另外，输出转矩的波动也造成支承反力变化，这是往复活塞式内燃机不平衡的原因，也是其本质缺点之一。

1. 往复活塞式内燃机的不平衡力系

由 5.2 节和 5.3 节中曲柄连杆机构作用力的分析可知，激起内燃机发生振动的内部激励力有往复惯性力 F_{jI} 和 F_{jII}、不平衡离心惯性力 F_r，以及倾覆力矩 M_N。对于单缸机，这些激振力构成一个平面力系，如图 5-37a 所示。

如果是单列式多缸机，则各缸的平面力系

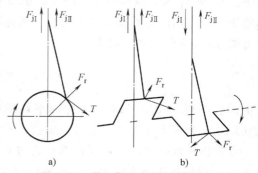

图 5-37 单缸机和多缸机惯性力系

a) 单缸机 b) 两缸机

在单列式多缸机中就组成了空间力系，如图 5-37b 所示。

图 5-38 所示为四冲程四缸机空间力系，各缸的合作用力分别是 F_1、F_2、F_3 和 F_4，且通过各缸中心线，处于同一平面内，在曲轴上形成合力和合力矩，即

$$\sum F = F_1 + F_2 + F_3 + F_4$$
$$\sum M = M_1 + M_2 + M_3 + M_4 = F_1 l_1 + F_2 l_2 + F_3 l_3 + F_4 l_4$$
（5-65）

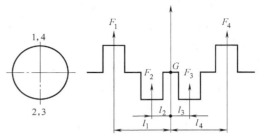

图 5-38　四冲程四缸机空间力系

其中，力矩平面取为内燃机纵向对称面，矩心为曲轴中心线的中点。

根据以上分析，单列式多缸机的空间力系中，存在如下激振力源：

1）合成离心惯性力 $\sum F_r$。
2）合成离心惯性力矩 $\sum M_r$。
3）合成往复惯性力 $\sum F_{jI}$ 和 $\sum F_{jII}$。
4）合成往复惯性力矩 $\sum M_{jI}$ 和 $\sum M_{jII}$。
5）整机倾覆力矩 $\sum M_N$。

整机倾覆力矩是内燃机输出转矩的反转矩，始终与输出转矩等值反向，由缸内体压力和曲柄连杆机构往复运动惯性力而产生，呈周期性变化并引起内燃机纵摇振动。增大飞轮惯量只能使飞轮后输出转矩均匀，却不能改变飞轮前各缸气体压力和往复惯性力的波动特性，即倾覆力矩波动不能靠飞轮解决。

解决倾覆力矩的方法是采用加强机座和地脚螺栓固定，或通过增加缸数的办法使倾覆力矩中的低次谐波抵消，当缸数越多时，倾覆力矩谐波次数也越高，产生的振动振幅越小，可以改善振动状况，汽车上采用悬置减振技术予以解决。

内燃机的平衡是针对内燃机惯性力系而进行的。单缸机中 F_r、F_{jI} 和 F_{jII} 需要平衡，多缸机中有 $\sum F_r$、$\sum M_r$、$\sum F_{jI}$ 和 $\sum F_{jII}$，$\sum M_{jI}$ 和 $\sum M_{jII}$ 需要平衡。如果不平衡力和不平衡力矩都等于零，称内燃机完全自平衡。

2. 研究平衡的目的及分析方法

（1）不平衡的危害　内燃机不平衡会导致以下后果：

1）引起车辆振动，影响乘坐的舒适性和驾驶平顺性。
2）产生振动噪声，消耗能量，降低总效率。
3）引起紧固件的松动或过载，引起相关仪器和设备的异常损坏。

（2）研究平衡的目的　通过内燃机平衡性的分析，为优、缺点分析和内燃机选型提供依据。改善平衡性的措施包括：

1）采用适当的气缸数、气缸排列和曲拐布置，使内燃机尽可能达到静平衡和动平衡。
2）用自身结构解决平衡问题时，应确定如何布置适当的平衡重。
3）采用适当的平衡机构。

（3）研究平衡时采用的分析方法　本质上是对由各缸往复惯性力和各拐旋转惯性力构成的空间力系进行简化，如果简化结果主矢、主矩均为零，则运动质量是平衡的，反之则不平衡，然后求出不平衡量随时间（曲柄转角）的变化规律。因此，进行平衡分析可用以下

两种方法。

1) 解析法。任取一个坐标系，求各力和力矩在该坐标系中的投影之和。若 $\sum F = 0$，$\sum M = 0$，则该力系是平衡的，反之则不平衡。

2) 图解法。绘制力和力矩多边形，如果多边形封闭，则力系平衡，反之则不平衡。虽然往复惯性力 F_j 的大小随时间变化，但因 F_{jI} 和 F_{jII} 及阶数更高的惯性力都可用旋转矢量向坐标轴投影来表示，而旋转惯性力 F_r 是大小不变的旋转矢量，故图解法比较方便和直观。

3. 外平衡和内平衡

（1）外平衡　当假设曲轴和机体为绝对刚体来分析惯性力及其力矩对外的作用情况时，内燃机的平衡称为"外平衡"。考察不平衡的力和力矩对外界（支承）的影响，其判断依据为内燃机在最大不平衡力及其力矩作用下的最大位移与气缸直径之比。当超过一定值时，应采取平衡措施。

（2）内平衡　当考虑曲轴和机体为弹性体时，由于轴和机体承受惯性力及其力矩后产生周期性变形，即使已达到完全的外平衡，但变形的结果仍有一部分力和力矩会传到机座，引起整机振动并向机外传递，称为"内（不）平衡"。

对已平衡的内燃机进行曲轴和机体内部所受负荷（弯矩和剪力）的计算，如果内部负荷过大，也应采取适当措施（如加平衡重）加以消除，以减小内应力和轴承负荷。

4. 静平衡和动平衡

静平衡指质量系统旋转时离心力合力为零，即系统质心位于旋转轴线上，如图 5-39b 所示。因为质心是否偏离轴线可以静态检验，所以称为静平衡。但当旋转质量不在同一平面时，静平衡不能保证运转平稳，图 5-39b 所示的静平衡系统在旋转时，会产生 $M_r = m_r r \omega^2 a$ 的合力矩，从而给支承造成 $M_r = m_r r \omega^2 \dfrac{a}{b}$ 的附加动负荷。只有当系统旋转时，不但旋转惯性力合力 $\sum F_r = 0$，而且合力矩 $\sum M_r = 0$，才完全平衡，这样的平衡称为动平衡，如图 5-39c 所示。

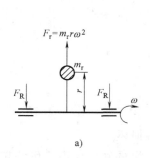 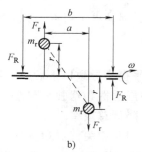 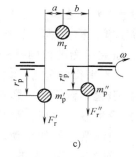

a)　　　　　　　b)　　　　　　　c)

图 5-39　静平衡与动平衡系统

a) 静不平衡　b) 静平衡　c) 动平衡

5.4.2　内燃机的平衡措施

由于往复活塞式内燃机的特点，单缸机的自由激励载荷均不平衡，将在 5.4.3 节进行平衡分析后给出相应的平衡措施，即单缸机平衡。

对于多缸机，各缸离心惯性力和往复惯性力有互相抵消（即合力平衡）的情况，但仍需采取不同的平衡措施，有下列基本方法：

1. 多缸机离心惯性力矩的平衡方法

单列式内燃机的曲柄排列一般设计成均匀分布，因此合成离心惯性力可达到自行平衡，但合成离心惯性力矩可能仍未平衡。合成离心惯性力矩的平衡方法通常有以下几种：

1) 各缸平衡法。在每个曲柄处配置一对平衡重。将每缸的离心惯性力分别平衡掉，优点是能使离心惯性力及其力矩达到完全的外平衡和内平衡，这对消减振动力源和改善主轴承磨损有利，缺点是使曲轴质量显著增加，并因增加了每个曲柄的转动惯量而使曲轴系统的扭转振动性能受到影响（详见第6章）。

2) 分段平衡法。将曲轴分为两段或多段，在每段的首尾各加一个或一对平衡重，平衡重可以正置或偏置，这可以适当减轻曲轴重量，并使内力矩显著减小，是一种折中的方法。

3) 整体平衡法。在曲轴前、后端各配置一对平衡重，对不平衡离心惯性力矩做整体平衡，根据合成离心惯性力矩的方向，整体平衡法的平衡重大多需要采用偏置的形式。这可使曲轴增加的质量最小，但不能改善内力矩。

4) 不规则平衡法。在曲轴上有目的地选择某些曲柄来配置平衡重，做到既能消除不平衡离心惯性力矩和改善内力矩，又能使平衡重尽可能正置，有时根据结构上的考虑还要避开某些不能配置平衡重的曲柄。这种平衡方案通常用于中大型、多曲柄的机型中。

各种平衡方法中要注意平衡重的质量及其所产生的离心惯性力和力矩的计算，计算时应注意平衡与被平衡之间的关系，避免力与力矩的作用方向产生混乱。

2. 多缸机往复惯性力及其力矩的平衡方法

对往复惯性力，通常只需考虑一阶往复惯性力和二阶往复惯性力的平衡。常见的多缸机，其一阶往复惯性力和二阶往复惯性力一般也能自行平衡。也有尚未自行平衡的，如四冲程机中有双缸机和四缸机，可用正反转双轴平衡机构进行平衡。

对于大多数的多缸机，一阶往复惯性力矩和二阶往复惯性力矩合成往复惯性力矩不一定等于零，一阶往复惯性力矩和二阶往复惯性力矩的合成往复惯性力矩是作用在通过各缸中心线的平面内，可用两个作用在上述平面内方向相反的力产生的力矩来实现。如图 5-40 所示，在曲轴两端分别设置一套正反转平衡轮系，使其产生的平衡力矩刚好抵消多缸机的不平衡合成往复惯性力矩。

值得说明的是，多缸内燃机由于机型和用途的不同，其平衡措施各有其特点，在力学计算上具有普遍性，在平衡措施和方案上有各自的特殊性，不可一概而论。

5.4.3 单缸内燃机平衡

1. 单缸机离心惯性力的平衡

单缸内燃机的总旋转惯性力 $F_r = m_r r \omega^2$，该力的作用线与曲柄重合，方向背离曲轴中心，因此，只需在曲柄的对向装上平衡重，使其所产生的离心力与原有的总旋转惯性力大小相等、方向相反，即可将其平衡，如图 5-41 所示。

通常配置两块平衡重，每个曲柄臂上各一块，这样可以使曲轴及轴承的载荷状况较好。所加平衡重的大小 m_B' 可由式（5-66）决定，即

$$2m_B' r_B' \omega^2 = m_r r \omega^2$$

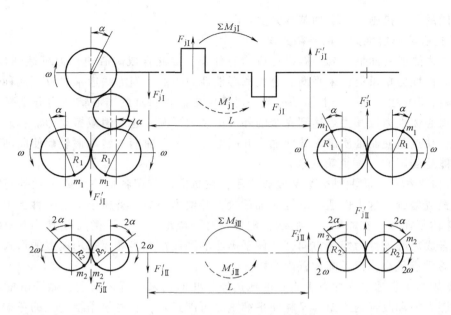

图 5-40 多缸机一阶往复惯性力矩和二阶往复惯性力矩合成往复惯性力矩平衡机构

$$m'_B = \frac{m_r r}{2 r'_B} \quad (5-66)$$

式中，m'_B 是平衡重质量（kg）；r'_B 是平衡重质心与曲轴中心线之间的距离（m）。

式（5-66）表明，为了减小平衡重质量并充分利用曲轴箱空间，可尽量使平衡重的质心远离曲轴中心线，这对减少内燃机质量有利，但会加大曲轴箱尺寸，所以通常是使 r'_B 略小于或等于曲柄半径 r，并把平衡重设计成扇形或月牙形，以便其质心尽量外移，r'_B 值尽量增大。

如果受整机布置或曲轴结构限制，无法全部把平衡重装在曲柄臂上时，可把平衡重移到飞轮、带盘及正时齿轮等零件上，这样有可能使 r'_B 值更大，平衡重质量更小，且工艺简单，缺点是使零件互换性变差，并需要进行动平衡校核和去重。

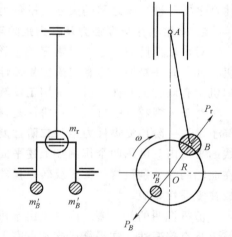

图 5-41 单缸机离心惯性力的平衡

图 5-42a、b 所示是常见平衡重的外形，在多缸机中，有时某种曲柄排列形式使合成离心惯性力矩的方向产生一定偏角，因而需要把平衡重偏置一定角度，如图 5-42c 所示。

2. 单缸机往复惯性力的平衡

单缸内燃机的往复惯性力可以表示为随曲柄转角变化的一阶往复惯性力和二阶往复惯性力等往复惯性力之和。往复惯性力作用方向沿着气缸中心线，平衡方法有以下三种：

（1）正、反转矢量平衡法 如图 5-43 所示，设在半径 r 处有两个旋转质量 $\frac{1}{2} m_j$，它们

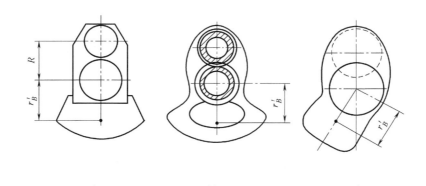

图 5-42 常见平衡重的外形
a) 装配式 b) 扇形 c) 偏置形

以角速度 ω 分别朝相反方向回转，其产生的离心惯性力矢量的大小都为 $\frac{1}{2}m_j r\omega^2$，其中与曲轴转向相同的称为"正转矢量"，与曲轴转向相反的称为"反转矢量"，正、反转矢量在垂直轴上投影之和为

$$-\frac{1}{2}m_j r\omega^2 \cos(-\alpha) - \frac{1}{2}m_j r\omega^2 \cos\alpha = -m_j r\omega^2 \cos\alpha = F_{jI}$$

即与 F_{jI} 大小相等、方向相反。正、反转矢量在水平轴上的投影之和为

$$-\frac{1}{2}m_j r\omega^2 \sin\alpha + \frac{1}{2}m_j r\omega^2 \sin\alpha = 0$$

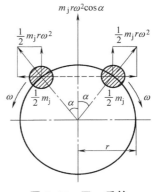

图 5-43 正、反转矢量平衡法

即正、反转离心惯性力大小相等、方向相反，相互自行平衡，这种平衡方法称为"正、反转矢量平衡法"。

同理，二阶往复惯性力 F_{jII} 的平衡原理和平衡方法，基本上与一阶往复惯性力的平衡相同，区别只在于：$F_{jII} = -\frac{\lambda}{4}m_j r(2\omega)^2 \cos 2\alpha$，频率是 2ω。所以，二阶往复惯性力的平衡质量的角速度是曲轴角速度的2倍，这样，曲轴转过 α 角时，平衡质量转过的角度便为 2α。

为了分析方便起见，令

$$C = m_j r\omega^2$$

则一、二阶往复惯性力可分别表示为

$$F_{jI} = C\cos\alpha, \quad F_{jII} = C\lambda\cos 2\alpha \tag{5-67}$$

实际做法是：采用两根旋转方向相反的平衡轴，与曲轴的旋转角速度相同，并在这对平衡轴上装上与曲轴有正确正时关系的平衡质量，其工作原理如图 5-44 所示。

在机构布置时要注意：
1) 机构要关于气缸中心线对称，避免由于偏心造成附加力矩。
2) 初相位要相同。
3) 变化要同步（$\omega_I = \omega$，$\omega_{II} = 2\omega$）。如果限于空间布置关系，每一平衡轴带两个平衡

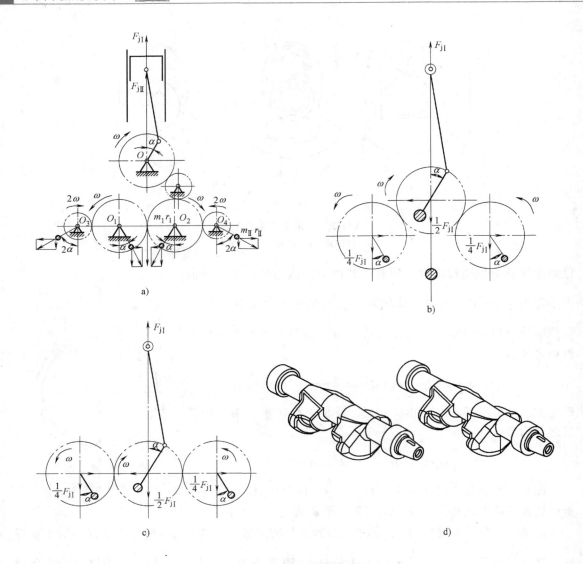

图 5-44 单缸机双平衡机构

a) 单缸机双平衡反向平衡机构　b)、c) 单缸机双轴同向平衡机构　d) 单缸机双轴机构平衡轴形状

块，对于一阶惯性力，用两根平衡轴、四个平衡块，其平衡关系为

$$4m_{p1}r_{p1}\omega^2\cos\alpha = C\cos\alpha = m_j r\omega^2\cos\alpha$$

所以

$$m_{p1}r_{p1} = \frac{1}{4}m_j r \tag{5-68}$$

对于二阶惯性力，有

$$4m_{p2}r_{p2}(2\omega)^2\cos2\alpha = \lambda C\cos2\alpha$$

所以

$$m_{p2}r_{p2} = \frac{\lambda}{16}m_j r \tag{5-69}$$

采用上述双轴平衡机构虽能保证一阶惯性力、二阶惯性力完全平衡，但结构复杂。在大多数情况下，使用单缸机是为了结构简单，只在个别情况下，如单缸试验机或少数大缸径单

缸机中才采用这种机构。

（2）过量平衡法（过量平衡率 $0<\varepsilon<1$）　为了使结构简单，往往在平衡旋转惯性力的平衡块 m_p 上多加一部分平衡质量 εm_j，使其产生过量的离心力 εC（$0<\varepsilon<1$）。ε 称为过量平衡率，它使一阶往复惯性力得到部分平衡，一般 $\varepsilon=0.3\sim0.5$。离心力 εC 与一阶往复惯性力 F_{jI} 的合力 F_R 在 x、y 轴上的投影为

$$\begin{cases} F_{Rx} = C\cos\alpha - \varepsilon C\cos\alpha \\ F_{Ry} = \varepsilon C\sin\alpha \end{cases} \tag{5-70}$$

式（5-70）消去 α，得

$$\left(\frac{F_{Rx}}{1-\varepsilon}\right)^2 + \left(\frac{F_{Ry}}{\varepsilon}\right)^2 = C^2 \tag{5-71}$$

这是一个椭圆方程，如图 5-45a 所示，即合力矢量的端点轨迹是按照椭圆规律变化的。当过量平衡率 $\varepsilon=0.5$ 时，合力矢量变成一个常数 $F_R=C/2$ 的圆，其方向与曲柄半径方向相反。

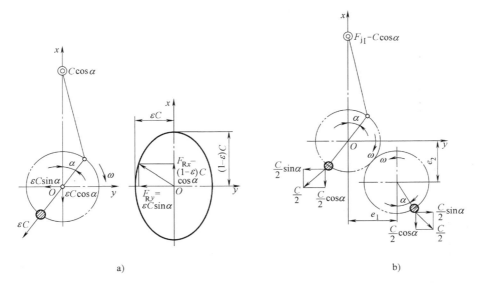

图 5-45　单轴平衡机构和过量平衡法简图
a) 过量平衡法　b) 单轴平衡机构

过量平衡法本质上是一阶惯性力的转移，即把一阶往复惯性力的一部分转移到与气缸轴线垂直的平面内。至于转移量的大小，根据垂直与水平两个方向的刚度或吸振能力而定。一般希望将较大的惯性力放在整机刚度较大或吸振能力较好的方向。

过量平衡法中的"过量"是针对已经得到平衡的离心力而言的，因为只平衡了部分惯性力，所以也称为部分平衡法。当 $\varepsilon=0.5$ 时，则称为半平衡。

（3）单轴平衡法　如图 5-45b 所示，为了简化机构和减小整机质量，单缸机可采用一根平衡轴，与过量平衡法配合使用，可以平衡掉全部或部分一阶往复惯性力，但是会产生一个附加的不平衡力矩。

单轴平衡法产生的不平衡力矩为

$$M = \frac{1}{2}e_1 C\cos\alpha - \frac{1}{2}e_2 C\sin\alpha = \frac{C}{2}(e_1\cos\alpha - e_2\sin\alpha) \quad (5\text{-}72)$$

由于 M 随着曲轴转角变化，因而在设计时要求 e_1、e_2 尽可能小，才能保证 M 较小。由于 M 不能消除，因此采用单轴平衡法平衡效果不佳。

汽车内燃机一般用多缸机，以上分析为多缸机平衡提供了基础。

5.4.4 单列式多缸内燃机平衡

单列式多缸内燃机是汽车内燃机的主流机型，本小节仅讨论应用较多的单列式三缸、单列式四缸、单列式六缸内燃机的平衡方案。更多单列式机型见表 5-1，该表为单列式内燃机平衡特性系数表。

表 5-1 单列式内燃机平衡特性系数表

气缸数	曲柄排列	惯性力系数			惯性力矩系数			备注
		k_r	$k_{jⅠ}$	$k_{jⅡ}$	k_{Mr}	$k_{MⅠ}$	$k_{MⅡ}$	
1		1	1	1	0	0	0	四冲程，二冲程
2		0	0	20°	10°	10°	0	四冲程，二冲程
3		0	0	0	$\sqrt{8}$ −30°	$\sqrt{8}$ −30°	$\sqrt{8}$ 30°	四冲程，二冲程
4		0	0	40°	0	0	0	四冲程
4		0	0	0	$\sqrt{10}$ 18.4°	$\sqrt{10}$ 18.4°	0	二冲程
5		0	0	0	0.449 54°	0.449 54°	4.98 18°	四冲程，二冲程

（续）

气缸数	曲柄排列	惯性力系数			惯性力矩系数			备注
		k_r	k_{jI}	k_{jII}	k_{Mr}	k_{MI}	k_{MII}	
6		0	0	0	0	0	0	四冲程
6		0	0	0	0	0	$2\sqrt{3}$ 30°	二冲程
8		0	0	0	0	0	0	四冲程
8		0	0	0	0.448 67.5	0.448 67.5	0	二冲程
10		0	0	0	0	0	0	四冲程
12		0	0	0	0	0	0	四冲程

注：表中 $k_r=\dfrac{\sum F_r}{m_r r\omega^2}$，$k_{jI}=\dfrac{F_{RjI}}{m_j r\omega^2}$，$k_{jII}=\dfrac{F_{RjII}}{\lambda m_j r\omega^2}$，$k_{Mr}=\dfrac{\sum M_r}{m_r r\omega^2 a}$，$k_{MI}=\dfrac{M_{jI\max}}{m_j r\omega^2 a}$，$k_{MII}=\dfrac{M_{jII\max}}{\lambda m_j r\omega^2 a}$。

1. 单列式多缸机的曲拐排列与点火顺序

在设计曲轴时，首先根据平衡性良好的要求来确定曲拐排列，然后考虑点火间隔的均匀性来选择点火顺序。一定的曲拐排列形式规定了各曲拐到达上止点的顺序，因此决定了可能的点火顺序；同时，一定的曲拐排列又具有一定的平衡特性。

为使曲轴的平衡性良好，所有曲拐应沿圆周均匀分布。如果曲拐排列已确定，下一步即选择最佳的点火顺序。点火顺序与轴承负荷及扭转振动性能有一定关系，但对平衡性无影响。

二冲程机的曲拐每转一转完成一个工作循环，所有气缸的点火平均地分配在一转之内，四冲程机的曲拐每两转完成一个工作循环，所有气缸的点火平均分配在两转之内，即点火间

隔角为

$$A = \frac{360°}{z}(二冲程) \text{ 或 } A = \frac{720°}{z}(四冲程)$$

式中，z 为气缸数。

2. 单列式三缸机

（1）离心惯性力和离心惯性力矩　单列式三缸机即三拐曲轴的点火顺序为 1-3-2，四冲程（或二冲程），点火间隔角为 240°（或 120°）。作曲柄侧视图及轴测图，用图解法作离心惯性力 F_r 的矢量图，如图 5-46 所示。$\sum F_r = 0$，结果是静平衡的。

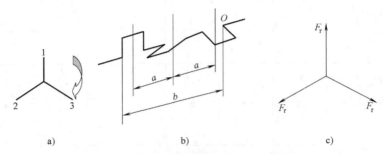

图 5-46　三缸机图解法离心惯性力的矢量图
a) 曲柄侧视图　b) 轴测图　c) 离心力矢量图

为了方便，根据矢量求和的性质，通常先用力的方向代替力矩的矢量方向，合成后再按照右手定则向逆时针方向将合成力矩转过 90°，得到真实的合力矩矢量位置。如图 5-46b 所示，对最后一拐的中心 O 点取矩，作力矩矢量图，如图 5-47 所示。

$$M_1 = 2aF_r$$
$$M_2 = aF_r$$
$$\sum M_r = M_1 \cos 30° = \sqrt{3}\, aF_r \neq 0$$

因此，离心惯性力未达到动平衡，须采取平衡措施。

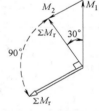

图 5-47　三缸机离心力矩矢量图

1）整体平衡法。如图 5-48 所示，在曲轴第一、六曲柄上各加一平衡块，则

$$\sum M_p = \sum M_r$$
$$m_p r_p \omega^2 b = \sqrt{3}\, a m_r r \omega^2$$

质径积为

$$m_p r_p = \frac{a}{b}\sqrt{3}\, m_r r \quad (5\text{-}73)$$

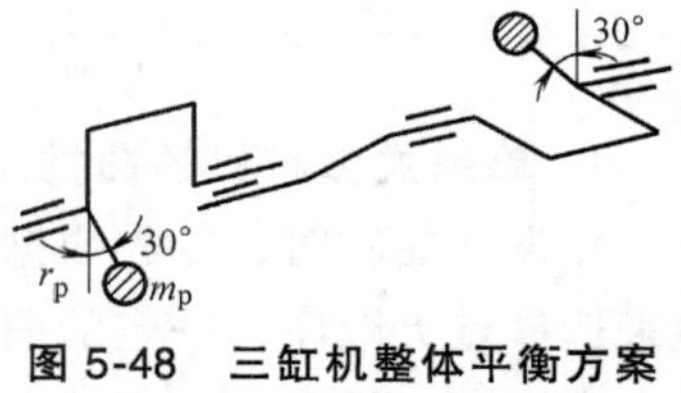

2）完全平衡法。每个曲拐加两块平衡块，共六块平衡块，如图 5-49a 所示。与单拐平衡一样，其质径积为

图 5-48　三缸机整体平衡方案

$$m_p r_p = \frac{1}{2} m_r r \quad (5\text{-}74)$$

完全平衡法能够完全平衡掉三拐曲轴的离心力和离心力矩，而且轴承的负荷、曲轴的内弯矩也比较小，但是整根曲轴的质量大，转动惯量也大。

3）完全平衡法的修正法。为了不过多增加曲轴的质量，一些有六块平衡块的三缸曲轴采用减小第三、四平衡块的质量,偏心布置第一、二平衡块和第五、六平衡块的方法来达到减小曲轴质量的目的。如图 5-49b 所示,根据第三、四平衡块减小的质量,在保证平衡块离心力平衡和能够抵消原曲拐不平衡力矩的前提下,确定第一、二平衡块和第五、六平衡块的大小和偏心角 β。第三、四平衡块质量减小得越多,第一、二平衡块和第五、六平衡块的偏心角 β 越大。

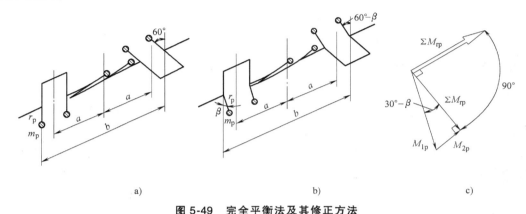

图 5-49 完全平衡法及其修正方法
a) 完全平衡法 b) 修正后 c) 修正后离心力矩矢量图

因为每对平衡块的作用中心都通过曲拐中心,则按照图 5-49b 所示平衡块布置的方向,可以看成由三个离心力组成的又一个平衡力系。向第三缸中心取矩,可以得到如图 5-49c 所示的修正后离心力矩矢量图。图 5-49c 中 $\Sigma M_{rp} = \Sigma M_r$,$\Sigma M_r$ 是前面三拐曲轴离心力矩平衡分析的结果。显然,第一、二平衡块和第五、六平衡块的偏心角 β 最大为 30°。

(2) 往复惯性力和往复惯性力矩

1) 曲柄侧视图和轴测图,如图 5-50 所示。

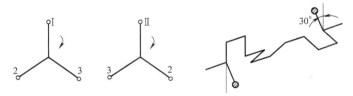

图 5-50 三拐曲轴一、二阶往复惯性力曲柄侧视图和轴测图

画二阶曲柄图的依据是

$$F_{jII1} = \lambda C\cos 2\alpha$$
$$F_{jII2} = \lambda C\cos 2(\alpha+240°) = \lambda C\cos(2\alpha+120°)$$
$$F_{jII3} = \lambda C\cos 2(\alpha+480°) = \lambda C\cos(2\alpha+240°)$$

2) 惯性力矢量图,如图 5-51 所示。

$$F_{RjI} = 0, \quad F_{RjII} = 0$$

3) 力矩矢量图,向第三缸中心取矩,作力矩矢量图,如图 5-52 所示。

$$M_{jI} = \sqrt{3}\,aC$$

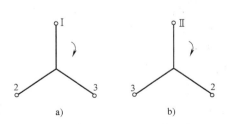

图 5-51 三拐曲轴往复惯性力矢量图
a) 一阶往复惯性力 b) 二阶往复惯性力

在水平轴投影后，$M_{jIx} = \sqrt{3}aC\cos30°$，$M_{jImax} = \sqrt{3}aC$ 出现在第一缸上止点后 30°。同理，$M_{jII} = \sqrt{3}a\lambda C$，在水平轴投影后，$M_{jIIx} = \sqrt{3}a\lambda C\cos30°$，$M_{jIImax} = \sqrt{3}a\lambda C$ 出现在第一缸上止点前 30°。

4）用整体平衡法求平衡块质径积得

$$m_p r_p \omega^2 b = \varepsilon\sqrt{3}am_j r\omega^2 = 0.5\sqrt{3}am_j r\omega^2$$

$$m_p r_p = \frac{\sqrt{3}}{2}\frac{a}{b}m_j r \qquad (5-75)$$

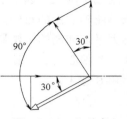

图 5-52 三缸往复惯性力矩矢量图

质径积求出后，调整 m_p 和 r_p，按照实际曲轴箱的内部空间进行布置。

整体平衡法虽然结构简单，但平衡效果不佳。因为整体布置的两个平衡块所产生的是离心力，而这两个方向相反的离心力产生离心力矩。虽然其矢量方向与离心惯性力矩的幅值矢量（$\sqrt{3}aC$）方向相反，但是实际上仅利用了这个离心力矩在水平轴方向的投影来平衡不平衡的往复惯性力矩，而离心力矩在竖直轴方向又产生了一个不平衡的力矩。为了避免这个不平衡的分力矩过大，在求平衡块质径积时需要加上一个系数 ε，一般情况下 $\varepsilon = 0.5$。即这种方法不能达到完全平衡一阶往复惯性力矩的目的，要想达到完全平衡，需要采用平衡机构。

5）平衡三缸机往复惯性力矩的双轴平衡机构。点火顺序为 1-3-2 的四冲程三缸机一阶往复惯性力矩出现在第一缸上止点后 30°，为了保证平衡轴位置准确，先将曲轴顺时针转过 30°，使一阶往复惯性力矩达到最大值，将两个平衡轴的平衡块布置成如图 5-53 所示的形式，前端的两个平衡块垂直向下，后端的两个平衡块垂直向上，这时平衡轴产生的平衡力矩也是最大值。平衡块的质径积为

$$2m_p r_p b\omega^2 = \sqrt{3}am_j r\omega^2$$

$$m_p r_p = \frac{\sqrt{3}}{2}\frac{a}{b}m_j r \qquad (5-76)$$

可以看出，虽然式（5-76）与式（5-75）完全相同，但是平衡效果却不同。整体平衡法仅平衡掉了一阶往复惯性力矩的 1/2，而双轴机构则将一阶往复惯性力矩完全平衡了。

6）平衡三缸机往复惯性力矩的单轴平衡法。图 5-53 所示的双轴机构虽然能够平衡掉一阶往复惯性力矩，但其结构复杂。对于三缸机的一阶往复惯性力矩，采用单轴平衡机构，配合曲轴上的平衡块布置，也可将其完全平衡掉。具体方法为：先假设旋转惯性力矩已经采用整体平衡法或完全平衡法平衡了，同时假定在曲轴上按照整体平衡法另外布置了平衡一阶往复惯性力矩的平衡块，而且取平衡系数 $\varepsilon = 0.5$，然后在曲轴旁布置一根平衡轴，其转向与曲轴相反，如图 5-54 所示，质径积也为

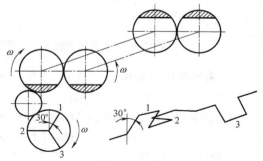

图 5-53 四冲程三缸机一阶往复惯性力矩双轴平衡机构

$$m_p r_p = \frac{\sqrt{3}}{2} \frac{a}{b} m_j r$$

曲轴和平衡轴的位置如图 5-55 所示，平衡轴不一定要与曲轴布置在同一水平面上，而是可以根据实际情况灵活布置，其效果不变。如图 5-55a 所示，当第一缸处于上止点时，曲轴上平衡块产生的离心力矩的水平投影分量与平衡轴离心力矩的水平投影分量之和同此时水平轴上的一阶往复力矩相平衡，两个离心力矩在竖直轴上的投影正负相抵消。

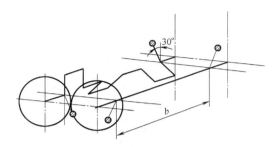

图 5-54 平衡三缸机往复惯性力矩的单轴平衡法

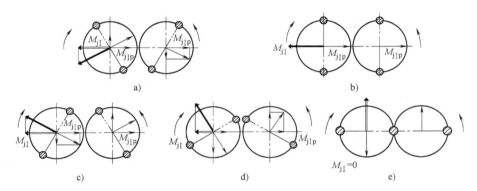

图 5-55 三缸机单轴平衡机构平衡效果分析
a）第一缸处于上止点 b）第一缸上止点后 30° c）第一缸上止点后 60°
d）第一缸上止点后 90° e）第一缸上止点后 120°

当曲轴转过 30°时，其与平衡轴的位置如图 5-55b 所示，此时一阶往复惯性力矩为最大值 $\sqrt{3}aC$，而两轴上平衡块产生的离心力矩之和也为最大值 $\sqrt{3}aC$，其方向与一阶往复惯性力矩的方向相反。当曲轴转过 60°时，其与平衡轴的位置如图 5-55c 所示，一阶往复惯性力矩被平衡掉了，两个轴自身也相互平衡。图 5-55d 所示的情况容易分析出来也是平衡的。图 5-55e 所示的是当曲轴转过 120°，即第一缸上止点后 120°时，一阶往复惯性力矩幅值在水平轴上的投影为零，即此时往复惯性力矩为零，曲轴和平衡轴上的平衡块产生的离心力矩也互相抵消。

观察图 5-54 可以发现，单平衡轴与曲轴的平衡块恰好构成一个双轴机构，三缸机采用单轴平衡机构结构简单、平衡性好。

综上所述，单列式三缸机平衡方案较多，具体应用时要多进行对比分析。例如，单平衡轴+曲轴旋转惯性力矩过量方案，现有机型有大众 1.2L 三缸汽油机（图 5-56a）、夏利 3GA2 汽油机和柴油机、奔驰 OM639（图 5-56b）、现代起亚 OED3D10 等。另外还有单平衡轴+飞轮与带轮旋转惯性力矩过量平衡方案等，如图 5-57 所示。

3. 单列式四缸机

四拐空间曲轴多数用在单列二冲程四缸机上，出于点火均匀的考虑，点火顺序多为 1-3-4-2，相邻两缸之间的点火间隔角为 90°。四拐平面曲轴用于四冲程四缸机，点火顺序也为

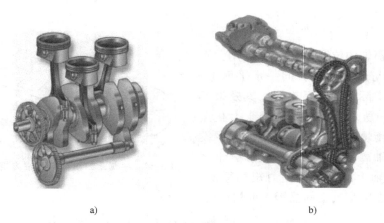

图 5-56 单平衡轴+曲轴旋转惯性力矩过量方案
a) 大众 1.2L 三缸汽油机一阶往复惯性力矩平衡机构 b) 奔驰 OM639 平衡系统结构

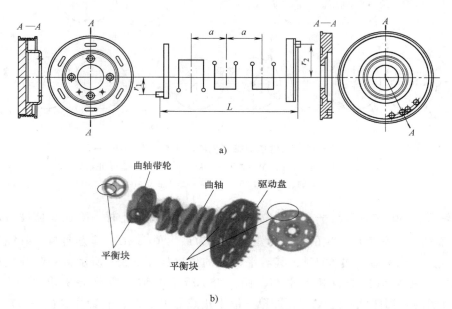

图 5-57 三缸机单平衡轴+飞轮与带轮旋转惯性力矩过量平衡方案
a) 方案 b) 空间结构

1-3-4-2，点火间隔角为 180°。这里重点介绍单列式四缸机的四拐平面曲轴。

（1）离心惯性力平衡 单列式四缸机的四拐平面曲轴 1、4 拐向上，2、3 拐向下，其离心惯性力的合力为零，离心惯性力矩也为零，可见平面四拐曲轴的离心力平衡性很好。但曲轴本身承受最大的内弯矩为 $M_{max}=F_r a$，且中间主轴承承受较大的离心负荷。为了减轻曲轴的内弯矩和轴承负荷，还是要在曲轴上合理布置平衡块。常见的有如图 5-58 所示的四块平衡块方案。

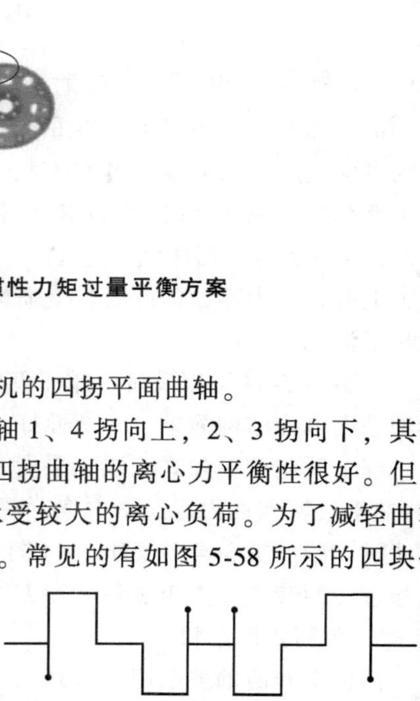

实际上，要精确计算多缸曲轴所受的内弯矩很困难，通常假设：

1）曲轴是一根直梁，其上的作用力均为通过各个

图 5-58 平面曲轴四块平衡块方案

气缸中心线的集中载荷。

2) 假设曲轴只有首末两主轴承做支点，其支点反作用力分别通过内燃机的首末气缸中心线，即组成静定简支梁。

3) 不计内燃机自重。计算内力矩的方法为，一般应求出通过各缸中心线的横截面一边（左边或右边）所受的弯矩，找出其中的最大值，即为曲轴和机身所受的内力矩，最后画出弯矩图，以单列式四缸机为例，求图 5-59 所示四冲程四缸内燃机的内力矩。本机曲柄图中各曲柄均匀分布，且各曲柄对内燃机质心基准面对称，故

$$\sum F_r = 0, \sum M_r = 0, \sum F_{jI} = 0, \sum M_{jI} = 0$$

由上可知，合成离心惯性力及其力矩和合成一阶往复惯性力及其力矩均已达到外平衡，但未达到内平衡，曲柄和机身由于离心惯性力引起的弯矩（只考虑横截面左边）如下：

在通过第 1 缸中心线的横截面上时，为 $F_r \times 0 = 0$。

在通过第 2 缸中心线的横截面上时，为 $F_r l_0$。

在通过第 3 缸中心线的横截面上时，为 $2F_r l_0 - F_r l_0 = F_r l_0$。

在通过第 4 缸中心线的横截面上时，为 $3F_r l_0 - 2F_r l_0 - F_r l_0 = 0$。

比较以上各项，其中最大值即为离心惯性力所引起的内力矩，为

$$F_r l_0 = m_r r \omega^2 l_0$$

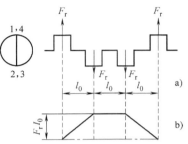

图 5-59　四冲程四缸内燃机的内力矩

a) 离心惯性力　b) 弯矩图

其发生在第 2 缸和第 3 缸的气缸中心线之间的横截面内。图 5-59b 所示为曲轴和机身上所受的弯矩图。同理，一阶往复惯性力最大值为 $F_{jI} = m_j r \omega^2$，它对曲轴和机身所产生的内力矩为

$$F_{jI} l_0 = m_j r \omega^2 l_0$$

离心惯性力和一阶往复惯性力所产生的内力矩，除惯性质量不同外，其余完全相同。内平衡问题是由曲轴和机身等零件产生周期性的弹性弯曲变形所引起的。

如图 5-60a 所示，四个曲柄处于同一平面内，$\sum F_r$、$\sum M_r$ 均等于零，但因其只有两个主轴承支承，在离心内力矩 $F_r l_0 = m_r r \omega^2 l_0$ 作用下，曲轴产生弹性弯曲变形。为了减少曲轴周期性弯曲变形引起的振动，常见的办法是用增加主轴承的数目来限制曲轴变形，如图 5-60b 所示。对于高速小型机和中高速大功率机型，为了改善内平衡，普遍采用设置平

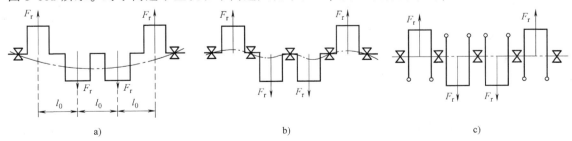

图 5-60　曲轴的弹性变形

a) 2 个主轴承支承　b) 全（5 个主轴承）支承　c) 平衡重的全平衡

重来消减内力矩,如图 5-60c 中由于全部离心惯性力均已平衡,因此内力矩等于零,曲轴因离心内力矩引起的弯曲变形随之消失。

(2) 往复惯性力平衡 点火顺序为 1-3-4-2,点火间隔角为 180°。

1) 曲柄图和轴测图。如图 5-61 所示,气缸中心距为 a。

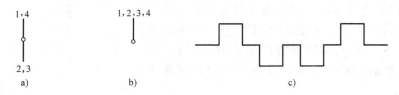

图 5-61 四冲程四缸曲轴布置图

a) 一阶曲柄图 b) 二阶曲柄图 c) 曲拐布置图

2) 往复惯性力分析。根据一阶曲柄图和二阶曲柄图作力的矢量图,如图 5-62 所示。

由于二阶惯性力不平衡,因此不分析二阶力矩,因为随着取矩点的不同,合力矩的结果也不同。

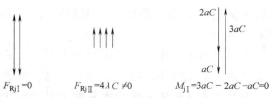

$F_{RjI}=0$　　　$F_{RjII}=4\lambda C \neq 0$　　　$M_{jI}=3aC-2aC-aC=0$

图 5-62 四拐平面曲轴往复惯性力矩

不平衡的二阶往复惯性力是四冲程四缸机的主要振动源。因为活塞质量与缸径的平方成正比,所以当气缸直径超过 100mm 时,往复惯性力很大,不宜采用四缸机。

可以加装双轴机构来平衡二阶往复惯性力,现在市场上已被多款车用四冲程四缸机采用,在减振方面取得了较好效果。图 5-63 所示为采用双轴平衡机构来平衡二阶往复惯性力的结构,平衡轴传动方式有齿轮传动式和链传动式,分别如图 5-63a、b 所示。

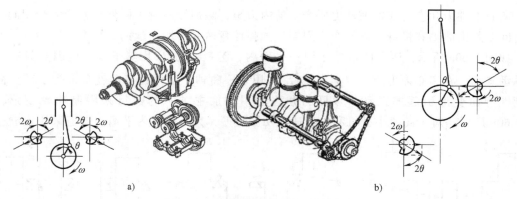

图 5-63 四缸内燃机采用的双轴机构

a) 齿轮传动式 b) 链传动式

例如,奥迪四缸汽油机采用双轴平衡机构后,其低频振动和总噪声级都得到了明显的改善,如图 5-64a、b 所示。双轴机构采用了平衡轴位于曲轴上方、气缸体两侧的布置方式,降低了整机高度。

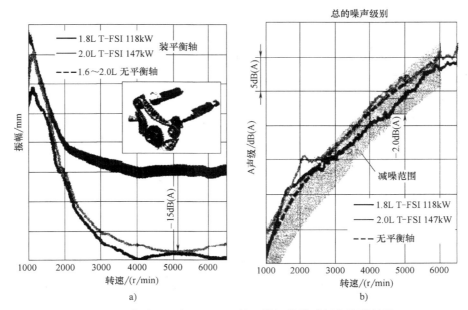

图 5-64 奥迪四缸汽油机采用的双轴机构的减振和降噪效果
a) 改善低频振动 b) 总噪声级别降低

4. 单列式六缸机

（1）旋转惯性力　曲拐夹角为120°的六拐曲轴，如图 5-65a 所示是镜面对称的，旋转惯性力是动平衡的，但在曲轴有大小为 $\sqrt{3}aF_r$ 的内弯矩。另外，如果不加平衡块，每一主轴承至少要承受 $0.5F_r$ 的离心负荷，而中央主轴承承受的离心负荷则最大为 F_r。但如果布置十二块平衡块，会使曲轴的质量增大，工艺性变差。如图 5-65b 所示布置四块平衡块，可使中央主轴承不承受离心负荷，但其余主轴承依然承受 $0.5F_r$ 的离心负荷。如果按照三拐曲轴的方法布置四块离心力为 $F_p = 0.7F_r$ 的较大平衡块，则每个主轴承承受 $0.35F_r$ 的离心负荷，且较均匀。如果用八块平衡块，且采用如图 5-65d 所示的布置方法，可使全部主轴承都不承受离心负荷，矢量图如图 5-65e 所示。

关于力矩的简化点，前面已有所涉及，进一步说明：
1）如果 $\sum F_r = 0$，则主力矩的大小、方向与简化点无关。
2）如果 $\sum F_r \neq 0$，不能讨论合力矩，因为主力矩的大小和方向与简化点有关。

曲轴较长的多缸机平衡块的布置，除了要考虑整体静平衡性和动平衡性外，还要考虑曲轴内弯矩和轴承所承受的离心负荷。因此，这类机型平衡块布置方案都是多块对称布置，很少采用只加两块平衡块的整体平衡法。

（2）往复惯性力平衡分析　单列四冲程六缸机的点火顺序为 1-5-3-6-2-4，点火间隔角为120°。
1）曲柄图，如图 5-66 所示。
2）曲拐布置图，如图 5-67 所示。
3）惯性力和惯性力矩分析，如图 5-68 所示。

实际上，单列四冲程六缸机曲轴相当于两个三拐曲轴对称布置，则

$$M_{jI} = 0, \quad M_{jII} = 0$$

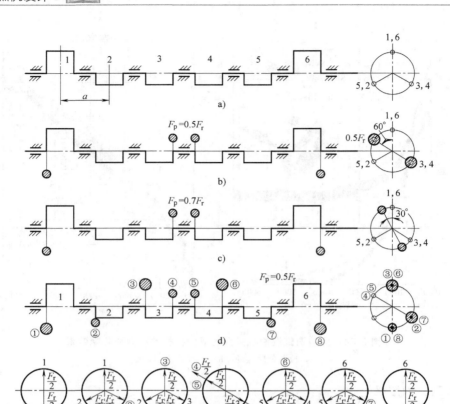

图 5-65 曲拐夹角为 120°的六拐曲轴及平衡块布置

a）镜面对称总体动平衡　b）四块平衡块 $F_p = 0.5F_r$
c）四块平衡块 $F_p = 0.7F_r$　d）八块平衡块　e）八块平衡块矢量图

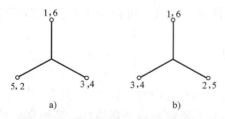

图 5-66 单列四冲程六缸机曲柄图

a）一阶曲柄图　b）二阶曲柄图

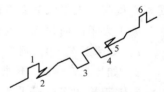

图 5-67 单列四冲程六缸机曲拐布置图

所以，六缸机具有镜面对称曲轴的内燃机平衡性极好。

实际中，在自身已经达到静平衡和动平衡性的曲轴上添加平衡块，其目的是减轻轴承负荷和减小曲轴的内弯矩。

5.4.5 双列式多缸内燃机平衡

在多缸内燃机中，为了减小整机长度，使结构紧凑，可采用双列式结构，当两列气缸轴

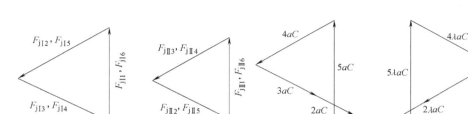

图 5-68 单列四冲程六缸机惯性力和惯性力矩分析

线夹角 γ 为 180°时称为对置式,当 0<γ<180°时称为 V 型。V 型内燃机的往复惯性力及其力矩的平衡程度不仅取决于曲轴的曲柄分布,还取决于两列气缸排列的相对位置关系,即气缸轴线夹角 γ。汽车上双列式内燃机的应用广泛。

双列式机型往复惯性力及其力矩的平衡分析,可用以下两种方法处理:

1) 如果每列气缸的平衡情况易得出,可把整台 n 缸双列式机看作由两台 $n/2$ 缸单列式机组成,先分别分析单列式机的平衡情况,再用矢量和求最后结果,特别是对每列已经平衡了的量,对整机也是平衡的,即"先单列,后整机"的方式。

2) 如果每对气缸的平衡情况容易得出,可把整台 n 缸双列式发动机看成由 $n/2$ 台 V 型两缸机组成,先利用双列式两缸机已知的平衡性,然后求最后结果,即"先单排,后整机"的方式。

分析双列式机型的平衡性与单列式一样,可以采用解析法或图解法,本小节以 V 型两缸机、V 型六缸机和 V 型八缸机为典型例子进行分析。

1. V 型两缸机

V 型两缸机的气缸轴线夹角为 γ,分为左右两列。

(1) 旋转惯性力平衡 离心质量为

$$m_r = m_k + 2m_2$$

因为是单拐,其平衡方法与单拐曲轴平衡法一样,所以平衡块的质径积为

$$m_p r_p = \frac{1}{2} m_r r$$

(2) 一阶往复惯性力平衡 V 型两缸机的点火间隔角按照冲程数划分只有两种:二冲程为 $\gamma \sim (360°-\gamma)$;四冲程为 $(360°+\gamma) \sim (360°-\gamma)$。

一阶往复惯性力如图 5-69 所示,为了便于区分,左、右单个气缸的一阶往复惯性力用 F_{jI} 表示,两个气缸合起来的一阶往复惯性力用 F_{RjI} 表示。

以气缸轴线夹角平分线为始点,左、右两列气缸的一阶往复惯性力分别为

$$F_{jIL} = C\cos\left(\alpha + \frac{\gamma}{2}\right)$$

$$F_{jIR} = C\cos\left(\alpha - \frac{\gamma}{2}\right) \quad (5-77)$$

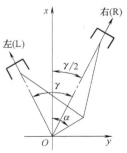

图 5-69 V 型两缸机示意图

向 x 轴和 y 轴投影,再求和,得

$$F_{RjIx} = F_{jILx} + F_{jIRx} = 2C\cos\alpha\cos^2\frac{\gamma}{2} = C(1+\cos\gamma)\cos\alpha$$

$$F_{RjIy} = F_{jILy} + F_{jIRy} = 2C\sin\alpha\sin^2\frac{\gamma}{2} = C(1-\cos\gamma)\sin\alpha \quad (5\text{-}78)$$

合力为

$$F_{RjI} = \sqrt{F_{RjIx}^2 + F_{RjIy}^2} \quad (5\text{-}79)$$

$$= C\sqrt{(1+\cos\gamma)^2\cos^2\alpha + (1-\cos\gamma)^2\sin^2\alpha}$$

合力的方向

$$\Phi_I = \arctan\frac{F_{RjIy}}{F_{RjIx}} = \arctan\frac{(1-\cos\gamma)\sin\alpha}{(1+\cos\gamma)\cos\alpha} = \arctan\left(\tan^2\frac{\gamma}{2}\tan\alpha\right) \quad (5\text{-}80)$$

分析 F_{RjIx} 和 F_{RjIy} 的表达式可知,F_{RjI} 的端点轨迹是一个椭圆,如图 5-70 所示。

当 $\gamma<90°$ 时,$C(1+\cos\gamma)$ 为长半轴;

当 $\gamma>90°$ 时,$C(1-\cos\gamma)$ 为长半轴;

当 $\gamma=90°$ 时,$F_{RjIx}=C$,其端点轨迹是圆,即 F_{RjI} 是常量。因此,当 $\gamma=90°$ 时,$\Phi_I=\arctan(\tan\alpha)=\alpha$,$F_{RjI}$ 的方向与曲柄方向相同,一阶往复惯性力成为大小不变、方向始终与曲柄重合的旋转惯性力。

平衡措施:以 $\gamma<90°$ 为例,如图 5-70 所示,有

$$\vec{F}_{RjI} = \vec{OB} = \vec{OA} + \vec{AB} = \vec{OD} + \vec{DB} \quad (5\text{-}81)$$

其中,$\vec{OA}=C(1-\cos\gamma)$,$\vec{OD}=C(1+\cos\gamma)$,平衡时应取分力较小的分解方案,即

$$\vec{F}_{RjI} = \vec{OA} + \vec{AB} \quad (5\text{-}82)$$

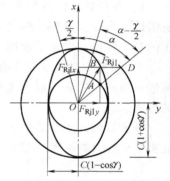

图 5-70 V 型两缸机的平衡

$$\vec{OA} = C(1-\cos\gamma)$$

$$\vec{AB} = (\vec{OD} - \vec{OA})\cos\alpha = [C(1+\cos\gamma) - C(1-\cos\gamma)]\cos\alpha = 2C\cos\gamma\cos\alpha$$

旋转矢量 $\vec{OA}$,直接用曲柄上的两个平衡块平衡。

因为

$$2m_{1r}r_p\omega^2 = m_j r\omega^2(1-\cos\gamma)$$

所以质径积为

$$m_{1r}r_p = \frac{1}{2}m_j r(1-\cos\gamma)$$

往复矢量 $\vec{AB}$ 用双轴平衡机构平衡,与单缸机的平衡方式一样,如图 5-71 所示。每根平衡轴上有两块平衡块,求得每块平衡块的质径积为

$$4m_{1j}r'_p\omega^2 = 2m_j r\omega^2\cos\gamma$$

$$m_{1j}r'_p = \frac{1}{2}m_j r\cos\gamma \quad (5\text{-}83)$$

与单缸机旋转惯性力的平衡方法相同,总质径积为

$$m_p r_p = \frac{1}{2} r(m_k + 2m_2 + m_j)$$

（5-84）

（3）二阶往复惯性力的平衡　同样以气缸中心线夹角的平分线为起始点，左、右两列气缸的二阶惯性力表示为

$$\begin{cases} F_{jIIL} = \lambda C \cos 2\left(\alpha + \frac{\gamma}{2}\right) \\ F_{jIIR} = \lambda C \cos 2\left(\alpha - \frac{\gamma}{2}\right) \end{cases}$$

（5-85）

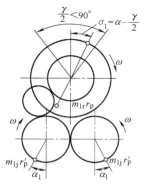
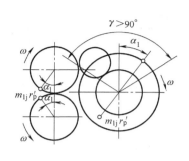

图 5-71　V 型两缸机一阶往复惯性力的平衡方法

坐标轴上的投影为

$$F_{RjIIx} = 2\lambda C \cos\frac{\gamma}{2} \cos\gamma \cos 2\alpha$$

$$F_{RjIIy} = 2\lambda C \sin\frac{\gamma}{2} \sin\gamma \sin 2\alpha \qquad (5\text{-}86)$$

可以看出，F_{RjII} 的端点轨迹也为椭圆，合力为

$$F_{RjII} = \sqrt{F_{RjIIx}^2 + F_{RjIIy}^2} = 2\lambda C \sqrt{\cos^2\frac{\gamma}{2}\cos^2\gamma\cos^2 2\alpha + \sin^2\frac{\gamma}{2}\sin^2\gamma\sin^2 2\alpha} \qquad (5\text{-}87)$$

合力方向为

$$\Phi_{II} = \arctan\left(\tan\frac{\gamma}{2}\tan\gamma\tan 2\alpha\right) \qquad (5\text{-}88)$$

当 $\gamma = 90°$ 时，有

$$F_{RjII} = \sqrt{2}\lambda C \sin 2\alpha, \quad \Phi_{II} = 90°$$

F_{RjII} 变为水平方向的往复惯性力，可以用双轴平衡机构平衡。

综上有以下结论：

1）V 型两缸机一阶往复惯性力不论 γ 如何，都可以用一对平衡块和一个双轴机构平衡。
2）当 $\gamma < 90°$ 时，F_{RjI} 的矢量端点轨迹为长轴在气缸中心线夹角平分线上的椭圆。
3）当 $\gamma > 90°$ 时，F_{RjI} 的矢量端点轨迹为长轴垂直于气缸中心线夹角平分线的椭圆。
4）当 $\gamma = 90°$ 时，F_{RjI} 为一个圆，相当于离心力。
5）F_{RjII} 为往复惯性力，方向垂直于气缸轴线夹角平分线。

（4）左、右两缸偏移引起的力矩　如果 V 型两缸机采用并列连杆，左、右两缸的往复惯性力则不在一个平面内，会产生附加力矩，按照右手定则，该力矩矢量方向与曲轴轴线垂直。但是由于左、右两缸的纵向缸心距一般很小，一般不用考虑该附加力矩。

表 5-2 为 V 型两缸机一阶往复惯性力与气缸夹角 γ 之间的关系。表 5-3 为 V 型两缸机二阶往复惯性力与气缸夹角 γ 之间的关系。

表 5-2 V型两缸机一阶往复惯性力与气缸夹角 γ 之间的关系

气缸轴线夹角 $\gamma/(°)$	正转矢量 $\boldsymbol{A}_\mathrm{I}$ 反转矢量 $\boldsymbol{B}_\mathrm{I}$	旋转分矢量 $F_{\mathrm{RjI}r}$ 往复分矢量 $F_{\mathrm{RjI}j}$	正、反转矢量的相位	矢量椭圆主轴	合成矢量的端点轨迹
0	$\boldsymbol{A}_\mathrm{I} = Ce^{i\alpha}$ $\boldsymbol{B}_\mathrm{I} = Ce^{-i\alpha}$	$F_{\mathrm{RjI}r} = 0$ $F_{\mathrm{RjI}j} = 2C\cos\alpha$		$F_{\mathrm{RjI}x} = 2C$ $F_{\mathrm{RjI}y} = 0$	
45	$\boldsymbol{A}_\mathrm{I} = Ce^{i\left(\alpha-\frac{\pi}{8}\right)}$ $\boldsymbol{B}_\mathrm{I} = \frac{\sqrt{2}}{2}Ce^{-i\left(\alpha-\frac{\pi}{8}\right)}$	$F_{\mathrm{RjI}r} = 0.293$ $F_{\mathrm{RjI}j} = 1.141C\cos\left(\alpha-\frac{\pi}{8}\right)$		$F_{\mathrm{RjI}x} = 1.707C$ $F_{\mathrm{RjI}y} = 0.293C$	
60	$\boldsymbol{A}_\mathrm{I} = Ce^{i\left(\alpha-\frac{\pi}{6}\right)}$ $\boldsymbol{B}_\mathrm{I} = \frac{C}{2}e^{-i\left(\alpha-\frac{\pi}{6}\right)}$	$F_{\mathrm{RjI}r} = 0.5$ $F_{\mathrm{RjI}j} = C\cos\left(\alpha-\frac{\pi}{6}\right)$		$F_{\mathrm{RjI}x} = 1.5C$ $F_{\mathrm{RjI}y} = 0.5C$	
90	$\boldsymbol{A}_\mathrm{I} = Ce^{i\left(\alpha-\frac{\pi}{4}\right)}$ $\boldsymbol{B}_\mathrm{I} = 0$	$F_{\mathrm{RjI}r} = 1$ $F_{\mathrm{RjI}j} = 0$		$F_{\mathrm{RjI}x} = C$ $F_{\mathrm{RjI}y} = C$	
120	$\boldsymbol{A}_\mathrm{I} = Ce^{i\left(\alpha-\frac{\pi}{3}\right)}$ $\boldsymbol{B}_\mathrm{I} = -\frac{C}{2}e^{-i\left(\alpha-\frac{\pi}{3}\right)}$	$F_{\mathrm{RjI}r} = 0.5$ $F_{\mathrm{RjI}j} = C\sin\left(\alpha-\frac{\pi}{3}\right)$		$F_{\mathrm{RjI}x} = 0.5C$ $F_{\mathrm{RjI}y} = 1.5C$	
150	$\boldsymbol{A}_\mathrm{I} = Ce^{i\left(\alpha-\frac{5\pi}{12}\right)}$ $\boldsymbol{B}_\mathrm{I} = -\frac{\sqrt{3}}{2}Ce^{-i\left(\alpha-\frac{5\pi}{12}\right)}$	$F_{\mathrm{RjI}r} = 0.314$ $F_{\mathrm{RjI}j} = 1.732C\sin\left(\alpha-\frac{5\pi}{12}\right)$		$F_{\mathrm{RjI}x} = 0.134C$ $F_{\mathrm{RjI}y} = 1.866C$	
180	$\boldsymbol{A}_\mathrm{I} = Ce^{i\left(\alpha-\frac{\pi}{2}\right)}$ $\boldsymbol{B}_\mathrm{I} = -Ce^{-i\left(\alpha-\frac{\pi}{2}\right)}$	$F_{\mathrm{RjI}r} = 0$ $F_{\mathrm{RjI}j} = 2C\sin\left(\alpha-\frac{\pi}{2}\right)$		$F_{\mathrm{RjI}x} = 0$ $F_{\mathrm{RjI}y} = 2C$	

表 5-3 V 型两缸机二阶往复惯性力与气缸夹角 γ 之间的关系

气缸轴线夹角 $\gamma/(°)$	正转矢量 A_II 反转矢量 B_II	旋转分矢量 $F_{\mathrm{Rj II}r}$ 往复分矢量 $F_{\mathrm{Rj II}j}$	正、反矢量的相位	矢量椭圆主轴	合成矢量的端点轨迹
0	$A_\mathrm{II} = \lambda C e^{i(2\alpha)}$ $B_\mathrm{II} = \lambda C e^{-i(2\alpha)}$	$F_{\mathrm{Rj II}r} = 0$ $F_{\mathrm{Rj II}j} = 2\lambda C \cos 2\alpha$		$F_{\mathrm{Rj II}x} = 2\lambda C$ $F_{\mathrm{Rj II}y} = 0$	
45	$A_\mathrm{II} = 0.92\lambda C e^{i\left(2\alpha - \frac{\pi}{4}\right)}$ $B_\mathrm{II} = 0.383\lambda C e^{-i\left(2\alpha - \frac{\pi}{4}\right)}$	$F_{\mathrm{Rj II}r} = 0.54\lambda C$ $F_{\mathrm{Rj II}j} = 0.736\lambda C \cos\left(2\alpha - \frac{\pi}{4}\right)$		$F_{\mathrm{Rj II}x} = 1.305\lambda C$ $F_{\mathrm{Rj II}y} = 0.541\lambda C$	
60	$A_\mathrm{II} = \frac{\sqrt{3}}{2}\lambda C e^{i\left(2\alpha - \frac{\pi}{3}\right)}$ $B_\mathrm{II} = 0$	$F_{\mathrm{Rj II}r} = 0.866\lambda C$ $F_{\mathrm{Rj II}j} = 0$		$F_{\mathrm{Rj II}x} = \frac{\sqrt{3}}{2}\lambda C$ $F_{\mathrm{Rj II}y} = \frac{\sqrt{3}}{2}\lambda C$	
90	$A_\mathrm{II} = \frac{\sqrt{2}}{2}\lambda C e^{i\left(2\alpha - \frac{\pi}{2}\right)}$ $B_\mathrm{II} = -\frac{\sqrt{2}}{2}\lambda C e^{-i\left(2\alpha - \frac{\pi}{2}\right)}$	$F_{\mathrm{Rj II}r} = 0$ $F_{\mathrm{Rj II}j} = -1.414\lambda C \sin\left(2\alpha - \frac{\pi}{2}\right)$		$F_{\mathrm{Rj II}x} = 0$ $F_{\mathrm{Rj II}y} = \sqrt{2}\lambda C$	
120	$A_\mathrm{II} = \frac{\lambda}{2} C e^{i\left(2\alpha - \frac{2\pi}{3}\right)}$ $B_\mathrm{II} = -\lambda C e^{-i\left(2\alpha - \frac{2\pi}{3}\right)}$	$F_{\mathrm{Rj II}r} = 0.5\lambda C$ $F_{\mathrm{Rj II}j} = \lambda C \sin\left(2\alpha - \frac{2\pi}{3}\right)$		$F_{\mathrm{Rj II}x} = \frac{1}{2}\lambda C$ $F_{\mathrm{Rj II}y} = \frac{3}{2}\lambda C$	
150	$A_\mathrm{II} = 0.259\lambda C e^{i\left(2\alpha - \frac{5\pi}{6}\right)}$ $B_\mathrm{II} = -0.707\lambda C e^{-i\left(2\alpha - \frac{5\pi}{6}\right)}$	$F_{\mathrm{Rj II}r} = 0.45\lambda C$ $F_{\mathrm{Rj II}j} = 0.52\lambda C \sin\left(2\alpha - \frac{5\pi}{6}\right)$		$F_{\mathrm{Rj II}x} = 0.45\lambda C$ $F_{\mathrm{Rj II}y} = 0.966\lambda C$	
180	$A_\mathrm{II} = 0$ $B_\mathrm{II} = 0$	$F_{\mathrm{Rj II}r} = 0$ $F_{\mathrm{Rj II}j} = 0$		$F_{\mathrm{Rj II}x} = 0$ $F_{\mathrm{Rj II}y} = 0$	

2. 四冲程 V 型六缸机

四冲程 V 型六缸、八缸内燃机在汽车中运用较广,尤其是高档轿车。

(1) V 型多缸机点火顺序　V 型多缸机左、右两列气缸间的点火轮换方式有交替式和填补式两种。

1) 交替式。左右两列轮流点火,通常每列气缸的点火顺序是相同的,间隔均匀。例如,采用平面曲轴的四冲程 V 型八缸机,气缸轴线夹角为 γ,如果每列气缸的点火顺序为 1-3-4-2,若采用交替式点火,则其整机的点火顺序为:

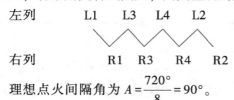

理想点火间隔角为 $A = \dfrac{720°}{8} = 90°$。

2) 填补式。填补式点火顺序的特点:对于每列气缸,其点火间隔不均匀,而且左、右气缸的点火顺序也不相同。如果气缸轴线夹角选择合适,经过彼此相互填补配合,则能够得到点火间隔均匀的点火顺序。例如,采用空间曲轴的气缸轴线夹角为 90° 的 V 型八缸机,其整机点火顺序可以是:

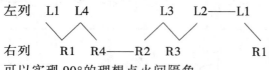

可以实现 90° 的理想点火间隔角。

(2) 四冲程 V 型六缸机　该种机型气缸中心线夹角不同,点火顺序和平衡特性不同。

每列曲拐为 120° 夹角均匀布置,点火顺序如图 5-72 所示。点火间隔角为 60° ~ 180° 交替出现,点火间隔不均匀。只有当气缸轴线夹角为 $\gamma = 120°$ 时,四冲程 V 型六缸机的点火间隔才是均匀的。当气缸中心线夹角为 $\gamma = 90°$ 时,点火间隔角为 90° ~ 150° 交替出现。

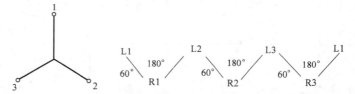

图 5-72　四冲程 V 型六缸机($\gamma = 60°$)的曲拐布置及点火顺序

为了使点火间隔均匀,许多 V 型六缸机采用错拐曲轴。使用普通曲轴时,同一排上左、右两缸的连杆大头套在同一个曲柄销上,而错拐曲轴则将这个曲柄销分为两段,且使它们错开一个角度。例如,气缸轴线夹角为 $\gamma = 90°$ 的四冲程 V 型六缸机,其左缸曲柄销向前错开 15°,如图 5-73 所示,右缸曲柄销向后错开 15°,这样本来在同一曲拐上的左、右气缸的点火间隔由 90° 变为了 120°,达到了点火间隔均匀的目的。

下面分析当 $\gamma = 60°$ 时,四冲程 V 型六缸机惯性力的平衡特点。

1) 旋转惯性力和力矩。旋转惯性力和力矩的平衡与是否为双列气缸无关,因此分析结果与单列式三缸机的分析结果是一样的。即

旋转惯性力合力　　　$\sum F_r = 0$

旋转惯性力矩　　　　$\sum M_r = \sqrt{3}\, a(m_k + 2m_2) r\omega^2$

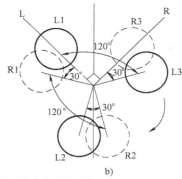

图 5-73　四冲程 V 型六缸机 $\gamma=90°$ 时的错拐曲轴布置示意图
a) 错拐曲轴空间布置三维图　b) 错拐曲轴布置示意图
L—左列气缸轴线　R—右列气缸轴线　L1—左列第一缸曲柄销　R1—右列第一缸曲柄销　L2—左列第二缸曲柄销
R2—右列第二缸曲柄销　L3—左列第三缸曲柄销　R3—右列第三缸曲柄销
注：点火间隔角为120°，均匀。

2) 一阶往复惯性力及其力矩。将 V 型六缸机看成三台 V 型两缸机。根据前述关于 V 型两缸机的分析结果，当 $\gamma=60°$ 时，一阶往复惯性力的矢量端点轨迹为长轴在气缸中心线夹角平分线上的椭圆，且可以分解成一个旋转矢量和一个往复矢量。旋转矢量的方向与曲柄方向相同，表达式为

$$\overrightarrow{OA}=C(1-\cos\gamma)$$

往复矢量的方向与气缸轴线夹角平分线的方向相同，表达式为

$$\overrightarrow{AB}=2C\cos\gamma\cos\alpha$$

每台 V 型两缸机的旋转矢量与离心力重合，可以放在一起考虑。

第二拐的往复矢量为 $2C\cos\gamma\cos(\alpha+120°)$，第三拐的往复矢量为 $2C\cos\gamma\cos(\alpha-120°)$，各拐的往复矢量也与是否为双列气缸无关。因此，可以按照单列式三拐曲轴的分析方法，进行整机的平衡性分析。

离心力的合力仍然为零，离心合力矩为

$$\sum M_r=\sqrt{3}a[m_k+2m_2+m_j(1-\cos\gamma)]r\omega^2=\sqrt{3}a\left(m_k+2m_2+\frac{1}{2}m_j\right)r\omega^2 \quad (5-89)$$

整体平衡措施的质径积为

$$m_p r_p=\frac{\sqrt{3}a}{b}\left(m_k+2m_2+\frac{1}{2}m_j\right)r \quad (5-90)$$

一阶往复惯性力的合力为

$$\sum F_j=2C\cos\gamma[\cos\alpha+\cos(\alpha+120°)+\cos(\alpha-120°)]=0$$

一阶往复惯性力合力矩为

$$\sum M_{jI}=2aC\cos\gamma[2\cos\alpha+\cos(\alpha+120°)]=2\sqrt{3}aC\cos\gamma\cos(\alpha+30°)$$
$$=\sqrt{3}aC\cos(\alpha+30°) \quad (5-91)$$

由式（5-91）可知，这是一个往复变化的力矩，作用于由气缸中心线夹角平分线与曲轴组成的平面内，矢量方向垂直于此平面。它在第一拐处于气缸中心线夹角平分线前30°（即 $\alpha=-30°$）时达到最大值，也就是当左列第一缸处于上止点时，一阶往复惯性力矩达到最大

值。若想平衡这个力矩，可以采用如图 5-53 所示的双轴机构或如图 5-54 所示的单轴机构。

（3）四冲程 V 型八缸机　前面已述，V 型八缸机可采用平面曲轴，采用交替式左、右两列轮流点火；也可采用空间曲轴，则采用填补式点火顺序。

1）单列为平面曲轴（$\gamma = 45°$）。用"先单列，后整机"的方法，分析图 5-74a 所示的四冲程 V 型八缸机单列的平衡特性。该机曲柄夹角为 180°，气缸夹角 $\gamma = 45°$，可以看作是两台单列式四缸机按 45°夹角的组合。

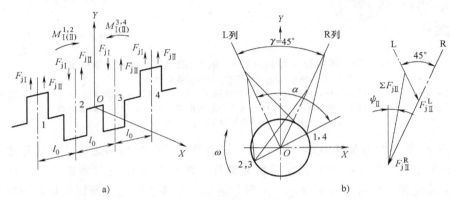

图 5-74　四冲程 V 型八缸机平面曲轴平衡分析（$\gamma = 45°$）
a）单列的平衡特性　b）二阶曲拐图

首先分析每列气缸的平衡特性，如图 5-74a 所示，4 个气缸的一阶往复惯性力成对出现，对称于曲轴中心，第 1、2 缸的一阶往复惯性力矩和第 3、4 缸的一阶往复惯性力矩大小相等、方向相反，故每一单列的合成一阶往复惯性力 $\sum F_{jI} = 0$ 和一阶往复惯性力矩 $\sum M_{jI} = 0$。

每一单列的第 1 缸和第 4 缸的二阶往复惯性力各为

$$F''_{jII} = \lambda m_j r \omega^2 \cos 2\alpha$$

而每一单列第 2 缸和第 3 缸的二阶往复惯性力各为

$$F''_{jII} = \lambda m_j r \omega^2 \cos 2(\alpha + 180°) = \lambda m_j r \omega^2 \cos 2\alpha$$

即 4 个气缸的二阶往复惯性力大小相等、方向相同，所以每一单列的合成二阶往复惯性力为

$$F_{jII} = 2F'_{jII} + 2F''_{jII} = 4\lambda m_j r \omega^2 \cos 2\alpha$$

显然，该机的离心惯性力是自平衡的，即 $\sum F_r = 0$。

同理，每一单列的合成二阶往复惯性力矩 $M_{jII} = 0$。

综合以上分析结果，每列气缸只有二阶往复惯性力 F_{jII} 未平衡，所以在曲柄排列与此相同的 V 型八缸机中，只有合成二阶往复惯性力 $\sum F_{jII}$ 尚未平衡。根据上文，V 型八缸机左列的二阶往复惯性力为

$$F^{(L)}_{jII} = 4\lambda m_j r \omega^2 \cos 2\alpha$$

考虑到两列气缸之间的夹角 $\gamma = 45°$，故右列的二阶往复惯性力应为

$$F^{(R)}_{jII} = 4\lambda m_j R \omega^2 \cos 2(\alpha - \gamma) = 4\lambda m_j R \omega^2 \cos 2(\alpha - 45°) = 4\lambda m_j r \omega^2 \cos 2\alpha$$

按照往复惯性力作用方向的规定，正值的方向应沿气缸中心线向下，负值的方向沿气缸中心线向上，故由 $F^{(L)}_{jII}$ 和 $F^{(R)}_{jII}$ 矢量合成的结果如图 5-74b 所示，分析该图的几何关系，任一瞬时 V 型八缸机合成二阶往复惯性力为

$$\sum F_{\mathrm{jII}} = \sqrt{[F_{\mathrm{jII}}^{(L)}]^2+[F_{\mathrm{jII}}^{(R)}]^2 - 2F_{\mathrm{jII}}^{(L)}F_{\mathrm{jII}}^{(R)}\cos(180°-45°)}$$
$$= 4\lambda m_{\mathrm{j}} r\omega^2 \sqrt{\cos^2 2\alpha + \sin^2 2\alpha - 2\cos 2\alpha \sin 2\alpha \cos 45°}$$
$$= 4\lambda m_{\mathrm{j}} r\omega^2 \sqrt{1+0.707\sin 4\alpha}$$

该力和内燃机垂直轴间的夹角为
$$\tan\psi_{\mathrm{II}} = \tan(2\alpha-45°)\tan(45°/2)\tan 45° = 0.477\tan(2\alpha-45°)$$
故
$$\psi_{\mathrm{II}} = \arctan[0.477\tan(2\alpha-45°)]$$

可以得出，该机的 $\sum F_{\mathrm{jI}}$、$\sum M_{\mathrm{jI}}$、$\sum M_{\mathrm{jII}}$、$\sum F_{\mathrm{r}}$ 都已自行平衡，没有平衡的只有合成二阶往复惯性力 $\sum F_{\mathrm{jII}}$。

2) 单列为空间曲轴（$\gamma=90°$）。用"先单排，后整机"的方法，先将该 V 型八缸机看成两台空间曲轴四缸机，因为单列空间曲轴四缸机的二阶往复惯性力及其力矩都等于零，所以两台四缸机的二阶往复惯性力合力与合力矩也都为零，即该 V 型八缸机的二阶往复惯性力和力矩都为零。

由图 5-75a 可见，该四冲程 V 型八缸机 $\gamma=90°$，采用空间曲柄，每单列曲柄夹角 $\theta=90°$，两列气缸点火顺序和点火间隔不同，但整机点火均匀。在进行平衡性分析时，可把其看成是四台 V 型双缸机的组合。

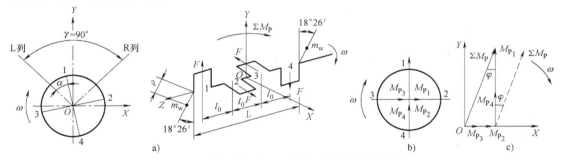

图 5-75 四冲程 V 型八缸机空间曲轴平衡分析图
a) $\gamma=90°$ 及每个单列的平衡特性　b) 离心惯性力矩和合成一阶往复惯性力矩
c) 离心惯性力和一阶往复惯性力的总合成力矩

1) 离心惯性力和合成的一阶往复惯性力。由前述对 V 型两缸机的分析，在气缸夹角 $\gamma=90°$ 的特殊情况下，V 型两缸内燃机的合成一次往复惯性力 $\sum F_{\mathrm{jI}}$ 为常数 $m_{\mathrm{j}}r\omega^2$，并位于曲柄的离心方向。

所以，对 V 型八缸机的每个曲柄来说，$m_{\mathrm{j}}r\omega^2$ 的作用和离心惯性力 F_{r} 的作用相同，因此可把两者作为一个合力来分析，即
$$F = F_{\mathrm{jI}} + F_{\mathrm{r}} = (m_{\mathrm{j}}+m_{\mathrm{r}})r\omega^2$$

如图 5-75a 所示，由于曲柄均匀布置，每个曲柄的离心方向皆作用有一个大小相等的合力 F，所以 V 型八缸机的合成一阶往复惯性力和离心惯性力都已自行平衡。

2) 离心惯性力矩和合成一阶往复惯性力矩。如果取中央主轴颈的中间横截面作为取矩计算基准面，则各曲柄上离心惯性力和一阶往复惯性力的合力 F 对基准面的力矩（图 5-75b）为：

第 1 曲柄：$M_{\mathrm{P}_1} = 1.5Fl_0$（离心方向）。

第 2 曲柄：$M_{\mathrm{P}_2} = 0.5Fl_0$（离心方向）。

第 3 曲柄：$M_{P_3} = 0.5Fl_0$（向心方向）。

第 4 曲柄：$M_{P_4} = 1.5Fl_0$（向心方向）。

上述各力矩如图 5-75b 所示，于是 V 型八缸内燃机离心惯性力和一阶往复惯性力所产生的合成力矩可用如图 5-75c 所示的力矩多边形求出，即

$$\sum M_P = \sqrt{(M_{P_1}+M_{P_4})^2+(M_{P_2}+M_{P_3})^2} = \sqrt{10}\,Fl_0 = \sqrt{10}\,(m_j+m_r)r\omega^2$$

在曲柄图中，合成力矩作用平面在第一曲柄之前，与第一曲柄的夹角为

$$\varphi = \arctan\frac{M_{P_2}+M_{P_3}}{M_{P_1}+M_{P_4}} = 18°26'$$

合成力矩 $\sum M_P$ 的平衡，可用配置于曲轴两端并位于 $\sum M_P$ 作用平面内的两个平衡重 m_w 来实现，如图 5-75a 所示，平衡条件为

$$m_w \rho \omega^2 L = \sqrt{10}\,(m_j+m_r)r\omega^2 l_0$$

$$m_w = \sqrt{10}\,\frac{r}{\rho}\frac{l_0}{L}(m_j+m_r)$$

3）合成二阶往复惯性力及其力矩。当 $\gamma = 90°$ 的特殊情况下，对于 V 型双缸内燃机有

$$F_{jII}^{(L)} = \lambda m_j r \omega^2 \cos 2\alpha$$

$$F_{jII}^{(R)} = \lambda m_j r \omega^2 \cos 2(\alpha-90°) = -\lambda m_j r \omega^2 \cos 2\alpha$$

其合成二阶往复惯性力为

$$\sum F_{jII} = \lambda m_j r \omega^2 \sqrt{\cos^2 2\alpha + \cos^2 2(\alpha-90°) - 2\cos 2\alpha \cos 2(\alpha-90°)\cos 90°}$$

$$= \sqrt{2}\,\lambda m_j r \omega^2 \cos 2\alpha$$

作用方向为

$$\psi_{II} = \arctan[\tan 2(\alpha-90°)\tan 45°\tan 90°] = 90° 或 270°$$

也就是说，当 $\gamma = 90°$ 时，V 型单排内燃机合成二阶往复惯性力永远作用在两列气缸中心线所在平面内的水平方向上，大小随 2 倍曲轴角速度按余弦规律不断伸缩变化。因此，对 V 型八缸内燃机来说，每个曲柄所受的二阶往复惯性力为：

第 1 曲柄：$\sqrt{2}\,\lambda m_j r \omega^2 \cos 2\alpha$。

第 2 曲柄：$\sqrt{2}\,\lambda m_j r \omega^2 \cos 2(\alpha+90°) = -\sqrt{2}\,\lambda m_j r \omega^2 \cos 2\alpha$。

第 3 曲柄：$\sqrt{2}\,\lambda m_j r \omega^2 \cos 2(\alpha+270°) = -\sqrt{2}\,\lambda m_j r \omega^2 \cos 2\alpha$。

第 4 曲柄：$\sqrt{2}\,\lambda m_j r \omega^2 \cos 2(\alpha+180°) = \sqrt{2}\,\lambda m_j r \omega^2 \cos 2\alpha$。

这些力都作用在通过曲轴中心线的水平面内，相互平行，大小相等而方向成对地相反，所以其合力 $\sum F_{jII} = 0$，即合成二阶往复惯性力自行平衡。

前两个力的力矩和后两个力的力矩总是大小相等、方向相反，所以合成二阶往复惯性力矩 $\sum M_{jII} = 0$，也达到自行平衡。

根据以上分析，该机只有离心惯性力和合成一阶往复惯性力所组成的总合成力矩没有平衡，可用设置平衡重的办法来平衡。

各种汽车内燃机形式众多，平衡方案多样，以上仅举了少量典型例子，为了便于阅读，将各种往复活塞式内燃机的不平衡惯性力和不平衡惯性力矩及平衡信息列于表中。表 5-4 为 V 型发动机的平衡特性系数。表 5-5 为 V 型发动机的点火顺序。

表 5-4 V 型发动机的平衡特性系数

气缸数	曲柄排列	气缸轴线夹角 $\gamma/(°)$	离心力系数 k_r	一阶惯性力 旋转分量 系数 k_{1r}	一阶惯性力 往复分量 系数 k_{1j}	二阶惯性力 旋转分量 系数 k_{2r}	二阶惯性力 往复分量 系数 k_{2j}	离心力矩 k_{Mr}	一阶惯性力矩 旋转分量 系数 k_{M1r}	一阶惯性力矩 往复分量 系数 k_{M1j}	二阶惯性力矩 旋转分量 系数 k_{M2r}	二阶惯性力矩 往复分量 系数 k_{M2j}	备注
2		60	1	0.5	1	0.866	0	0	0	0	0	0	四冲程
2		90	1	1	0	0	1.414	0	0	0	0	0	二、四冲程
2		180	1	0	2	1.732	0	0	0	0	0	0	二冲程
4		60	0	0	0	1.732	0	0	0.5	1	0	0	二冲程
4		90	0	0	0	0	2.828	1	1	0	0	0	二冲程
4		180	0	0	0	1.732	0	1	0	2	0	0	二冲程
4		60	2	1	2	0	0	0	0	0	0	0	四冲程
4		90	2	2	0	0	2.828	0	0	0	0	0	四冲程
4		180	2	0	4	0	0	0	0	0	0	0	四冲程
6		45	0	0	0	0	0	1.732	0.508	2.449	0.977	1.327	二冲程
6		60	0	0	0	0	0	1.732	0.866	1.732	1.5	0	二冲程
6		90	0	0	0	0	0	1.732	1.732	0	0	2.449	二、四冲程
6		120	0	0	0	0	0	1.732	0.866	1.732	0.866	1.732	四冲程
8		45	0	0	0	2.164	3.064	0	0	0	0	0	四冲程
8		60	0	0	0	3.464	0	0	0	0	0	0	四冲程
8		90	0	0	0	0	5.656	0	0	0	0	0	四冲程

（续）

气缸数	曲柄排列	气缸轴线夹角 $\gamma/(°)$	离心力系数 k_r	一阶惯性力 旋转分量 系数 k_{1r}	一阶惯性力 往复分量 系数 k_{1j}	二阶惯性力 旋转分量 系数 k_{2r}	二阶惯性力 往复分量 系数 k_{2j}	离心力矩 系数 k_{Mr}	一阶惯性力矩 旋转分量 系数 k_{M1r}	一阶惯性力矩 往复分量 系数 k_{M1j}	二阶惯性力矩 旋转分量 系数 k_{M2r}	二阶惯性力矩 往复分量 系数 k_{M2j}	备注
8		45	0	0	0	0	0	3.162	0.927	4.471	0	0	二冲程
		60	0	0	0	0	0	3.162	1.581	3.162	0	0	二冲程
		90	0	0	0	0	0	3.162	3.162	0	0	0	四冲程
		180	0	0	0	0	0	1.414	0	2.828	0	0	四冲程
10		45	0	0	0	0	0	0.449	0.132	0.414	2.494	3.815	二冲程
		60	0	0	0	0	0	0.449	0.225	0.449	1.314	0	四冲程
		90	0	0	0	0	0	0.449	0.449	0	0	7.042	四冲程
12		45	0	0	0	0	0	0	0	0	0	0	
		60	0	0	0	0	0	0	0	0	0	0	四冲程
		90	0	0	0	0	0	0	0	0	0	0	
		180	0	0	0	0	0	0	0	0	0	0	
16		45	0	0	0	0	0	0	0	0	0	0	
		60	0	0	0	0	0	0	0	0	0	0	四冲程
		90	0	0	0	0	0	0	0	0	0	0	

注：表中 $k_{1r} = \dfrac{F_{Rj1r}}{m_j r \omega^2}$，$k_{1j} = \dfrac{F_{Rj1j}}{m_j r \omega^2}$，$k_{2r} = \dfrac{F_{RjⅡr}}{\lambda m_j r \omega^2}$，$k_{2j} = \dfrac{F_{RjⅡj}}{\lambda m_j r \omega^2}$，$k_{M1r} = \dfrac{\sum M_{j1r}}{m_j r \omega^2 a}$，$k_{M1j} = \dfrac{\sum M_{j1j}}{m_j r \omega^2 a}$，$k_{M2r} = \dfrac{\sum M_{jⅡr}}{\lambda m_j r \omega^2 a}$，$k_{M2j} = \dfrac{\sum M_{jⅡj}}{\lambda m_j r \omega^2 a}$。

表 5-5　V 型发动机的点火顺序

序号	曲柄布置图	气缸数	气缸轴线夹角 $\gamma/(°)$	冲程数	点火顺序	点火间隔
1	(曲柄图)	2	90	2		90°,270°
				4		450°,270°
			180	2		180°,270°
				4		180°,均匀
2	(曲柄图)	4	90	4	L1—270°—L2—270°—L1; 90°—R1—90°—R2	90°,270°
			180	4	L1 L2 / R1 R2	180°,均匀
3	(曲柄图)	4	60	2	L1 L2 / R1 R2	60°,120°
				4	L1—180°—L2—120°—L1; 240°—R1—180°—R2	180°,240°; 180°,120°
			90	4	L1—180°—L2—90°—L1; 270°—R1—180°—R2	180°,270°; 180°,90°
				2	L1 L2 / R1 R2	90°,均匀
			180	2	L1 L2 / R1 R2	180°,均匀
4	(曲柄图)	6	60	2	L1 L2 L3 / R1 R2 R3	60°,均匀
			90	4		90°,30°; 90°,150°
			120	4	L1 L3 L2 / R1 R3 R2	120°,均匀
			60	4		60°,180°
			180	2	L1 L2 L3 / R3 R1 R2	90°,两缸同时点火
5	(曲柄图)	8	45	2	L1 L3 L4 L2 / R1 R3 R4 R2	45°,均匀
			60			60°,30°
			60	4	L1—90°—L3—120°—L2—120°—L4; 60°—R3—60°—R2—90°—R1—60°—R4	90°,60°; 120°,60°

113

序号	曲柄布置图	气缸数	气缸轴线夹角 γ/(°)	冲程数	点火顺序	点火间隔
5	(1上,2右,3左,4下)	8	90	2	L1-R1-L4-R4-L3-R2-L2-R3	90°,均匀
					L1(0°)L2-L3(0°)L1-L4(0°)L3-L2(0°)L4 (R缸同时)	90°,两缸同时点火
6	(1上,2下,3左,4右)	8	45	2	L1-R1-L3-R3-L2-R2-L4-R4	45°,均匀
				60		60°,30°
				60	L1(90°,60°)R3-L3(120°,60°)R4-L4(90°)R1-L2(120°,60°)R2	
				90	L1-R1-L3-R3-L4-R4-L2-R2	90°,均匀
				90	2 L1-R4-L3-R1-L2-R3-L4-R2	
7	(1,4上;2,3下)	8	60	4	L1-R4-L3-R2-L4-R1-L2-R3	60°,120°
				90	L1-R4-L3-R2-L4-R1-L2-R3	90°,均匀
				180	L1(0°)R3-L3(0°)R4-L4(0°)R2-L2(0°)R1	180°,两缸同时点火
8	(五角星)	10	90	2	L1-R3-L2-R1-L4-R2-L5-R4-L3-R5	18°,54°
					4 L1-R1-L4-R4-L3-R3-L2-R2-L5-R5	90°,54°
9	(五角星)	10	90	2	L1-R4-L5-R1-L2-R5-L4-R2-L3-R3	18°,54°
					4 L1-R1-L2-R2-L4-R4-L5-R5-L3-R3	90°,54°
				180	2 L1-R3-L5-R4-L2-R1-L3-R5-L4-R2	36°,均匀
					4 L1-R4-L2-R5-L4-R3-L5-R2-L3-R1	108°,36°

114

（续）

序号	曲柄布置图	气缸数	气缸轴线夹角 $\gamma/(°)$	冲程数	点火顺序	点火间隔
10		12	60	4	L1 L5 L3 L6 L2 L4 / R6 R2 R4 R1 R5 R3	60°,均匀
			90			90°,30°
			180		L1 L5 L3 L6 L2 L4 / R3 R6 R2 R4 R1 R5	60°,均匀
11		12	90	2	L1 L5 L3 L6 L2 L4 / R4 R1 R5 R3 R6 R2	30°,均匀
12		12	90	2	L1 L5 L2 L4 L3 L6 / R6 R1 R5 R3 R4 R2	30°,均匀
			180		L1 L5 L2 L4 L3 L6 / R4 R2 R6 R1 R5 R3	60°,两缸同时点火
13		16	45	4	L1 L6 L2 L8 L3 L7 L4 / R8 R3 R7 R1 R6 R2 R5	45°,均匀
			90		L1 L6 L2 L5 L3 L7 L4 / R5 R8 R6 R7 R4 R1 R6 R2	90°均匀
14		16	67.5	2	L1 L8 L2 L6 L4 L5 L3 L7 / R7 R1 R8 R2 R6 R4 R5 R3	22.5°,均匀
			90		L1 L8 L2 L6 L4 L5 L3 L7 / R3 R7 R1 R8 R2 R6 R4 R5	45°,两缸同时点火

思考题和项目训练

一、思考题

1. 写出中心式曲柄连杆机构的活塞运动规律表达式，并分析位移、速度和加速度的用途。
2. 气体作用力 F_g 和往复惯性力 F_j 的对外表现是什么？有什么不同？
3. 汽、柴油机各适合采用哪种偏置形式？各有何优点？
4. 曲轴主轴颈的积累转矩如何计算？连杆轴颈转矩如何计算？如果已知一个四冲程四缸机，点火顺序为 1-3-4-2，试求第四主轴颈转矩和第四拐连杆轴颈转矩。

5. 单列多缸机的主轴颈负荷分析中必要的几点简化假设是什么？

6. 简述内燃机静平衡、动平衡、外平衡、内平衡、完全平衡的定义及其区别与联系。

7. 四冲程六缸机的惯性力和惯性力矩都已经平衡了，此类机型的支承还承受什么力作用？

8. 四冲程四缸机，点火顺序为1-3-4-2，试分析旋转惯性力和力矩，一、二阶往复惯性力和力矩。如果不平衡，请采取平衡措施。

二、项目训练

1. 为一个四冲程四缸机（点火顺序为1-3-4-2）设计一套用于平衡二阶往复惯性力的双轴平衡机构。

2. 试分析四冲程三缸机的离心惯性力和力矩的平衡特性，一、二阶往复惯性力和力矩的平衡特性。

3. 查阅资料，目前四冲程三缸机的平衡方案有哪些？设计一套平衡轴机构来平衡一阶往复惯性力和力矩并作图表示。

第6章

汽车内燃机曲轴系统扭转振动

教学目标： 内燃机曲轴系统的扭转振动可以延伸至汽车传动系统。认识到扭转振动是由于曲轴刚度不足和共振引起的。了解内燃机中振动研究的类型，认识内燃机本身及其轴系的振动是影响汽车噪声、振动与声振粗糙度（Noise、Vibration、Harshness，NVH）的重要因素。掌握曲轴系统集总参数模型计算方法，掌握扭转刚度或柔度、等效转动惯量的换算基础，掌握轴系的扭转振动当量转换。会分析单自由度系统与多质量扭振系统自由扭转振动振型图，以及有阻尼自由振动与强迫振动的计算。掌握曲轴系统激励力矩的简谐分析，会分析共振与临界转速，掌握扭转振动测试方法，了解扭转振动的消减措施和各类减振器的设计。

掌握 CAD 及有限元分析工具。能熟练使用如 Pro/E、ANSYS 等软件进行零部件刚度、转动惯量等参数计算，了解有限元对各类振动的计算分析，以及与其他专业内燃机软件相结合的应用。

6.1 扭转振动的基本概念及研究意义

在内燃机的使用过程中，人们发现当达到某一转速时，内燃机运转变得很不均匀，且伴随着机械敲击和抖动，性能恶化。如果这样长期运转，曲轴有可能断裂。当转速提高或降低一些，均会使敲击和抖动减轻，甚至消失。结论是：该现象不是由于内燃机的不平衡性引起的，否则抖动应随转速提高而加剧。

研究证明，由于轴系扭转刚度低，在周期性变化的单拐转矩作用下，各曲拐间产生周期性相对扭转，曲轴越长，现象越严重，此即曲轴轴系的扭转振动，简称扭振。

当在某转速下施加在曲轴上的周期变化的转矩与曲轴本身固有频率产生"合拍"时，即共振，发生共振时曲轴扭转变形的幅度大大超过正常值，轻则产生很大的噪声，磨损剧增，重则使曲轴断裂。因此在设计时，必须对轴系的扭振进行计算分析，以确定其临界转速、振型、振幅、扭振应力并采取减振措施。

当轴系无扭振时，曲轴绕自身中心线匀速转动，角速度为定值；当产生扭振时，除匀速转动外，还叠加来回扭动的交变角速度，其瞬时角速度为两者的叠加。

综上，内燃机轴系是一个既有扭转弹性，又有转动惯量的扭振系统。曲轴扭振计算步骤如下：

1）当量系统换算。把复杂的曲轴和传动系统换算成扭转特性与之相同的简化当量系统。

2）自由振动计算。计算出扭振系统的固有频率、固有振型和相对振幅。

3）强迫振动计算。对作用在各曲拐上的气体压力和惯性力产生的转矩，以及内燃机所需克服的阻力矩（飞轮以后）做简谐分析。计算轴系强迫振动时，特别是共振时的实际振幅和应力，应根据材料强度评定轴系工作的可靠性。

4）减振或避振计算。寻找可降低、消除或避开由于扭振而产生的不可容许的巨大应力的途径。

曲轴的扭转振动只是内燃机振动的形式之一。除了扭转振动外，对应曲轴的弯曲变形，还产生横向或弯曲振动。计算和试验研究都表明，弯曲比扭转的危险性小，在初步计算中可以不予考虑。

根据振动理论，内燃机中的振动主要分以下几种：

1）颤抖振动（Shaking Vibration）。由竖直或水平的通过内燃机重心的波动力所产生，主要使内燃机上下直线振动、左右直线振动或前后直线振动。

2）摇摆振动（Rocking Vibration）。由通过内燃机重心以上的水平波动力所产生，使内燃机前后摆动或左右摆动。

3）俯仰振动（Pitching Vibration）。由波动的竖直力偶产生，使内燃机绕水平轴纵向摇动。

4）偏摆振动（Yawing Vibration）。由波动的水平力偶产生，使内燃机绕竖直轴转动。

5）扭转振动（Torsion Vibration）。如上所述。

曲轴振动是内燃机的主要噪声源之一，曲轴的振动又会传递到机体和其他附件上引起更多的振动和噪声。随着对汽车噪声、振动与声振粗糙度（NVH）研究的深入，内燃机整机的振动和噪声计算更加重要。

本章虽以讨论曲轴系统扭振为核心，但所论述的理论对研究解决其他的振动问题也适用。

由于曲轴的结构和受力情况复杂，在计算曲轴系统的振动特性（振型、固有频率等）时，要将轴系简化为比较简单的力学模型，以便于求解。用作振动计算的曲轴系统模型可分为两大类：一是轴系质量经离散化后集总到诸多集中点的集总参数模型（即离散模型）；二是轴系质量沿轴线连续分布的分布参数模型（即连续模型）。

本章主要介绍集总参数模型计算方法。

6.2 内燃机当量扭振系统的组成与简化

内燃机曲轴扭振系统是曲轴和与曲轴一起运动的机件（如活塞、连杆、飞轮、齿轮、带轮、传动轴、风扇、凸轮轴等）的总称。这些都是连续部件，有复杂的几何形状，且有些零件并不是做旋转运动，如活塞、连杆。

在保证一定计算精度的前提下，把复杂系统简化，将往复运动简化为旋转运动，将连续分布体系简化为由集中质量和扭转弹性直轴段组成的离散体系。转化原则是要保证转化前后的系统动力学等效，保证两者的固有频率和固有振型相同。

动力学等效是指固有振动（即自由振动）中，简化前后系统的位能和动能对应相等，需要将对应轴段简化为只有惯量而无弹性的集中旋转质量（圆盘）和只有刚度而无惯量的轴。

利用三维CAD软件，所有零部件绕任意轴的转动惯量、质心、惯性矩等都能方便求出，但设计者还是有必要了解复杂零件的扭转刚度、转动惯量的换算方法，以便正确有效地利用各种软件进行动力学计算。

6.2.1 弹性参数（扭转刚度或柔度）的换算

1. 理论基础

用外径相等的直轴段的扭转刚度 C（N·m/rad）表示产生单位扭转角所需转矩的公式为

$$C = \frac{M}{\Delta\varphi} = \frac{GI_p}{l} \tag{6-1}$$

式中，M 为转矩（N·m）；$\Delta\varphi$ 为扭转角（rad）；G 为材料的切变模量（N/m²）；l 为轴段的自由扭转长度（m）；I_p 为轴断面对轴心的极惯性矩（m⁴）。

刚度的倒数称为柔度 e，表示单位转矩产生的扭转角，公式为

$$e = \frac{\Delta\varphi}{M} \tag{6-2}$$

如果轴是由几个不同轴段组成的，则在转矩作用下轴的扭转角 $\Delta\varphi$ 应等于各分轴段扭转角的代数和，即

$$\Delta\varphi = \Delta\varphi_1 + \Delta\varphi_2 + \cdots + \Delta\varphi_n$$

$$\frac{M}{C} = \frac{M}{C_1} + \frac{M}{C_2} + \cdots + \frac{M}{C_n}$$

由此可以得到总柔度与分柔度的关系为

$$\frac{1}{C} = \frac{1}{C_1} + \frac{1}{C_2} + \cdots + \frac{1}{C_n}$$

即

$$e = e_1 + e_2 + \cdots + e_n \tag{6-3}$$

说明柔度具有可加性。

由式（6-1）可知，当轴的材料和直径确定后，即轴的 G 值和 I_p 值（$I_p = \pi d^4/32$）确定后，其柔度与轴的长度成正比。因此，不同直径的轴段，在保持其柔度不变的条件下，均可转化为标准直径的轴段，只对其长度做出调整，变化了的长度称为轴的当量长度。

2. 特殊轴段

（1）阶梯轴　阶梯轴各轴段的材料均相同，其切变模量为 G，尺寸如图6-1a所示。设 D_2 为标准截面直径，将 D_1 直径的轴段和 D_3 直径的轴段转化为标准截面直径 D_2 时的当量长度。

根据转化前后柔度相等的条件，对轴段1，有

$$e_1 = \frac{l_1}{GJ_{p1}} = \frac{l_1}{G\frac{1}{32}\pi D_1^4}$$

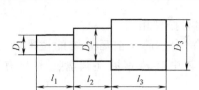
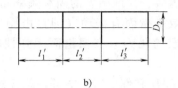

图 6-1 轴的当量长度计算示意图

a) 原轴段 b) 当量轴段

转化为标准直径 D_2 后，有

$$e'_1 = \frac{l'_1}{GJ_{p2}} = \frac{l'_1}{G\frac{1}{32}\pi D_2^4}$$

因为

$$e_1 = e'_1$$

所以

$$\frac{l_1}{G\frac{1}{32}\pi D_1^4} = \frac{l'_1}{G\frac{1}{32}\pi D_2^4}$$

故轴段 1 的当量长度为

$$l'_1 = l_1\left(\frac{D_2^4}{D_1^4}\right) \tag{6-4}$$

同理，对于轴段 3，其当量长度为

$$l'_3 = l_3\left(\frac{D_2^4}{D_3^4}\right)$$

整个轴的当量长度如图 6-1b 所示，并有

$$l' = l'_1 + l_2 + l'_3$$

（2）锥形轴 锥形轴段如图 6-2 所示，扭转刚度

$$C = \frac{\pi G d_1^4}{32kl}$$

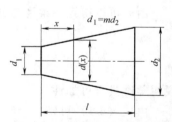

图 6-2 锥形轴段几何参数

k 为考虑锥度的修正系数（$k<1$），可按下式求出：

$$k = \int_0^1 \left\{\frac{1}{[d(x)]^4} \bigg/ \frac{l}{d_1^4}\right\} dx$$

$d(x)$ 为轴段 x 处的直径，即

$$d(x) = d_1 + \frac{x}{l}(d_2 - d_1) = d_1\left(1 + \frac{1-m}{lm}x\right)$$

式中，$m = \dfrac{d_1}{d_2} < 1$，$k = \dfrac{m^2+m+1}{3}$，即锥形轴段的扭转刚度

$$C = \frac{3}{32}\frac{\pi G d_1^4}{l}\frac{1}{m^2+m+1} \tag{6-5}$$

（3）单位曲柄的刚度（柔度）计算　曲轴的刚度（柔度）可视为由单位曲柄、自由端、飞轮端等部分的柔度组成。但是曲柄臂形状复杂、形式多样，既受弯曲又受扭转，并受其过渡部分及轴承间隙的影响等。因此，很难有纯理论的、统一的公式，目前均采用半经验公式。

众多的经验公式都受到具体条件的限制，这些公式只有对与之相同类型的曲轴才较适用，此处仅列举两个计算单位曲柄刚度（柔度）的经验公式供参考，如图6-3所示。

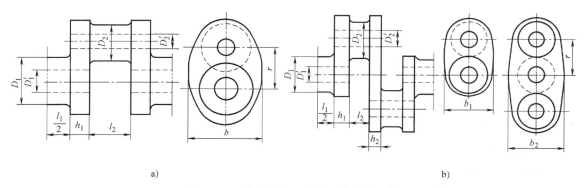

图 6-3　单跨曲轴与双跨曲轴的刚度换算
a）单跨曲轴　b）双跨曲轴

1) 对于主轴颈和连杆轴颈重叠度大的中、高速内燃机的单跨曲轴，

$$\frac{1}{C} = \frac{32}{\pi G}\left(\frac{l_1 + 0.6h_1\dfrac{D_1}{l_1}}{D_1^4 - D_1'^4} + \frac{0.8l_2 + 0.2b\dfrac{D_1}{r}}{D_2^4 - D_2'^4} + \frac{r\sqrt{r}}{\sqrt{D_2}}\frac{1}{h_1 b^3}\right) \tag{6-6}$$

2) 对于双跨曲轴，

$$\frac{1}{C} = \frac{32}{\pi G}\left[\frac{l_1 + 0.6h_1\dfrac{D_1}{l_1}}{D_1^4 - D_1'^4} + \frac{1.6l_2 + 0.2(b_1 + b_2)\dfrac{D_1}{r}}{D_2^4 - D_2'^4} + \frac{r\sqrt{r}}{\sqrt{D_2}}\left(\frac{1}{h_1 b_1^3} + \frac{1}{h_2 b_2^3}\right)\right] \tag{6-7}$$

几种常见材料的切变模量 G 值如下：
钢　　$81.5 \times 10^9 \text{N/m}^2$
球墨铸铁　　$68.5 \times 10^9 \text{N/m}^2$
铸铁　　$46.1 \times 10^9 \text{N/m}^2$
铜合金　　$47.1 \times 10^9 \text{N/m}^2$
G 与弹性模量 E、泊松比值 μ 的关系为

$$G = \frac{E}{2(1+\mu)} \tag{6-8}$$

目前，单位曲柄刚度可利用有限元法（Finite Element Method，FEM）计算，建立单位曲柄的三维CAD模型，并离散化为有限元模型。通过约束曲柄一侧主轴颈断面的全部自由度，而在另一侧断面施加转矩，计算出单位曲柄的角位移，而得到其刚度，如图6-4所示。该方法精度高，半经验公式基本可以不用。另外，也可通过实验测试得到单位曲柄的柔度，可参考有关资料。

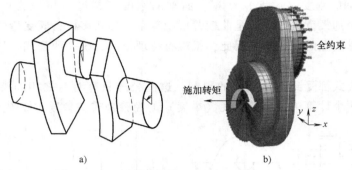

图 6-4 利用有限元法计算半拐扭转刚度
a) 曲柄切分　b) 半拐扭转刚度计算

6.2.2 惯性参数（等效转动惯量）的换算

1. 理论基础

图 6-5 所示的物体，其转动惯量 I 的计算公式为

$$I = \int_0^m r^2 \mathrm{d}m$$

式中，r 是微块至回转轴的距离；$\mathrm{d}m$ 是微块质量。

转动惯量即可表示为

$$I = m\overline{R}^2 \tag{6-9}$$

式中，$\overline{R}$ 是惯性半径。因此

$$\overline{R}^2 = \frac{I}{m} = \frac{\int_0^m r^2 \mathrm{d}m}{m} \tag{6-10}$$

图 6-5 惯量计算示意图

已知物体绕过其质心的回转轴的转动惯量 I_c，应用平行轴定理即可求得绕任意与过质心的回转轴相平行的轴的转动惯量，即

$$I = I_c + mH^2 \tag{6-11}$$

式中，I_c 是绕过质心的回转轴的转动惯量；H 是任意回转轴与过质心的回转轴的距离。

2. 转动惯量及当量转动惯量

（1）单位曲柄的转动惯量　单位曲柄的转动惯量由主轴颈、曲柄销、曲柄臂三部分对曲轴中心的转动惯量所组成。主轴颈的转动惯量 I_m，如果是空心回转体，如图 6-6 所示，对其回转中心的转动惯量为

$$I_m = \frac{\pi \rho}{32} L (D^4 - d^4) \tag{6-12}$$

式中，ρ 为材料的密度。

曲柄销对曲轴中心的转动惯量 I_p 要用式（6-11）计算，得

$$I_p = I_p' + m_\rho r^2 \tag{6-13}$$

式中，I_p' 是曲柄销对其自身中心线的转动惯量；m_ρ 是曲柄销质

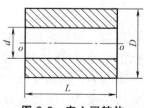

图 6-6 空心回转体

量；r 是曲柄半径。

曲柄臂和平衡重的形状复杂，很难用解析法求其转动惯量，一般将其分割为许多简单的几何单元，分别求出各单元对曲轴回转中心的转动惯量，然后相加，即为整个曲柄臂或曲柄臂加平衡重的转动惯量。

例如，对图 6-7 所示的曲柄臂，求其对曲轴回转中心的转动惯量，具体步骤如下：

1）以主轴颈中心 O 为圆心，分别以半径 $r_1, r_2, r_3, \cdots, r_i, r_{i+1}, \cdots, r_n$ 画多层圆弧，这些圆弧将曲柄臂分割为厚度为 $l_1, l_2, l_3, \cdots, l_i, l_{i+1}, \cdots, l_n$ 的圆弧带。圆弧带分割的数目越多，则计算结果越精确。

2）量出每个圆弧带所对应的圆心角 $\alpha_1, \alpha_2, \alpha_3, \cdots, \alpha_i, \alpha_{i+1}, \cdots, \alpha_n$ 和相应的圆弧厚度 $l_1, l_2, l_3, \cdots, l_i, l_{i+1}, \cdots, l_n$。

3）计算每个圆弧带的转动惯量。由式(6-12) 可知，第 i 个空心圆柱体转动惯量的计算公式为

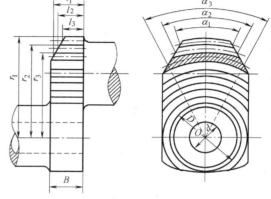

图 6-7 曲柄臂转动惯量计算

$$I'_i = \frac{\pi \rho}{32} l_i (D_i^4 - d_{i+1}^4) = \frac{\pi \rho}{2} l_i (r_i^4 - r_{i+1}^4)$$

则对应于圆心角 α_i 的圆弧带的转动惯量为

$$I_i = \frac{\pi \rho}{2} l_i (r_i^4 - r_{i+1}^4) \frac{\alpha_i}{360°}$$

4）整个曲柄臂的转动惯量为

$$I_w = \sum_{i=1}^{n} \frac{\pi \rho}{2} l_i (r - r_{i+1}^4) \frac{\alpha_i}{360°} = \frac{\pi \rho}{2} \sum_{i=1}^{n} l_i (r_i^4 - r_{i+1}^4) \frac{\alpha_i}{360°}$$

单位曲柄的转动惯量为

$$I_c = I_m + I_p + 2I_w + 2I_b \tag{6-14}$$

式中，I_b 是一个平衡重的转动惯量。

目前用三维 CAD 模型计算曲柄臂的转动惯量比上述计算过程更方便，精度更高。

（2）活塞、连杆等运动构件的当量转动惯量　连接于曲轴上的连杆、活塞等往复组件，应当将其换算为相当于曲轴上做旋转运动的转动惯量，换算的基本条件是动能相等。

往复质量包括活塞组质量和连杆集中到小头上的质量，其动能为

$$E_k = \frac{1}{2} m_j v^2 = \frac{1}{2} m_j r^2 \omega^2 \left(\sin\alpha + \frac{\lambda}{2} \sin 2\alpha \right)^2$$

曲柄旋转一周的平均动能为

$$E_{km} = \frac{1}{2\pi} \int_0^{2\pi} \frac{1}{2} m_j r^2 \omega^2 \left(\sin\alpha + \frac{\lambda}{2} \sin 2\alpha \right)^2 d\alpha = \frac{1}{2} m_j r^2 \omega^2 \left(\frac{1}{2} + \frac{\lambda^2}{8} \right)$$

式中，m_j 是往复运动零件的质量。

设往复运动组件的当量转动惯量为 I_{rc}，则其动能为

$$E_{rc} = \frac{1}{2} I_{rc} \omega^2 \tag{6-15}$$

根据动能相等条件

$$\frac{1}{2}I_{rc}\omega^2 = \frac{1}{2}m_j r^2 \omega^2 \left(\frac{1}{2}+\frac{\lambda^2}{8}\right)$$

所以

$$I_{rc} = m_j r^2 \left(\frac{1}{2}+\frac{\lambda^2}{8}\right) \tag{6-16}$$

在近似计算中，$\frac{\lambda^2}{8}$ 的值很小，可略去，误差不超过3%。因此，往复质量的当量转动惯量可近似地表示为

$$I_{rc} = \frac{1}{2}m_j r^2 \tag{6-17}$$

可见，往复运动质量 m_j 对曲轴转动惯量的影响，相当于将质量的1/2施加在连杆轴颈中心上所产生的转动惯量。连杆大头随曲柄销一起做绕曲轴中心线的旋转运动，转动惯量为

$$I_{c2} = m_{c2} r^2 \tag{6-18}$$

式中，m_{c2} 是连杆分解到曲柄销的旋转运动质量。

（3）单缸的当量转动惯量　单缸的当量转动惯量包括回转质量和往复质量的转动惯量。回转质量又是由一个曲柄的质量和连杆集中到大头的质量所组成的。

当一个曲柄装有两块相同的平衡重时，单缸的当量转动惯量为

$$I_s = I_c + I_{rc} + I_{c2} = (I_m + I_p + 2I_w + 2I_b) + I_{rc} + I_{c2} \tag{6-19}$$

式中，I_m 是主轴颈的转动惯量；I_p 是曲柄销的转动惯量；I_w 是一个曲柄臂的转动惯量；I_b 是一个平衡重的转动惯量；I_{rc} 是往复运动质量的当量转动惯量；I_{c2} 是连杆分解到曲柄销的旋转运动质量的当量转动惯量。

6.2.3　曲轴系统扭转振动计算的当量转换

1. 当量转换的原则

内燃机轴系当量转换的精度，首先表现在当量惯量数目的确定，其次是转动惯量及刚度（柔度）计算公式的精确度。当量系统转换的基本原则如下：

1）惯量较大且较集中的部件作为非弹性惯量元件。
2）惯量较小而分散的部件作为无惯量的弹性元件。
3）将阻尼处理为弹性元件的轴段阻尼和惯性元件的质量阻尼。
4）激振载荷只作用在惯性元件上。

具体到当量转化计算时，下列为一些常用的处理方法，可按照具体情况灵活应用。

1）以每一曲柄回转平面的中心线与曲轴中心线的交点，作为单缸转动惯量的集中点。对于单轴多列式机型，则将同排的运动质量合并为同一集中质量。

2）具有较大转动惯量的部件，以其回转中心作为质量的集中点，如扭振减振器、飞轮、离合器等。

3）由于齿轮在传动时弯曲变形极小，可把各齿轮的转动惯量，按其传动比关系合并成一个质量，并以该轮系平面在主动齿轮的中心点作为质量的集中点。

4）通过传动带传动的附件，由于传动带的刚度很小，可认为该附件对系统的扭振特性

影响不大。

5) 有弹性联轴器或液力耦合器时，应把主、从动部分分为两个集中质量。弹性元件的刚度（柔度）即为主、从动两部分间的刚度（柔度）。

6) 对于相邻集中质量之间连接轴的转动惯量，当轴较短时可以忽略，长轴的转动惯量平均分配到两个集中质量上。相邻两个集中质量间的轴段刚度（柔度）即为此两个集中质量间的当量刚度（柔度）。

7) 对于干摩擦片式离合器，可以认为是刚性连接。

根据各质量转动惯量和各轴段柔度，按比例画出某单列式六缸内燃机轴系的当量系统示意图，如图 6-8 所示。

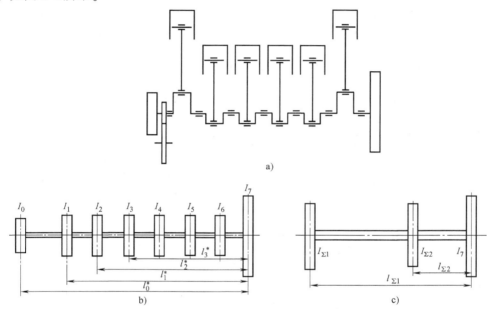

图 6-8 典型的内燃机轴系的当量系统示意图
a) 六缸机曲柄连杆机构 b) 八质量系统 c) 三质量当量系统

2. 当量系统的组成

把代表当量转动惯量的当量圆盘沿当量轴长度布置，得到动力学等效的振动系统。当量圆盘应布置在当量轴上对应实际轴有一定集中质量的地方，如曲拐、飞轮、正时齿轮、带轮等，如图 6-8a、b 所示。

有时为了使计算简化，可以把几个当量圆盘合并为一个，以减少振动系统的自由度数。例如，单列六缸或 V 型十二缸机的八质量系统一般可以进一步简化为三质量当量系统，如图 6-8c 所示。质量合并时，将 I_0、I_1、I_2、I_3 简化为 $I_{\Sigma 1}$，合成的质量的转动惯量 $I_{\Sigma 1}$ 和当量长度 $l_{\Sigma 1}$ 的计算公式为

$$I_{\Sigma 1} = I_0 + I_1 + I_2 + I_3$$
$$l_{\Sigma 1} = \frac{I_0 l_0^* + I_1 l_1^* + I_2 l_2^* + I_3 l_3^*}{I_0 + I_1 + I_2 + I_3} \tag{6-20}$$

同理，将 I_4、I_5、I_6 简化为 $I_{\Sigma 2}$，合成质量的转动惯量 $I_{\Sigma 2}$ 和当量长度 $l_{\Sigma 2}$ 也按上述方法决定。

6.3 扭转振动系统自由振动计算

在进行轴系的自由振动计算之前,首先把实际系统转化为当量系统,由于汽车内燃机的阻尼比较小,对频率的影响很小,因此,一般先按无阻尼自由振动进行计算,计算结果满足工程要求。

6.3.1 单自由度系统与多质量扭振系统

1. 单自由度系统

单自由度扭摆的自由振动是无阻尼自由振动,由一根有弹性无质量(即无转动惯量)的扭杆和一个有质量无弹性的圆盘组成,扭摆的状态只用一个坐标即圆盘偏离其平衡位置的角位移 φ 即可表示。圆盘的转动惯量为 I,扭杆的刚度为 $C=\dfrac{GI_p}{l}$。其中,G 是切变模量;I_p 是扭杆截面的极惯性矩;l 是杆长。单自由度扭摆的无阻尼自由振动如图 6-9 所示。

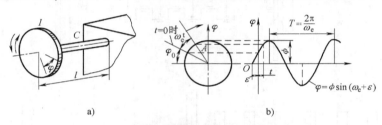

图 6-9 单自由度扭摆的无阻尼自由振动
a)单自由度扭摆 b)自由振动图

给扭摆一个初始位移 φ_0 和初始角速度 $\dot{\varphi}_0$,然后不再干扰,则扭摆将做"自由振动"。在无阻尼时,自由振动过程中作用于圆盘上的弹性力矩 $-C\varphi$ 与圆盘的惯性力矩 $-I\ddot{\varphi}$ 构成平衡力系,即

弹性力矩 $M_\varphi = -C\varphi$

惯性力矩 $M_I = -I\ddot{\varphi}$

或

$$\begin{cases} M_I + M_\varphi = 0 & \ddot{\varphi} + C\varphi = 0 \\ \ddot{\varphi} + \dfrac{C}{I}\varphi = 0 & \ddot{\varphi} + \omega_e^2 \varphi = 0 \end{cases} \quad (6\text{-}21)$$

系统按自身"固有频率"产生扭转振动。

圆盘的运动微分方程 $-C\varphi - I\ddot{\varphi} = 0$ 或 $I\ddot{\varphi} + C\varphi = 0$ 的解称为"扭摆对初始条件的响应"。即此二阶线性齐次方程的解为

$$\omega_e = \sqrt{\dfrac{C}{I}}, \quad \varphi = \phi \sin(\omega_e t + \varepsilon) \quad (6\text{-}22)$$

由此看出此为振幅一定的简谐振动。振动角位移 φ 可表示为以角速度 ω_e 旋转的振幅向量 ϕ 在坐标轴上的投影。

ω_e 是无阻尼自由振动的"圆频率",取决于扭摆自身的转动惯量 I 和刚度 C,故称为"固有频率"。

$T = 2\pi/\omega_e$ 是无阻尼自由振动的周期,$f = 1/T$ 是每秒钟的振动次数,即振动频率。

振幅 φ 和初相角 ε 取决于初始条件,其计算公式分别为

$$\varphi = \sqrt{\varphi_0^2 + (\dot{\varphi}_0/\omega_e)^2}, \quad \varepsilon = \arctan\frac{\varphi_0 \omega_e}{\dot{\varphi}_0}$$

2. 二质量扭振系统

二质量扭振系统如图 6-10 所示,转动惯量 I_1 和 I_2 的运动方程为

$$\begin{cases} I_1 \ddot{\varphi}_1 - C(\varphi_1 - \varphi_2) \\ I_2 \ddot{\varphi}_2 = C(\varphi_2 - \varphi_1) \end{cases} \quad 即 \quad \begin{cases} I_1 \ddot{\varphi}_1 - C(\varphi_1 - \varphi_2) = 0 \\ I_2 \ddot{\varphi}_2 = C(\varphi_2 - \varphi_1) = 0 \end{cases}$$

解得

$$\begin{cases} \varphi_1 = \phi_1 \sin(\omega_e t + \varepsilon) \\ \varphi_2 = \phi_2 \sin(\omega_e t + \varepsilon) \end{cases} \quad (6-23)$$

将 φ_1、φ_2 代入微分方程,得

$$\begin{cases} (I_1 \omega_e^2 - C)\varphi_1 + C\varphi_2 = 0 \\ C\varphi_1 + (I_2 \omega_e^2 - C)\varphi_2 = 0 \end{cases} \quad (6-24)$$

要使上面的方程对 ϕ_1、ϕ_2 有非零解,系数行列式的值须为零,即

$$\begin{vmatrix} I_1 \omega_e^2 - C & C \\ C & I_2 \omega_e^2 - C \end{vmatrix} = 0 \quad (6-25)$$

图 6-10 二质量扭振系统

式(6-24)称为系统的频率方程,即

$$I_1 I_2 \omega_e^2 - (I_1 + I_2)C = 0$$

$$\omega_{e1} = \omega_{e2} = \omega_e = \sqrt{C\left(\frac{1}{I_1} + \frac{1}{I_2}\right)} = \sqrt{C\frac{I_1 + I_2}{I_1 I_2}}$$

则有

$$\frac{\phi_2}{\phi_1} = -\frac{I_1}{I_2} \quad (6-26)$$

式(6-26)给出了二质量系统的固有振幅的相对值。因振幅的绝对值不是系统的特性参数,取决于初始条件,而振幅的相对值却取决于系统的特性参数 I_1 和 I_2。

画一线段连接两质量的相对振幅,就得到二质量扭振系统的振型图。因为 φ_1 与 φ_2 异号,故振型线必然与零线有一个交点,这个交点的位置也是固定的,在系统振动过程中静止不动,称为节点,如图 6-10 所示。

3. 三质量扭振系统

图 6-11a 所示为三质量扭振系统,其运动微分方程为

$$\begin{cases} I_1 \ddot{\varphi}_1 = -C_1(\varphi_1 - \varphi_2) \\ I_2 \ddot{\varphi}_2 = C_1(\varphi_1 - \varphi_2) - C_2(\varphi_2 - \varphi_3) \\ I_3 \ddot{\varphi}_3 = C_2(\varphi_2 - \varphi_3) \end{cases}$$

整理得

$$\begin{cases} I_1\ddot{\varphi}_1 + C_1\varphi_1 - C_1\varphi_2 = 0 \\ I_2\ddot{\varphi}_2 - C_1\varphi_1 + (C_1+C_2)\varphi_2 - C_2\varphi_3 = 0 \\ I_3\ddot{\varphi}_3 - C_2\varphi_2 + C_2\varphi_3 = 0 \end{cases}$$

(6-27)

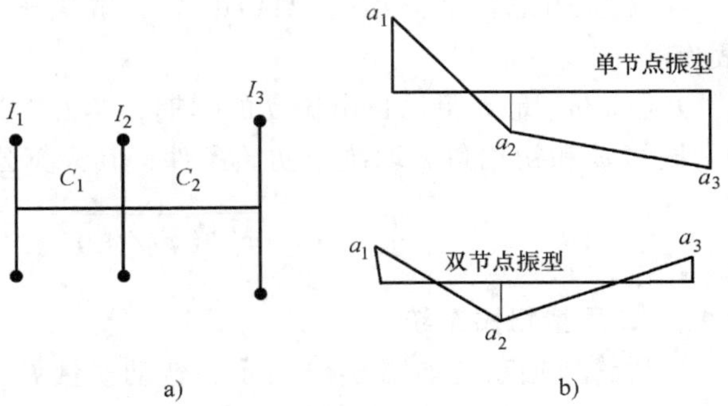

设通解 $\varphi_i = \phi_i \sin(\omega_e t + \varepsilon)$

此时各旋转质量应为同步运动。此时代入式（6-27）得

$$\begin{cases} (I_1\omega_e^2 - C_1)\phi_1 + C_1\phi_2 = 0 \\ C_1\phi_1 + (I_2\omega_e^2 - C_1 - C_2)\phi_2 + C_2\phi_3 = 0 \\ C_2\phi_2 + (I_3\omega_e^2 - C_2)\phi_3 = 0 \end{cases}$$

(6-28)

图 6-11 三质量扭振系统及其固有振型
a) 三质量扭振系统　b) 三质量扭振系统固有振型

若式（6-27）有非零解，则系数行列式为零，即

$$\begin{vmatrix} I_1\omega_e^2 - C_1 & C_1 & 0 \\ C_1 & I_2\omega_e^2 - C_1 - C_2 & C_2 \\ 0 & C_2 & I_3\omega_e^2 - C_2 \end{vmatrix} = 0$$

展开为

$$I_1 I_2 I_3 \omega_e^4 - [C_1(I_1 I_3 + I_2 I_3) + C_2(I_1 I_2 + I_1 I_3)]\omega_e^2 + (I_1 + I_2 + I_3)C_1 C_2 = 0$$

此四次方程可以得出四个根，其中两个正根有效，即

$$\begin{cases} \omega_e^{I} \\ \omega_e^{II} \end{cases} = \sqrt{\frac{1}{2}(\omega_{e1,2}^2 + \omega_{e2,3}^2) \mp \sqrt{\frac{1}{4}(\omega_{e1,2}^2 - \omega_{e2,3}^2)^2 + \frac{C_1 C_2}{I_2^2}}}$$

(6-29)

对于求出的两个正根 ω_e^{I}、ω_e^{II}，分别为一阶固有频率和二阶固有频率，其中

$$\omega_{e1,2}^2 = C_1 \frac{I_1 + I_2}{I_1 I_2}, \quad \omega_{e2,3}^2 = C_2 \frac{I_2 + I_3}{I_2 I_3}$$

将 ω_e^{I}、ω_e^{II} 代入式（6-28）来求解振幅 ϕ_1、ϕ_2、ϕ_3，但有无穷多组解，令 $a_i = \phi_i / \phi_1$，为相对振型，则

$$a_1 = 1, \quad a_2 = \frac{\phi_2}{\phi_1} = \frac{C_1 - I_1\omega_e^2}{C_1}, \quad a_3 = \frac{\phi_3}{\phi_1} = \frac{C_2}{C_1} \frac{C_1 - I_1\omega_e^2}{C_2 - I_3\omega_e^2}$$

(6-30)

设 $\omega_e^{I} < \omega_e^{II}$，可得到 a_2^{I}、a_3^{I}、a_2^{II}、a_3^{II}。

对应 ω_e^{I} 有第一主振型，即图 6-11b 所示的单节点振型。

对应 ω_e^{II} 有第二主振型，即图 6-11b 所示的双节点振型。

结论：三质量扭振系统有两个固有频率，多质量扭振系统的固有频率数比质量数少一个。

4. 多质量扭振系统

图 6-12 所示为一内燃机的轴系当量振动系统，共有 n 个当量质量。图中符号的意义如下：I_1，I_2，…，I_n 为各质量的转动惯量；C_1，C_2，…，C_{n-1} 为各轴段的刚度。

根据达朗贝尔原理，多质量扭振系统自由振动的微分方程组为

$$\begin{cases} I_1 \ddot{\varphi}_1 = -C_1(\varphi_1 - \varphi_2) \\ I_2 \ddot{\varphi}_2 = C_1(\varphi_1 - \varphi_2) - C_2(\varphi_2 - \varphi_3) \\ \vdots \\ I_k \ddot{\varphi}_k = C_{k-1}(\varphi_{k-1} - \varphi_k) - C_k(\varphi_k - \varphi_{k+1}) \\ \vdots \\ I_n \ddot{\varphi}_n = C_{n-1}(\varphi_{n-1} - \varphi_n) \end{cases}$$

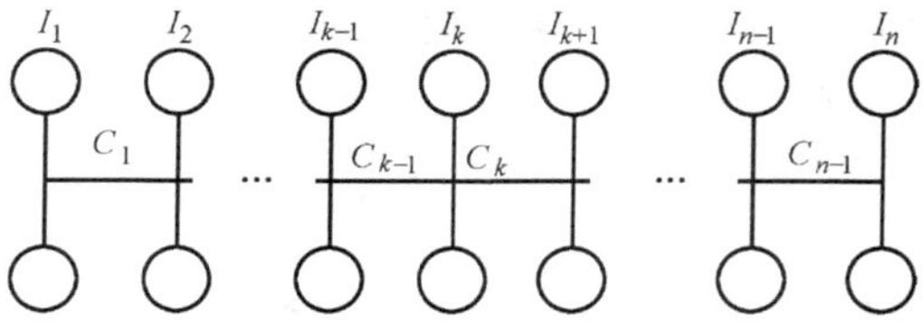

图 6-12　轴系当量振动系统

经过整理得到用矩阵形式表示的自由振动微分方程组为

$$\boldsymbol{I}\ddot{\boldsymbol{\varphi}} + \boldsymbol{C}\boldsymbol{\varphi} = 0 \qquad (6\text{-}31)$$

这是标准的二阶微分方程矩阵形式，可以用矩阵求解的方法解出固有频率和振型。

式中

$$\boldsymbol{I} = \begin{pmatrix} I_1 & 0 & \cdots & 0 \\ 0 & I_2 & 0 & 0 \\ \vdots & 0 & & \vdots \\ 0 & \cdots & 0 & I_n \end{pmatrix}$$

$$\ddot{\boldsymbol{\varphi}} = (\ddot{\varphi}_1, \ddot{\varphi}_2, \cdots, \ddot{\varphi}_n)^T$$

$$\boldsymbol{C} = \begin{pmatrix} C_1 & -C_1 & 0 & \cdots & 0 & 0 \\ -C_1 & C_1+C_2 & -C_2 & 0 & \cdots & 0 \\ 0 & -C_2 & C_2+C_3 & -C_3 & \cdots & 0 \\ \vdots & \vdots & \vdots & \vdots & & \vdots \\ 0 & \cdots & \cdots & -C_{n-2} & C_{n-2}+C_{n-1} & -C_{n-1} \\ 0 & \cdots & \cdots & \cdots & -C_{n-1} & C_n \end{pmatrix}$$

$$\boldsymbol{\varphi} = (\varphi_1, \varphi_2, \cdots, \varphi_n)^T$$

当轴系做自由扭转振动时，各质量都做简谐振动，式（6-31）的通解为

$$\boldsymbol{\varphi} = \boldsymbol{\phi}\sin(\omega_e t + \varepsilon) \qquad (6\text{-}32)$$

式中，$\boldsymbol{\phi}$ 为各质量振幅的列阵，是与时间无关的振幅矢量，即 $\boldsymbol{\phi} = (\phi_1, \phi_2, \cdots, \phi_n)^T$。

将式（6-32）进行两次求导，再代入式（6-31）并简化后，可得

$$\boldsymbol{C}\boldsymbol{\phi} - \omega^2 \boldsymbol{I}\boldsymbol{\phi} = 0 \qquad (6\text{-}33)$$

式（6-33）在数学上为一求广义特征值的问题，ω^2 为需求的特征值，$\boldsymbol{\phi}$ 为需求的特征矢量。在振动学中，前者是固有频率，后者是相对振幅。用于求解特征值与特征矢量的数值算法很多，凡能计算矩阵特征值和特征矢量的方法，都可用于求解此特征方程，如雅可比（Jacobi）法、QR 法等，可利用 MATLAB、C++等语言工具求解。

例如，利用 MATLAB 进行求解时，令 $\lambda = \omega^2$，有

$$[\boldsymbol{\phi}, \boldsymbol{\lambda}] = \text{eig}(\boldsymbol{C}, \boldsymbol{I}) \tag{6-34}$$

由式 (6-34)，即可求得系统的几个特征值 λ_i ($i=1, 2, \cdots, n$) 及特征矩阵 $\boldsymbol{\phi}$，有

$$\omega_i = \sqrt{\lambda_i} \, (i=1, 2, \cdots, n)$$

特征矢量矩阵 $\boldsymbol{\phi}$ 的每一列对应着一组特征矢量，即矩阵 $\boldsymbol{\phi}$ 的第 i 列矢量 $\boldsymbol{\phi}_i$，就是对应于轴系自由振动第 i 阶固有圆频率 ω_i 的振型矢量。假设 $\omega_e^{\mathrm{I}} < \omega_e^{\mathrm{II}} < \cdots < \omega_e^n$，令 $\alpha_i = \phi_i / \phi_1$ 为相对振型，则

$$a_1 = 1, \ a_2 = \frac{\phi_2}{\phi_1}, \ a_3 = \frac{\phi_3}{\phi_1}, \ \cdots, \ a_i = \frac{\phi_i}{\phi_1} \tag{6-35}$$

传统上，求解轴系自由扭转振动微分方程式 (6-34) 的方法是霍尔茨 (Holzer) 表格法及传递矩阵法等，这里对这些算法不展开讨论。

6.3.2 曲轴系统自由扭转振动振型图

通过以上自由振动计算，得到了振动系统的自振频率及对应的振型矢量。振型矢量所揭示的是系统中各质量的相对振幅，将每阶固有圆频率 ω_i 下的相对振幅用图线的形式绘出，即为对应频率下的振型图。

既然是相对振幅，将振型矢量 $\boldsymbol{\phi}$ 对第一个元素（即第一个质量振幅）进行归一化，并不改变各振动质量间的相对振幅比例关系。如上所述，振型矢量 $\boldsymbol{\phi}_i$ 中 $\phi_{11}=1$，利用经过归一化处理后的振型矢量绘制振型图。

如图 6-13 所示，具体绘制方法：以曲轴的轴线为横坐标轴，其上各段长度代表轴的刚度值，每个质量的中心线为纵轴，其长度代表各质量的振幅值，并取正值向上，负值向下；然后将各纵轴上代表振幅的点连成一条曲线，这条曲线直观地表示出各质量的振幅大小和轴的被扭转程度，在振型图上振幅曲线和横轴的交点称为"节点"，有几个节点就称为几节振型图。

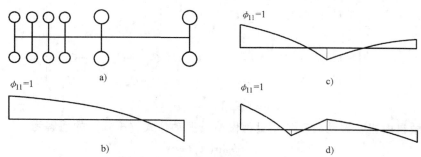

图 6-13 内燃机轴系振型图
a) 当量系统图　b) 单节振型图　c) 双节振型图　d) 三节振型图

不同的自振频率有不同的振型图，即单节点、双节点、三节点等。由于"节点"处的振幅为零，轴系在扭转振动中该点是静止不动的。"节点"处的振幅虽然为零，但扭振应力却最大，曲轴的破坏大部分发生在"节点"处。因此，在进行强迫振动计算之前，仅根据自由振动计算的结果，就可定性地了解内燃机的扭振特性，并针对性地提出改善措施。

此外，根据自由振动计算结果及内燃机的冲程数、点火顺序，就可确定在工作转速范围内，有哪些谐次的激励载荷有可能与轴系发生危险的共振，以及对应于各共振谐次的临界

转速。

工程上一般只算到单节点、双节点和三节点频率，更高的频率对轴系造成的危害小。

6.4 单自由度系统的有阻尼自由振动与强迫振动分析

6.4.1 单自由度系统的有阻尼自由振动

能够使振动起到衰减作用的因素统称为阻尼，由阻尼产生阻尼力和阻尼力矩。阻尼的分类：

1）外阻尼：振动系统的各个零件表面与外界物体或介质摩擦所产生的阻尼。

2）内阻尼：振动物体因结构形变而产生的分子间的摩擦阻尼，即材料的滞后阻尼。

3）假阻尼。由于轴系弹性、惯性参数，即激振频率的不稳定、脉动冲击等干扰了共振现象的发生，共振振幅不能达到其最大值，这种现象称为假阻尼。单质量有阻尼振动系统如图 6-14 所示。

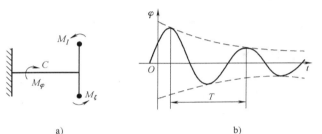

图 6-14 单质量有阻尼振动系统
a) 单质量振动系统　b) 有阻尼振动

由相对摩擦形成的阻尼力矩 M_ξ，可以用阻尼系数 ξ 与运动部件角速度 $\dot{\varphi}$ 的乘积表示，即

$$M_\xi = -\xi \dot{\varphi} \tag{6-36}$$

式中，负号表示阻尼力矩与速度方向相反。

有阻尼振动的方程为

$$M_I + M_\xi + M_\varphi = 0$$

即

$$I\ddot{\varphi} + \xi\dot{\varphi} + C\varphi = 0 \tag{6-37}$$

令 $\xi = D\xi_0$，$\xi_0 = 2\omega_e I$，ξ_0 为临界阻尼系数，D 为阻尼准则数，图 6-14 中单质量有阻尼自由振动系统的方程简化为

$$\ddot{\varphi} + 2\omega_e D\dot{\varphi} + \omega_e^2 \varphi = 0$$

其通解为

$$\varphi = e^{-D\omega_e t}\left[C_1\cos(\sqrt{1-D^2}\,\omega_e t) + C_2\sin(\sqrt{1-D^2}\,\omega_e t) \right] \tag{6-38}$$

令 $\sqrt{1-D^2}\,\omega_e = \omega_\xi$ 为有阻尼振动的角频率，这是一个衰减振动，图 6-14b 中（$D \ll 1$），振动周期

$$T = \frac{2\pi}{\sqrt{1-D^2}\,\omega_e}$$

两个相邻角振幅的比值

$$\frac{\phi_1}{\phi_2} = \frac{e^{-Dt\omega_e}}{e^{-D(t+T)\omega_e}} = e^{DT\omega_e} = e^{\frac{2\pi D}{\sqrt{1-D^2}}} \tag{6-39}$$

对式（6-39）两端取对数，$\ln\dfrac{\phi_1}{\phi_2}=\dfrac{2\pi D}{\sqrt{1-D^2}}$，称为对数缩减。若 $D\ll 1$，可略去分母中的 D^2 得

$$D=\dfrac{1}{2\pi}\ln\dfrac{\phi_1}{\phi_2}$$

$$\xi=\dfrac{\omega_e I}{\pi}\ln\dfrac{\phi_1}{\phi_2} \tag{6-40}$$

阻尼系数的试验测试法：在静态下，给系统一个初始激励，然后将激励突然撤去，则产生图 6-14b 所示的有衰减的自由振动。通过记录衰减自由振动的波形，用多个波形的平均值确定振动周期，然后根据相邻角振幅的比值，利用式（6-40）确定阻尼系数。有关阻尼系数及阻尼功将在 6.5.3 节中进一步讨论。

6.4.2 单自由度系统的有阻尼强迫振动

设幅值 M_k^a 的强迫力矩为

$$M_k=M_k^a\sin\omega_k t$$

式中，ω_k 为强迫力矩的频率，则单质量有阻尼强迫振动的方程简化为

$$\ddot{\varphi}+2\omega_e D\dot{\varphi}+\omega_e^2\varphi=\dfrac{M_k^a}{I}\sin\omega_k t \tag{6-41}$$

根据自由振动的通解，则式（6-40）的特解为

$$\varphi=a\sin\omega_k t+b\cos\omega_k t$$

代入振动方程式（6-40），通过比较系数法得到，

$$a=\dfrac{M_k^a}{I}\dfrac{\omega_e^2-\omega_k^2}{(\omega_e^2-\omega_k^2)+(2D\omega_e\omega_k)^2}$$

$$b=\dfrac{M_k^a}{I}\dfrac{2D\omega_e\omega_k}{(\omega_e^2-\omega_k^2)+(2D\omega_e\omega_k)^2}$$

特解又可写成

$$\varphi=\dfrac{\varphi_0}{\sqrt{\left[1-\left(\dfrac{\omega_k}{\omega_e}\right)^2\right]^2+4D^2\left(\dfrac{\omega_k}{\omega_e}\right)^2}}\sin(\omega_k t-\psi_k) \tag{6-42}$$

该振动为等幅振动，初相角为

$$\psi_k=\arctan\dfrac{2D\dfrac{\omega_k}{\omega_e}}{1-\left(\dfrac{\omega_k}{\omega_e}\right)^2} \tag{6-43}$$

静扭角为

$$\varphi_0=\dfrac{M_k}{C}$$

方程的特解是等幅简谐振动，阻尼振动是衰减振动，当时间足够长时，强迫振动的解与初始条件无关。由式（6-42）可知，强迫振动的频率与强迫力矩的频率相同，ψ_k 为初相角，其振幅为

$$\phi = \frac{\phi_0}{\sqrt{\left[1-\left(\frac{\omega_k}{\omega_e}\right)^2\right]^2 + 4D^2\left(\frac{\omega_k}{\omega_e}\right)^2}} \quad (6\text{-}44)$$

令 $\lambda_d = \phi/\phi_0$，称为动力增大系数，则

$$\lambda_d = \phi/\phi_0 = \frac{1}{\sqrt{\left[1-\left(\frac{\omega_k}{\omega_e}\right)^2\right]^2 + 4D^2\left(\frac{\omega_k}{\omega_e}\right)^2}} \quad (6\text{-}45)$$

为求 λ_d 取极值 λ_{dmax} 的 ω_k，令 $\dfrac{d\lambda_d}{d\omega_k}=0$，则

$$\omega_k\left[\omega_e^2(1-2D^2)-\omega_k^2\right]=0$$

ω_k 有两个根，$D<\dfrac{\sqrt{2}}{2}$ 时，$\dfrac{\omega_k}{\omega_e}=\sqrt{1-2D^2}<1$，$\lambda_d$ 有极值 λ_{dmax}，即

$$\lambda_{dmax} = \frac{1}{2D\sqrt{1-D^2}} \quad (6\text{-}46)$$

如果 $\omega_k = \omega_e$（且 $D \ll 1$），λ_{dmax} 接近无穷大，将产生共振，$\omega_k = 0$，$\lambda_d = 1$，即当强迫力矩频率为零，为静载时，动力增大系数为1，不改变系统振幅。

由以上分析可以看出：
1）强迫振动的频率与强迫力矩的频率相同。
2）受迫振动是衰减振动与等幅振动的叠加。
3）$\omega_k \approx \omega_e$ 时，产生共振，振幅为 $\phi_0/(2D)$，因为 $D \ll 1$，振幅增大。
4）共振时，振动按固有频率变化，初相角 $\psi_k = \pi/2$。

单自由度系统的有阻尼强迫振动如图 6-15 所示。

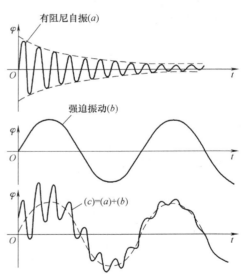

图 6-15　单自由度系统的有阻尼强迫振动

6.5　曲轴系统扭转振动分析与减振

6.5.1　曲轴系统扭转振动的激振力矩

1. 激振力矩的种类

激振力矩是引起系统扭转振动的能量来源。内燃机轴系的主要激振力矩如下：
1）缸内气体压力变化而产生的激振力矩。

2）运动部件的惯性载荷引起的激振力矩。
3）接受功率的部件吸收功率不均匀而产生的激振力矩。

其中，前两种激振力矩是引起轴系扭振的主要因素，随机型的不同及运转工况的变化而变化。驱动系统部件不能均匀地吸收转矩时，也形成扭振的激振力矩，但汽车驱动系统吸收转矩不均匀度很小，这里不进行讨论。

在振动学中，激振力矩通常也称为干扰力矩。

2. 单缸干扰力矩及其简谐分析

缸内气体压力和惯性力变化所产生的干扰力矩，实际上是由作用在曲柄销上的切向力产生的。气体作用力 F_g 和往复惯性力 F_j 的合力 F_Σ，经曲柄连杆机构的传递，产生了一个绕曲轴回转中心线对外输出的转矩，即单缸指示转矩 M，大小为

$$M = M_g + M_j$$

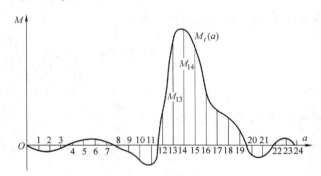

图 6-16 单缸指示转矩的离散化

如图 6-16 所示，将 M 随曲轴转角的变化规律离散化，利用傅里叶级数进行变换，得

$$\begin{aligned}
M &= M_0 + \sum_{k=1}^{\infty} M_k^a \sin(\omega_k t + \delta_k) \\
&\approx M_0 + \sum_{k=1}^{n} M_k^a \sin(\omega_k t + \delta_k) \\
&= M_0 + \sum_{k=1}^{n} M_k^a \sin(k\omega_t t + \delta_k)
\end{aligned} \tag{6-47}$$

该过程称为简谐分析，也称傅里叶变换。

$$\begin{cases}
M_k^a = \sqrt{A_k^2 + B_k^2} \\
A_k \approx \dfrac{1}{\pi} \sum_{i=1}^{m} M_i \dfrac{2\pi}{m} \cos k\alpha_i = \dfrac{2}{m} \sum_{i=1}^{m} M_i \cos k\alpha_i \\
B_k \approx \dfrac{1}{\pi} \sum_{i=1}^{m} M_i \dfrac{2\pi}{m} \sin k\alpha_i = \dfrac{2}{m} \sum_{i=1}^{m} M_i \sin k\alpha_i \\
M_0 = \dfrac{1}{2\pi} \sum_{i=1}^{m} M_i \dfrac{2\pi}{m} = \dfrac{1}{m} \sum_{i=1}^{m} M_i
\end{cases} \tag{6-48}$$

将一个周期内的单缸指示转矩分成 m 份，其中 M_0 为平均转矩，$M_k^a \sin(k\omega_t t + \delta_k)$ 为转矩的 k 阶谐量，表示该谐量在 2π 的周期内变化 k 次，称为摩托阶数。故对于二冲程内燃机，k 为自然数，对于四冲程内燃机，$T = 4\pi$ 才是一个周期，2π 的周期内变化 $k/2$ 次，因此，

二冲程：$k = 1, 2, 3, \cdots$

四冲程：$k = \dfrac{1}{2}, 1, 1\dfrac{1}{2}, 2, \cdots$

因此，四冲程内燃机单缸转矩的简谐分析表达式为

$$M = M_0 + \sum_{k=\frac{1}{2}}^{n} M_k^a \sin(k\omega_t t + \delta_k) \qquad (6-49)$$

四冲程内燃机单缸力矩简谐分析如图 6-17 所示。图 6-18 所示为四冲程内燃机单缸力矩振幅幅值随阶数变化的直方图。

图 6-18 表明单缸力矩第 3 阶谐量振幅幅值最大，内燃机为 2、4、6 缸时，这一谐次都是主谐量。

由式（6-49）可知，干扰力矩驱动曲轴产生了两种运动：一种是在平均转矩 M_0 作用下的以角速度 ω 所进行的匀速旋转运动；另一种是在各次简谐力矩的作用下所产生的不同频率 $k\omega$ 的简谐振动，后者是激发轴系扭振的内在根源。

实际上，由于高谐次简谐力矩幅值很小，对扭振影响小，一般最高谐次考虑到 12 次，对于 $k>12$ 次的简谐力矩可以忽略不计。

当周期性的激振力矩为具有明确数学表达式的函数时，可直接按式（6-47）~式（6-49）用数学解析法转化成傅里叶级数形式。但是，由于单缸力矩是周期性未知函数，不能准确写出其数学表达式，

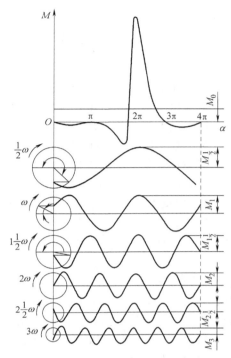

图 6-17 四冲程内燃机单缸力矩简谐分析

其所产生的激振力矩采用基于离散傅里叶变换（Discrete Fourier Transform，DFT）的快速傅里叶变换（Fast Fourier Transform，FFT）技术来转化。有关 DFT 和 FFT 方法的具体理论，请参阅有关文献。

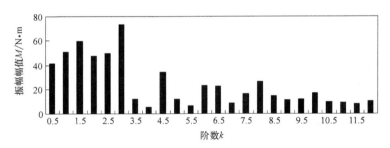

图 6-18 四冲程内燃机单缸力矩振幅幅值随阶数变化的直方图

3. 多拐曲轴干扰力矩相位图

在单列式多缸机中，作用在曲轴各个曲柄上的干扰力矩相同。各缸按一定点火次序工作，干扰力矩依次作用在曲轴上，有一定的相位差。设在第 1 拐上的第 k 阶力矩为

$$M_{k1} = M_{k1}^a \sin(k\alpha + \delta_{k1}) \qquad (\alpha = \omega_t t)$$

则第 i 拐上的第 k 阶力矩为

$$\begin{aligned} M_{ki} &= M_{k1}^a \sin[k(\alpha - \theta_i) + \delta_{k1}] \\ &= M_{k1}^a \sin[k\alpha + (\delta_{k1} - k\theta_i)] \end{aligned} \qquad (6-50)$$

第 i 拐与第 1 拐上 k 阶力矩（幅值）间的相位差为

$$\delta_{ki}-\delta_{k1}=-k\theta_i$$

如四冲程六缸机点火顺序为 1-5-3-6-2-4，因为四冲程

$$k=\frac{1}{2},\ 1,\ 1\frac{1}{2},\ 2,\ 2\frac{1}{2},\ \cdots$$

第 5 拐上第 k 阶力矩相位差为 $\delta_{k5}-\delta_{k1}=-k\theta_5=-k\times 120°$；
第 3 拐上第 k 阶力矩相位差为 $\delta_{k3}-\delta_{k1}=-k\theta_3=-k\times 240°$；
第 6 拐上第 k 阶力矩相位差为 $\delta_{k6}-\delta_{k1}=-k\theta_6=-k\times 360°$；
第 2 拐上第 k 阶力矩相位差为 $\delta_{k2}-\delta_{k1}=-k\theta_2=-k\times 480°$；
第 4 拐上第 k 阶力矩相位差为 $\delta_{k4}-\delta_{k1}=-k\theta_4=-k\times 600°$。

单列式四冲程六缸机各次干扰力矩相位如图 6-19 所示，分析干扰力矩相位图，有如下特点：

1）根据 $k=0.5$，1，1.5，2，2.5，3 作出的 6 个矢量图（相位图），称为基本矢量图。基本矢量图的个数，二冲程机等于其曲轴端视图上的可见曲柄数 q，四冲程机等于曲轴端视图上可见曲柄数的 2 倍，即 $2q$。本例的曲柄可见数为 3，故有 6 个基本矢量图。

2）对于 $k>6$ 的干扰力矩矢量图，则依次重复以上 6 个基本矢量图。即 $k=0.5$ 的干扰力矩矢量图与 $k=3.5$，6.5，$\cdots$，$0.5+qm$ 的矢量图一样。一般对于任意一个基本矢量图的简谐次数，与其具有相同矢量图的谐次是它本身的简谐次数加上曲柄可见数的任意整数，即 $\delta+qm$。其中，δ 为基本矢量图的简谐次数，q 为曲柄可见数，m 为任意正整数。

3）k 等于曲柄可见数 q 的整数倍时，简谐力矩的矢量方向都是相同的。如果这些干扰力矩的频率与轴系的某一自振频率趋于一致，则其共振强烈，这些谐次的干扰力矩称为主谐量。例如，上文所述的四冲程六缸机，它的主谐量干扰力矩是 $k=3$，6，9，$\cdots$ 的简谐分量。该机的 $k=1.5$，4.5，7.5，$\cdots$ 的简谐力矩矢量也在一条直线上，但一、二、三缸的方向向上，四、五、六缸的方向向下，对轴系的作用也比较强烈，称为强谐量。在扭振计算中，主谐量、强谐量都是最危险的情况，引起的共振都需进行计算。

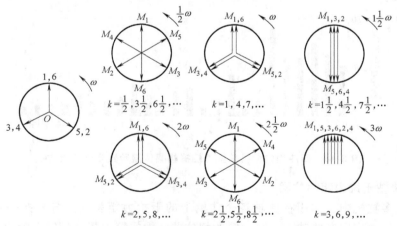

图 6-19　单列式四冲程六缸机各次干扰力矩相位图

6.5.2　曲轴系统的共振与临界转速

1. 曲轴系统的共振

由前述分析可知，内燃机在运转中，每一曲柄上都作用着一组简谐力矩，这些简谐力矩

的圆频率为

$$k\omega = k\frac{2\pi n}{60} = \frac{2\pi\omega_n}{60} \tag{6-51}$$

所以

$$\omega_n = kn \tag{6-52}$$

式中，k 是干扰力矩的简谐次数；ω 是曲轴旋转的角速度（rad/s）；n 是转速（r/min）；ω_n 是干扰力矩的工作频率（$\min^{-1}$）。

式（6-51）表明，干扰力矩的工作频率是简谐次数 k 及内燃机转速 n 的函数。对于一定的简谐力矩（k 为一定值），其工作频率是随转速成正比例的关系变化。当干扰力矩的频率 ω_n 与轴系的某节点自振频率相等时，则轴系发生共振。

2. 临界转速及应考虑的简谐次数的范围

相应于共振点的内燃机转速 n，称为内燃机的临界转速（或共振转速）。

如某四冲程六缸机，其单节点自振频率为 $\omega_{\mathrm{I}} = 12672\min^{-1}$，双节点自振频率 $\omega_{\mathrm{II}} = 33874\min^{-1}$。该机的最低工作转速 $n_{\min} = 1000\mathrm{r/min}$，最高工作转速 $n_{\max} = 2200\mathrm{r/min}$。

按下述方法确定与轴系发生单节点和双节点共振的干扰力矩的转速范围。

考虑超速及过渡转速的影响，通常将转速范围予以扩大，即取 $0.8n_{\min} \sim 1.2n_{\max}$ 作为扭振计算的工作转速范围。

对于单节点振动，有

$$k_{\min} = \frac{\omega_{\mathrm{I}}}{1.2n_{\max}} = \frac{12672}{1.2\times 2200} \approx 5$$

$$k_{\max} = \frac{\omega_{\mathrm{I}}}{0.8n_{\min}} = \frac{12672}{0.8\times 1000} \approx 16$$

对于双节点振动，有

$$k_{\min} = \frac{\omega_{\mathrm{II}}}{1.2n_{\max}} = \frac{33874}{1.2\times 2200} \approx 13$$

$$k_{\max} = \frac{\omega_{\mathrm{II}}}{0.8n_{\min}} = \frac{33874}{0.8\times 1000} \approx 43$$

上述计算说明，该机在工作转速范围内，发生单节点振动的干扰力矩的谐次范围为 $5 \leq k \leq 16$，即 5，5.5，6，…，15.5，16 次干扰力矩与轴系发生共振。发生双节点共振的干扰力矩的谐次范围为 $13 \leq k \leq 43$，即 13，13.5，14，…，42.5，43 次干扰力矩与轴系发生共振。把轴系的单节点自振频率 ω_{I} 和双节点自振频率 ω_{II} 绘入图 6-20，它们与代表各谐次干扰力矩工作频率的射线相交，理论上得出无数个交点，这些交点满足共振条件，即 $\omega_n = \omega_{\mathrm{I}}$ 及 $\omega_n = \omega_{\mathrm{II}}$，称为共振点。

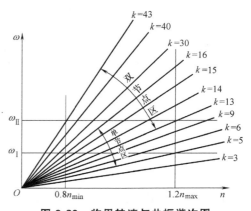

图 6-20 临界转速与共振谐次图

由图 6-20 可知,与双节点频率发生共振的谐次均大于 12,故双节点的共振振动对轴系完全可以忽略(超出了 12 次)。对于单节点振动,只需考虑 $5 \leqslant k \leqslant 12$ 这一范围。

6.5.3 曲轴系统扭转振动的消减措施

1. 扭振系统中的阻尼

当干扰力矩的工作频率与系统的自振频率相等或接近相等时,系统发生共振。如果系统不存在阻碍振动的力或力矩,则振动将不断持续下去,并且理论上振幅将达到无穷大。但这样的运动并不存在,实际上存在使振动衰减的力或力矩,即阻尼力或阻尼力矩。

在轴系的扭振中,摩擦阻尼是主要阻尼,其他阻尼在大多数情况下往往可以忽略。内燃机和轴系中的摩擦,可分为以下两大类:

1) 不变的摩擦。它与速度无关,所形成的力矩是常力矩,不能使扭振中简谐激振力矩的振幅发生衰减。由不变的摩擦所形成的力矩,被平均转矩所克服。

2) 变化的摩擦。它与速度成函数关系,形成简谐阻尼力矩,其特性只有与简谐激振力矩相同,才能减弱其振幅而产生减振作用。

阻尼力矩可以用阻尼系数及部件的运动角速度来表示,进一步分析阻尼与运动的关系,阻尼力矩一般表示为

$$M_\xi = -\xi \left(\frac{\mathrm{d}\varphi}{\mathrm{d}t}\right)^q \tag{6-53}$$

式中,ξ 是阻尼系数;φ 是部件的振动角位移;q 是指数,$q = 1 \sim 3$。

阻尼的性质取决于指数 q 的数值。当 $q = 0$ 时,M_ξ 为常数,即为不变的阻尼力矩,这里不讨论。当 $q = 1$ 时,即阻尼力矩与角速度成一次方关系,称为线性阻尼力矩。由于部件振动位移是简谐的,因此在扭振系统中的这种阻尼力矩也是简谐的。线性阻尼是一种最简单的阻尼,在数学处理上也容易。实际扭振阻尼虽复杂,但试验结果中大部分阻尼是接近于线性阻尼的,可近似取用 $q = 1$。

计算阻尼力矩时,首先要给出阻尼系数的试验数据,但有很多文献直接给出计算阻尼功的经验公式,实际上两者一致,关键在于确定阻尼系数 ξ。

假设系统的振动角位移为

$$\varphi = A\sin\omega t$$

则

$$\frac{\mathrm{d}\varphi}{\mathrm{d}t} = A\cos\omega t$$

阻尼力矩在一个振动周期中所做的功为 W_ξ,可表示为

$$W_\xi = \int_0^{2\pi} M_\xi \mathrm{d}\varphi = \int_0^{2\pi} -\xi A\omega\cos\omega t(A\sin\omega t)$$

$$= \int_0^{2\pi} -\xi A^2 \omega \cos^2\omega t \mathrm{d}(\omega t) = -\pi\xi\omega A^2$$

即

$$W_\xi = -\pi\xi\omega A^2 \tag{6-54}$$

式(6-54)是阻尼功的一般计算公式,式中的"-"号表示阻尼功是被消耗掉的功。在轴系的扭振中,振动能量用于克服阻尼而被消耗掉,并转化为热能散失掉。

2. 轴系各部件阻尼的计算

内燃机轴系阻尼，一般先利用经验公式求解阻尼功，然后反求阻尼系数。因此，在选用公式时应根据实际情况，只有在与母型机相似的条件下，相关经验公式才有一定的准确性。

（1）**内燃机本体阻尼** 内燃机中的阻尼包括运动部件与非运动部件之间的摩擦阻尼，曲轴材料产生扭转变形而形成的滞后阻尼，由于往复质量惯性力矩变化而产生的假阻尼，以及曲柄连杆机构冲击所形成的阻尼等。不能对每一项阻尼用精确的定量分析来确定，大多采用通过试验而得的经验公式，以总阻尼系数来计算阻尼功。

由式（6-54）可知，具有 z 个气缸的机型，其阻尼功为

$$W_{\xi e} = \pi \xi_e \omega \sum_{k=1}^{z} A_k^2 = \pi \xi_e \omega A_I^2 \sum_{k=1}^{z} \alpha_k^2 \tag{6-55}$$

式中，ξ_e 是内燃机阻尼系数；ω 是系统振动圆频率；A_I 是第一质量位移振幅；$\sum_{k=1}^{z} \alpha_k^2$ 是 z 个气缸的相对振幅二次方和，由自由振动计算所得到的归一化后的振型矢量求得。

在共振情况下，常用的经验公式有下面几种：

1）霍尔兹公式：

$$W_{\xi e} = 0.04\pi \omega I_S A_I^2 \sum_{k=1}^{z} \alpha_k^2 \tag{6-56}$$

式中，各符号的含义与式（6-55）相同；共振工况时，$\omega = \omega_e$，ω_e 为轴系的自振频率；I_S 是一个气缸的转动惯量。

2）卡特尔公式：

$$W_{\xi e} = k_e \pi \omega I_N^{0.8} A_I^2 \sum_{k=1}^{z} \alpha_k^2 \tag{6-57}$$

式中，k_e 为系数，对于中速机 $k_e = 1.752 \sim 2.012$，对于高速机 $k_e = 1.597 \sim 1.987$；I_N 是 N 个气缸的转动惯量。

上述阻尼功的计算公式适用于单列机。若是多列机，当每一个曲柄上带动有 m 个活塞时，阻尼功可用上述公式的计算值乘以 m 求得。由利用经验公式求得的阻尼功，可按式（6-55）反求得到阻尼系数 ξ_e。

（2）**轴段阻尼** 曲轴的轴段阻尼通常计入了内燃机本体阻尼内。因此，轴段阻尼仅包括自内燃机飞轮后整个轴系的轴段阻尼，其阻尼功 $W_{\xi S}$ 的计算公式为

$$W_{\xi S} = 0.5538 \times 10^{-13} A_I^{7/3} \delta_{k,k+1}^{7/3} \sum_{j=1}^{i} \frac{K_j l_j}{d_j^5} \tag{6-58}$$

式中，A_I 是第一质量位移振幅；$\delta_{k,k+1}$ 为所计算 k，$k+1$ 轴段的无因次弹性力矩值，$\delta_{k,k+1} = \frac{1}{A_I} \sum_{i=1}^{i} I_i \Omega^2 A_i$，$\Omega$ 为系统自由振动频率，i 为不同截面的轴段数；K_j 是所计算 j 轴段截面的尺寸系数，$K_j = \frac{1-\rho_j^{4.3}}{(1-\rho_j^4)^{2.3}} \approx \frac{1}{1-\rho_j^4}$，$\rho_j = \frac{r_{oj}}{r_j}$，$r_{oj}$ 为所计算 j 轴段内孔半径，r_j 为所计算 j 轴段半径；l_j 是所计算 j 轴段长度；d_j 是所计算 j 轴段直径。

3. 扭转振动的消减措施

（1）**调整频率** 使曲轴转速避开临界转速，更要避开标定转速，主要措施有调整惯量

法和调整刚度法等。通过调整，系统的自振频率避开激振频率，使振动应力降至瞬时许用应力范围内。

调整频率在扭振预防中应用广泛，简易可行，且当达到调频要求后，工作可靠；缺点是调整的幅度较小，应用中受到限制。改变轴系固有频率的方法有：提高曲轴刚度和减小转动惯量。提高曲轴刚度的方法有：①增大主轴颈直径；②减小曲轴长度；③提高曲轴重叠度。

减小转动惯量的方法有：①采用空心曲轴；②降低平衡重质量；③降低带轮、飞轮质量。

（2）提高轴系的阻尼　主要依靠材料特性，据试验，钢轴每循环迟滞能量 W_h（N·cm/cm^3）为

$$W_h = (0.2 \sim 0.5) \times 10^{-10} \sigma^{2.3}$$

式中，σ 为轴表面的应力幅值（N/cm^2）。铸铁材料的阻尼比钢高 80%~90%，如果强度允许，可将钢曲轴改为铸铁曲轴。

（3）装设减振装置　装设减振器能改变轴系的扭振特性。减振器按特性分为三大类：

1）动力减振器。动力减振器是通过弹性元件把辅助质量连接到振动系统上的一种减振装置。其减振原理与摩擦减振器不同，即不靠消耗能量来减振，而是通过辅助质量的动力作用，使弹性元件在主系统上产生的惯性力矩正好与激振力矩大小相等、方向相反，以抵消振动，如图 6-21 所示。其中有摆式无阻尼动力减振器、弹簧动力减振器等。

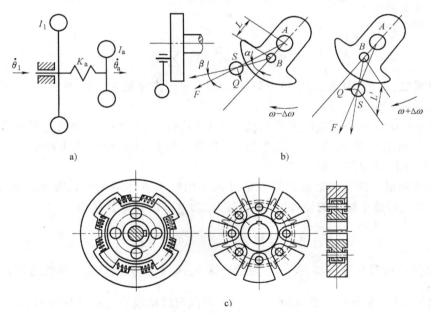

图 6-21　无阻尼弹性减振器
a) 示意图　b) 摆式无阻尼动力减振器　c) 弹簧动力减振器

2）阻尼减振器。阻尼减振器可以增大机械摩擦、分子摩擦阻尼，吸收振动能量，减小振幅，但也消耗一部分有效能量。如硅油减振器是一种典型的黏滞阻尼减振器，其阻尼系数 ξ_d、阻尼功 $W_{\xi d}$ 的计算公式为

$$\begin{cases} \xi_d = \mu_d \omega I_d \\ W_{\xi d} = \mu_d \pi \omega^2 A_1^2 I_d a_d^2 \end{cases} \tag{6-59}$$

式中，μ_d 是阻尼因子，由厂家提供，在最佳谐振时 $\mu_d = 0.5$；I_d 是硅油减振器惯性轮的转动惯量；a_d 是减振器的相对振幅。图 6-22 所示为硅油减振器的结构尺寸和外形。

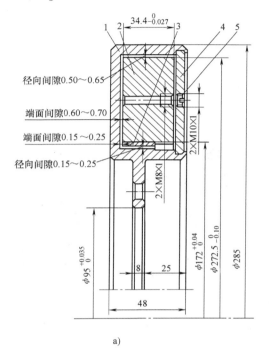

图 6-22 硅油减振器

a) 结构尺寸 　b) 外形

1—壳体　2—惯性体　3—减磨环　4—盖板　5—固定螺钉

3) 动力阻尼型减振器。在动力减振器内，加上适当阻尼，形成有阻尼的动力减振器。动力阻尼型减振器兼有上述两类减振器的作用，其中有橡胶弹性减振器、橡胶硅油减振器、硅油弹簧减振器等。

理论上，动力阻尼型减振器效果最好，既能利用弹性产生动力效应，又能利用阻尼消耗激振能量，能降低新出现的共振振幅，扩大减振的频率范围。因此，动力阻尼型减振器在汽车和船舶的传动系统中得到了广泛应用。

图 6-23 所示为两种常见结构形式的单级扭振橡胶弹性减振器。其中，图 6-23a 所示的惯性质量兼作带轮，因此橡胶件同时承受扭转方向和径向的载荷；图 6-23b 所示的惯性质量不作为传动件，橡胶件仅承受扭转方向的动载荷，其橡胶件的疲劳寿命较图 6-23a 中的橡胶件更容易满足设计要求。因此，应优先考虑图 6-23b 中的结构。目前在汽车内燃机曲轴系统中广泛应用的是橡胶阻尼式单级扭转减振器，只有一个惯性质量，已有较为成熟的设计理论与计算方法。

在乘用车内燃机曲轴系统中，若使用橡胶阻尼式减振器，阻尼值偏小，达不到最优设计阻尼系数比的要求。随着乘用车内燃机的轻量化和大功率化，单级橡胶阻尼式减振器的减振效果已满足不了扭振控制的要求，利用硅油或硅油-橡胶式阻尼减振器，可以提供较大且满足设计要求的最优阻尼，也可采用多级橡胶阻尼式减振器。

车用柴油机更多地应用多级扭振减振器，其又分为多级串联式和多级并联式。图 6-24 所示为两级并联硅油-橡胶复合式扭振减振器。轮毂 12 与曲轴相连接，轮毂 1、11 与轮毂 12 为过盈配合。橡胶件 2 的两侧分别与轮毂 1 和带轮 5（兼惯性环）硫化在一起，带轮 5 与橡胶件 2 一起组成一级橡胶阻尼式扭振减振器。钢圈 3、4、6 和 10 由聚四氟乙烯材料制成，与其相连接的两个物体之间可以相互转动。惯性环 9 为硅油减振器惯性环，与由轮毂 11、7 和 8 组成的密封腔之间充满硅油，硅油与惯性环 9 组成一级硅油阻尼式减振器。橡胶阻尼式减振器由弹性阻尼元件和惯性元件组成，硅油阻尼式减振器为并联形式。

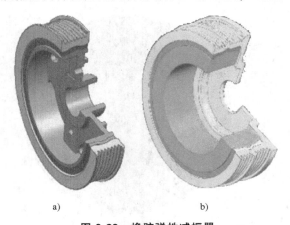

图 6-23　橡胶弹性减振器
a）惯性质量兼作带轮　b）惯性质量不作为传动件

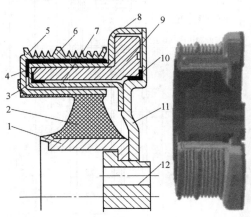

图 6-24　两级并联硅油-橡胶复合式扭振减振器
1、7、8、11、12—轮毂　2—橡胶件
3、4、6、10—钢圈　5—带轮　9—惯性环

6.5.4　扭振的现代测试分析方法

内燃机扭振除了计算分析外，可靠的经验测试分析方法也非常重要。通过测试分析，能确定临界转速、扭振共振振幅、固有频率、引发共振的激振力矩谐量阶数等。

现代扭振测试方法采用专用测试分析软件和电磁信号传感器，可以方便地进行轴类传动系统的扭振测量和分析。

1. 台架布置与测试系统安装

把内燃机布置在测功机上，测功机测量转速、功率和转矩。扭振设备由三部分组成：角度编码器、数据采集系统和分析软件。扭振设备实际安装布置图如图 6-25 所示。

扭转振动测试分析系统由电磁转速传感器、测速齿盘、数据采集前端和数据记录分析块组成。

确定内燃机状态良好，将角度编码器安装在曲轴前端，角度编码器安装要用专用接头，并尽量保证与曲轴具有高同轴度，要固定良好，避免在运转过程中因抖动影响测量精度。

2. 测试系统分析原理

曲轴的扭振可认为是匀速转动加上扭转波动，类似于信号传输中的调谐波。曲轴的匀速转动相当于调频调制波中的载波，扭转波动相当于调频调制波中的信号波。调频波通过鉴频

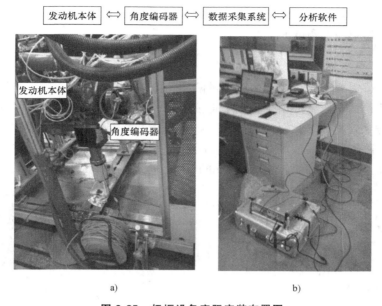

图 6-25 扭振设备实际安装布置图
a) 角度编码器的安装　b) 数据采集系统和分析软件的安装

器解调,从而检出信号波。类似于鉴频器的原理与步骤,可以从曲轴的转动中检出扭转波动。

如图 6-26a 所示,测速齿盘-传感器系统作为信号拾取系统,在曲轴做旋转运动时,与测速齿盘相对的传感器中感应出的脉冲串经整形后为方波脉冲,如图 6-26b 所示。测试系统用高频时钟脉冲对方波信号各脉冲间隔加以计数,该数值经换算可得出方波信号各脉冲间隔对应的时间。若曲轴无扭振,则方波脉冲串间隔均匀,对应的时间序列中各数值都相等;当扭振发生时,脉冲串疏密不均,对应的时间序列中各数字也有大有小。因此,这一时间序列既包含了内燃机的转速信息,也包含了扭振信息。再对这一时间序列进行频谱分析处理,即可提取出扭振信号。

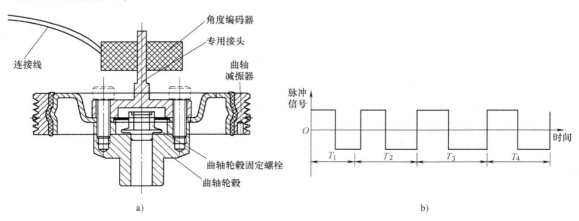

图 6-26 角度编码器安装示意图和系统分析原理
a) 角度编码器安装示意图　b) 系统分析原理

信号拾取系统拾取一系列的转速脉冲,由转速脉冲信号计算出轴的瞬间转速,并根据式(6-60)计算出扭振的角度 θ,即

$$\theta = \int_0^{t_n} \omega \mathrm{d}t = \int_0^{t_n}(\omega_i - \overline{\omega})\mathrm{d}t \tag{6-60}$$

实际测试时,需要得到扭振发生简谐量阶数,即需要知道扭振是哪一阶谐量引起的。如前所述,测量所得的电压脉冲信号类似于正弦信号,实际上是包含了很多频率成分的周期信号。利用 FFT 方法对此时域信号进行处理,得到频域上的信号。如果是第 k 阶谐量引起的扭转共振,则第 k 阶扭转角幅值最大。

根据临界转速结论,临界转速 $n_k(\mathrm{r/min})$ 与系统固有频率 ω_e [或者 $f_e(\mathrm{Hz})$] 的关系为

$$n_k = \frac{\omega_e}{k} = \frac{60 f_e}{k} \qquad (6-61)$$

如果在测量中保持内燃机转速均匀变化,用此方法测量就可以得到以频率和转速为 x、y 坐标、以扭转角度为 z 坐标的瀑布图,如图 6-27 所示。

数据处理是将采集的数据进行 FFT 分析,然后进行阶次提取,输出各个转速主阶次(例如,四缸四冲程为 2、4、6、8、10 阶)的扭振大小和合成阶次(例如,1.5+2.0+2.5+…+10)的扭振大小。

例如,图 6-28 所示为某四冲程六缸机测试扭振角度第 3 阶谐量和第 6 阶谐量在工作转速范围内的分布。

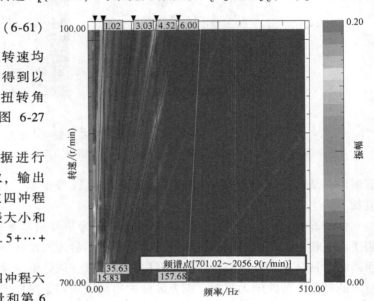

图 6-27 四冲程六缸机扭振测试瀑布图

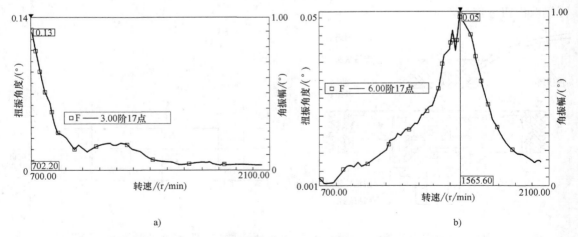

图 6-28 某四冲程六缸机测试扭振角度第 3 阶谐量和第 6 阶谐量在工作转速范围内的分布
a) 第 3 阶谐量 b) 第 6 阶谐量

图 6-29 所示为某四冲程四缸汽油机扭振测试瀑布图与扭振信号阶次曲线图。

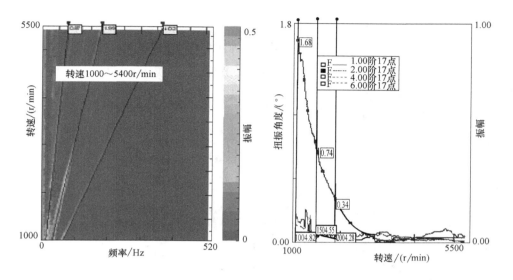

图 6-29 某四冲程四缸汽油机扭振测试瀑布图与扭振信号阶次曲线图

思考题和项目训练

一、思考题

1. 列出单自由度扭转自由振动系统的振动方程,求出微分方程的解和初相位。
2. 列出三质量扭转振动系统的自由振动方程。
3. 什么是力矩简谐分析的摩托阶数?为什么四冲程发动机的转矩简谐表达式中,简谐阶数不都是自然数,而是有半数的阶数?
4. 对于多拐曲轴,可以画出几个相位图?什么情况是主谐量?什么情况是次主谐量?
5. 什么是临界转速?如何求对应第 k 阶谐量引起的临界转速?计算和分析扭转共振的条件是什么。

二、项目训练

1. 学习一款多体系统动力学分析虚拟样机模型的软件(如 ADAMS,为多体系统动力学通用软件),建立四缸内燃机多体系统动力学分析模型,并进行运动学和动力学分析。
2. 学习多体系统动力学专业内燃机分析软件(如 AVL EXCITE Designer 模块),建立图 6-30 所示的四缸汽油机模型,完成下列计算任务:
1)轴承计算:计算液体动力学轴承载荷(主轴承、连杆大头轴承和连杆小头轴承),得出载荷图。
2)扭转振动计算:通过激振力矩和切向力分解、简谐分析、傅里叶变换,得到扭振结果。
3)曲轴强度计算(传统的应力集中系数法)。
注:本题也可以利用其他软件完成。

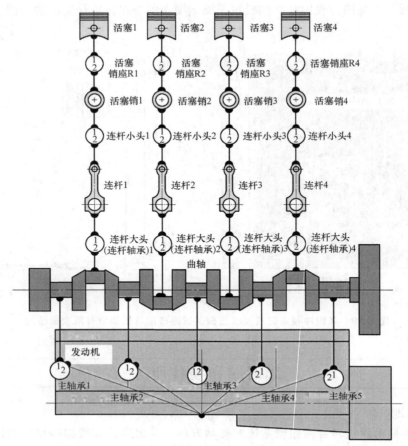

图 6-30 应用 AVL EXCITE Designer 建立的四缸汽油机多体动力学模型

第 7 章
汽车内燃机配气机构动力学与设计

教学目标：配气机构动力学是汽车内燃机动力学的一部分，包含配气机构零部件的设计与校核计算。掌握进、排气门通过能力评价参数，掌握以平底挺柱为代表的配气机构运动规律，会利用编程方法或工程软件设计凸轮型线，掌握配气机构动力学建模方法，会利用动力学计算对凸轮型线进行修正和优化。掌握凸轮轴及气门驱动件设计方法，会从确定凸轮位置开始到凸轮型线来设计凸轮轴、挺柱、推杆、摇臂、气门和气门弹簧，掌握配气机构与曲柄连杆机构的运动干涉校核。掌握一款多体系统动力学分析虚拟样机模型的软件，如 AVL 公司的 EXCITE Timing Drive 软件模块，会利用软件建立配气机构多体系统动力学模型并进行计算。

7.1 配气机构的形式及评价

7.1.1 配气机构的形式

（1）驱动方式　往复活塞式内燃机气门的机构形式随着技术的发展有了多样的变化。总体说来，顶置气门形式（图 7-1）占主流，其中：顶置气门、下置凸轮轴主要应用于车用柴油机；顶置气门、上置凸轮轴主要应用于车用汽油机；顶置气门、中置凸轮轴已不多见。

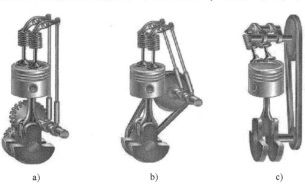

图 7-1　顶置气门形式
a) 下置凸轮轴　b) 中置凸轮轴　c) 上置凸轮轴

上（顶）置凸轮轴的气门驱动方式有摇臂驱动、摆臂驱动、直接驱动三种形式,这类配气机构的优点是运动件少、传动链短、机构刚度大,适合于高速汽油机;缺点是凸轮轴与曲轴距离长、传动链复杂。下置凸轮轴置于曲轴箱内,由曲轴定时齿轮驱动,优点是凸轮轴离曲轴近;缺点是零件多,传动链长,机构整体刚度差,高速运动时影响气门的运动规律和气门的定时开启,降低了气门开闭的准确性,适合低速柴油机。图 7-2 所示为典型车用内燃机气门驱动方式内部结构。

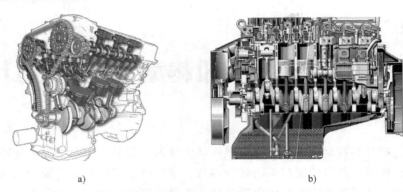

图 7-2 典型车用内燃机气门驱动方式内部结构
a) 双顶置凸轮轴 b) 下置凸轮轴

（2）气门数目 进入气缸内空气的量,决定了内燃机功率的大小。影响气门通过能力的因素很多,其中气门数越多,通过能力越强。目前,汽车内燃机的气门数目为每缸二、三、四、五个气门均有,如图 7-3 所示。

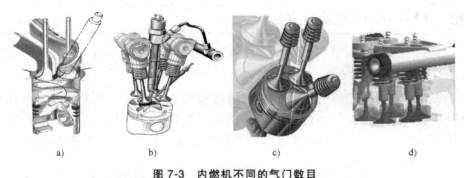

图 7-3 内燃机不同的气门数目
a) 二个气门 b) 三个气门 c) 四个气门 d) 五个气门

7.1.2 单个气门通过能力评价

单个气门通过能力用以下参数评价：

（1）时间断面 在一定时间内,气门的通过断面面积越大,其通过能力就越强。用与气门通过断面面积等几何因素有关的参数来评价和比较气门的通过能力,如气门开启断面面积与对应时间乘积的积分,即气门开启的通过断面面积——时间断面。图 7-4 所示为断面及平均时间断面。

如图 7-5 所示,气门开启过程的开启断面面积 A 可以认为是气门处气体通道的最小断面面积。在气门升程 h_t 不太大的情况下,通常认为 A 就是以气门头部最小直径(一般等于气门喉口直径 d_h)为小底、直径 d'_t 为大底、h' 为斜高的截锥体的侧表面面积。将 A 对时间进行积分,即气门开启通过断面面积,用 A_f 表示,即

$$A_f = \int_{t_1}^{t_2} A \mathrm{d}t \tag{7-1}$$

式(7-1)表示气门口通过断面面积在进、排气行程始点和终点对时间的积分,即从结构设计的角度评价气门通过能力时,均不考虑气门开启的提前角和关闭的滞后角。

设 $H_{\max}$ 为不包括缓冲段高度的气门最大升程,则

$$A = \frac{\pi}{2} h'(d_h + d'_t)$$

$$h' = h_t \cos\gamma$$

$$d'_t = d_h + 2h'\sin\gamma = d_h + 2h_t\cos\gamma\sin\gamma$$

所以

$$A = \pi h_t \cos\gamma \left(d_h + \frac{h_t}{2}\sin 2\gamma\right) \tag{7-2}$$

$$A_{\max} = \pi H_{\max}\cos\gamma\left(d_h + \frac{H_{\max}}{2}\sin 2\gamma\right) \tag{7-3}$$

式(7-2)中,升程 h_t 是时间 t 的函数;A_f 是 A 对时间进行积分,实际上常用凸轮转角或曲轴转角代替时间进行积分,所得结果也称为时间断面。

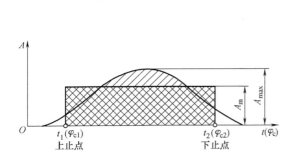

图 7-4 断面及平均时间断面

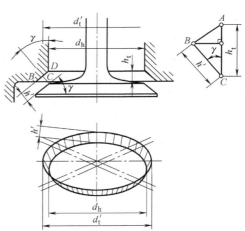

图 7-5 气门口尺寸与气门开启断面面积

(2)平均时间断面 以上、下止点时刻为时间断面积分的上、下限,再除以时间差 $t_2 - t_1$,可得该段时间上的平均时间断面 A_m,即

$$A_m = \frac{1}{t_2 - t_1}\int_{t_1}^{t_2} A \mathrm{d}t \tag{7-4}$$

用 A_m 讨论气门的通过能力更方便。

(3)时间断面丰满系数 ψ_f 该参数用来比较同样大小的气门在升程规律不同时的气门通过能力。其计算公式为

$$\psi_f = A_m / A_{\max} \tag{7-5}$$

(4) 比时间断面 ψ_F　该参数用来对不同排量的内燃机进行充气能力比较。其计算公式为

$$\psi_F = A_m / A_F \tag{7-6}$$

式中，A_F 为活塞顶面面积。

(5) 凸轮型线丰满系数 ψ_{Fm}　以上评价参数都以活塞上、下止点时刻为评价气门通过能力参数的边界，实际上气门相对于活塞上、下止点有开启提前角和关闭滞后角，对进、排气影响较大。如进气滞后角，通常都在40°曲轴转角以上。所以，在设计气门升程或挺柱位移规律时，可以利用凸轮型线丰满系数来评价充气能力，如图7-6所示。凸轮型线丰满系数 ψ_{Fm} 定义为

$$\psi_{Fm} = \frac{\int_0^\theta (h_t - H_0) \mathrm{d}\varphi_c}{(H_{\max} - H_0)\theta} \tag{7-7}$$

式中，h_t 为挺柱或气门的位移（升程）；θ 为凸轮工作段半包角；$H_{\max}$ 为挺柱或气门的最大位移（升程）；H_0 为缓冲段的高度；φ_c 为挺柱位移对应的凸轮转角。

ψ_{Fm} 是相对量，表示位移曲线下的面积与由最大升程和工作段半包角组成的矩形面积之比，用来评判型线设计的优劣，一般都要求 $\psi_{Fm} \geq 0.5$。

(6) 气门直径与气门最大升程的关系　在气门直径 d 一定的情况下，要提高气门的通过能力，可增大气门的最大升程 $H_{\max}$。但当气门最大升程达到一定值之后，通过能力（流量）仅取决于气门喉口的面积。试验表明，当 $H_{\max}/d = 0.25$ 时，气门口与气门座处的流通面积相等；当 $H_{\max}/d > 0.25$ 后，流量则增加得很少，如图7-7所示。考虑到气门杆所占面积，进气门 $H_{\max}/d$ 可以适当增大至 0.3，再考虑到活塞在上止点时可能与气门发生干涉，一般进气门 $H_{\max}/d = 0.26 \sim 0.28$。排气门最大升程理论上也与进气门相同。但是由于排气门不存在早开与活塞干涉，为保证有足够的流通面积和减少推出功，可以适当取比进气门大一些的 $H_{\max}/d$ 值，一般排气门 $H_{\max}/d = 0.3 \sim 0.35$。

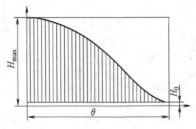

图7-6　凸轮型线丰满系数

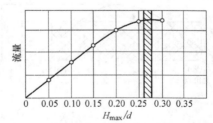

图7-7　流量与气门最大升程与气门直径比值的关系

7.2　配气机构运动学和凸轮型线设计

7.2.1　配气机构运动规律

1. 平底挺柱的运动规律

平底挺柱的凸轮运动规律用于采用靠模方法加工的凸轮，非平底顶柱也必须换算成平底

挺柱的运动规律。平底挺柱运动关系简图如图 7-8 所示。因为速度三角形与 △AOB 相似，所以

$$\frac{\dot{h}_\mathrm{t}}{AB} = \frac{r\omega_\mathrm{c}}{AO}, \dot{h}_\mathrm{t} = e\omega_\mathrm{c}$$

又因为

$$\dot{h}_\mathrm{t} = \frac{\mathrm{d}h_\mathrm{t}}{\mathrm{d}t} = \frac{\mathrm{d}h_\mathrm{t}}{\mathrm{d}\varphi_\mathrm{c}}\frac{\mathrm{d}\varphi_\mathrm{c}}{\mathrm{d}t} = h_\mathrm{t}'\omega_\mathrm{c} \quad (7\text{-}8)$$

所以

$$e\omega_\mathrm{c} = h_\mathrm{t}'\omega_\mathrm{c}, e = h_\mathrm{t}' \quad (7\text{-}9)$$

h_t' 为气门升程对凸轮转角的变化率，称为平底挺柱的几何速度值（mm/rad），因此，采用平底挺柱时，挺柱凸轮的接触点与挺柱轴线的偏心距值等于平底挺柱的几何速度值。因此，为保证接触点不落在挺柱底面之外，平底挺柱的底面

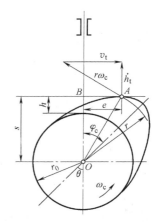

图 7-8 平底挺柱运动关系简图

半径应大于最大偏心距，也就是在数值上要大于挺柱的最大几何速度 $\left(\dfrac{\mathrm{d}h_\mathrm{t}}{\mathrm{d}\varphi_\mathrm{c}}\right)_{\max}$。

另外，由

$$\frac{v_\mathrm{t}}{OB} = \frac{r\omega_\mathrm{c}}{OA} \rightarrow \frac{v_\mathrm{t}}{h_\mathrm{t}+r_0} = \frac{r\omega_\mathrm{c}}{r}$$

得

$$v_\mathrm{t} = (h_\mathrm{t} + r_0)\omega_\mathrm{c} \quad (7\text{-}10)$$

式中，v_t 为挺柱相对于凸轮表面的滑动速度，或者接触线沿凸轮表面的移动速度 v_ic 与沿挺柱表面的移动速度 v_it 之差，如图 7-8 所示。

2. 凸轮外形与平底挺柱运动规律间的关系

设接触点 A 沿挺柱表面的移动速度为 v_it，接触点 A 沿凸轮轴表面的移动速度为 v_ic。则

$$v_\mathrm{it} = \frac{\mathrm{d}e}{\mathrm{d}t} = \frac{\mathrm{d}h_\mathrm{t}'}{\mathrm{d}t} = \frac{\mathrm{d}h_\mathrm{t}'}{\mathrm{d}\varphi_\mathrm{c}}\frac{\mathrm{d}\varphi_\mathrm{c}}{\mathrm{d}t} = h_\mathrm{t}''\omega_\mathrm{c} \quad (7\text{-}11)$$

如图 7-9 所示，假设 ρ 为接触点 A 的曲率半径，$\Delta\varphi_\mathrm{c} = \Delta\tau \approx \mathrm{d}\varphi_\mathrm{c}$，则点 A 沿凸轮表面移动的速度为

$$v_\mathrm{ic} = \frac{\mathrm{d}\overline{A_1 A_2}}{\mathrm{d}t} = \frac{\mathrm{d}l_\mathrm{c}}{\mathrm{d}\varphi_\mathrm{c}}\frac{\mathrm{d}\varphi_\mathrm{c}}{\mathrm{d}t} = \frac{\mathrm{d}l_\mathrm{c}}{\mathrm{d}\varphi_\mathrm{c}}\omega_\mathrm{c} = \rho\omega_\mathrm{c} \quad (7\text{-}12)$$

则挺柱相对于凸轮表面的滑动速度为

$$v_\mathrm{t} = v_\mathrm{ic} - v_\mathrm{it} = \rho\omega_\mathrm{c} - h_\mathrm{t}''\omega_\mathrm{c} = (r_0 + h_\mathrm{t})\omega_\mathrm{c} \quad (7\text{-}13)$$

所以凸轮各点的曲率半径 ρ 为

$$\rho = r_0 + h_\mathrm{t} + h_\mathrm{t}'' \quad (7\text{-}14)$$

设计中必须保证曲率半径不能为负值，且 $\rho_{\min}$ 应大于 3mm，以保证较小的接触应力。h_t'' 的单位为 $\mathrm{mm/rad}^2$。

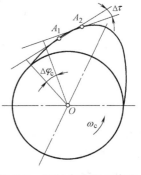

图 7-9 接触点变化示意图

3. 滚子挺柱的运动规律

凸轮从动件也可以是滚子挺柱。图 7-10 所示为平底挺柱与滚子挺柱运动规律的几何转换关系，$\dot{h}_\mathrm{R}$ 为滚子挺柱的移动速度，$r\omega_\mathrm{c}$ 为凸轮上接触点 A 的瞬时速度，v_R 为挺柱上 A 点的切向速度，三者之间的关系为

151

$$\dot{h}_R = r\omega_c + v_R$$

因为速度三角形与 △OAF 相似,所以

$$\frac{\dot{h}_R}{\overline{OF}} = \frac{r\omega_c}{\overline{OA}} = \frac{r\omega_c}{r} = \omega_c, \quad \dot{h}_R = \overline{OF}\omega_c$$

又有

$$\dot{h}_R = h'_R \omega_c$$

所以

$$h'_R \omega_c = \overline{OF}\omega_c, \quad h'_R = \overline{OF}$$

另外,由 $\dfrac{v_R}{\overline{AF}} = \dfrac{r\omega_c}{\overline{OA}}$ 得凸轮与滚子之间的滑动速度为

$$v_R = \overline{AF}\omega_c = \left(\frac{r_0 + r_m + r_R}{\cos\varepsilon} - r_m\right)\omega_c$$

凸轮压力角为

$$\varepsilon = \arctan\frac{\overline{OF}}{r_0 + r_m + h_R} = \arctan\frac{h'_R}{r_0 + r_m + h_R}$$

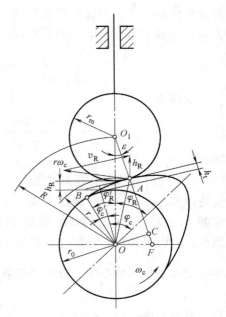

图 7-10 平底挺柱与滚子挺柱
运动规律的几何转换关系

滚子挺柱(包括球面挺柱)凸轮外形的曲率半径,可以根据其运动规律计算,即

$$\rho = \frac{R\left[\sqrt{1 + (h'_R/R)^2}\right]^3}{1 + 2(h'_R/R)^2 - h''_R/R} - r_m \tag{7-15}$$

滚子挺柱的凸轮可能为凹面,此时曲率半径为负值。因为凸轮加工采用数控机床,磨削凸轮时用与滚子半径相同的砂轮加工,可以加工出凹面凸轮。但是,凹面部分的曲率半径必须大于砂轮半径,否则砂轮无法加工出满足要求的凹面凸轮。

根据图 7-10 所示的几何关系,由滚子挺柱的运动规律推导出平底挺柱的运动规律,即

$$\begin{cases} h_t = (r_0 + r_m)(\cos\varepsilon - 1) + h_R\cos\varepsilon \\ \tan\varepsilon = \dfrac{h'_R}{r_0 + r_m + h_R} \\ \varphi_c = \varphi_R + \varepsilon \end{cases} \tag{7-16}$$

式中,h_R 为滚子挺柱的升程(mm);h'_R 为滚子挺柱的几何速度(mm/rad);φ_R 为滚子挺柱的凸轮转角(rad);h_t 为平底挺柱的升程(mm);h'_t 为平底挺柱的几何速度(mm/rad);φ_c 为平底挺柱的凸轮转角(rad)。

在凸轮轴的工程图上,挺柱位移表是将凸轮型线始点(图 7-10 中 B 点)记为 0°,换算时以 B 点处开始计算。如图 7-10 所示,以 φ'_R 表示滚子挺柱的凸轮转角,以 φ'_c 表示平底挺柱的凸轮转角,则式(7-16)中的角度转换关系变为 $\varphi'_R = \varphi'_c - \varepsilon$,这样就可以不考虑凸轮桃尖的具体位置了。

由平底挺柱的运动规律推导出滚子挺柱的运动规律,即

$$\begin{cases} h_R = \dfrac{1}{\cos\varepsilon}(r_0 + r_m + h_t) - (r_0 + r_m) \\ \tan\varepsilon = \dfrac{h_t'}{r_0 + r_m + h_t} \\ \varphi_R = \varphi_c - \varepsilon \end{cases} \quad (7\text{-}17)$$

同样，如果以图 7-10 中的 B 点为计算始点，则 $\varphi_c' = \varphi_R' - \varepsilon$。

要注意的是，换算后的挺柱位移不是等间隔凸轮转角的挺柱位移，因为同一接触点上对应的滚子挺柱凸轮转角与平底挺柱凸轮转角的关系为 $\varphi_R = \varphi_c - \varepsilon$。需要利用插值法将换算后的挺柱位移整理为等间隔凸轮转角的挺柱位移。

4. 凸轮位置不同时挺柱与气门运动规律的关系

下置凸轮轴气门的运动规律由挺柱的运动规律得到，其关系为

$$h_v = i h_t \quad (7\text{-}18)$$

式中，i 为摇臂比，即气门端的摇臂长度 l_2 与凸轮端的摇臂长度 l_1 之比，如果挺柱的位移对称，则气门的位移对称，只按比例放大或缩小。气门的速度和加速度也与挺柱的速度和加速度相似。

顶置凸轮轴的驱动形式有多种。如果用凸轮直接驱动气门，则气门的运动规律就是平底挺柱的位移规律。但如果用摇臂驱动气门，由于摇臂的摆动角度较大，凸轮的转动方向不同，气门的运动规律与挺柱的运动规律有较大区别，需要确定实际的气门运动规律与凸轮运动规律的区别，以确定气门的升程是否能够满足配气需要。另外，如果先确定了理想的气门运动规律，也要换算得到对应的凸轮滚子挺柱的运动规律和凸轮外形轮廓，以实现凸轮加工。

图 7-11 所示为顶置凸轮摆臂机构。图 7-12 所示为该顶置凸轮摆臂机构的凸轮与气门运动规律。由图 7-12 可知，凸轮与摇臂上的滚轮接触，驱动摇臂绕挺柱顶点转动，在摇臂的驱动下，气门完成开启和关闭动作。图 7-12 中 O 点是凸轮的转动中心；滚轮与凸轮基圆接触时的中心位置是 O_1，即摇臂初始位置时的滚轮中心位置；O_2 是凸轮驱动气门运动中的某一时刻的滚轮中心位置。与气门尾端接触的摇臂端面是圆弧面，用 A 点表示这个圆弧面的初始圆心位置，其坐标 (x_A, y_A) 已知；B 点是摇臂转过 $(\theta - \theta_0)$ 时的圆心位置。气门杆轴线与 y 轴的夹角为 ψ；φ_R 表示从初始位置 OO_1 算起的凸轮转角；γ 为相对于 OO_2 线的凸轮转角，注意 φ_R 与 γ 是不相等的。下面分两种情况进行分析。

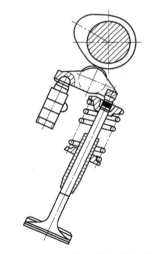

图 7-11 顶置凸轮摆臂机构

1）已知滚子挺柱升程 (h_R, φ_R)，求气门位移规律 (h_v, γ)。由于滚子挺柱升程 (h_R, φ_R) 已知，ψ 是通过图样或测量得到的，基圆半径、滚子半径已知，h_R 即凸轮转角为 φ_R 时高于基圆的线段，图 7-12 中未标出。线段 $a = \overline{O_3 O}$、$b = \overline{O_3 O_1}$ 和 $c = \overline{O_3 A} = \overline{O_3 B}$（$c$ 在图 7-12 中未标出）已知，坐标原点 O_3 定义在液压挺柱与摇臂接触球面的球心。根据图 7-12，首先求出 $O_3 A$ 与水平轴的夹角 θ_A，即

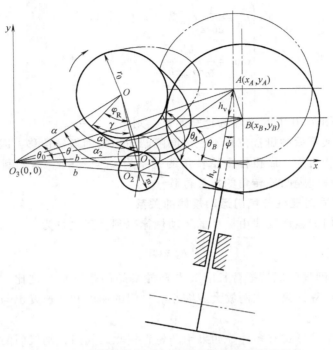

图 7-12　顶置凸轮摆臂机构的凸轮与气门运动规律

$$\begin{cases} \theta_A = \arctan \dfrac{y_A}{x_A} \\[2pt] \theta = \arccos \dfrac{a^2+b^2-\overline{OO_2}^2}{2ab} = \arccos \dfrac{a^2+b^2-(r_0+r_m+h_R)^2}{2ab} \\[2pt] \theta_0 = \arccos \dfrac{a^2+b^2-\overline{OO_1}^2}{2ab} = \arccos \dfrac{a^2+b^2-(r_0+r_m)^2}{2ab} \\[2pt] \theta_B = \theta_A - (\theta - \theta_0) \\[2pt] y_B = c\sin\theta_B \\[2pt] h_v = (y_A - y_B)\cos\psi \end{cases} \quad (7\text{-}19)$$

$$\begin{cases} \alpha_1 = \arccos \dfrac{a^2-b^2+\overline{OO_1}^2}{2a\overline{OO_1}} = \arccos \dfrac{a^2-b^2+(r_0+r_m)^2}{2a(r_0+r_m)} \\[2pt] \alpha_2 = \arccos \dfrac{a^2-b^2+\overline{OO_2}^2}{2a\overline{OO_2}} = \arccos \dfrac{a^2-b^2+(r_0+r_m+h_R)^2}{2a(r_0+r_m+h_R)} \\[2pt] \gamma = \varphi_R - (\alpha_1 - \alpha_2) \end{cases} \quad (7\text{-}20)$$

可以看出，γ 角与等间隔变化的 φ_R 相差 $(\alpha_1-\alpha_2)$，即不是等间隔变化的。在完成气门升程计算之后，要利用插值方法将不等间隔角的 γ 对应的 h，换算为等间隔角对应的 h_v。

2) 已知气门升程规律 (h_v,γ)，求滚子挺柱的位移规律 (h_R,φ_R)。

$$\begin{cases} y_B = \dfrac{y_A\cos\psi - h_v}{\cos\psi} \\ \theta_B = \arcsin\dfrac{y_B}{c} \\ \theta_0 = \arccos\dfrac{a^2+b^2-(r_0+r_m)^2}{2ab} \\ \theta = \theta_A - \theta_B + \theta_0 \\ h_R = \sqrt{a^2+b^2-2ab\cos\theta} - (r_0+r_m) \end{cases} \quad (7\text{-}21)$$

$$\begin{cases} \alpha_1 = \arccos\dfrac{a^2-b^2+(r_0+r_m)^2}{2a(r_0+r_m)} \\ \alpha_2 = \arccos\dfrac{a^2-b^2+(r_0+r_m+h_R)^2}{2a(r_0+r_m+h_R)} \\ \varphi_R = \gamma + (\alpha_2 - \alpha_1) \end{cases} \quad (7\text{-}22)$$

同理,此时 φ_R 也是不等间隔的,需要利用插值方法将 h_R 换算成等间隔 φ_R 角对应的滚子挺柱升程。这时的凸轮可能是凹面的,如图 7-13 所示。

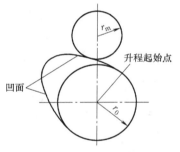

图 7-13 凹面凸轮示意图

7.2.2 凸轮型线设计

1. 凸轮缓冲段的设计

(1) 设置缓冲段的必要性 设置缓冲段的必要性主要有以下几点:

1) 由于存在气门间隙 L_0,气门实际开启时刻迟于挺柱动作时刻。

2) 由于存在气门弹簧预紧力 F_0,机构首先要产生压缩弹性变形,等到弹性变形力克服了弹簧预紧力之后,气门才开始运动。

3) 由于存在缸内气压力,对于排气门,气缸压力的作用与气门弹簧预紧力的作用都会阻止气门开启,从而使气门迟开。

上述因素的综合作用使得气门的实际开启时刻迟于理论开启时刻,如果没有缓冲段,气门的初速度短时间内会由零变得很大,有很强的冲击作用。同理,气门落座时的末速度很大,会对气门座产生较大冲击,加剧气门机构的噪声和磨损。

因此,为了补偿气门间隙,以及预紧力和气缸压力造成的弹性变形,要在凸轮工作段前后增设缓冲段。

(2) 缓冲段参数及基本类型 设置缓冲段的基本思想是当消除了气门间隙之后,控制气门在开启时有更低的速度和更小的加速度。

1) 缓冲段基本参数的选择和确定。

① 缓冲段高度 H_0。

进气门开：$H_0 > \dfrac{L_0 + F_0/C_0}{i}$　　　　进气门关：$H_0 > \dfrac{L_0 + F_0/C_0 + \Delta H_r}{i}$

排气门开：$H_0 > \dfrac{L_0 + F_0/C_0 + F_g/C_0}{i}$　　　　排气门关：$H_0 > \dfrac{L_0 + F_0/C_0 + \Delta H_r}{i}$

式中，C_0 为机构刚度（N/mm）；F_0/C_0 为预紧力引起的弹性变形；F_g/C_0 为气缸内压力引起的弹性变形；i 为摇臂比；ΔH_r 为少数机型考虑气门与气门导管的间隙引起气门倾倒而使气门提前落座的变形量。一般的缓冲段高度 $H_0 = 0.15 \sim 0.3$ mm。

② 缓冲段速度 $v_0 = 0.006 \sim 0.025$ mm/(°)。

③ 缓冲段包角 $\phi_0 = 15° \sim 40°$。

2）常用缓冲段型线的形式。

① 等加速-等速型缓冲段（图 7-14）。

等加速段
$$h_t = c\varphi_c^2 \tag{7-23}$$
$$0 \leq \varphi_c \leq \phi_{01}$$

式中，c 为二次项系数，由边界条件确定；ϕ_{01} 为等加速段的包角。

等速段
$$h_t = v_0(\varphi_c - \phi_{01}) + h_{01} \tag{7-24}$$
$$\phi_{01} \leq \varphi_c \leq \phi_0$$

式中，h_{01} 为等加速段结束、等速段开始处的挺柱位移。

② 余弦型（图 7-15）。

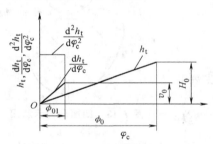

图 7-14　等加速-等速型缓冲段

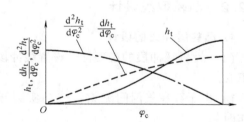

图 7-15　余弦型缓冲段

$$h_{t0} = H_{t0}\left(1 - \cos\dfrac{\pi}{2\phi_0}\varphi_c\right) \tag{7-25}$$
$$0 \leq \varphi_c \leq \phi_0$$

两者相比较，等加速-等速型缓冲段应用占主体，几乎所有高速内燃机的凸轮都采用等加速-等速型缓冲段。其主要原因是：加工、安装误差和气门间隙的变化，实际气门开启时刻或挺柱开始移动时刻都不能准确地控制在缓冲段结束、工作段开始的那个点上。采用等加速-等速型缓冲段，只要合理地控制气门间隙，保证气门在缓冲段的等速段上开启和落座，就能保证气门的开启或落座加速度为零，速度为一个较小的常数，而余弦型缓冲段则做不到。

2. 凸轮工作段的设计

（1）圆弧凸轮　多数圆弧凸轮由四段圆弧或六段圆弧组成。图 7-16 所示为一个由基圆、腹弧、顶弧组成的四圆弧凸轮。设计时一般先给定基圆半径 r_0'，缓冲段高度 H_0，工作段半

包角 θ,以及可以调整的顶弧半径 r_2,再根据参数间的几何关系计算出腹弧半径 r_1,即

$$r_1 = \frac{r_0'^2 + D_{02}^2 - 2r_0'D_{02}\cos\theta - r_2^2}{2(r_0' - r_2 - D_{02}\cos\theta)} \quad (7\text{-}26)$$

确定了圆弧凸轮参数后,就可以根据图 7-17 所示的符号规则,按照式(7-26)计算任何圆弧凸轮的平面挺柱运动规律。即

$$\begin{cases} h_{ti} = D_{0i}\cos\varphi_{ci} + r_i - r_0' \\ h_{ti}' = D_{0i}\sin\varphi_{ci} \\ h_{ti}'' = -D_{0i}\cos\varphi_{ci} \end{cases} \quad (7\text{-}27)$$

圆弧凸轮缓冲段的设置,将基圆半径去掉一个缓冲段的高度 H_{t0},得到实际基圆半径 r_0,然后使实际基圆与工作段平滑连接,这个过渡段就是凸轮缓冲段。

圆弧凸轮的优点:正加速度曲线近似为矩形,凸轮型线丰满系数 ψ_{Fm} 高。

圆弧凸轮的缺点:加速度曲线不连续,冲击严重,不适用于高速内燃机。车用内燃机都不再采用圆弧凸轮。但是船用内燃机的转速低,由加速度曲线不连续造成的配气机构冲击不严重,因此,圆弧凸轮仍被采用,主要是利用其型线丰满系数高、充气量大的优点。

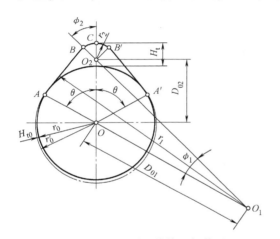

图 7-16 四圆弧凸轮的几何关系

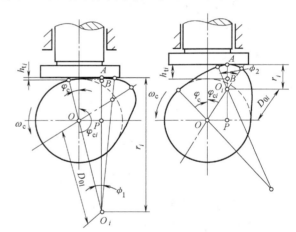

图 7-17 计算圆弧凸轮的平面挺柱运动规律

车用内燃机目前普遍采用高阶导数连续变化的函数凸轮型线。函数凸轮型线有多种,如高次方多项式凸轮、低次方组合多项式凸轮、复合三角函数凸轮、多项谐波凸轮等。下面介绍应用广泛的高次方多项式凸轮型线和低次方组合多项式凸轮型线。

(2)高次方多项式凸轮型线 设计函数凸轮型线要先设计型线的一半,即先设计上升段,然后设计下降段,或者通过对称得到下降段。高次方多项式凸轮从挺柱最大升程处即凸轮桃尖处开始设计。

以六项式凸轮型线为例,型线方程为

$$y = C_0 + C_2\left(\frac{x}{\theta}\right)^2 + C_p\left(\frac{x}{\theta}\right)^p + C_q\left(\frac{x}{\theta}\right)^q + C_r\left(\frac{x}{\theta}\right)^r + C_s\left(\frac{x}{\theta}\right)^s \quad (7\text{-}28)$$

式中,C_0、C_2、C_p、C_q、C_r、C_s 为方程各项的系数,是未知参数,需要通过已知的边界条件求解方程得到;第二项的指数规定为 2,是要保证上升段和下降段在最大升程处连续;θ

为凸轮的工作段半包角,是已知的设计参数;p、q、r、s 为幂指数,按升幂排列,可以是任意实数,是设计变量,由设计者在设计时调节以得到理想的设计结果;x 为凸轮轴转角(变量),$0 \leq x \leq \theta$;y 为对应凸轮转角 x 的挺柱升程或凸轮升程。高次方多项式凸轮型线如图 7-18 所示。

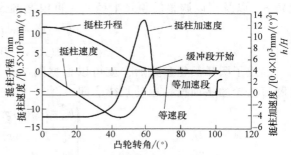

图 7-18 高次方多项式凸轮型线

为了协调最大加速度和最大速度、最小曲率半径、丰满系数等参数之间的关系,式(7-28)的项数可以根据需要进行调整,最少不能少于三项,但也不宜太多。

具体设计过程如下:

1)确定设计参数。即确定挺柱的最大升程 H_{max}、缓冲段高度 H_0、缓冲段终了速度 v_0 和工作段半包角 θ。

2)确定设计变量。确定方程各项的幂指数 p、q、r、s。幂指数为升幂排列。

3)求导数。

$$y' = \left[2C_2 \frac{x}{\theta} + pC_p \left(\frac{x}{\theta}\right)^{p-1} + qC_q \left(\frac{x}{\theta}\right)^{q-1} + rC_r \left(\frac{x}{\theta}\right)^{r-1} + sC_s \left(\frac{x}{\theta}\right)^{s-1} \right] / \theta$$

$$y'' = \left[2C_2 + p(p-1)C_p \left(\frac{x}{\theta}\right)^{p-2} + q(q-1)C_q \left(\frac{x}{\theta}\right)^{q-2} + r(r-1)C_r \left(\frac{x}{\theta}\right)^{r-2} + s(s-1)C_s \left(\frac{x}{\theta}\right)^{s-2} \right] / \theta^2$$

$$y''' = \left[p(p-1)(p-2)C_p \left(\frac{x}{\theta}\right)^{p-3} + q(q-1)(q-2)C_q \left(\frac{x}{\theta}\right)^{q-3} + \cdots + s(s-1)(s-2)C_s \left(\frac{x}{\theta}\right)^{s-3} \right] / \theta^3$$

$$y^{(4)} = \left[p(p-1)(p-2)(p-3)C_p \left(\frac{x}{\theta}\right)^{p-4} + \cdots + s(s-1)(s-2)(s-3)C_s \left(\frac{x}{\theta}\right)^{s-4} \right] / \theta^4$$

4)根据边界条件建立方程组。

当 $x = 0$ 时,即在最大升程处,有

$$y = H_{max}, y' = 0, C_0 = H_{max}$$

当 $x = \theta$ 时,有

$$y = H_0, y' = -v_0, y'' = 0, y''' = 0, y^{(4)} = 0$$

5)列出方程组。

$$C_2 + C_p + C_q + C_r + C_s = -H_{max} + H_0$$
$$2C_2 + pC_p + qC_q + rC_r + sC_s = -v_0\theta$$
$$2C_2 + p(p-1)C_p + q(q-1)C_q + r(r-1)C_r + s(s-1)C_s = 0$$
$$p(p-1)(p-2)C_p + q(q-1)(q-2)C_q + r(r-1)(r-2)C_r + s(s-1)(s-2)C_s = 0$$
$$p(p-1)(p-2)(p-3)C_p + q(q-1)(q-2)(q-3)C_q + \cdots + s(s-1)(s-2)(s-3)C_s = 0$$

6)求解得到方程系数,需要编制一个计算程序,程序中包括线性方程组的解法、挺柱规律的计算功能,程序的输入参数为 H_{max}、H_0、v_0、θ、p、q、r、s。调整输入参数,可得到需要的凸轮型线。一般以凸轮型线丰满系数和最小曲率半径为判断目标。

设计变量的一般规律是，第一个指数 $p \geq 8$。另外，指数增大，最大正加速度 a_{max} 值增大，指数 r 和 s 的影响显著；正加速度段宽度 θ_+ 下降，凸轮型线丰满系数 ψ_{Fm} 增大，p 和 q 的影响显著。

如果不易协调凸轮型线丰满系数与最小曲率半径之间的关系，可以通过增减项数的方法解决。图 7-19 所示为幂指数对升程曲线和加速度曲线变化的影响。

也可以按照有关参考文献给出的计算公式计算各项系数，但是不容易增减项数，设计不灵活。

7）高次方多项式凸轮型线的特点：
① 负加速度小，正向惯性力小、不易飞脱，凸轮桃尖处的接触应力小。
② 加速度曲线连续，冲击小，有利于向高速发展。
③ 方程形式简单。
④ 可用于非对称凸轮设计。
⑤ 负加速度曲线平缓，与气门弹簧的适应性略差。
⑥ 正加速度值大。

设计下降段时，要与上升段保持位移连续、速度连续、加速度连续。下降段的缓冲段高度 H_0、缓冲段终了速度 v_0 和工作段半包角 θ 都可以与上升段不同。因此，高次方多项式凸轮可以设计成非对称凸轮，有利于调整落座速度和落座冲击力。

图 7-19 中曲线的幂指数依曲线号增加而减小，曲线 1 的最高幂指数为 122，曲线 6 的最高幂指数为 32，曲线 2~5 最高幂指数位于二者之间。图 7-20 所示为高次方多项式凸轮型线的设计实例。幂指数不一定要取偶数，也没有严格的选取规律，只要是实数就可以，有时也可取小数。

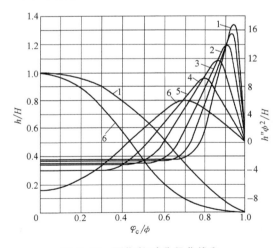

图 7-19 幂指数对升程曲线和加速度曲线变化的影响

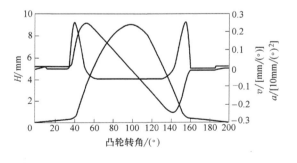

图 7-20 高次方多项式凸轮型线的设计实例（非对称）

（3）低次方组合多项式凸轮型线　该凸轮型线一般由五段曲线组成上升段或下降段，如图 7-21 所示。从缓冲段结束的位置开始，将缓冲段结束时的位移、速度和加速度作为工作段开始的初始边界条件。此型线的优点是设计自由度大。型线由五段组成，各段方程表达式为

$$\begin{cases} h_1 = C_1 + C_2\varphi_1 + C_3\varphi_1^2 + C_4\varphi_1^3 + C_5\varphi_1^4 \\ h_2 = C_6 + C_7\varphi_2 + C_8\varphi_2^2 \\ h_3 = C_9 + C_{10}\varphi_3 + C_{11}\varphi_3^2 + C_{12}\varphi_3^3 + C_{13}\varphi_3^4 \\ h_4 = C_{14} + C_{15}\varphi_4 + C_{16}\varphi_4^2 + C_{17}\varphi_4^3 + C_{18}\varphi_4^4 \\ h_5 = C_{19} + C_{20}\varphi_5 + C_{21}\varphi_5^2 \end{cases} \quad (7\text{-}29)$$

式中，φ_i 为对应各段的角度变量，取值范围为 $0 \sim \varphi_i$。

除起始点与缓冲段连续外，其他边界条件的作用是保证各段升程及三阶导数连续，最大升程 $H_{\max}$ 是给定值。最大升程点对应的挺柱速度为零，该处的加速度和第三阶导数不作限制。一共有 21 个边界条件，列方程求解，C_3、C_{12}、C_{16} 均为零，最后得

$$\begin{cases} h_1 = C_1 + C_2\varphi_1 + C_4\varphi_1^3 + C_5\varphi_1^4 \\ h_2 = C_6 + C_7\varphi_2 + C_8\varphi_2^2 \\ h_3 = C_9 + C_{10}\varphi_3 + C_{11}\varphi_3^2 + C_{13}\varphi_3^4 \\ h_4 = C_{14} + C_{15}\varphi_4 + C_{17}\varphi_4^3 + C_{18}\varphi_4^4 \\ h_5 = C_{19} + C_{20}\varphi_5 + C_{21}\varphi_5^2 \end{cases} \quad (7\text{-}30)$$

低次方组合多项式凸轮型线的特点：①时间断面大，各段宽度调节范围大，设计上灵活；②三阶以上导数不连续，影响平稳性；③只能用于对称凸轮。

以上设计的凸轮型线，都是指从动件的运动规律，而从动件可以是平底挺柱或滚子挺柱。设计的凸轮从动件能否完成所设计的运动规律，取决于凸轮外形，即凸轮的曲率半径的变化。如果从动件是平底挺柱，其凸轮曲率半径需要满足式（7-14），且最小曲率半径要大于 3mm；如果从动件是滚子挺柱或弧面挺柱，其凸轮曲率半径需要满足式（7-15），且负曲率半径的最小绝对值要大于加工砂轮半径。

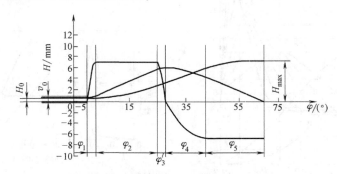

图 7-21 低次方组合多项式凸轮型线

3. 凸轮型线的静态评价

凸轮型线设计完成后，要对其进行基本性能评价，以判断型线是否满足工程需要，包括：利用参数对凸轮型线进行评价，以及利用配气机构动力模型计算机构的动力学性能（见 7.3 节）。

1）凸轮型线丰满系数 ψ_{Fm}。利用式（7-7）计算，由于缓冲段不参与工作，仅起到开启和落座时的缓冲作用，因此在计算 ψ_{Fm} 时，需要减去缓冲段的高度。式（7-7）中分子的积

分，通常利用挺柱升程表进行数值积分得到，不进行理论积分。但也会遇到仅有挺柱升程表而没有型线表达式的情况，这时只能进行数值积分。因此，式（7-7）可以近似写成

$$\psi_{Fm} = \frac{\sum_{i=0}^{n-1} \frac{(h_{ti} - H_0) + (h_{t(i+1)} - H_0)}{2}(\varphi_{i+1} - \varphi_i)}{(H_{max} - H_0)\theta} \tag{7-31}$$

ψ_{Fm}是相对量，仅表示由所设计凸轮型线包围的曲线下面积与矩形面积$(H_{max}-H_0)\theta$的比值。在边界条件相同的前提下，比值越大，表示型线越丰满，气体相对通过量越大。通过对大量型线的统计，$\psi_{Fm}>0.5$，在顶置凸轮轴直接驱动气门的情况下，ψ_{Fm}可以达到0.6左右。

2）凸轮型线时间断面积S_f。

$$S_f = \int_0^\theta (h_t - H_0)d\varphi_c \approx \sum_{i=0}^{n-1} \frac{(h_{ti} - H_0) + (h_{t(i+1)} - H_0)}{2}(\varphi_{i+1} - \varphi_i) \tag{7-32}$$

S_f表示曲线下的面积，即图7-6中的阴影面积，是绝对量，即凸轮型线丰满系数表达式的分子。在气门直径已确定，进行不同设计方案的对比时，该值具有参考价值。

3）最小曲率半径ρ_{min}。平底挺柱凸轮表面的最小曲率半径表达式为

$$\rho = r_0 + h_t + h_t''$$

式中，r_0为凸轮基圆半径；h_t''为挺柱的加速度（mm/rad²）。一般要求$\rho_{min} \geq 3mm$，否则凸轮表面的接触面积过小，使得接触应力很大，凸轮的磨损严重。对于滚子挺柱，凸轮表面曲率半径可以是负值，即可以是凹面凸轮。

4）凸轮型线评价参数K。该参数的定义为

$$K = \frac{t_a}{t_n} = \frac{\theta_+}{\theta_n} = \frac{\theta_{+f}}{6n_c} \tag{7-33}$$

式中，t_a表示当凸轮轴转速为n_c时，凸轮型线正加速度段宽度所占的时间（s）；$t_n = 1/f$，为配气机构自振频率f(Hz)的自振周期（s）；θ_+为凸轮型线上升段正加速度段宽度；θ_n为一个自振周期对应的凸轮转角。

一般认为，能够使配气机构运行平稳的K值应该满足$K \geq 1.33$。

自振频率f可以通过配气机构单质量模型的自由振动方程计算得到，也可以通过试验得到。在凸轮设计中，参数K为较重要的参数。

4. 机构自振频率的计算和实测

（1）自振频率的计算　在不考虑机构阻尼与外力的情况下，配气机构单质量模型的自由振动方程为

$$\ddot{y} + \frac{C_0 + C_s}{M}y = 0 \tag{7-34}$$

式中，C_0为机构刚度；C_s为气门弹簧刚度。

式（7-34）的通解为$y = A\cos(\omega_e t - \varepsilon)$，其中$\omega_e = \sqrt{\frac{C_0 + C_s}{M}}$为系统的自振圆频率（rad/s）。则系统的自振频率f(Hz)为

$$f = \frac{\omega_e}{2\pi} = \frac{1}{2\pi}\sqrt{\frac{C_0 + C_s}{M}} \tag{7-35}$$

(2) 自振频率的实测 自振频率的实测方法有两种：

1) 在气门上安装位移传感器，在气门与摇臂之间塞进一个厚度不大的薄金属片，如螺钉旋具的平面。转动凸轮轴将气门压开一定的开度，然后突然撤去金属片，将位移传感器传出的信号记录下来。此时的位移信号是一个周期衰减波形，若此时的周期是 $T(s)$，则配气机构的自振频率 $f = \dfrac{1}{T}$。

2) 在测量气门运动规律时，在气门上安装加速度传感器，其测量的信号即为气门运动的加速度。在负加速度段，加速度信号是周期波动的曲线。若曲线的横坐标是时间 t，则每两个波峰或波谷之间的距离即为振动周期 T，对周期 T 取倒数，就可以得到自振频率 f。为了避免大的测量误差，测量时须取若干个波峰或波谷求平均值。

7.3 配气机构动力学

7.3.1 配气机构动力学模型

1. 实际气门运动规律

配气机构工作时，由于机构各零部件发生弹性变形，位于传动链末端的气门运动与理想的运动相比，发生较大的变形，严重时会造成运动件飞脱、气门反跳、噪声增加和零部件加速损坏。图 7-22 所示为各种因素导致机构变形的示意图，曲线 1 为原始设计的理论气门升程；曲线 2 为消除气门间隙和抵消弹簧预紧力后的气门升程；曲线 2 与曲线 1 之间的差称为静变形；曲线 3 为在惯性力作用下气门的动态位移曲线；曲线 3 与曲线 1 之间的差称为动变形。

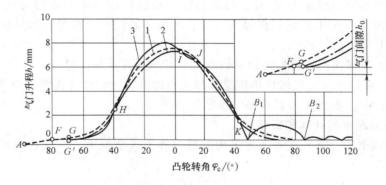

图 7-22 各种因素导致机构变形的示意图
A、F、G、G'、H、I、J、K—特征点 B_1、B_2—反跳点

2. 单质量动力学模型

一般把配气机构简化成单自由度模型来研究即足够精确。图 7-23 所示的车用柴油机典型凸轮轴下置配气机构可以转换为单质量动力学模型。

(1) 模型的建立 将图 7-23 所示的配气机构简化成由无质量弹簧联系的三个集中质量组成的系统，如图 7-24a 所示。

$$\begin{cases} m_3' = m_t + \dfrac{1}{2}m_p \\ m_2' = \dfrac{1}{2}m_p \\ m_1' = m_y + m_v + \dfrac{1}{3}m_s \end{cases} \quad (7\text{-}36)$$

式中，m_t 为挺柱质量；m_p 为推杆质量；m_y 为当量摇臂质量；m_v 为气门组质量，包括气门、弹簧座、锁块；m_s 为气门弹簧质量。

按照动能等效原则，把 m_2' 和 m_3' 换算到 m_1' 处，如图 7-24b 所示。

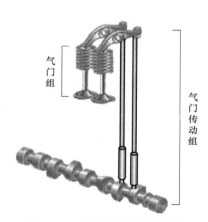

图 7-23　凸轮轴下置配气机构

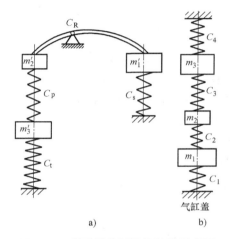

图 7-24　单质量模型转换过程示意图
a) 三个集中质量的组成　b) 集中质量和刚度的等效
C_t—挺柱当量刚度　C_p—推杆当量刚度
C_R—摇臂的当量弯曲刚度　C_s—气门弹簧刚度

$$\frac{1}{2}m_2'v'^2 = \frac{1}{2}m_2v^2, v' = l_1\omega, v = l_2\omega$$

$$m_2 = \left(\frac{l_1}{l_2}\right)^2 m_2' = \frac{1}{2i^2}m_p$$

式中，$i = \dfrac{l_2}{l_1}$，为摇臂比；l_1 为推杆侧摇臂长度；l_2 为气门一侧摇臂长度。

1) 摇臂质量换算。设想气门处有一当量质量，其动能与摇臂的转动动能相等。

$$\frac{1}{2}m_y v^2 = \frac{1}{2}I\omega^2$$

$$m_y = I\frac{\omega^2}{(l_2\omega)^2} = \frac{I}{l_2^2}$$

2) 气门弹簧的当量质量。根据动能等效，气门弹簧的当量质量为 $m_1 = \dfrac{1}{3}m_s$。m_3 与 $m_y + m_v$ 等效。

（2）简化成单质量模型 由于凸轮轴与挺柱的刚度很大，因此可以忽略两者的质量对系统的影响，而将机构其他零件的当量质量集中于气门处，并将机构刚度集中于推杆处成为一个弹簧，气门弹簧作为另一个弹簧，可得到一个单质量为 m 的系统。

$$m = m_y + m_v + \frac{1}{2i^2}m_p + \frac{1}{3}m_s \tag{7-37}$$

1）分析集中质量 m 的受力。作用在质量 m 上的力如图 7-25 所示。气门弹簧力为 $F_0 + C_s y$，C_s 为气门弹簧刚度；机构弹性力为 $C_0(x-y)$，C_0 为机构刚度，是除了气门组件之外所有配气机构部件的压缩刚度；缸内燃气作用力为 $F_g = \frac{p_g \pi d^2}{4}$，$d$ 为气门底面直径，p_g 为燃气压力。

存在由黏性阻尼引起的阻尼力为 $\xi(\dot{x}-\dot{y})$，ξ 是阻尼系数（N·s/m），按经验公式取 $\xi \approx 0.185\sqrt{M(C_0+C_s)}$。

在实际机构上可测量得到更准确的黏性阻尼力，阻尼系数 ξ 在一定范围内只影响振动幅值，对振动特性没有影响。

2）建立运动微分方程。根据达朗贝尔原理，有

$$m\ddot{y} = C_0(x-y) + \xi(\dot{x}-\dot{y}) - (F_0 + C_s y) - F_g \tag{7-38}$$

整理得

$$m\ddot{y} + \xi\dot{y} + (C_0 + C_s)y = C_0 x + \xi\dot{x} - (F_0 + F_g) \tag{7-39}$$

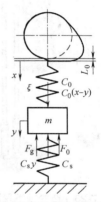

图 7-25 配气机构单质量动力模型

令 $\dot{y} = y'\omega$，$\ddot{y} = y''\omega^2$，$\dot{x} = x'\omega$，代入式（7-39）得

$$y'' + \frac{\xi}{m\omega}y' + \frac{C_0+C_s}{m\omega^2}y = \frac{C_0}{m\omega^2}x + \frac{\xi}{m\omega}x' - \frac{F_0+F_g}{m\omega^2} \tag{7-40}$$

式（7-40）即为气门运动的二阶微分方程。

3）确定初始条件。初始条件即气门实际开启时刻及所对应的挺柱和气门运动初值。气门实际开启时刻在消除气门间隙和克服弹簧预紧力之后，即

$$C_0[x(\varphi_c) - L_0] - F_0 = 0 \tag{7-41}$$

用数值解法的二分法求式（7-41）的根，即先确定气门开启时的凸轮转角 φ_{c0}，然后确定 φ_{c0} 对应的其他初值。

当 $\varphi_c = \varphi_{c0}$ 时，挺柱和气门的运动边界条件为

$$\begin{cases} x_0 = x(\varphi_{c0}), x'_0 = x'_0(\varphi_{c0}) \\ y = 0 \\ y' = 0 \end{cases} \tag{7-42}$$

设中间变量 $u = y'$，$u' = y''$，代入式（7-40），得

$$\begin{cases} u' = F(\varphi_{c0}) - \dfrac{\xi}{m\omega}u - \dfrac{C_0 + C_s}{m\omega^2}y \\ y' = u \\ x_0 = x(\varphi_{c0}) \\ x_0' = x'(\varphi_{c0}) \\ y_{\varphi_{c0}} = 0 \\ y_{\varphi_{c0}'} = 0 \end{cases} \quad (7\text{-}43)$$

式中，$F(\varphi_{c0}) = \dfrac{C_0}{m\omega^2}x + \dfrac{\xi}{m\omega}x' - \dfrac{F_0 + F_g}{m\omega^2}$，可以看作单质量模型的激励源。

4）解微分方程，求气门的运动规律。用四阶龙格-库塔数值积分法求解上述微分方程组，四阶龙格-库塔数值积分法简介如下，计算式为

$$y_{i+1} = y_i + \dfrac{h}{6}(k_1 + 2k_2 + 2k_3 + k_4) \quad (7\text{-}44)$$

式中

$$\begin{cases} k_1 = f(x_i, y_i) \\ k_2 = f\left(x_{i+\frac{1}{2}}, y_i + \dfrac{h}{2}k_1\right) \\ k_3 = f\left(x_{i+\frac{1}{2}}, y_i + \dfrac{h}{2}k_2\right) \\ k_4 = f\left(x_{i+1}, y_i + \dfrac{h}{2}k_3\right) \end{cases} \quad (7\text{-}45)$$

龙格-库塔数值积分法的截断误差为步长的五次方，只要步长合适，就能有足够的计算精度。对于式（7-43），其递推公式为

$$\begin{cases} y_{i+1} = y_i + \dfrac{h}{6}(k_1 + 2k_2 + 2k_3 + k_4) \\ u_{i+1} = u_i + \dfrac{h}{6}(l_1 + 2l_2 + 2l_3 + l_4) \end{cases} \quad (7\text{-}46)$$

式中

$$\begin{cases} k_1 = u_i \\ k_2 = u_i + \dfrac{h}{2}l_1 \\ k_3 = u_i + \dfrac{h}{2}l_2 \\ k_4 = u_i + hl_3 \end{cases}$$

$$\begin{cases} l_1 = F(\phi_{ci}) - \dfrac{C_0+C_s}{m\omega^2}y_i - \dfrac{\xi}{m\omega}u_i \\ l_2 = F\left(\phi_{ci}+\dfrac{h}{2}\right) - \dfrac{C_0+C_s}{m\omega^2}\left(y_i+\dfrac{h}{2}k_1\right) - \dfrac{\xi}{m\omega}\left(u_i+\dfrac{h}{2}l_1\right) \\ l_3 = F\left(\phi_{ci}+\dfrac{h}{2}\right) - \dfrac{C_0+C_s}{m\omega^2}\left(y_i+\dfrac{h}{2}k_2\right) - \dfrac{\xi}{m\omega}\left(u_i+\dfrac{h}{2}l_2\right) \\ l_4 = F(\phi_{ci}+h) - \dfrac{C_0+C_s}{m\omega^2}(y_i+hk_3) - \dfrac{\xi}{m\omega}(u_i+hl_3) \end{cases}$$

式中，h 为计算步长，可取 $0.5°\sim1°$，在气门落座附近时，推荐取 $0.1°$。

通过编写程序，可以计算出气门的动态位移、速度和加速度，还可计算出机构的弹性变形 ($x-y$)、落座速度（即 $y=0$ 时的气门速度），判断飞脱（$y>x$，或者 $x-y<0$）等。

采用顶置凸轮时，当量质量中不包括推杆质量。

市场已有成熟的计算配气机构的商业软件，如 AVL 公司的 EXCITE Timing Drive 软件模块等。程序中一般不用方程表示挺柱的位移、速度和加速度，而用数据表格表示挺柱的运动规律，然后以数据文件的形式读入程序中，目的是可以计算任何凸轮型线下的配气机构动力学参数。

以数据文件读入的挺柱运动规律是按照等间隔转角表达的，一般是 $1°$。在进行动力计算时，经常需要 $0.5°$ 或 $0.1°$ 时的挺柱位移、速度和加速度，可以采用一元多点插值的方法得到这些非整数点上的数值。

7.3.2 凸轮型线动力修正

配气机构的工作变形使其工作性能恶化，对凸轮型线进行动力修正可以有效避免运动件飞脱、气门反跳、噪声增大和零部件加速损坏等现象。其基本思想是，设计当量挺柱升程 x_t^* 时，不仅要包括气门升程 y，同时还要考虑气门间隙 L_0、由弹簧预紧力引起的机构静变形 F_0/C_0、由气门弹簧力引起的机构静变形 C_sy/C_0，以及由惯性力引起的动变形 $m\ddot{y}/C_0$。

令当量挺柱升程 $x_t^* = ix_t$，x_t 为挺柱的实际位移，则

$$\begin{aligned} x_t^* &= L_0 + \dfrac{F_0}{C_0} + y + \dfrac{C_s y}{C_0} + \dfrac{m\ddot{y}}{C_0} \\ &= L_0 + \dfrac{F_0}{C_0} + \dfrac{C_0+C_s}{C_0}y + \dfrac{m}{C_0}\ddot{y} \\ &= H_0 + k_1 y + k_2 y'' \end{aligned} \tag{7-47}$$

式中

$$H_0 = L_0 + \dfrac{F_0}{C_0}$$

$$k_1 = \dfrac{C_0+C_s}{C_0}$$

$$k_2 = (6n)^2 \frac{m}{C_0}$$

当量挺柱的几何速度和加速度为

$$\begin{cases} x_t^{*\prime} = k_1 y' + k_2 y''' \\ x_t^{*\prime\prime} = k_1 y'' + k_2 y^{(4)} \end{cases} \tag{7-48}$$

首先要选定理想的气门升程曲线，例如，用高次方多项式设计气门升程曲线，然后按照式（7-47）求当量挺柱升程。由式（7-48）可知，气门升程曲线的数学表达式 y 必须是四阶导数以上连续的函数。

目前汽车内燃机多利用高次方多项式设计凸轮型线，称为多项动力凸轮，一般要求在标定转速下有比较好的动力学性能。

7.4 凸轮轴及气门驱动件设计

7.4.1 凸轮位置确定

1. 异缸同名凸轮夹角 φ_{TG}

1）单列发动机由气缸数和点火顺序决定。
2）双列发动机由气缸数、点火顺序和气缸夹角决定。

异缸同名凸轮夹角 φ_{TG} 为相应气缸点火间隔角的一半，即 $\varphi_{TG} = A/2$。

2. 同缸异名凸轮夹角 θ_T

当进、排气挺柱与凸轮的接触点的连线与凸轮轴线平行且凸轮外形对称时，根据图 7-26，同缸异名凸轮夹角 θ_T 为

$$\begin{aligned} \theta_T = \frac{\theta_{T0}}{2} &= \frac{1}{2}\left(360° + \varphi_{e1} + \varphi_{i2} - \frac{180° + \varphi_{e1} + \varphi_{e2}}{2} - \frac{180° + \varphi_{i1} + \varphi_{i2}}{2}\right) \\ &= 90° + \frac{1}{4}(\varphi_{e1} - \varphi_{e2} + \varphi_{i2} - \varphi_{i1}) \end{aligned} \tag{7-49}$$

式中，θ_T 和 θ_{T0} 分别为用凸轮转角和曲轴转角表示的同缸异名夹角；φ_{e1}、φ_{e2}、φ_{i1}、φ_{i2} 分别为排气提前角、排气滞后角、进气提前角、进气滞后角，并与图 7-27a 中所示的 EO、EC、

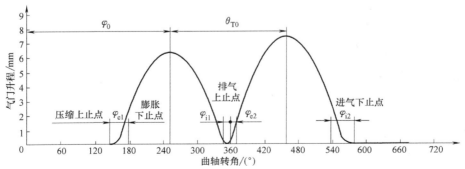

图 7-26 计算凸轮工作位置

IO 和 IC 位置相对应。

当进、排气凸轮与挺柱或摇臂的两个接触点的连线不与凸轮轴线平行，而是如图 7-27b 所示转向和布置时，进气接触点落后于排气接触点 γ 角，为了保证进气门适时开启，进气凸轮应该向前旋转 γ 角，即

$$\theta_T = \frac{\theta_{T0}}{2} - \gamma \quad (7\text{-}50)$$

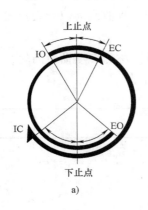 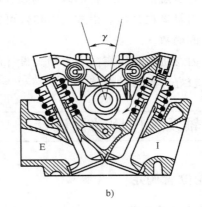

图 7-27 凸轮的相对位置

a）配气相位图　b）挺柱接触点分开的情况

EO—排气门开　EC—排气门关　IO—进气门开　IC—进气门关

3. 活塞位于压缩上止点时排气凸轮相对于挺柱轴线的夹角 φ_0 和 φ_T

确定凸轮轴与曲轴相对工作位置，即正时位置，如图 7-26 所示，有

$$\varphi_0 = 180° + \frac{180° + \varphi_{e1} + \varphi_{e2}}{2} - \varphi_{e1} \quad (7\text{-}51)$$

即排气凸轮相对于挺柱轴线的角度（曲轴转角），换算成凸轮桃尖相对于挺柱轴线的角度为 $\varphi_T = \varphi_0/2$。

例如，某发动机的配气相位为：$\varphi_{e1} = 43°$，$\varphi_{e2} = 17°$，$\varphi_{i1} = 17°$，$\varphi_{i2} = 43°$，求同缸进、排气凸轮的夹角、进气凸轮工作段半包角，以及当活塞位于压缩上止点时，排气凸轮相对于挺柱轴线的夹角。

进、排气凸轮夹角为

$$\theta_T = \frac{\theta_{T0}}{2} = 90° + \frac{1}{4}(43° - 17° + 43° - 17°) = 103°$$

进气凸轮工作段半包角为

$$\theta = \frac{1}{2}\left(\frac{180° + 17° + 43°}{2}\right) = 60°$$

则全包角为

$$2\theta = 120°$$

排气凸轮与挺柱轴线的夹角为

$$\varphi_\mathrm{T} = \frac{\varphi_0}{2} = \frac{1}{2}\left(180° + \frac{180°+43°+17°}{2} - 43°\right) = 128.5°$$

4. 配气相位角度的确定

如图 7-27a 所示,配气相位是指进、排气门相对于活塞上、下止点时的开启和关闭时刻,用曲轴转角表示。用 φ_e1 表示排气门在活塞到达下止点前打开的角度,用 φ_e2 表示排气门在活塞越过上止点后关闭的角度;用 φ_i1 表示进气门在活塞到达上止点前打开的角度,用 φ_i2 表示进气门在活塞越过下止点后关闭的角度。合理的配气相位使充气效率提高。进气提前角 φ_i1 和排气滞后角 φ_e2 决定了进、排气重叠角 φ_ie,而重叠角 $\varphi_\mathrm{ie}=\varphi_\mathrm{i1}+\varphi_\mathrm{e2}$,$\varphi_\mathrm{ie}>0$ 称为正重叠,$\varphi_\mathrm{ie}<0$ 称为负重叠。φ_ie 的大小会影响缸内残余废气量、排气门温度、进气是否倒流、缸内混合气温度等。

图 7-27a 必须标注在凸轮轴图样中,用来表明凸轮与曲轴的工作位置关系。同时在凸轮轴图样中,必须以表格形式列出挺柱的升程与凸轮转角或曲轴转角之间的关系,以便于加工和检验凸轮,角度间隔一般取 0.5°或 1°。

初始设计时通常先建立发动机一维仿真分析模型,给出进、排气凸轮型线和配气相位,通过整机仿真来选择合适的配气相位。最后通过试验验证仿真结果,最终确定合适的配气相位。

一般在非可变配气机构中,进气滞后角 φ_i2 和排气提前角 φ_e1 根据标定功率转速工况确定,标定功率转速越高,这两个角度越大。而进气提前角 φ_i1 和排气滞后角 φ_e2 则是根据缸内残余废气量、排气门温度、进气是否倒流、缸内混合气温度等情况确定的。表 7-1 列出了部分常用汽车内燃机配气机构的主要参数。

在采用可变配气机构时,有时不可避免地会形成负重叠,需要机台架标定试验中进行各工况点的性能协调。可变配气机构的工作原理和设计方法在第 8 章中讲述。

7.4.2 挺柱、气门和弹簧的设计

1. 凸轮与挺柱

1)润滑。研究表明,凸轮与挺柱工作面之间虽然只吸附了一层极薄的油膜,且工作压力又大,但仍能产生流体动力润滑,不过油膜厚度极小,比一般滑动轴承中的油膜厚度小一个数量级。

根据润滑理论,形成承载润滑油膜的能力取决于流体动力润滑有效速度 v^*,即

$$v^* = v_\mathrm{ic} + v_\mathrm{it} = (\rho + h_\mathrm{t}'')\omega_\mathrm{c} = (r_0 + h_\mathrm{t} + 2h_\mathrm{t}'')\omega_\mathrm{c} \tag{7-52}$$

当 $\rho + h_\mathrm{t}'' = 0$,即流体动力润滑有效速度 $v'' = 0$ 时,不能形成承载油膜,原有的油膜被挤压破裂,使得磨损加剧。因此,定义润滑特性数 S 为

$$S = -(\rho + h_\mathrm{t}'')$$

S 作为评价润滑油膜承载能力的特性参数,取决于凸轮外形的设计,并与挺柱加速度规律相关。图 7-28 所示为某高次方凸轮润滑特性数随凸轮转角的变化曲线,可见凸轮桃尖左右润滑特性数的值都很小,且有两次穿越零点,因此,此处凸轮上润滑条件最差。

2)接触应力计算与材料配副。在运动学中,平底挺柱与实用的大球面挺柱相当,可将曲率半径视为 750~1000mm。但从动力学角度,平底挺柱和大球面挺柱与凸轮间的接触应力却相差悬殊。

表 7-1 常用汽车内燃机配气机构的主要参数

内燃机型号	燃料	进气方式	$(D/\text{mm}) \times (S/\text{mm})$	气缸排列	V/cm^3	ε	$(P_e/\text{kW})/[n/(\text{r/min})]$	$(M_{max}/\text{N·m})/[n/(\text{r/min})]$	$\varphi_{i1}/(°)$	$\varphi_{i2}/(°)$	$\varphi_{e1}/(°)$	$\varphi_{e2}/(°)$	气门升程/mm 进气	气门升程/mm 排气	气门间隙/mm 进气	气门间隙/mm 排气
4JX1	柴油	TC	95.4×104.9	I4	2999	19	107/4100	294/2000	3	58	56	5	10.3	10.3	0.15(C)	0.15(C)
3C-T	柴油	TC	86×94	I4	2184	22.6	67/4000	194/2000	7	39	56	5	9.2	9.9	0.25(C)	0.25(C)
CD20ET	柴油	TC	84.5×88	I4	1973	22.2	71/4000	194/2000	10	42	49	11	9.25	9.41	0.3(H)	0.44(H)
CD20ETi	柴油	TC(中冷)	84.5×88	I4	1973	22.2	77/4000	221/2000	3	38	54	5	9.25	9.41	0.3(H)	0.44(H)
RD28ETi	柴油	TC	85×83	I6	2825	21.8	100/4000	261/2000	7	33	60	8	7.94	9.06	0.33(H)	0.37(H)
RFT	柴油	TC	86×86	I4	1998	20.9	67/4000	196/2000	13	31	60	8	7.5	9	0.5	0.7
4JG2	柴油	NA	95.4×107	I4	3059	20	69/3600	202/1800	24.5	5.5	54	26	269.2	9.2	0.4(C)	0.4(C)
4HE1	柴油	TC	110×125	I4	4751	18	118/2900	412/1700	14	51	49	16	13.2	13.2	0.4(C)	0.4(C)
8PE1-N	柴油	NA	127×150	V8	15201	18	177/2300	833/1400	20	34	51	15	12.7	12.7	0.4(C)	0.4(C)
2L-TE	柴油	TC	92×92	I4	2446	21	71/3800	240/2400	6	32	53	3	9.16	10.5	0.25(C)	0.45(C)
4D68	柴油	TC	82.1×93	I4	1998	22.4	65/4500	177/2500	20	48	54	22	9.8	9.8	0.35(H)	0.35(H)
6D40	柴油	TC	135×140	I6	12023	17.5	265/2200	1422/1200	18	50	50	18	11.9	11.9	0.4(C)	0.6(C)
4E-FE	汽油	NA	74×77.4	I4	1331	9.6	63/5500	118/4400	2	30	34	2	6.7	6.5	0.2	0.36
4E-FTE	汽油	TCV	74×77.4	I4	1331	8.2	99/6400	157/4800	2	42	38	2	7.2	7	0.2	0.36
4A-FE	汽油	NA	81×77	I4	1587	9.8	81/5800	149/4400	2	34	38	6	7.6	7.6	0.2	0.3
3S-GE	汽油	NA	86×86	I4	1998	11	140/7000	206/6000	-243	7833	53	11	10.5	9.2	0.22	0.37
3S-GTE	汽油	TC	86×86	I4	1998	9.5	191/6000	323/4400	8	48	50	6	8.4	8.2	0.2	0.33
1MZ-FE	汽油	NA	87.5×83	V6	2994	10.5	162/5800	304/4400	-650	47-1	54	2	7.8	7.8	0.2	0.3
1JZ-GE	汽油	TC	86×71.5	I6	2492	10.5	147/6000	255/4000	-450	573	43	3	8.2	7.9	0.2	0.3
B20B	汽油	NA	84×89	I4	1972	9.2	95.6/5500	186.3/4200	-15	30	35	-12.5	9	9.5	0.15	0.28

注:TC 为涡轮增压,TCV 为可变涡轮增压,NA 为自然吸气;D 为缸径,S 为行程,V 为总排量;ε 为压缩比;P_e 为标定功率,n 为转速;M_{max} 为最大转矩;φ_{i1} 为进气提前角,φ_{i2} 为进气滞后角,φ_{e1} 为排气提前角,φ_{e2} 为排气滞后角;C 为冷态,H 为热态。柴油机气门间隙区分冷热值,汽油机不区分。

当凸轮与工作面半径等于 r_m 的圆柱形挺柱配合时，接触面积上的最大接触应力为

$$\sigma_1 = 0.59\sqrt{\frac{F_Q}{b}\frac{1/\rho + 1/r_m}{1/E_c + 1/E_t}} \quad (7-53)$$

平底挺柱是圆柱工作面挺柱的特例，故仍可利用式（7-53）计算，取 $r_m = \infty$ 即可。当挺柱工作面为球面时，最大接触应力为

$$\sigma_2 = \frac{0.398}{\mu v}\sqrt[3]{F_Q\left(\frac{1/\rho + 2/r_m}{1/E_c + 1/E_t}\right)^2} \quad (7-54)$$

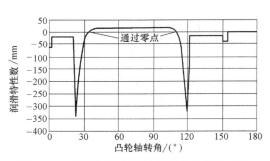

图 7-28　润滑特性数随凸轮转角的变化曲线

式（7-53）和式（7-54）中，F_Q 为作用在凸轮外形法线方向的载荷（包括弹簧力、集中质量惯性力）；b 为圆柱工作面挺柱接触线长度，此长度即凸轮宽度；ρ 为球面挺柱曲率半径；E_c、E_t 分别为凸轮、挺柱材料的弹性模量；μ、v 为取决于凸轮与球面接触椭圆半轴长度的系数。

设计时须保证实际接触应力 σ_i 小于许用接触疲劳应力 $[\sigma_H]$，即

$$\sigma_i < [\sigma_H]$$

许用接触疲劳应力随挺柱形式、凸轮与挺柱的材料配副、润滑条件、工艺条件、凸轮外形等不同而具有不同的值。平面挺柱许用表面接触疲劳应力为 230~300MPa，而滚子挺柱可达 500~850MPa，但要验算滚轮心轴的疲劳强度。

凸轮与挺柱材料配副一般为二者都为镍铬合金铸铁（美国）、镍铬合金铸铁凸轮配冷激铸铁挺柱或渗碳钢淬火凸轮配冷激铸铁挺柱（欧洲）、二者都为冷激铸铁（日本、欧洲）等。国内汽车柴油机使用的冷激铸铁凸轮配渗碳钢淬火挺柱已被证明是优良的材料配副。

2. 挺柱设计

平面挺柱材料一般不与凸轮材料相同，以避免材料亲和性摩擦，并且底平面最小半径应大于最大挺柱几何速度，由图 7-29 可以看出，底面最小半径应满足

$$R_{min} = \sqrt{(h'_{tmax})^2 + \left(a + \frac{b}{2}\right)^2} \quad (7-55)$$

式中，a 为挺柱与凸轮中心线的偏距；b 为凸轮宽度。

一般按照公式 $R_{min} = h'_{max} + (1.5~2)$ mm 计算。当气缸直径比较大时，凸轮升程也大，挺柱几何速度 h'_{tmax} 也大，考虑结构要紧凑，常采用滚子挺柱，也可以通过选择合适的凸轮型线适当控制 h'_{tmax} 值。

图 7-30a 所示为下置凸轮轴所用的机械式挺柱；图 7-30b 所示为液压挺柱。液压挺柱可以消除气门间隙，减小气门开启和落座的冲击。

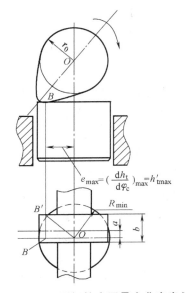

图 7-29　平面挺柱底面最小曲率半径

3. 气门设计

（1）工作条件与设计要求　进气门设计的重点是保证足够的空气流量。此外，还要考虑气门的运动平稳性、落座冲击载荷、工作温度、密封性和缺少润滑条件下的耐磨损性

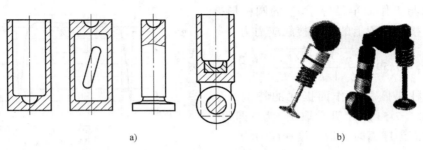

图 7-30　平底挺柱和滚子挺柱形式
a) 下置凸轮轴用挺柱　b) 液压挺柱

能等。

对排气门的设计要求为：散热能力强、温度低、耐热性好；耐磨性好；密封性好。排气门工作温度高，一般可达 500~800℃，因此，排气门的设计重点是降低工作温度。因此柴油机比汽油机排气温度低，因此柴油机排气门的工作温度低于汽油机。排气门要采用高温下仍具有良好热稳定性和强度的材料，另外，在高负荷强化的内燃机的气门中还采用钠作为气门内部冷却剂，能使排气门最高温度下降 10%~15%。

(2) 气门的主要尺寸　气门基本尺寸。如图 7-31 所示。

1) 气门杆长度 l_v。l_v 取决于气缸盖厚度和气门弹簧的安装高度，只要不引起气门弹簧的设计困难，应尽可能缩小气门总长。一般 $l_v=(1.1~1.3)D$，D 为气缸直径。

2) 气门直径 d。d 受限于气缸盖上与气缸套内径对应的空间尺寸。总的原则是尽量增大进气门的流通面积，可以通过增大气门直径或增加气门数目实现。对于每缸一进一排结构，气门直径有如下统计范围：

进气门　$d_i=(0.32~0.5)D$　　排气门　$d_e=(0.8~0.85)d_i$

每缸多气门结构，如每缸两进两排结构，虽然每个进气门的直径比较小，但是两个进气门的流通面积大于一个进气门，充气效率可以大幅增大。从几何上看，每缸五气门结构能够最充分地利用气缸顶部面积，但驱动机构复杂。

在设计气门直径 d 时，为了保证密封锥面磨损后仍能可靠密封，如果气门硬度低于气门座硬度，当气门磨损后，d 应等于或小于气门座密封锥面的最大直径（图 7-32b、c）。若设计如图 7-32a 所示，则会使气门密封面在磨损后出现台肩，不能保证长期密封。相反，如果气门座磨损大于气门磨损，就应设计成 $d>d_1$，如图 7-32a 所示。

一般气门硬度大于气门座硬度，两者的配合情况应该如图 7-33 和图 7-38 所示，即气门密封锥面不以全宽与气门座配合，实际接触带宽度 b' 比 b 小得多。b' 越大，越利于散热，但当 b' 过大时，工作面比压下降，沉积于气门与气门座密封锥面之间的颗粒不能很好地被碾碎，也妨碍密封，因此 b' 应该取比较适中的数值。一般当 $d=32~35mm$ 时，$b'=1.6~2.4mm$；当 $d>35mm$ 时，$b'=2.4~2.8mm$。为了保证可靠密封，只允许气门座锥角研磨前比气门锥角大 $0.5°~1°$，而不能相反。气门密封锥面宽度一般可取 $b=(0.05~0.12)d$。

3) 气门杆直径 d_v。气门杆直径大时，外表面积大，有利于传热。进、排气门杆的直径相同。气门杆直径过大，会使气门质量大，运动惯性力大，不利于高速动力性。气门杆直径一般为 $d_v=(0.2~0.25)d_i$。

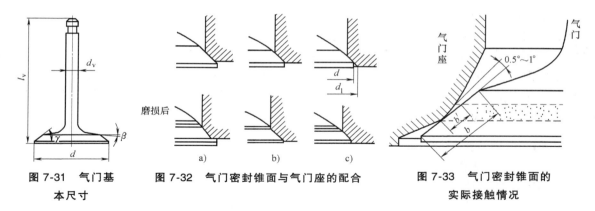

图 7-31 气门基本尺寸　　图 7-32 气门密封锥面与气门座的配合　　图 7-33 气门密封锥面的实际接触情况

4）气门锥角 γ 和气门头部背锥角 β。从几何上看，气门锥角 γ 越小，气体流通断面积越大，但随着气门升程增大，气体流动方向受气门锥角的影响越来越小，甚至气门锥角大的流动阻力反而更小。另外，气门锥角 γ 大时，气门的自归位作用好，有利于碾碎杂质，保证密封性。因此，一般气门锥角 $\gamma=45°$。增压柴油机气门锥角 $\gamma=30°$，原因是缸内压力高，气门受力变形大，与气门座的相对滑移量大，且不像非增压机型从气门导管获得机油来润滑，增压机型采用较小的气门锥角，可减少其与气门座的相对滑移量，从而减轻磨损。增压汽油机也可以按该设计思路考虑。气门头部背锥角 β 除影响气门刚度外，还影响进气阻力。有试验表明， $\beta=20°$ 时有最大的进气流量，如图 7-34 所示。

（3）气门材料　进气门的工作温度较低，一般为 300~400℃，可用 40Cr、35CrMo、38CrSi、42Mn2V 等合金结构钢制造。

排气门的工作温度高，其温度分布如图 7-35 所示。要求采用在高温下仍有良好热稳定性和强度的材料，常用材料有 4Cr9Si2、4Cr10Si2Mo、4Cr14Ni14W2Mo 等。奥氏体钢允许最高工作温度达到 880℃，在高负荷强化的内燃机或气体燃料机型上应用。目前，一些高负荷强化机型趋于采用 21-4N 奥氏体钢和 4Cr14Ni14W2Mo 高强度耐热钢，这类材料允许气门在 650~900℃ 下工作，高温强度好，耐腐蚀，抗氧化；但膨胀系数大，硬度低。

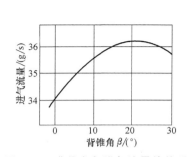

图 7-34 背锥角与进气流量的关系

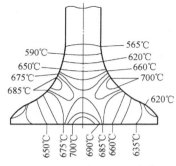

图 7-35 排气门温度分布

当气门材料不能满足气门锥面高温硬度和耐腐蚀要求时，可在气门锥面上堆焊硬质合金材料，即含有镍、铬、钴等合金元素的材料，以提高其硬度、耐磨能力。如镍基合金用于汽油机；铬基、钴基合金主要用于柴油机，通常用得较多的是铬镍钨钴合金。此外，还可在气门锥面上进行适当的表面处理来提高其工作性能，如在气门锥面上渗铝，可以延长使用寿命

2~3倍。对于热负荷特别严重的排气门，还可以采用气门杆中空、注入钠作为冷却剂的结构，如图7-36所示。

气门头部的形状有平顶、凹顶和球面顶（凸顶）等，如图7-37所示。一般是使用平顶，平顶气门头部结构简单、制造方便、吸热面积小、质量较小，进、排气门都可以使用。凹顶气门由于杆部以较大半径过渡到气门头部，因此能够改善进气的流动性，又能减轻气门质量，因此多用于进气门。

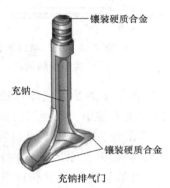

图 7-36　气门杆中空、注入钠作为冷却剂的结构

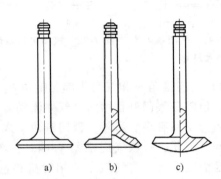

图 7-37　常用气门头部的形状
a）平顶　b）凹顶　c）球面顶（凸顶）

4. 气门座与气门导管设计

气门座与气门头部锥面配合起密封作用，可直接在气缸盖中镗出，也可做成单独的环形零件压入气缸盖中，称为气门座圈。

气门座圈可以采用优质材料，并且磨损后还可以更换，因此使用耐久方便。但是试验表明，由于镶气门座圈后，气门座的导热性变差，排气门座的工作温度会比不镶气门座圈的高50~60℃，同时由于加工精度要求提高，成本提高。而如果公差增大，压配不当，工作时气门座松脱，将会酿成大事故。因此，当直接在气缸盖上加工出气门座面便能保证工作可靠时，最好不用镶气门座圈。在铝合金气缸盖中，进、排气门全部镶气门座圈。在非铝合金气缸盖的汽油机中，多数是排气门镶座圈。

汽油机进气管内的真空度有利于机油从气门导管漏入，去润滑进气门。柴油机进气管真空度小，机油难以进入导管润滑进气门，而排气门与气门座反而常得到由于燃烧不完全而夹杂在废气中的柴油和机油，以及烟粒等的润滑，因此，柴油机进气门需要镶气门座圈。

增压内燃机的进气门磨损更大，也更应该镶气门座圈。图7-38所示为某增压柴油机实际气门座圈与气门的配合图。可以看出，气门座圈的内锥角有两个，分别为120°和60°。其中，60°的锥角是为了减小

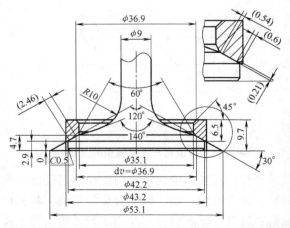

图 7-38　某增压柴油机实际气门座圈与气门的配合图

气体流动阻力和减少密封带宽度；120°的锥角与气门的140°锥角配合形成密封带。

镶圈式气门座一般采用合金铸铁、青铜、可锻铸铁、球墨铸铁或奥氏体钢等，它们在工作温度下塑性变形较小而硬度较高。一般气门座圈的硬度应略低于气门密封锥面处的硬度。

近年来，汽车柴油机的铸铁气缸盖可直接在气门座表面加工出座圈，并利用一定的热处理工艺保证设计可靠性，如康明斯B系列柴油机。

目前较先进的气门座圈技术，是在铝合金气缸盖上采用激光堆焊的办法得到断面尺寸很小、工作可靠的气门座圈。

气门导管多为灰铸铁导管、球墨铸铁导管、铁基粉末冶金导管等，在不良的润滑条件下，其工作可靠、磨损小，同时工艺性好、造价低。导管一般是任何台肩的圆柱形，以便于用无心磨床加工。为使气门在导管中得到良好导向，导管导向长度为气门杆直径的7倍左右，这样能使导管侧压力最小。导管壁厚一般为3mm，导管座套壁厚为3~5mm。导管在导管座套中的过盈量达到外径的0.3%~0.5%，采用铝气缸盖时取上限。若导管有台肩，则过盈量为导管外径的0.1%~0.3%。导管压入气门座后会发生变形，这将影响气门杆与杆管的配合，设计时应考虑该变形量。

一般气门杆与导管的间隙：进气门为$(0.003 \sim 0.007)d_v$，排气门为$(0.005 \sim 0.01)d_v$。其中，d_v为气门杆直径。

5. 气门弹簧设计

气门弹簧承受交变载荷，负加速段的惯性力会使机构飞脱，凸轮运动的谐振又会激起气门弹簧颤振，这将使弹簧的应力幅增大，而有效的弹簧力减小，气门反跳。故要求气门弹簧力始终大于因负加速度运动及附加振动所产生的惯性力，弹簧颤振尽量小。由于空间所限，气门弹簧尺寸又不能过大，故其应力会很大。

目前，乘用车内燃机气门弹簧的工作应力已达800MPa，还要求气门弹簧的疲劳寿命$\geqslant 2\times 10^7$次（安全行驶2×10^4km），因此要求使用弹性极限和疲劳极限都很高的材料。

汽车内燃机气门弹簧目前较多采用由日本神户开发的SWOSC-V（钢号相当于美国牌号SAE9254、中国的55SiCr）铬硅气门弹簧钢盘条作为材料。

铌、钒均为强碳化物形成元素，在钢中可起到沉淀强化和细晶强化的作用。在SAE9254弹簧钢中加入0.21%的钒，可提高其塑性和疲劳极限；铌可以抑制弹簧钢在热处理过程中的晶粒粗化，提高其韧性。

气门弹簧还要有优良的抗松弛性能。松弛是弹簧由弹性变形向塑性变形转变的过程，弹簧虽然在弹性范围内工作，但是由于松弛将发生不可恢复的永久变形。在气门弹簧钢常用的合金元素中，铬、锰和硅都能提高气门弹簧的抗松弛性能，其中硅的效果最好，而铬、锰元素的作用小于硅。

加入钼也有助于提弹簧钢的抗松弛性能，同时钼能提高弹簧钢的抗回火软化能力。在SAE9254弹簧钢的基础上，通过提高碳含量并添加微量合金元素（钼和钨），适当减少铬和锰含量，可降低马氏体出现的概率。研究结果表明：通过碳化物的均匀弥散析出，以及微量元素钼和钨带来的固溶强化，可以得到具有更高强度、优良抗松弛性能和疲劳寿命，同时又具有良好抗软化性能的气门弹簧钢。

通常以弹簧丝的切应力τ来衡量工作强度，以$\tau \leqslant [\tau]$为准，许用切应力$[\tau]$按照抗拉强度R_m（旧符号σ_b）的40%计算。

气门弹簧的特性如图 7-39 所示,要保证高转速时的弹簧作用力始终大于气门机构惯性力,即

$$F_{max} = km\ddot{y} = km(y'')_A^2 \omega_c^2, k>1 \quad (7-56)$$

式中,y'' 为气门的几何加速度 [mm/rad² 或 mm/(°)²],对应的凸轮角速度 ω_c 为 $n_c\pi/30$ 或 $60n_c$。

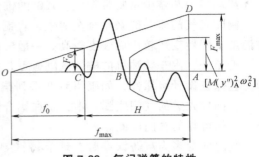

图 7-39 气门弹簧的特性

气门关闭时,气门弹簧应保持一定的装配预紧力 F_0,以防止进气初期排气门在排气道与气缸内气体压力差的作用下打开,一般这个压力差 Δp_1 可达 0.05MPa。而在增压机中,应防止排气冲程中由于进气道内增压压力与气缸压力差 Δp_2 的作用使进气门打开,计算时通常取排气压力为 0.105~0.120MPa。

一般可取

$$F_0 = \frac{1}{1.2 \sim 2.0} F_{max} \quad (7-57)$$

制造时一般取最大弹簧力 $F_{max} = (1.6 \sim 2.0)F_0$,以使弹簧结构紧凑。对于增压机,一般应加大预紧力 F_0,同时为了不至于使 F_{max} 过大,应该取较小的比例系数。

弹簧的刚度为

$$C_s = \frac{F_{max} - F_0}{H}$$

在校核点 B 处,要保证弹簧恢复力 $F_B > m\ddot{y}$,因为此时为正、负加速度过渡段,惯性力比较大,但是由于气门开度不大,弹簧力比较小,所以容易发生飞脱。气门弹簧为等节距圆柱形螺旋弹簧,在转速很高或安装条件受到限制的情况下,可采用变节距弹簧,即变刚度弹簧。在气门升程增大过程中,变节距弹簧靠近气缸盖一端的小节距部分逐渐并圈,使弹簧的工作长度变短,弹簧的刚度增大,保证弹簧力大于气门机构惯性力。

设计气门弹簧基本尺寸时一般遵循如下步骤:

1)根据结构布置确定气门弹簧内径 D_i、最大弹簧力 F_{max}。初定弹簧丝直径 d_s、弹簧工作变形 H、压缩高度 H_{min}。

2)计算预紧力 $F_0 = \frac{1}{1.2 \sim 2.0} F_{max}$。

3)计算气门弹簧中径 D_s 和外径 D_2:$D_s = D_i + d_s$,$D_2 = D_s + d_s$。

4)计算弹簧刚度 $C_s = \frac{F_{max} - F_0}{H}$。注意,这是按照工作要求计算的弹簧刚度,不是按照弹簧丝直径等结构参数设计出来的刚度,后面还要进行核算。

5)计算弹簧有效圈数 $i_e = \frac{Gd_s^4}{8C_s D_s^3}$。

式中,G 是弹簧钢丝的切变弹性模量,一般 $G = 80000 \sim 830000 \text{N/mm}^2$;当 $d_s = 2 \sim 3\text{mm}$ 时,G 值可取上限。弹簧的有效圈数与弹簧刚度的关系是 $i_e = \frac{Gd_s^4}{8C_s D_s^3}$。

因此，可以适当调整有效圈数来得到需要的 F_{max}。

6) 计算弹簧总圈数 $i_t = i_e + (1.5 \sim 2.5)$。

7) 计算弹簧最大变形量 $f_{max} = \dfrac{F_0}{C_s} + H$。

8) 计算安装高度 $H_0 = H + H_{min}$。

9) 计算自由高度 $H_{max} = f_{max} + H_{min}$。

10) 计算自由节距 $t = d_s + \dfrac{f_{max}}{n} + 0.2 d_s$。

11) 计算弹簧指数 $C = \dfrac{D_s}{d_s}$。

12) 计算弹簧补偿系数 $K = \dfrac{4C-1}{4C-4} + \dfrac{0.615}{C}$。

13) 估算弹簧丝直径 $d_s' = 1.365 \sqrt[3]{\dfrac{K F_{max} D_s}{[\tau]}}$。如果 d_s' 与 d_s 相差较大，则重新选定 d_s 重复计算，直至两者接近。

14) 计算弹簧切应力 $\tau = K \dfrac{8 C F_{max}}{\pi d_s^2} \leq [\tau]$。

采用内、外双弹簧时，内、外弹簧的取值范围一般为
$$D_w = (0.3 \sim 0.35)D, D_n = (0.2 \sim 0.25)D$$
式中，D_w、D_n 分别为气门外、内弹簧直径。

设计时为了保证内、外弹簧不相碰，汽车柴油机采用两个旋向不同的气门弹簧，以减少弹簧高度和提高工作可靠性；车用汽油机通常采用一个气门弹簧。

6. 气门与活塞在排气行程上止点是否相碰的计算

完成配气机构各零件的设计后，还应验算活塞与气门是否相碰。计算的原始数据为曲柄连杆机构、气门组件及正时齿轮传动机构各零件的制造尺寸及公差。步骤如下：

1) 缸垫按压紧后的厚度计算，除主轴承及活塞销孔以外，曲柄连杆机构的间隙均偏向一侧，使活塞处于最高处。确定活塞在上止点的最高位置，如图 7-40 所示。

2) 设定活塞的工作温度一般为 300℃ 左右，在确定活塞顶实际高度时要考虑材料的热膨胀量。

3) 活塞在上止点附近时，向上的往复惯性力作用在连杆大头盖上，使大头盖发生弯曲变形，该变形量会使活塞与气门间的间隙减小，计算时也要予以考虑。

4) 在充分考虑了以上因素后，便可确定活塞的实际最高位置，也就是计算活塞顶与气缸盖底平面的最小间隙，然后画出活塞位移曲线，如图 7-41 所示。

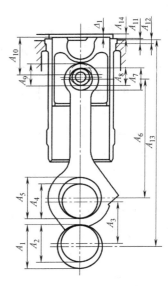

图 7-40 计算曲柄连杆尺寸链示意图

5）根据进气提前角和排气滞后角，以同一比例画出进、排气门升程曲线，如图7-41所示，气门升程对应的角度要换算成曲轴转角，气门间隙为零。注意，进气门升程曲线包含了缓冲段高度，要从缓冲段结束、工作段开始的那一点计算，排气门升程曲线计算到工作段结束、缓冲段开始的那一点。

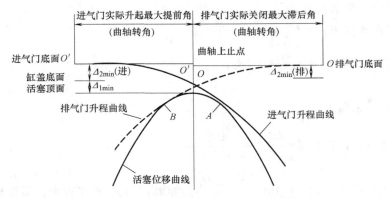

图7-41　气门与活塞是否相碰的计算

6）观察气门升程曲线与活塞位移曲线是否相交，相交的最大差值就是活塞与气门的干涉深度。

7）如果两曲线相交，如图7-41中的B点，已经发生干涉，则需要在活塞上开避让坑。为了安全，避让坑要在干涉深度的基础上留出一个间隙，一般进气门避让坑留1.2mm的间隙，排气门避让坑留1.4mm的间隙。图7-41中A点的情况表示气门与活塞相距较近，但还有间隙，不会发生干涉。

思考题和项目训练

一、思考题

1. 配气机构中平底挺柱的几何运动速度与凸轮接触点偏心距的关系如何？设计平底挺柱时，挺柱底面半径要满足什么要求？
2. 配气凸轮除工作段外，都要有缓冲段，为什么？缓冲段有哪些类型？
3. 采用液压挺柱的配气机构，凸轮仍要设计缓冲段，为什么？
4. 写出高次方多项式凸轮型线的表达式。
5. 写出动力修正凸轮的表达式，并逐项说明其含义。
6. 通常的气门锥角是多少？增压内燃机的气门锥角有何变化？为什么？
7. 在设计气门弹簧时，主要考虑哪些因素？如果自然吸气机型改为增压机型，气门弹簧的预紧力如何确定？为什么？

二、项目训练

1. 凸轮型线设计：学习使用专业的内燃机配气机构设计软件 AVL EXCITE Timing 中的"Cam Design"功能，得到图7-42所示的曲线。

（1）掌握下述方法：

1）直接定义气门加速度曲线，推算凸轮型线。

2) 已有凸轮型线, 进行运动学分析, 得到运动学气门升程。
3) 修正已有凸轮型线。
(2) 尝试多种凸轮型线, 如:
1) ISAC——分段加速度函数。
2) Polydyne——多项动力加速度函数。
3) STAC——等加速函数。
(3) 计算分析以下内容:
1) 凸轮型线的运动学评价。
2) 正加速度宽度。
3) 气门自振频率。
4) 接触应力。
5) 曲率半径。
6) 弹簧裕度。
7) 气门速度。
8) 丰满系数。
9) 润滑系数。

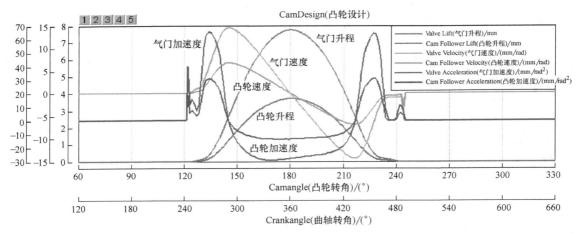

图 7-42 某车用柴油机凸轮和气门的升程、速度、加速度曲线

第 8 章

汽车内燃机主要零部件设计

教学目标：掌握汽车用汽油机、柴油机 5C 零件组的设计要求和典型结构，明确传统的强度、刚度、变形等计算方法的局限性和发展，分析各零件组的设计新技术、新结构、新趋势，掌握现代工程软件在汽车零部件设计中的应用。掌握汽油机、柴油机曲轴的设计方法，综合考虑内燃机的平衡、扭转振动等理论，综合考虑曲轴设计。掌握有限元法在曲轴、活塞、连杆、气缸体、气缸盖设计中的应用，学习应用有限元软件进行强度分析、振动分析、热分析、液-固耦合分析等。

应至少熟练掌握一款 CAD 软件，如 Pro/E、UG、CATIA，会建立零部件的 CAD 模型，在此基础上，初步认识和掌握通用有限元软件，如 ANSYS；学习利用专业内燃机软件，如 AVL EXCITE 进行建模与计算。

8.1 曲轴飞轮组设计

汽车内燃机的 5C 零件是最重要的五个零件组，由于英文第一个字母都是 C，因此也叫 5C 零件，即凸轮轴（Camshaft）、曲轴（Crankshaft）、连杆（Connector）、气缸体（Cylinder block）、气缸盖（Cylinder head）。除凸轮轴设计在前文中已讲述外，本章重点讲述活塞组和其他四个零件组的设计。

8.1.1 曲轴的工作条件和设计要求

曲轴承受着气缸内的气体压力及往复和旋转质量惯性力引起的周期性变化的载荷，并对外输出转矩，曲轴还有扭转振动，内部产生交变的弯曲应力和扭转应力，会引起曲轴疲劳失效。

在曲轴轴颈与曲柄的圆角过渡区、润滑油孔附近，应力集中严重。图 8-1 所示为曲轴应力集中示意图，疲劳裂纹的发源地即应力集中最严重的圆角过渡区和润滑油孔处。图 8-2 所示为曲轴弯曲疲劳破坏和扭转疲劳破坏的示意图和实例。可以看出，弯曲疲劳破坏裂纹从轴颈根部表

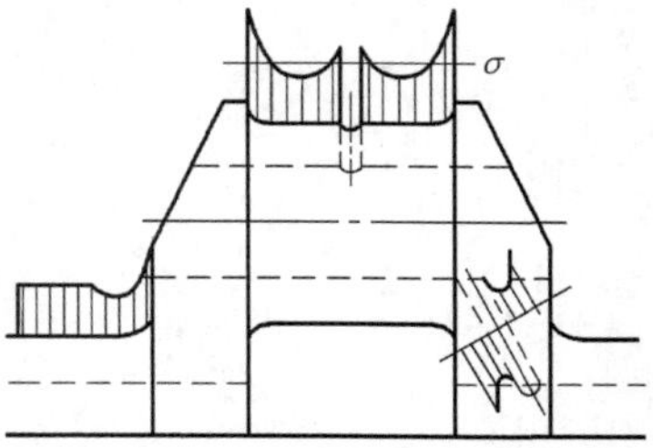

图 8-1 曲轴应力集中示意图

面上的圆角处发展到曲柄上，基本上成45°折断曲柄；扭转疲劳破坏通常从机械加工不良的润滑油孔边缘开始，约成45°剪断曲柄销。

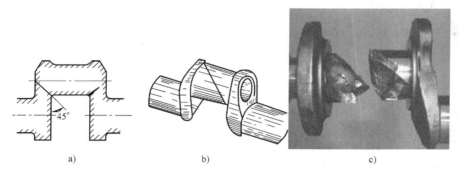

图 8-2 曲轴的弯曲疲劳破坏形式
a) 弯曲疲劳破坏　b) 扭转疲劳破坏　c) 断口图片

总结起来，曲轴的工作条件为：

1) 受周期变化的力、力矩共同作用，曲轴既弯曲又扭转，承受交变疲劳载荷，重点是弯曲载荷。曲轴的破坏80%是弯曲疲劳破坏。

2) 由于曲轴形状复杂，应力集中严重，特别是在曲柄与轴颈过渡的圆角部分。

3) 曲轴轴颈比压大，摩擦磨损严重。

因此，设计曲轴时要求：

1) 有足够的疲劳强度，以弯曲疲劳强度为主。

2) 有足够的承压面积，轴颈表面要耐磨。

3) 尽量减少应力集中。

4) 刚度大，变形小，避免使其他零件的工作条件恶化。

8.1.2 曲轴的结构设计

曲轴的基本尺寸取决于内燃机总体结构，同时考虑连杆大头的切口形式、轴瓦的许用比压、气缸中心距、曲轴的强度、整机的强化程度等因素。图8-3所示为汽车用单列式六缸柴油机的曲轴。

1. 曲柄销直径 D_2 和长度 L_2

曲柄销即连杆轴颈，在设计曲轴轴颈时，首先应考虑连杆轴颈直径 D_2，连杆轴颈的负荷比主轴颈的负荷大。

一般趋向采用较大的 D_2 值，以减小连杆轴颈比压，提高连杆轴承的工作可靠性和刚度。当前的设计趋势是增大 D_2、减小 L_2，优点是：

1) L_2 一定时，D_2 增大，比压下降，耐磨性提高。

2) D_2 增大时，弯曲刚度增大，扭转刚度也增大。

3) L_2 减小时，纵向尺寸下降，曲轴刚度增大。

据润滑理论，$L_2/D_2 \approx 0.4$ 较理想。如果 L_2/D_2 过小，润滑油容易从滑动轴承两端泄掉，油膜压力建立困难，轴承的承载能力下降；如果 L_2/D_2 过大，则润滑油流动不畅，导致油温升高，润滑油黏度下降也导致承载能力下降，且当 L_2 过大时，曲轴变形大，容易形成棱

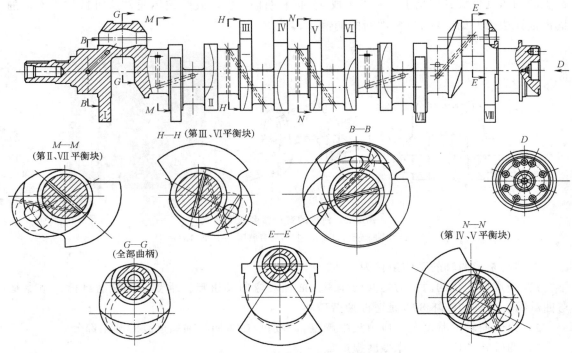

图 8-3 汽车用单列式六缸柴油机的曲轴

缘负荷。

增大 D_2 还受到两个条件限制:

1) D_2 增大导致离心惯性力大。

2) 受到连杆大头及剖分面形式的影响,一般 D_2/D(D 为缸径)的取值为

$$\frac{D_2}{D} \leqslant \begin{cases} 0.65 & 平切口 \\ 0.65 \sim 0.7 & 斜切口 \end{cases}$$

承压面面积 $A_2 = D_2 L_2$,一般与活塞顶投影面积 A 的比值 $A_2/A \approx 0.2 \sim 0.5$,汽油机取值偏下限。

2. 主轴颈直径 D_1 和长度 L_1

从需要曲轴全长等刚度出发,应该设计成 $D_1 = D_2$;从曲轴等强度的角度出发,应该设计成 $D_1 < D_2$。但是在实际结构中,D_1 都大于 D_2,原因是:

1) D_1 增大,可以增大曲轴轴颈的重叠度,从而增大曲轴刚度,而不增大离心惯性力。加大主轴颈直径后,可以相对缩短其长度,从而可以增大曲柄厚度,即增大曲柄刚度。这一点非常重要,因为大多数曲轴最薄弱的部位是曲柄,很多断裂发生在此处。

2) D_1 增大,可增大扭转刚度,固有扭振频率增大,而转动惯量增大不多。

但是,D_1 增大,主轴承圆周速度增大,摩擦损失增加,油温升高。一般 $D_1/D_2 \approx 1.05 \sim 1.25$,$L_1 < L_2$,$L_1/D_1 \geqslant 0.3$。

多缸内燃机的连杆轴颈长度相等,但是主轴颈的长度则不一定相等。负荷较大的主轴颈要长一些,安装推力轴承的主轴颈也要长一些。

3. 曲柄

曲柄应选择适当的厚度、宽度，以使曲轴有足够的刚度和强度。曲柄的形状应合理，以改善应力的分布。曲柄形状对曲轴疲劳强度的影响如图 8-4 所示。

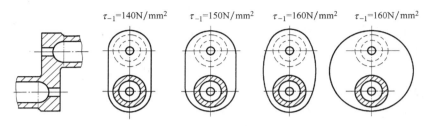

图 8-4　曲柄形状对曲轴疲劳强度的影响

曲柄在曲拐平面内的抗弯能力以其矩形截面的抗弯截面系数来衡量，曲柄横截面的抗弯截面系数为

$$W_\sigma = \frac{bh^2}{6} \tag{8-1}$$

式中，h 为曲柄厚度（mm）；b 为曲柄宽度（mm）。

为了提高曲柄的抗弯能力，增大曲柄厚度 h 要比增大曲柄的宽度 b 效果明显。统计表明：

1) h 增大 10%，W_σ 理论上增大 20%，实际上增大 40% 左右，因为 h 增大，圆角处应力集中现象减轻，使应力分布趋于均匀。但是缸心距一定时，增大曲柄厚度就要缩短主轴颈或连杆轴颈的长度，可见 h 的增大受到限制。

2) b 增大 10%，W_σ 理论上增大 10%，实际上增大 5% 左右，这是由于 b 增大，应力分布不均匀更加严重。

现代汽车内燃机曲轴大多数采用椭圆形曲柄，既可以尽量减小曲轴质量，又可以最大限度地保证曲柄应力分布均匀。

4. 平衡重

多数内燃机曲轴的平衡重与曲轴整体铸造，只有少部分因考虑到锻造成本等问题而与曲轴分开制造，再通过螺钉紧固在曲轴上。

设计平衡重时，尽可能使平衡重的质心远离曲轴旋转中心，即用较轻的平衡块达到较好的平衡效果，平衡重的形状一般为扇形，其最大圆心角不能大于 180°。平衡重的径向尺寸以不碰活塞裙部底为限，两平衡重之间的宽度以连杆大头能通过为限。

5. 油道设计及油孔位置

油孔的布置由曲轴强度、轴承负荷分布和加工工艺综合确定，遵循以下原则：

1) 设在低负荷区，保证润滑油出口阻力小，供油充分。

2) 从保证强度角度，应选在曲拐平面运转前方 $\varphi = 45° \sim 90°$ 处，如图 8-5 所示，即弯曲中性面上。

曲轴油孔边缘容易产生应力集中，锐角壁上应力最大，尤其是当倾斜角大时。为了减轻应力集中，油道壁应该光滑，出口边缘处应做出圆角并抛光。圆角半径一般为油孔直径的 1/2 左右，不应太大，不能超过油孔直径，否则会由于去除了过多的金属而削弱了轴的强度。用挤压工艺挤压油孔边缘，能改善油孔的表面质量并形成表面残余压应力层，减轻应力集中。斜油道的形式如图8-6所示。

6. 曲轴设计基准的确定

曲轴需要确定两个设计基准：一是轴向设计基准；二是径向设计基准。轴向设计基准一般定位在曲轴的某一轴肩处，以此位置为零基准向曲轴两端延伸，设计其他部位的轴向尺寸。曲轴的径向设计基准一般取第一个或最后一个主轴颈，其他各部位的尺寸标注和几何公差标注都以此为准。

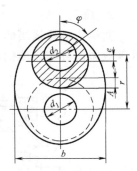

图8-5 油孔开设位置

1）粗基准的选择。曲轴的铸造、锻造毛坯呈弯曲状态，为保证两端中心孔都能钻在端面的几何中心上，径向粗基准选择靠近两端的轴颈；轴向粗基准一般选择中间主轴颈两边的曲柄，它处于曲轴中间，用作粗基准可以减小其他曲柄的位置误差。

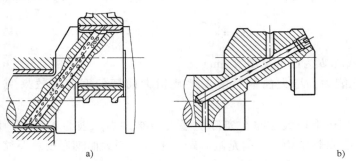

图8-6 斜油道的形式
a）一段加工型　b）分段加工型

2）精基准的选择。径向精基准为中心孔，轴向精基准一般选择曲轴止推面。

7. 曲轴油封装置

为防止曲轴前、后端沿着轴向渗漏机油，曲轴应有油封装置。高速内燃机上采用的油封结构都是组合式的。图8-7所示为甩油盘式曲轴油封装置（前端），曲轴向前移动，后推力轴承与曲轴臂端面摩擦；曲轴向后移动，前推力轴承与正时齿轮端面摩擦。常用的油封装置有：

1）甩油盘式和反油螺纹油封。

2）甩油盘式和填料（石棉绳）式油封。

3）甩油盘式和橡胶骨架式油封。

目前，曲轴后油封多由聚酯纤维制成，可根据需求选用。图8-8所示为曲轴后油封。

8.1.3 提高曲轴强度的措施

1. 曲轴材料

曲轴材料有铸铁和钢两个大类。在保证曲轴强度的前提下，应尽可能"以铸代锻"和"以铁代钢"。球墨铸铁曲轴的抗拉强度一般不亚于普通中碳钢，但由于其伸长率、冲击韧度和弹性模量较低，综合力学性能稍次于锻钢。

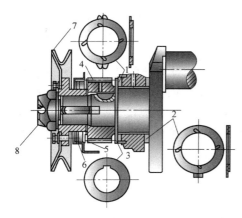 

图 8-7　甩油盘式曲轴油封装置（前端）
1、2—推力轴承　3—止推片　4—正时齿轮
5—甩油盘　6—油封　7—带轮　8—起动爪

图 8-8　曲轴后油封

根据铸造工艺，可设计出更为合理的形状来弥补材料力学性能的不足。另外，球墨铸铁曲轴中的球状石墨对减磨有一定作用，所以球墨铸铁曲轴的耐磨性能要比锻钢曲轴好。目前，在增压度不高的增压机型中已大量使用球墨铸铁曲轴。

在强化程度较高的增压中冷机型中，由于所承受的负荷大，为保证可靠性，仍大量使用锻钢曲轴。锻钢曲轴为优质中碳钢和中碳合金钢，如 35、40、45、35Mn2、40Cr、35CrMo 钢等；铸造曲轴所用材料包括铸钢、球墨铸铁、珠光体可锻铸铁及合金铸铁等，如 ZG230-450、QT600-3、QT700-2、KTZ450-5、KTZ500-4 等。

2. 结构措施

在载荷不变的条件下，为降低曲轴应力、提高疲劳强度，应设法降低轴颈圆角处的应力集中效应，为此可采取下面措施：

1）加大轴颈的重叠度 A。重叠度 A 的计算公式为

$$A = \frac{D_2 + D_1 - S}{2} \tag{8-2}$$

式中，D_2 为连杆轴颈直径；D_1 为主轴颈直径；S 为活塞行程。增大主轴颈直径及连杆轴颈直径和缩短活塞行程可以增大重叠度。

2）加大过渡圆角 r。过渡圆角的大小、形状、材料组织、表面加工质量和表面粗糙度等对曲轴的应力影响显著，增大圆角可以使局部应力峰值下降。试验表明，r/D_1（或 r/D_2）> 0.05 时，应力集中程度降低。尽管较大的圆角更易于磨削加工，精确度和表面粗糙度易于保证，但圆角大小受曲轴轴向尺寸限制，在设计中须综合考虑。

3. 工艺措施

提高曲轴疲劳强度的工艺措施有：

1）液体氮碳共渗。该工艺既可用于锻钢曲轴，又可用于球墨铸铁曲轴。试验表明，曲轴经适当液体氮碳共渗处理，其疲劳强度可提高 40% 左右。目前，曲轴液体氮碳共渗工艺日趋成熟，被广泛采用。

2）圆角滚压强化。其原理是利用滚轮压力的作用，使曲轴圆角表面的机械应力超过材

料的屈服极限而产生塑性变形，让曲轴表层直到一定深度范围内出现残余压应力，在工作时可抵消一部分曲轴的拉应力，从而大大提高曲轴的疲劳强度。圆角滚压强化工艺使疲劳强度一般可提高 30%～60%。

3) 圆角表面淬火。在非液体氮碳共渗的曲轴中，由于轴颈表面的硬度不够，一般都用高频淬火工艺来提高其硬度。但通常只能对轴颈表面进行淬火，而圆角处不能淬火。这样，轴颈部分产生残余压应力，而圆角部分则由于不淬火而形成回火区，出现残余拉应力，会削弱曲轴的疲劳强度。应采用专门工艺，使轴颈与圆角同时淬火，曲轴的疲劳强度可提高 30%～50%。

8.1.4 曲轴的强度计算

传统设计的初始阶段，用强度估算法较简单。强度估算法实际上是简支梁法，假设曲轴的每一曲拐相互独立，不受曲轴其他部分受力影响，并以简支梁的形式支承在主轴承上，曲轴受力以点负荷的形式作用在曲轴上。

强度估算法有多种，比较成熟的有理卡多（Ricardo）计算方法、AVL 计算方法等，但与实际差别较大，需要修正各种结构系数。随着计算技术的发展，有限元法逐渐取代了强度估算法。目前，应用连续梁法与有限元计算相结合的方法是分析计算普遍采用的方法。应用有限元模型计算出曲轴的应力集中系数，避免了使用经验图表计算应力集中系数产生的误差和计算方法本身的误差。

为了便于比较学习，本小节简单介绍传统的 AVL 计算方法及与有限元计算结合的基于 AVL EXCITE 软件的内燃机曲轴系统设计与计算方法。

传统方法以单个曲拐危险截面为计算目标，计算弯曲应力和切应力，得出实际主应力及实际等效应力。图 8-9 所示为曲轴各部分尺寸及曲柄臂中央危险截面，图中分别用 D_j 表示主轴颈直径，用 D_p 表示连杆轴颈直径。

1. AVL 计算方法简介

AVL 计算方法认为，曲轴最常见的破坏是连杆轴颈圆角处与主轴颈圆角处之间的危险截面，曲轴的失效从曲轴圆角处开始。评价曲轴的安全性以计算曲轴的圆角应力为基础，曲轴安全系数是许用应力幅与实际圆角应力幅之比。计算圆角应力时需要加以考虑的力有：气缸内的燃烧压力、活塞连杆组的往复惯性力和旋转惯性力、曲轴各部分的旋转惯性力。

(1) 曲轴的受力计算 图 8-10 所示为单个曲轴的受力分析，各参数计算公式为

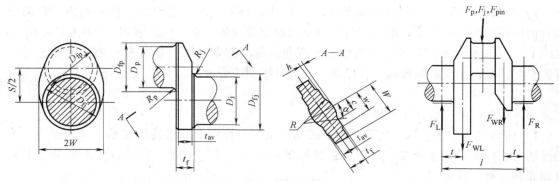

图 8-9 曲轴各部分尺寸及曲柄臂中央危险截面　　图 8-10 单个曲轴的受力分析

$$\begin{cases} F_p = \dfrac{\pi}{4}D^2 p_{max} \\[2mm] F_j = -\dfrac{\pi^2 n^2}{18}S\left[m_2 + m_1\left(1+\dfrac{S}{2L}\right)\right] \times 10^{-5} \\[2mm] F_{pin} = -\dfrac{\pi^2 n^2 S}{18}m_{pin} \times 10^{-5} \\[2mm] F_{WL} = \dfrac{\pi^2 n^2 S}{18}m_L \times 10^{-5} \\[2mm] F_{WR} = \dfrac{\pi^2 n^2 S}{18}m_R \times 10^{-5} \\[2mm] F_L = \dfrac{(F_p+F_j+F_{pin})\dfrac{l}{2}+F_{WR}t+F_{WL}(l-t)}{l} \\[4mm] F_R = \dfrac{(F_p+F_j+F_{pin})\dfrac{l}{2}+F_{WR}(l-t)+f_{WL}t}{l} \end{cases} \quad (8-3)$$

式中，F_{pin} 为连杆轴颈的旋转惯性力（N）；F_{WL}、F_{WR} 分别为左、右侧曲柄臂的旋转惯性力（N）；F_L、F_R 分别为左、右侧主轴承的支承力（N）；m_{pin}、m_L、m_R 分别为连杆轴颈、左侧曲柄臂及右侧曲柄换算到曲拐半径处的质量（kg）；l、t 为曲轴有关尺寸，如图 8-10 所示。

在一个工作循环中，排气上止点时气体压力约为一个标准大气压（约 98kPa），此时气缸压力对曲轴的作用力为零，则 F_L、F_R 为最小值。在压缩上止点时，燃烧开始，上止点后 $12°\sim15°$ 达到最大燃烧压力为 p_{max}，对曲轴的作用力为 F_p，则 F_L、F_R 为最大值，即

$$\begin{cases} F_{Lmax} = \dfrac{(F_p+F_j+F_{pin})\dfrac{l}{2}+F_{WR}t+F_{WL}(l-t)}{l} \\[3mm] F_{Lmin} = \dfrac{(F_j+F_{pin})\dfrac{l}{2}+F_{WR}t+F_{WL}(l-t)}{l} \\[3mm] F_{Rmax} = \dfrac{(F_p+F_j+F_{pin})\dfrac{l}{2}+F_{WR}(l-t)+F_{WL}d}{l} \\[3mm] F_{Rmin} = \dfrac{(F_j+F_{pin})\dfrac{l}{2}+F_{WR}(l-d)+F_{WL}d}{l} \end{cases} \quad (8-4)$$

（2）名义应力　名义应力的计算公式为

$$\begin{cases}\sigma_{wnL}=\dfrac{F_L d}{W}\\ \sigma_{wnR}=\dfrac{F_R d}{W}\\ \sigma_{lnL}=\dfrac{F_L d}{A}\\ \sigma_{lnR}=\dfrac{F_R d}{A}\end{cases} \tag{8-5}$$

式中，W 为危险截面的抗弯截面系数（mm^3）；A 为危险截面的截面面积（mm^2）；σ_{wnL}、σ_{wnR} 分别为左、右名义弯曲应力（MPa）；σ_{lnL}、σ_{lnR} 分别为左、右名义拉伸应力（MPa）。

（3）有效应力 有效应力的计算公式为

$$\begin{cases}\sigma_c=\alpha\sigma_{wn}\\ \sigma_J=\beta_w\sigma_{wn}+\beta_1\sigma_{ln}\end{cases} \tag{8-6}$$

式中，σ_c、σ_J 分别为连杆轴颈圆角处及主轴颈圆角处的有效应力（MPa）；α、β_w、β_1 为理论应力集中系数，计算方法见本小节应力集中系数的计算；σ_{wn} 为名义弯曲应力（MPa）；σ_{ln} 为名义拉伸应力（MPa）。

2. 曲轴的强度分析

曲轴强度是在疲劳强度图上确定的。当平均应力为正应力时，以有效平均应力为横坐标，有效最大应力为纵坐标，在疲劳强度图上得到点 L，然后从原点并通过 L 点作射线，得到该射线与疲劳强度图的交点 F，如图 8-11 所示，则可得到该工况下的安全系数 $n=\sigma_F/\sigma_m$；而当平均应力为负应力时，利用完全对称循环下的弯曲疲劳强度（许用应力幅）$\sigma_{-1}^{\ominus}$，此时安全系数为 $n=\sigma_{-1}/\sigma_a$。通常当安全系数 $n>1.6$ 时，可认为该曲轴是安全的。

（1）曲轴材料为钢时的疲劳强度图 根据材料的抗拉强度 $\sigma_b^{\ominus}$、完全对称循环下的弯曲疲劳强度 σ_{-1}，及材料的屈服强度为 $\sigma_{0.2}$，按图 8-12 所示方法建立疲劳强度图。

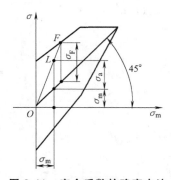

图 8-11 安全系数的确定方法

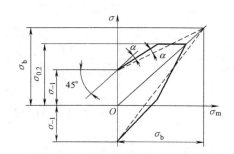

图 8-12 材料为钢时的疲劳强度图的建立

⊖ 新的国家标准中，疲劳强度用字母 S 表示，这里采用旧符号 σ_{-1} 表示。

⊖ 新的国家标准中，抗拉强度用字母 R_m 表示，这里采用旧符号 σ_b 表示。

σ_{-1} 的计算公式为

$$\sigma_{-1} = \sigma_{-1e}\left[0.95 + \sqrt{\frac{1600}{Y_d^2}\left(\frac{2}{R_p} + \frac{2}{D_2}\right)}\right] \tag{8-7}$$

式中，σ_{-1e} 为材料在完全对称循环下的拉压疲劳强度（MPa），典型曲轴材料的 σ_{-1e} 由表 8-1 查得；Y_d 为曲轴的表面硬度（HBW）；R_p 为连杆轴颈圆角半径（mm）；D_2 为连杆轴颈直径（mm）。

表 8-1 典型曲轴材料的抗拉强度及完全对称循环下的拉压疲劳强度

材料牌号	抗拉强度 σ_b/MPa	完全对称循环下的拉压疲劳强度 σ_{-1e}/MPa
45	640~785	295
30Mn5	785~930	360
34Cr4	880~1030	370
25CrMo4	785~930	350
34CrMo4	880~1030	400
42CrMo4	980~1180	450
30CrNiMo8	1230~1420	520

（2）曲轴材料为球墨铸铁时的疲劳强度图 当曲轴材料为球墨铸铁时，疲劳强度图是根据设计曲轴的完全对称循环下的弯曲疲劳强度 σ_{-1} 和冲击疲劳强度 σ_0 建立起来的，如图 8-13 所示，σ_{-1} 和 σ_0 的计算公式为

$$\begin{cases} \sigma_0 = \sigma_{0e}\dfrac{\gamma_{0e}\alpha_e}{\alpha_{0e}\gamma_e} \\ \sigma_{-1} = \sigma_{-1e}\dfrac{\gamma_{0e}\alpha_e}{\alpha_{0e}\gamma_e} \end{cases} \tag{8-8}$$

式中，σ_{0e} 为该材料所制试验曲轴的冲击疲劳强度（MPa）；σ_{-1e} 为该材料所制试验曲轴的完全对称应力下的弯曲疲劳强度（MPa）；α_{0e} 为试验曲轴的等效理论应力集中系数，α_{0e} = 4.01；γ_{0e} 为试验曲轴的有效应力集中系数，γ_{0e} = 1.8；γ_e 为设计曲轴的有效应力集中系数，可由图 8-14 查得；α_e 为设计曲轴的等效理论应力集中系数，计算公式为

$$\alpha_e = \alpha\frac{\dfrac{(D_p + D_j - S)^2}{4} + t_f^2}{t_f^2} \tag{8-9}$$

式中，α 为理论应力集中系数，计算方法见下文；其他符号的意义见图 8-9。

典型曲轴球墨铸铁材料的 σ_{0e}、σ_{-1e} 由表 8-2 查得。

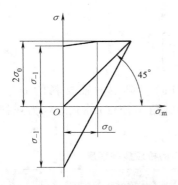

图 8-13 材料为球墨铸铁时的疲劳强度图的建立

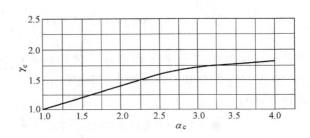

图 8-14 等效理论应力集中系数和有效应力集中系数的关系

表 8-2 典型曲轴球墨铸铁材料的 σ_{0e}、σ_{-1e}

材料牌号	表面硬度 HBW	完全对称弯曲疲劳强度 σ_{-1e}/MPa			冲击疲劳强度 σ_{0e}/MPa		
		不处理	圆角滚压	液体氮碳共渗(8h)	不处理	圆角滚压	液体氮碳共渗(8h)
QT700	244~278	±280	±534	—	±150	±432	—
QT600	185~278	—	±523	±307	—	±398	±209

3. 曲轴理论应力集中系数的计算

理论应力集中系数的计算公式中使用的参数分别为

$$s=\frac{D_p+D_j-S}{2D_p},\ w=\frac{t_f}{D_p},\ B=\frac{6W_{bA}}{t_f},\ b=\frac{B}{D_p},\ r=\frac{R_p}{D_p},\ d_g=\frac{D_g}{D_p},\ d_h=\frac{D_h}{D_p} \tag{8-10}$$

式中,W_{bA} 为曲柄臂中央截面处的抗弯截面系数,可由其几何尺寸计算;D_g 为主轴颈内孔直径(mm);D_h 为连杆轴颈内径(mm)(图 8-9 中为实心,没有内径则没标),则连杆轴颈圆角处

$$\alpha \approx 2.6914 f(s,w) f(w) f(b) f(r) f(d_g) f(d_h) \tag{8-11}$$

其中

$$\begin{cases} f(s,w) = 1.5158-4.1032w^2-13.6064w^3+6.0668w^4+ \\ \qquad s(-1.8642+8.2592w-18.2273w^2+18.519w^3-6.9252w^4)+ \\ \qquad s^2(-3.8399+25.0444w-70.5571w^2+87.0328w^3-39.1832w^4) \\ f(w) = 2.179w^{0.7171} \\ f(b) = 0.684-0.0077b+0.1473b^2 \\ f(r) = 0.2081r^{-0.5231} \\ f(d_g) = 0.9993+0.27d_g-1.0211d_g^2+0.5306d_g^3 \\ f(d_h) = 0.9978+0.3145d_h-1.5241d_h^2+2.4147d_h^3 \end{cases} \tag{8-12}$$

主轴颈圆角处理论应力集中系数为

$$\begin{cases} \beta_w = 2.7146 f_w(s,w) f_w(w) f_w(b) f_w(r) f_w(d_g) f_w(d_h) \\ \beta_1 = 3.0128 f_1(s) f_1(w) f_1(b) f_1(r) f_1(d_h) \end{cases} \tag{8-13}$$

其中

$$\begin{cases} f_w(s,w) = 1.1977-0.4971w+0.3163w^2+s(-0.8035+1.1495w-0.5487w^2) + \\ \qquad\qquad s^2(-2.1567+2.3297w-1.2952w^2) \\ f_w(w) = 2.2422w^{0.7548} \\ f_w(b) = 0.5616+0.1197b+0.1176b^2 \\ f_w(r) = 0.1908r^{-0.5568} \\ f_w(d_g) = 1.0012-0.6441d_g+1.2265d_g^2 \\ f_w(d_h) = 1.0012-0.1903d_h+0.0073d_h^2 \\ f_1(s) = 1.0786+0.8794s-1.5212s^2 \\ f_1(w) = 1.0786+0.8794s-1.5212s^2 \\ f_1(b) = -0.5+b \\ f_1(r) = 0.5331r^{-0.2038} \\ f_1(d_h) = 0.9937-1.1949d_h+1.7373d_h^2 \end{cases} \quad (8\text{-}14)$$

4. 基于工程软件的内燃机曲轴系统设计与计算方法

（1）曲轴强度的有限元计算方法　曲轴强度的计算现在主要采用有限元计算方法，极少采用简支梁法。曲轴有限元计算方法的研究已比较成熟，某曲轴的有限元模型如图 8-15 所示，可以用来进行曲轴的刚度、强度和振动模态计算，利用有限元工程分析软件，如 AN-SYS、ABAQUS 等，只要完成曲轴的三维实体模型，就可得到三维有限元模型，要得到符合实际的计算结果，关键是如何得到符合实际的曲轴的位移约束条件和加载方式，否则结果差别巨大。另外，在形状变化剧烈的圆角处，要进行网格细化，否则计算结果会不准确。

图 8-15　某曲轴的有限元模型
a）整体曲轴网格模型　b）整体曲轴计算结果　c）单拐曲轴圆角计算结果

有限元计算方法的应用大大提高了轴系分析的精度，著名的内燃机设计公司 AVL、Ricardo 都开发了专门的内燃机整机分析软件，曲轴传统强度计算方法也集成在内。另外，把整机作为一个整体的模型进行计算分析，气缸体、曲轴、轴承等部件作为弹性体，用有限元计算方法计算出其刚度矩阵输入计算模型，能够计算出整机的安全系数、油膜情况、整机振动、曲轴的扭转振动、弯曲振动及各零部件的振动模态等。

（2）利用专业软件计算曲轴强度　AVL EXCITE 的软件模块可以准确地施加内燃机位移约束条件和加载方式，将传统的简支梁法和有限元计算方法结合起来。基于 EXCITE 的内燃机曲轴系统设计与计算有两种方法，即如图8-16所示的方法1和方法2。椭圆框中为该工作步骤时用到的软件或者模块，其中CAD、FEM软件不在EXCITE中，其他模块属于EXCITE的功能。

EXCITE的应用涉及内燃机设计的内容有内燃机动力学，包括曲轴扭振、强度、液体动力轴承等的计算。

1）通过输入曲轴系统结构参数和气缸压力确定受力情况：沿曲拐半径方向作用的径向

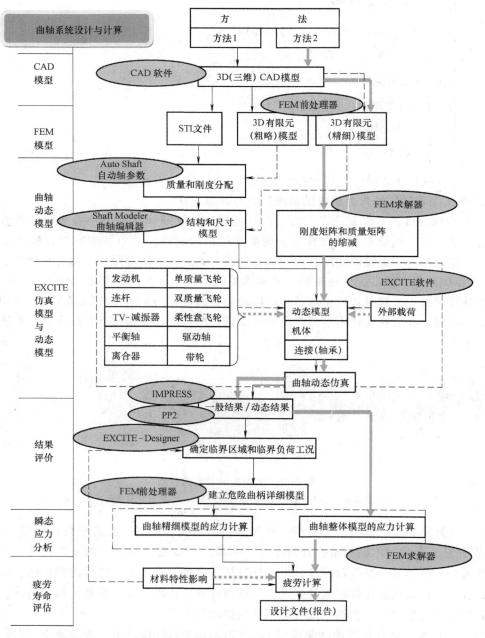

图8-16 基于AVL EXCITE软件的内燃机曲轴系统设计与计算流程

力。其中包括由气缸压力、活塞连杆组往复运动惯性力产生的径向力、连杆旋转质量的离心力和曲柄销的离心力。

2) Auto Shaft 工具对曲轴进行质量和刚度分配。

3) Shaft Modeler 工具建立曲轴的结构和尺寸模型。

4) EXCITE-Designer 工具确定临界区域和临界负荷工况。

5) PP2 和 IMPRESS 工具用于查看结果、图和数据等。

由于计算结果较多,这里不再赘述。

8.1.5 飞轮设计

1. 飞轮的作用

当内燃机的输出转矩 M 大于阻力矩 M_R 时,飞轮吸收多余的功,使转速增加较少;当输出转矩 M 小于阻力矩 M_R 时,飞轮释放储存的能量,使转速减少较小。曲轴后端与飞轮的连接方式如图 8-17 所示。

通常用转矩不均匀系数 μ 和运转不均匀系数 δ 评价内燃机运转的稳定性。

运转不均匀系数 δ 的计算公式为

$$\delta = \frac{\omega_{max} - \omega_{min}}{\omega_m} \tag{8-15}$$

图 8-17 曲轴后端与飞轮的连接方式

式中,ω_m 为平均角速度。转矩不均匀系数 μ 的计算公式为

$$\mu = \frac{M_{max} - M_{min}}{M_m} \tag{8-16}$$

式中,M_m 为平均转矩。曲轴角速度变化率为

$$\frac{d\omega}{dt} = \frac{M - M_R}{I_0} \tag{8-17}$$

式中,I_0 为曲轴系统的总转动惯量。

因此,要提高内燃机运转的稳定性,降低曲轴角速度波动的措施有:

1) 增加气缸数,使点火均匀,减少由于气缸间歇工作带来的不均匀性。

2) 增大转动惯量 I_0,减小角速度波动率,基本方法是安装飞轮。

由于内燃机低速时运转均匀性更差,因此低速时的转速波动更明显,这也常是变速器出现异响的主要原因。

2. 飞轮转动惯量 I_f 的确定

在与 ω_{min} 和 ω_{max} 对应的转角 φ_1 和 φ_2 范围内,对式(8-17)积分得盈亏功 ΔE 为

$$\begin{aligned}\Delta E &= \int_{\varphi_1}^{\varphi_2}(M - M_R)d\varphi = \int_{\varphi_1}^{\varphi_2} I_0 \frac{d\omega}{dt}d\varphi = \int_{\omega_{min}}^{\omega_{max}} I_0 \omega d\omega = \frac{I_0}{2}(\omega_{max}^2 - \omega_{min}^2) \\ &= \frac{I_0(\omega_{max} - \omega_{min})}{(\omega_{max} + \omega_{min})/2} \frac{(\omega_{max} + \omega_{min})^2}{4} = I_0 \delta \omega_m^2\end{aligned} \tag{8-18}$$

$$\delta = \frac{\omega_{max} - \omega_{min}}{\omega_{max} + \omega_{min}/2} = \frac{\omega_{max} - \omega_{min}}{\omega_m}$$

式中，ΔE 为在曲轴角速度从 $\omega_{\min}$ 到 $\omega_{\max}$ 所对应的曲轴转角之间，内燃机转矩曲线与阻力矩曲线所包围的面积，如图 8-18 所示；δ 为运转不均匀系数。

如果 E 为内燃机一个循环的有效功，则可根据 ξ 算出盈亏功 ΔE。

$$\Delta E = \xi E = \xi \times 12 \times 10^4 \frac{P_e}{n} \quad (8\text{-}19)$$

式中，ξ 为盈亏功系数，与气缸数有关；P_e 为有效功率（kW）；n 为转速（r/min）。

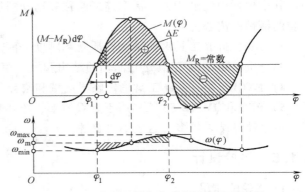

图 8-18 内燃机转矩与曲轴角速度的变化

表 8-3 中列出了各气缸数四冲程内燃机的转矩不均匀系数和盈亏功系数。

在内燃机总转动惯量中，飞轮的转动惯量占绝大部分。令飞轮的转动惯量 $I_f = \psi I_0$，ψ 为飞轮的转动惯量占总转动惯量的比例，一般取 $\psi = 0.8 \sim 0.9$，多缸内燃机一般取较小的数值，则飞轮的转动惯量 I_f 为

$$I_f = \psi \frac{\Delta E}{\delta \omega_m^2} \approx 10.8 \times 10^6 \frac{\psi \xi}{\delta} \frac{P_e}{n^3} \quad (8\text{-}20)$$

表 8-3 四冲程内燃机的转矩不均匀系数和盈亏功系数

气缸数 z	μ	ξ
1	10~20	1.1~1.3
2	8~15	0.5~0.8
3~4	5~10	0.2~0.4
6	1.5~3.5	0.06~0.1
8	0.6~1.2	0.01~0.03
12	0.2~0.4	0.005~0.01

δ 的选择取决于飞轮转动惯量的大小，对于驱动车辆的汽油机、柴油机，由于其使用因素复杂，δ 的选择较分散。车用内燃机常用工况的运转不均匀系数 δ 达到 1/50 即可。对于可能在大阻力下起步或有其他短期超负荷的汽车，飞轮积聚的动能有助于起步和克服短期超负荷，所以飞轮转动惯量大一些有好处。

对乘用车内燃机，低速空转时的稳定性也很重要，因此飞轮转动惯量大一些，δ 值取小值，有些车用汽油机在标定工况下的 δ 小到 1/200 甚至 1/300。

3. 飞轮结构的设计要点

飞轮是圆盘形状，关键尺寸是外径，外径越大，在同样的转动惯量下飞轮就可以越轻。确定飞轮的外径时，除了要考虑空间条件外，还要考虑外圆的圆周速度，尤其对于灰铸铁飞轮，圆周速度一般不超过 50m/s。否则，容易造成飞轮由于离心惯性力过大及材料的抗拉强度不足而损坏。

飞轮内径为 D_1，飞轮外径为 D_2，外圆厚度为 b。或据统计，高速内燃机飞轮外径 $D_2 =$

$(3\sim 4)D$（D 为气缸直径）。实际上，车用汽油机的 $D_2 = 300\sim 400\text{mm}$，高速柴油机的 $D_2 = 400\sim 600\text{mm}$。飞轮主要尺寸简图如图 8-19 所示。

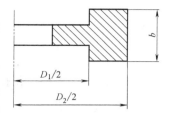

图 8-19 飞轮主要尺寸简图

飞轮用螺栓和定位销与曲轴后端连接，连接元件布置不对称，以保证装配时飞轮与曲轴之间有固定不变的角位置。这是因为生产时曲轴与飞轮装在一起检验动平衡，动平衡性能在拆装后不能被破坏。同时，飞轮上刻有各种定时记号，也不允许改变曲轴与飞轮的相对位置。

计算飞轮连接螺栓的强度时，须注意转矩是靠接合面的摩擦力矩传递的，螺栓只受拉伸，不受剪切。所以曲轴后端面必须平整，只许略为中凹，不许中凸，同时要严格控制其垂直度。所传递的力矩，除了输出转矩曲线上的最大值 $M_{\max}$ 外，还包括由扭转振动引起的附加力矩 M_d，一般认为 M_d 的最大许用值为

$$M_\text{d} = 40 W_\sigma$$

式中，W_σ 为曲轴主轴颈的抗扭截面系数（mm^3）。

紧固飞轮的螺栓的计算面积 A（mm^2）为

$$A = \frac{M_{\max} + M_\text{d}}{Rfi[\sigma]} \tag{8-21}$$

式中，R 为各紧固螺栓中心所在的圆周半径（mm）；f 为摩擦因数，为安全起见可取较小值，$f = 0.1$；i 为紧固螺栓的数量；$[\sigma]$ 为螺栓材料的许用应力，一般飞轮螺栓都采用优质结构钢制造，经调质处理后具有很高的屈服强度，所以可取 $[\sigma] = 500\text{MPa}$。

4. 双质量飞轮的特性与设计

往复式内燃机曲轴转速波动不可避免，尤其是在缸数少、转速低的情况下更加明显。例如，常用的四缸内燃机，在低速（$n < 2000\text{r/min}$）下的转速波动经常造成变速器齿轮异响和齿轮早期磨损。通常的解决办法是加大飞轮的转动惯量，由于增加飞轮转动惯量又受到空间尺寸限制，因此只能增加飞轮质量，而飞轮质量的增加会加大最后一个主轴承的偏心负荷，造成轴承严重偏磨，同时还会影响加速性，即汽车的加速性能。

为解决低速时转速波动的问题，提出了双质量飞轮的设计概念。

双质量飞轮将原来的一个飞轮分成两个部分，一部分保留在原来内燃机一侧的位置，起到原来飞轮的作用，用于起动和传递转矩，这一部分称为第一质量（或主动飞轮、初级质量），另一部分则放置在传动系变速器一侧，用于提高变速器的转动惯量，这一部分称为第二质量（或从动飞轮、次级质量）。两部分飞轮之间有一个环形的油腔，在油腔内装有弹簧减振器，由弹簧减振器将两部分飞轮连接为一个整体。

典型的双质量飞轮结构及其减振特性如图 8-20 所示。

双质量飞轮仍是依据盈亏功进行总体设计的，然后按照一定的比例确定第一质量和第二质量的转动惯量。但在汽车传动系设计中，综合考虑整车运转均匀性，往往将第二质量与传动系的变速齿轮、传动轴等归为一个转动惯量。因此可认为双质量飞轮设计应归入整车传动系设计。

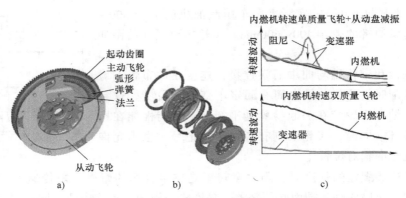

图 8-20 典型的双质量飞轮结构及其减振特性

a) 圆弧长弹簧双质量飞轮结构 b) 部件分图 c) 单、双质量飞轮传动系速度波动幅值

8.2 连杆组设计

8.2.1 连杆的工作条件和设计要求

连杆的运动情况：连杆小头随活塞组做往复直线运动，连杆大头随连杆轴颈做旋转运动。连杆工作时受到两种载荷：一是燃气作用力和曲柄连杆机构中往复惯性力所引起的纵向载荷；二是连杆杆身复合运动所引起的横向载荷，两种载荷的大小和方向都是变化的。此外，连杆组装配时还造成静载荷，连杆小头处是因压入衬套而引起，连杆大头处是因拧紧连杆螺栓引起。

由动力学分析，沿连杆中心线的纵向载荷 F 为

$$F = \frac{F_g + F_j}{\cos\beta} \tag{8-22}$$

式中，F_g 为燃气作用力；F_j 为活塞连杆的往复惯性力；β 为连杆摆角。

进一步可得，最大拉伸载荷 F_{jmax} 出现在进气行程开始的上止点附近，其数值为活塞组和计算断面以上部分连杆质量的往复惯性力，即

$$F_{jmax} = \frac{m + m_1}{g}(1+\lambda)r\omega^2 \tag{8-23}$$

式中，m、m_1 分别为活塞组和计算断面以上部分连杆往复运动的质量。

最大压缩载荷 F_{cmax} 出现在膨胀行程开始的上止点附近，其数值是爆发压力产生的燃气作用力减去活塞连杆的往复惯性力，即

$$F_{cmax} = F_g - F_j \tag{8-24}$$

在四冲程内燃机中，力 F 使连杆杆身承受拉压疲劳载荷。当 F 为正时，杆身受压，由于连杆为细长杆件，在摆动平面和与其垂直的平面内，F 力还使连杆产生纵向弯曲，造成轴承的不均匀磨损。当 F 为负值时，杆身受拉，在负值绝对值最大时，为了不使连杆体与连杆大头盖分离，连杆螺栓在装配时要施加足够的拧紧力。

横向载荷为杆身摆动所产生的附加弯矩,此附加弯矩为杆身的转动惯量与连杆摆动的角加速度的乘积,连杆上的纵向载荷比横向载荷的值要大得多。

因此,连杆主要承受气压力和往复惯性力所产生的交变载荷。因此,首先保证连杆具有足够的疲劳强度和结构刚度。如果强度不足,就会发生连杆螺栓、连杆大头盖或杆身的断裂;如果连杆组刚度不足,连杆大头的变形使连杆螺栓承受附加弯曲力;连杆大头失圆使连杆轴承的润滑受到影响,杆身在曲轴轴线平面内的弯曲,使活塞在气缸内倾斜,造成活塞与气缸及连杆轴承与曲柄销的偏磨、活塞组与气缸间漏气、窜机油等,刚度不足引发的上述问题在实际中较难判定。

从动力学计算所得出的连杆轴承载荷极坐标图(图8-21)可以看出,拉力F_L达到其最大正值时的曲拐转角为压缩上止点后的370°左右(柴油机以及高速汽油机的中低转速工况),或膨胀下止点前的530°左右(高速汽油机的某些高转速工况)。

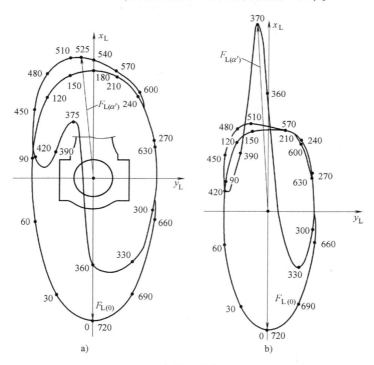

图 8-21 连杆轴承载荷极坐标图
a) 高速汽油机的最大功率工况 b) 高速柴油机的最大功率工况

8.2.2 连杆材料

连杆一般有如下材料可供选择:

1) 中碳钢(45钢、40钢)、中碳合金钢(40Cr、40MnB、40MnVB),工艺为锻造后进行调质,加工后检测。

2) 球墨铸铁,其硬度为210~250HBW,具有300~500MPa的抗弯强度,与中碳钢相差不大。

3) 铸铝合金,主要用于小型内燃机。

连杆大头盖定位方式可采用连杆大头胀裂工艺,即整体加工出连杆大头,然后利用胀断的方式裂开连杆大头,这样会产生凸凹不平的断裂茬口,同时起到两个方向的定位作用,使抗剪切能力强、两个连杆螺栓的距离短、连杆大头宽度最小,制造成本降低30%左右,如图 8-22 所示。

图 8-22 连杆大头胀裂工艺

表 8-4 给出了胀裂连杆常用材料的化学成分。

表 8-4 胀裂连杆常用材料的化学成分

牌号	化学成分(质量分数,%)						
	C	Mn	Si	S	P	V	N
C70S6 高碳微合金非调质钢	0.70	0.55	0.60	0.07	—	—	—
SPLITASCO70 系列锻钢	0.70	0.55	0.60	0.07	—	—	—
SPLITASCO50 系列锻钢	0.50	0.60	0.65	>0.15	0.07	—	—
SPLITASCO38 系列锻钢	0.38	1.20	0.65	0.075	0.085	0.085	—
FRACTIM 锻钢	0.55	0.60	0.15	0.06	0.045	—	—
S53CV2FS 锻钢	0.53	0.28	1.25	—	0.03	0.12	0.0045

8.2.3 连杆主要参数的选择

连杆主要参数如图 8-23 所示。

1. 基本尺寸

1) 连杆长度 l。
2) 连杆小头和连杆大头孔直径 d_1、D_2。
3) 连杆小头和连杆大头孔宽度 B_1、B_2。
4) 杆身工字形断面尺寸 H、B。

由于连杆小头孔通过连杆小头衬套与活塞销相配,而连杆大头孔通过连杆轴瓦与曲轴相配,因而 d_1、D_2、B_1、B_2 等尺寸基本上取决于活塞销和曲轴的设计。

(1) 连杆长度 l 即连杆大、小头孔间的距离 l,通常是用曲柄连杆比 $\lambda = r/l$ 来说明,λ 值越大,连杆越短,则内燃机总高度越小。高速汽车内燃机设计的总趋势是尽量缩短连杆长度。但须注意:

1) 过短的连杆在运动过程中有可能与气缸套下沿相碰。
2) 在 S/D 比值很小的短行程机型中,要求有较大的平衡重保证运转平稳,连杆过短容易引起活塞裙部与曲轴平衡重相碰。

（2）连杆长度的校核　需校核以下内容：

1）当连杆摆角 β 最大时，连杆不能碰气缸套下沿。

2）当活塞处于下止点时，曲轴平衡重不能碰活塞裙部。

由于连杆长度直接影响压缩比的精度，因此连杆长度精度应该在 $\pm 0.05 \sim \pm 0.1 \mathrm{mm}$。

短行程趋势使 λ 值已达到 1/3.2，常用范围为 1/4 ~ 1/3.2。连杆长度必须根据总体布置完成后才能最后确定。

2. 连杆小头孔直径 d_1 和宽度 B_1

连杆小头孔直径 d_1 和宽度 B_1 由活塞销直径确定，即

$$d_1 = d - 2\delta_1 \tag{8-25}$$

式中，d 为活塞销直径；δ_1 为连杆小头衬套厚度，采用锡青铜衬套时，$\delta_1 = 2 \sim 3\mathrm{mm}$，采用冷轧青铜带或钢背与青铜双金属带卷成的薄壁衬套时，δ_1 仅为 $0.75\mathrm{mm}$，可使结构更紧凑。

汽油机的连杆小头宽度 $B_1 = (1.2 \sim 1.4)d_1$，柴油机一般 $B_1 = d_1$，对连杆小头孔直径要进行比压 q 的校核，即

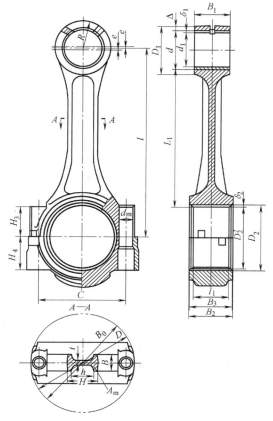

图 8-23　连杆主要参数

$$q = \frac{F_g}{B_1 d_1} \leqslant [q] \tag{8-26}$$

式中，$[q]$ 为许用比压，汽油机的 $[q] = 62\mathrm{MPa}$，柴油机的 $[q] = 85 \sim 90\mathrm{MPa}$。

3. 连杆大头孔直径 D_2 和宽度 B_2

连杆大头孔直径 D_2 和宽度 B_2 由连杆轴颈的直径 D_2' 和长度 L_2 确定，即

$$D_2 = D_2' + 2\delta_2 \tag{8-27}$$

式中，δ_2 为连杆轴瓦的厚度，汽油机的 $\delta_2 = 1.5 \sim 2\mathrm{mm}$，柴油机的 $\delta_2 = 2 \sim 3\mathrm{mm}$。汽车内燃机的连杆大头与连杆大头盖通常都是分体式结构，大多数采用平切口；一些柴油机由于连杆轴颈直径较大而采用斜切口形式，但大头外廓尺寸 $B_0 < D$（气缸直径），以方便安装。

图 8-24 所示为某汽油机的连杆简化零件图，上面标出了主要结构尺寸、几何公差和加工精度要求。

8.2.4　连杆的结构设计

1. 连杆小头

连杆小头与活塞销连接，承受燃气作用力。连杆小头位于活塞内腔，其特点是：尺寸小、比压高、温度高、表面相对运动速度低，且属于摆动，这不利于形成油楔或承载油膜。连杆小头的结构形式取决于活塞销的尺寸及其固定方式，一般情况下，全浮式活塞销使用最

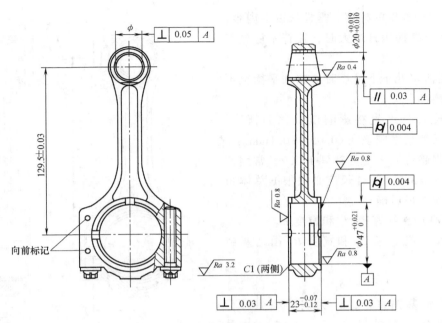

图 8-24 连杆简化零件图

广泛。连杆小头多为薄壁圆环形结构，如图 8-25 所示，形状简单，质量小，受力后应力分布比较均匀。

2. 连杆杆身

连杆杆身承受交变载荷，可产生疲劳破坏和变形，连杆高速摆动时的横向惯性力也会使连杆弯曲变形，因此需有足够的断面面积，并消除产生应力集中的因素。

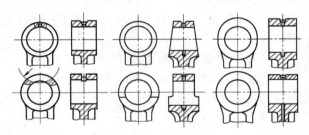

图 8-25 连杆小头的形状

目前连杆杆身平均断面面积 A_m 与活塞面积 A_h 之比 $A_m/A_h = 0.02 \sim 0.035$，柴油机为 $0.03 \sim 0.05$。为了在较小的质量下得到较大的刚度，高速内燃机的连杆杆身断面为工字形，长轴在摆动平面内，考虑惯性力依不同连杆截面的变化，从连杆小头到连杆大头截面逐渐加大。

连杆的支承在轴线的摆动平面内相当于铰支承，在与摆动平面垂直的平面，即通过轴线的平面内相当于固定支承。根据欧拉方程，在连杆运动平面内的临界载荷为

$$F_k = \pi^2 \frac{EJ_x}{l^2} \tag{8-28}$$

式中，E 为连杆材料弹性模量；J_x 为连杆中间截在对其垂直于摆动平面的惯性矩。在与其垂直的平面内的临界载荷为

$$F_k' = 4\pi^2 \frac{EJ_y}{L_1^2} \tag{8-29}$$

式中，J_y 为杆身中间截面对其摆动平面的惯性矩。如果满足 $J_x \approx 4J_y$，则杆身在这两个平面内几乎具有相等的刚度。设计时实际使用范围大致为 $J_x = (2 \sim 3)J_y$，这是为了使连杆在垂直摆动平面内有较大的抗弯能力。

连杆的拉、压均为交变载荷。在进行拉应力计算时，选标定转速或最大转速工况，活塞处于排气上止点，对于不同的计算截面，要考虑截面上部的运动质量不同，产生的惯性力也不同。在进行压应力计算时，要选择最大转矩工况和全负荷下的标定转速工况，即活塞承受最大压力时。

除了连杆长度以外，杆身断面的高度 H 与宽度 B 就是杆身的主要结构尺寸。一般范围为 $H=(0.2\sim0.3)D$（汽油机）和 $H=(0.3\sim0.4)D$（柴油机）。总体上 $H/B=1.4\sim1.8$。

3. 连杆大头

连杆大头设计的核心问题是保证其有足够的刚度，连杆大头的尺寸不仅取决于连杆轴颈直径和宽度，而且还要保证装配时活塞组及连杆杆身能从缸孔中"通过"。

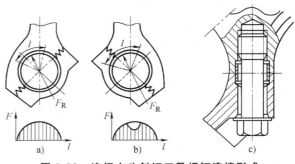

斜切口相对于连杆轴线的斜角越小，连杆大头上半部横向宽度越小，在连杆体能通过气缸的条件下，容许加大连杆轴颈直径的空间越大。但斜角越小，螺钉或螺柱穿进杆身的深度也必须越大，使杆身削弱过多，因此斜角一般为 $30°\sim60°$。斜切口的方向与曲轴转向有关，如图 8-26 所示。

最大燃气作用力在上止点过后产生，此时连杆轴颈的反作用力 F_R 也达到最大，其大小为燃气作用力、往复惯性力与连杆大头旋转离心力的向量和。

图 8-26 连杆大头斜切口及螺钉连接形式
a）保持液体润滑 b）液体润滑油膜不连续 c）螺钉连接形式

连杆大头的剖分面定位：直切口连杆利用螺栓中部加工的凸出圆柱来定位（图 8-27a）；斜切口连杆考虑到除定位作用外还要承受较大剪力，在分界面上做成止口定位或锯齿定位（图 8-27b），也可采用套筒定位（图 8-27c）。

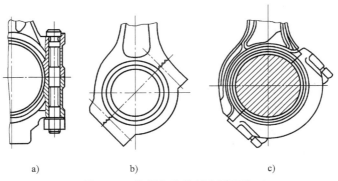

图 8-27 连杆大头的剖分面定位
a）凸出圆柱定位 b）锯齿定位 c）套筒定位

采用止口定位的缺点：减小了连杆大头盖与连杆体的接合面，使螺钉布置受到限制，可靠性也较差。应用较广的是锯齿定位，优点：接触面大，贴合紧密，抗剪能力强，定位可靠，螺钉布置不受影响。

4. 连杆螺栓

（1）连杆螺栓受力分析 安装连杆大头盖时，为保证紧固可靠，并使连杆轴瓦紧贴在连杆大头轴承内,必须适当地拧紧螺栓,此时螺栓所受的拧紧力称为预紧力,是连杆螺栓所受的静载部分。内燃机运转时,螺栓要承受往复惯性力及除去连杆大头盖后的连杆大头旋转离心力,这部分载荷随着曲柄转角变化而变化。

此外,连杆螺栓有还承受部分附加的弯曲应力,其原因是:被连接部分连杆大头的刚性不足,加工过程中造成的零件形状误差,螺栓头部结构不合理等。

(2) 确定连杆螺栓预紧力 保证连杆轴瓦必需的过盈量所具有的预紧力为 F_{b0}。在膨胀冲程上止点时,气压力大于惯性力,连杆体压在连杆轴颈上,螺栓的最小工作载荷为零,所以螺栓的工作载荷是交变的脉动载荷。为了防止连杆体和连杆盖的接合面在上述工作载荷的拉伸下脱开,在装配时需加足够的预紧力 F_{b1}。而为了压平轴瓦对孔座的过盈量(周向过盈量),使轴瓦紧贴瓦座,装配时还应加一预紧力 F_{b2},该两力之和 F_{b0} 称为螺栓总预紧力,是一静载荷,但数值很大,一般可高达工作载荷的 6~7 倍。

(3) 连杆螺栓、连接件的载荷——变形关系 内燃机运转时,连杆螺栓受到两种力的作用:预紧力 F_{b0} 和动载荷 F_j''(往复惯性力和回转离心力在气缸中心线上的分力之和),最大为 F_{bmax}。连杆螺栓与连杆大头(包含连杆大头盖)的受力与变形可按以下步骤分析:

1) 两片轴瓦端部接触,连杆大头与连杆大头盖未接触,此时所有零件都未受力。

2) 螺栓开始被拧紧,轴瓦被压缩短至轴瓦凸出量结束,螺栓被拉伸长 λ_{b0},此时螺栓与轴瓦受力相等,都是 F_{b1}。同时连杆大头接合面贴紧,但未受力。

3) 螺栓继续被拧紧,连杆大头被压缩缩短 λ_{c0},此时连杆大头与螺栓所受力均为 $F_{b1}+F_{b2}$,达到静力受载的最大值。

4) 内燃机工作时,由于动载荷 F_j'' 的作用,螺栓继续伸长 $\Delta\lambda_{max}$ 至 λ_{bmax},为保证连杆大头接合面不分开,连杆大头部分也应相应伸长(放松)λ_b,此时连杆大头部分卸载。卸载后,连杆大头仍有部分压紧力,即残余压紧力 F_{min}。

螺栓受力与变形过程也可用载荷-变形曲线来表示,如图 8-28 所示,线 OB 的斜率 $\tan\alpha$ 代表螺栓的刚度,线 $O'B$ 的斜率 $\tan\beta$ 代表连杆大头的刚度,线 $O'A$ 的斜率代表轴瓦的刚度。点 B 为静载荷最大值。过点 B 后,进入工作状态。此后螺栓加载,连杆大头卸载。此时螺栓所受力为 $F_j''+F_{b1}+F_{b2}$ 或 $F_{b1}+P_{b2}+xF_{max}$。式中,x 为螺纹连接的基本负荷系数;F_{max} 为该工况最大动载荷。由图 8-28 可知

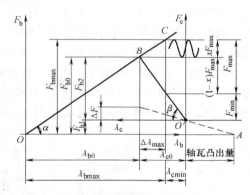

图 8-28 螺栓载荷-变形曲线

螺栓刚度 $C_1 = \tan\alpha = \dfrac{xF_{max}}{\Delta\lambda_{max}}$

大头刚度 $C_2 = \tan\beta = \dfrac{(1-x)F_{max}}{\lambda_b}$

$$\frac{C_1}{C_2} = \frac{x}{1-x}, \quad x = \frac{C_1}{C_1+C_2} \tag{8-30}$$

试验数据一般取 $x = 0.20~0.25$。

螺栓所受力在 $F_{b0} \sim F_{b0}+xF_{max}$ 之间变动,相应地,连杆大头所受力在 $F_{b0} \sim F_{min}$ 之间变

动。为保证连杆大头接合面不松开，必须保证 $F_{min}>0$。

由于可能超速，F_{b0} 应较理论计算值大，一般取 $F_{b0}=(2\sim2.5)F_{max}$。计算出螺栓的预紧力 F_{b0} 后，还需要验算螺栓是否超过屈服极限，应满足

$$\sigma=\frac{F_{b0}}{A_{min}}<\frac{\sigma_s}{n} \tag{8-31}$$

式中，A_{min} 为螺栓最小截面面积（m²）；σ_s 为材料的屈服极限（MPa）；n 为安全系数，取 $n=1.5\sim2.0$。

预紧力由螺栓拧紧力矩来保证。拧紧力矩由两部分组成：螺纹工作面产生的摩擦力矩和螺母支承面所产生的摩擦力矩。

（4）提高连杆螺栓疲劳强度的措施　连杆螺栓在变载荷下工作，尺寸小，需从结构、材料选用和工艺措施等几个方面来提高其疲劳强度。

1）减小基本负荷系数 x，可以减小应力幅值。为此可增大连杆大头的刚度，减小螺栓的刚度。

2）螺栓过渡圆角半径、根部圆角半径等处采用大圆角，避免应力集中。

3）螺栓头部支承面尽量采用对称结构，减小附加弯曲应力。

4）采用冷镦成形工艺，用滚压法制造螺纹。

图 8-29 所示为连杆螺栓和螺钉的典型结构，供参考。

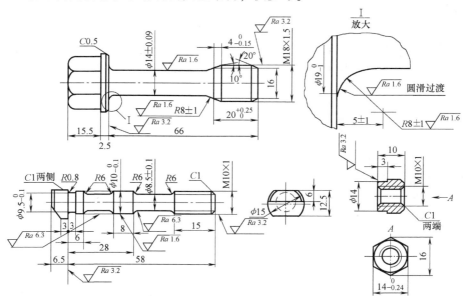

图 8-29　连杆螺栓和螺钉的典型结构

8.2.5　利用有限元法对连杆进行计算分析

与曲轴类似，传统的连杆应力与强度计算方法可以分别对连杆的大头、小头和杆身进行强度校核，但简化严重、精度低。目前多采用有限元法，如用 ANSYS 软件对连杆应力进行计算和模态分析。

1）几何参数。图 8-30 所示为某连杆结构及基本参数，厚度为 1.5cm，过渡圆角半径为

0.25cm，材料为40Cr，弹性模量 $E=3.0\times10^7$ MPa，泊松比为0.3，密度 $\rho=7800$ kg/m³。

采用ANSYS实体建模。选用单元类型为Solid95，Solid95是三维20节点四面体结构实体单元，在保证精度的同时允许使用规则的形状，适用于曲线边界建模。导入ANSYS的连杆几何模型如图8-31所示。

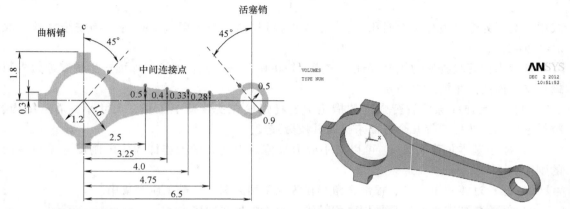

图8-30　某连杆结构及基本参数（图中尺寸单位为cm）　　　图8-31　导入ANSYS的连杆几何模型

2）网格划分。连杆的实体模型网路划分采用智能网络划分，划分等级为3级。连杆网格划分如图8-32所示。

3）约束条件和施加荷载。连杆的大头孔与轴承配合，而连杆小头孔的内侧90°范围内受面压力作用。在ANSYS中选取连杆大头孔内表面即 $Y=0$ 的所有面施加对称约束，在连杆小头孔的内侧90°范围内施加 $P=6.9$ MPa（1000psi）的面压力，如图8-33所示。

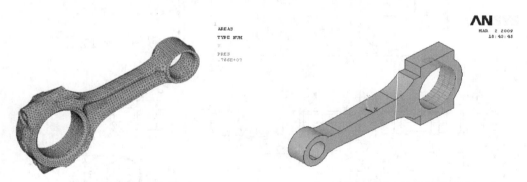

图8-32　连杆网格划分　　　　　　　　　图8-33　连杆加载和约束示意图

4）计算及结果分析。图8-34和图8-35所示分别为连杆的位移云图和应力云图。结果显示，最大合位移出现在小孔内外表面；最大等效应力出现在小头孔内表面，其值为12.9MPa。

从图8-34和图8-35中的应力和位移等直线可以看出：

1）连杆的最大应力出现在连杆小头孔的承载区范围，其他部位受力较均匀，与实际情况相吻合。

2）最大变形出现在连杆小头孔表面，而连杆大头孔的变形非常小。实际上，由于连杆小头孔是承载区，变形相对较大，连杆大头孔远离承载区，受影响较小。

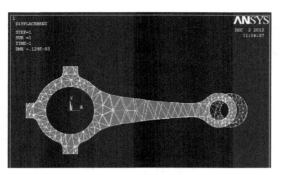 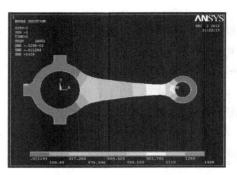

图 8-34 连杆位移云图　　　　　　　图 8-35 连杆应力云图

8.3 活塞组设计

8.3.1 活塞组的工作条件与设计要求

1. 工作条件和负荷

（1）机械负荷　活塞组承受的机械负荷包括气体压力、惯性力及由此产生的侧压力。车用内燃机转速高，活塞往复运动速度大，活塞平均速度已达 9~13m/s，在往复运动中会产生很大的惯性力。机械负荷还带有冲击性，在内燃机的速燃期，其压力升高率 $dp/d\varphi$ 较大，对曲柄连杆机构具有很大的冲击作用。由于机械负荷的作用，活塞各部分产生不同的应力：活塞顶部有动态弯曲应力，销座承受压力及弯曲应力，环岸承受弯曲及剪切应力。活塞高速滑动，同时产生侧压力，活塞上、下行程时要改变压力面，即侧压力方向不断变化，活塞承受交变的侧向载荷。

（2）热负荷　活塞顶与燃气接触，燃气最高温度可达 2000℃ 左右。另外，活塞还会摩擦生热。活塞向气缸壁的散热条件差，因气缸壁温度高，机油又把活塞与缸壁隔开，使活塞的工作温度升高。

活塞上的温度分布：上高下低、活塞顶部随半径增大降低，即中心温度最高。

高温使其材料机械强度降低，抗弹性变形和抗塑性变形的能力降低；由于受热不均匀，还会引起活塞的变形并产生热应力。研究表明，铝合金活塞温度超过 200℃ 时，强度便急剧下降，如果超过 380℃，则会损坏。

活塞环的润滑条件与活塞热负荷相关。一般当第一环区的温度低于 200℃ 时，即使在连续运转时也不会发生机油炭化；超过 200℃ 后，炭化的趋势增大；超过 240℃ 时，即使运转时间很短，也会发现大量积炭，甚至第一环被粘结或卡死，一般第一环槽温度不应高于 225℃。

活塞的热负荷取决于结构、材料及使用条件。影响活塞温度分布主要的结构因素有活塞直径、活塞顶厚度及环带部分的壁厚，主要的条件因素有活塞单位面积输出功率与用机油冷却时的机油温度。此外，如燃烧室设计、燃烧效率、气门开启重叠角、喷油（或点火）定时、过量空气系数、气缸盖和气缸体的冷却等也影响活塞热负荷。图 8-36 所示为活塞热负荷。

(3) 磨损　活塞与气缸孔配合，产生的侧压力，短行程机型的侧压力更大。活塞在气缸中高速往复运动，与气缸内表面之间产生强烈摩擦，磨损情况比较严重。

由于活塞组长期在高机械负荷、高热负荷和强烈摩擦下工作，因此常见故障如下：

1) 第一环岸断裂，严重时甚至整圈脱落。

2) 环槽、销座、裙部磨损。

3) 销座内侧上部出现裂纹。

4) 燃烧室边缘处被烧蚀。

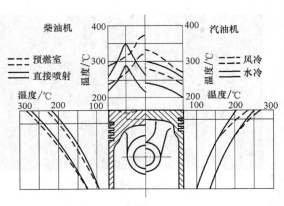

图 8-36　活塞热负荷

2. 设计要求

1) 在保证足够强度与刚度的条件下质量小。

2) 选用强度高、散热性好、膨胀系数小、耐磨、有良好减摩性的材料。

3) 形状和壁厚合理，吸热、散热好，强度和刚度符合要求，避免应力集中，与气缸套有最佳的配合间隙。

4) 良好的密封性。

5) 最小的磨损。

8.3.2　活塞的材料

活塞材料应满足如下要求：

1) 热强度高，在高温下仍有足够的力学性能。

2) 导热性好，以降低顶部及环区的温度，并降低热应力。

3) 膨胀系数小，使活塞与气缸间能保持较小间隙。

4) 密度小，以降低往复惯性力，降低曲轴连杆组的机械负荷和平衡配重。

5) 有良好的减摩性能，与气缸套材料间的摩擦因数小、耐磨、耐蚀。

6) 工艺性好，价格低廉。

灰铸铁由于耐磨性好、耐蚀性好、膨胀系数小、热强度高、成本低、工艺性好等原因，曾广泛地被用作活塞材料。但由于内燃机转速日益提高，工作过程不断强化，灰铸铁因密度大和导热性差两个根本缺点而逐渐被铝基轻合金活塞取代。

铝合金密度小，约为灰铸铁的 1/3，结构质量仅为铸铁活塞的 50%~70%。因而其惯性小，适应高速机。铝合金导热性好，其热导率为铸铁的 3~4 倍，使活塞温度显著下降。

共晶铝硅合金是目前应用最广泛的活塞材料，既可铸造，也可锻造。含硅 9% 左右的亚共晶铝硅合金，热膨胀系数略大，但由于铸造性能好，适应大量生产，应用也很广泛。

8.3.3　活塞设计

1. 基本结构尺寸和类型

活塞的基本结构可分成以下几个部分：

1) 活塞头部。活塞头部包括活塞顶、顶岸（火力岸）及活塞环带。活塞顶与气缸盖、气缸壁组成燃烧室,承受燃气作用力,接受高温气体的冲击。活塞环带又称密封部,是销座以上安装活塞环的部位,其作用是保证工作容积的密封性。安装活塞环开有环槽,环槽上下支承环的部分称为环岸。

2) 活塞裙部。活塞裙部为环带以下的部分,起导向作用。

3) 活塞销座。活塞销座位于裙部中央上方,销座中安装活塞销。活塞通过销座将气体作用力及惯性力经由活塞传递给连杆。

图 8-37 所示为活塞主要结构及尺寸。活塞的主要尺寸如下:

1) 活塞高度 H。H 由环岸高度、环带高度及裙部高度决定。总的原则是尽可能选择较小的 H 值,可以减小往复运动质量,并降低内燃机的高度。

2) 压缩高度 H_1。H_1 确定了活塞销的位置,H_1 与顶岸高度、环带高度及上裙部高度有关。在保证气环有较好的工作条件的前提下,尽量减小 H_1 值,这样可使内燃机的高度降低,压缩高度在加工时须保证其高精度,因为压缩高度的精度影响压缩比。压缩高度 H_1 是由顶岸(火力岸)高度 h_1、环带高度 h_2 和上裙部高度 h_3 构成的,即

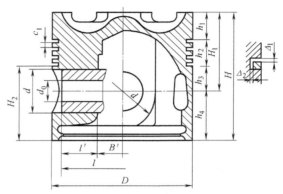

图 8-37 活塞主要结构及尺寸

$$H_1 = h_1 + h_2 + h_3 \tag{8-32}$$

3) 顶岸(火力岸)高度 h_1。h_1 确定第一环的位置,由于第一环最靠近燃烧室,热负荷很高,h_1 值应保证第一环工作温度在不超过允许极限(180~220℃)的条件下尽可能小。

4) 环带高度 h_2。环带高度 h_2 取决于活塞环数、环高及环岸高度。环岸高度主要根据机械强度来确定。第一环岸由于气体压力较大、工作温度高,其高度往往可稍大于其他环岸。

活塞主要尺寸的一般范围见表 8-5。

表 8-5 活塞主要尺寸的一般范围

名称	符号	相对结构参数值	
		柴油机	汽油机
活塞高度	H	$(0.8\sim1.3)D$	$(0.9\sim1.1)D$
压缩高度	H_1	$(0.5\sim0.8)D$	$(0.45\sim0.6)D$
裙部高度	H_2	$(0.4\sim0.8)D$	—
顶岸高度	h_1	$(0.1\sim0.2)D$	$(0.06\sim0.08)D$
上裙部高度	h_3	$(0.3\sim0.4)H_2$	—
下裙部高度	h_4	$(0.6\sim0.7)H_2$	$(0.65\sim0.8)H_2$
销孔直径	d	$(0.3\sim0.38)D$	$(0.25\sim0.30)D$
第一环岸高	c_1	$(0.04\sim0.08)D$	$(0.03\sim0.04)D$
其他环岸高	—	$(0.025\sim0.045)D$	$(0.025\sim0.03)D$
销座间距离	B	$(0.35\sim0.42)D$	$(0.35\sim0.40)D$

机型和强化程度不同，活塞结构形式也有所不同，如图 8-38 所示。

1) 不同内燃机种类的活塞结构形式不同。
2) 从材料上分有铝合金活塞、铸铁活塞和组合活塞（铜顶铝裙活塞或铸铁顶铝裙活塞）。
3) 从结构上分有整体式活塞和组合式活塞。
4) 从冷却方式分有不冷却活塞、喷油冷却活塞和具有内冷油腔的活塞。
5) 从压缩比是否可变分有不变压缩比活塞和可变压缩比活塞。

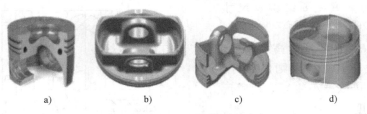

图 8-38 不同的活塞形式
a) 柴油机铸造铝活塞　b) 汽油机锻造铝活塞　c) 汽油机全钢独体式钢活塞　d) 缸内直喷汽油机活塞

2. 活塞头部

(1) 活塞头部厚度　活塞顶的形状，主要取决于燃烧室形式，通常分为平顶和带凹坑燃烧室的活塞顶。活塞顶的内部目前大多数不加筋，而做成光滑的内顶。

活塞顶的厚度 δ 根据强度、刚度及散热条件来确定。在满足强度要求的条件下，尽量使 δ 值小。对于直径较小的活塞，若能满足散热要求，一般也能满足强度要求。活塞顶的厚度随活塞材料的不同有较大的差别，汽油机 δ 值为 $(0.06 \sim 0.10)D$，柴油机 δ 值为 $(0.1 \sim 0.2)D$。

带有燃烧室的活塞顶部，由于其最高温度值发生在燃烧室的边缘，常在燃烧室边缘处发生疲劳裂纹，因此在高热负荷柴油机上，可在燃烧室边缘处采用耐热钢。

(2) 顶部和第一环岸的设计　据测定，对于非增压机型来说，活塞组吸入的热量占总热量的 2%~4%，这部分热量的散发通过环带（占 60%~75%）和裙部（占 20%~30%）散走，仅有很小部分（占 5%~10%）通过环带活塞内腔由飞溅的机油带走。由环带吸入的热量大多数是由第一环散出的，这使第一环槽的热负荷过高，强度降低，会使机油炭化，从而使环槽严重磨损。

图 8-39 所示为第一环岸的受力情况。膨胀冲程开始，在爆发压力作用下，第一环紧压在第一环岸上。由于节流作用，第一环岸上面的压力 p_1 比下面的压力 p_2 大得多，不平衡力会在岸根产生很大的弯曲应力和剪切应力，当应力值超过活塞材料在其工作温度下的强度极限或疲劳极限时，岸根会断裂。

第一环岸可采取如下措施（图 8-40）：

1) 保证活塞在上止点时，第一环槽的位置处于冷却水套之中，如图 8-40a 所示。
2) 将第一环槽设计在活塞顶厚度以下，如图 8-40b 所示。
3) 在第一环槽之上开一个槽，如图 8-40c 所示，称为隔

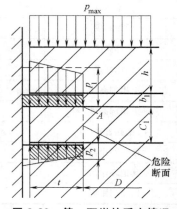

图 8-39 第一环岸的受力情况

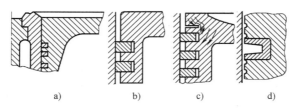

图 8-40 第一环槽的结构措施
a) 第一环槽处于冷却水套之中　b) 第一环槽在活塞顶厚度以下
c) 第一环槽之上开隔热槽　d) 第一环岸附近区域加工退让槽

热槽,它可改变活塞顶到第一环槽之间的热流形式,降低第一环槽处的温度,其缺点是当活塞温度过高时,槽内容易积炭而失去隔热作用。

4) 减小顶岸和气缸套之间的间隙,减小气流通往第一环槽的流通面积,降低第一环槽处的温度。为防止间隙小而引起故障,可在顶岸甚至直到第一环岸的区域车出退让槽,如图 8-40d 所示。槽中积炭能吸附机油,当在失油状况下工作时,可防止活塞与气缸咬合,避免拉缸。

5) 在铝活塞环槽处加镶块。第一环槽底部的磨损最严重,在该处镶上一个镶块,方法是在浇注活塞时用铝铁包铸法与铝分子结合,即将熔块清洗后放入加热的铝槽中渗铝,渗铝厚度为 0.001~0.005mm,然后放在铝活塞铸型中与活塞一起浇注,靠分子力作用将铝活塞和熔块结合。为避免铸件冷却时形成过大的应力,镶块采用与铝有相近的高膨胀系数的奥氏体铸铁。

6) 在活塞顶部采用等离子喷镀陶瓷,可起到耐高温、防腐蚀和减少吸热的作用。

7) 在活塞顶部进行硬模阳极氧化处理,可提高活塞顶面的耐热性及硬度,并增加热阻,使顶部降温。

(3) 活塞环带和降低活塞热负荷的措施　活塞环带高度 h_2 取决于气环与油环的数目,以及各环槽和环岸的高度。由于漏气量随气缸压力和气缸直径的增大而增加,随转速的增大而减少,因此高速汽车内燃机的环数比低速内燃机的少,汽油机环数比柴油机少。一般汽油机和高速柴油机采用两道气环、一道油环;中速柴油机采用三道气环、一道油环;转速低的柴油机采用 3~4 道气环、1~2 道油环。为了减少摩擦损失,降低环带高度,在保证密封的条件下力争减少环数。目前已出现采用一道气环和一道油环的高速汽油机和柴油机。

设置冷却油道,如图 8-41 所示。可在顶部内侧喷油冷却,如图 8-41a 所示;也可在顶部设油腔冷却,如图 8-41b、c、d 所示。

图 8-41b 所示为柴油机活塞内冷油道。活塞在下止点时利用布置在气缸套外侧且向内探出的喷油嘴将润滑油喷入活塞油道内,其结构简单,但润滑油进入油道比较困难,冷却效果有限。

图 8-41c、d 所示为柴油机中广泛应用的油冷活塞,活塞头部内铸有螺旋油道,通过连杆活塞销的油道将冷却油压入冷却油道。这种结构有较大的散热面积,冷却油进入油道比较可靠;但是由于螺旋油道比较细,铸造上较为困难。

图 8-41e、f 所示为新型的双通道活塞内冷油道结构,其特点是活塞在上、下止点时都

有冷却油向不同的油道充油,油道表面积大,铸造容易。其中,图 8-41e 所示的双波浪内冷油道更是显著地增大了冷却面积,可有效降低活塞温度。

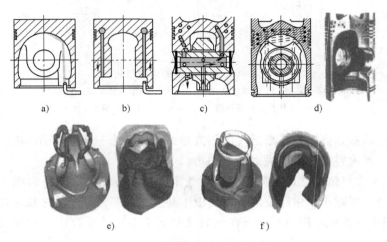

图 8-41　油冷活塞结构及活塞顶部热流
a) 内侧喷油冷却　b) 活塞内冷油道　c)、d) 油冷活塞
e) 双波浪内冷油道及型芯　f) 双路冷却油道及型芯

图 8-42 所示为由试验得到的某轻型车用柴油机活塞不同油道位置的冷却效果。

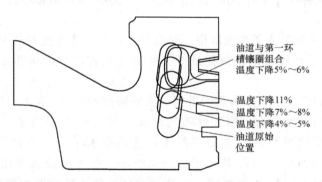

图 8-42　某轻型车用柴油机活塞不同油道位置的冷却效果

用油来冷却活塞,必然要增大油的流量。一般按照每缸功率来计算油冷活塞所需的油量。据统计,油冷活塞所需的冷却油量为

$$V_{oil} = (0.07 \sim 0.115) P_{el} \tag{8-33}$$

式中,P_{el} 为每缸功率(kW);V_{oil} 为每分钟需要的冷却油量(L)。

当喷油器孔径为 3mm 及以上时,取偏上限值;当喷油器孔径为 2mm 左右时,取偏下限值,该油量在进行润滑系统循环油量计算时须考虑进去。

3. 活塞销和活塞销座

活塞销座与活塞销是活塞的传力结构,活塞销座承受周期变化的气体作用力和活塞销座以上部分的往复惯性力的作用,这些力都带有冲击性。活塞销座与活塞销是一对摩擦副,活塞销转动角度小,销与销孔之间润滑条件差。

(1) 活塞销座和活塞销的受力情况 如图 8-43 所示，在膨胀行程中，气体压力使活塞销座部分承受活塞销的反作用力，活塞产生如图 8-43a 所示的变形，活塞销承受销座传递的气体作用力而产生如图 8-43b 所示的弯曲变形。

(2) 活塞销座设计 为了减轻销孔内侧的压力集中（图 8-44a），在设计时应使活塞销有较大的刚度，由此减小它的弯曲变形。将销孔内缘加工成圆角或倒棱，或在活塞销座内侧上部加工出一个弹性凹槽，如图 8-44b 所示，这些措施都能减轻活塞销座的棱缘负荷。

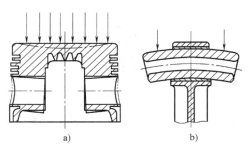

图 8-43 活塞销座和活塞销的受力情况
a) 活塞变形 b) 活塞销变形

(3) 活塞销设计 活塞销的结构为一圆柱体，为减小其质量和有效利用材料，一般活塞销都制成空心，如图 8-45 所示。活塞销的基本变形是弯曲，其中部受到的弯矩最大，靠近两端则逐渐减小。因此，比较合理的结构是把活塞销内部做成锥形空心。

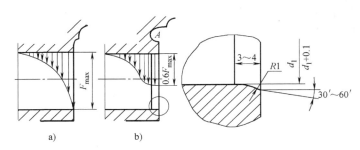

图 8-44 活塞销座降低棱缘负荷的结构措施
a) 内侧的压力集中 b) 弹性凹槽及内倒角结构

活塞销的固定方式有下列三种：

1) 全浮式销，浮式销在活塞销座和连杆小头中都可转动。

2) 半浮式销，活塞销固定于活塞销座上，在连杆小头中可以转动。

3) 半浮式销，活塞销固定于连杆小头上，在活塞销座中可以转动。

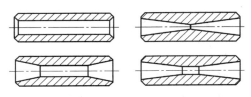

图 8-45 活塞销结构

全浮式销的应用最广泛，与半浮式销相比，其工作表面的相对滑动速度较小，摩擦产生的热量也相应少，磨损较小且均匀，从而延长了浮式销的寿命。此外，全浮式销还具有运转中不易被卡住、装配方便等优点。

为了防止全浮式销在销座内发生轴向窜动，一般采用如图 8-46 所示的轴向固定方法。通常在连杆小头和活塞销座上开有油孔，依靠飞溅的机油流进孔内就能保证润滑。

(4) 活塞销材料与强化工艺 活塞销通常用低碳钢或合金钢制造。在负荷不高的机型中常用 15、20、15Cr、20Cr 和 20Mn2 钢；在高负荷强化机型中，通常采用优质合金钢，如 12CrNi3A、18CrMnTi2 及 20SiMnVB 等，有时也可用 45 中碳钢。

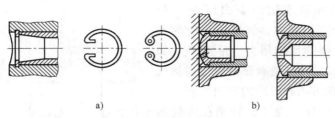

图 8-46 活塞销防止窜动的轴向固定方法
a) 挡圈结构 b) 挡塞结构

为使活塞销的外层硬度高并耐磨且内部富有韧性,需对低碳钢活塞销表面进行渗碳和淬火,根据活塞销的尺寸,渗碳层的深度一般为 0.5~2mm。对 45 钢的活塞销则要进行表面淬火,淬火层的深度为 1~1.5mm。活塞经热处理后,其外表面硬度为 58~65HRC,内部硬度约为 36HRC。淬火时不能将活塞销淬透,否则活塞销将变脆。

渗碳淬火层中的残留奥氏体必须消除,以免在运转一段时间后,残留奥氏体逐步转变为马氏体,从而引起活塞销的膨胀,引起裙部变形。

为了提高活塞销的疲劳强度,可采用冷挤压成形法,双面渗碳、碳氮共渗或渗氮。冷挤压的活塞销机械强度可提高 25%。当内孔表面未淬硬时,活塞销会首先在内孔中损坏。如果采用双面渗碳,既能简化工艺,提高效率,又可大大提高疲劳强度,双面渗碳能使疲劳强度提高 15%~20%;双面渗氮可将疲劳强度提高 35%~40%。

4. 活塞裙部

(1) 活塞裙部的结构与形状　图 8-47 所示为当活塞工作时,裙部活塞销轴方向上产生的三种变形情况。

1) 活塞受到侧向力的作用。承受侧向力作用的裙部表面,只是在两个销孔之间 80°~100°的弧形表面。裙部有被压扁的趋势,使活塞在活塞销方向上的尺寸增大,如图 8-47a 所示。

2) 在活塞顶上的气体爆发压力和惯性力的联合作用下,活塞顶在活塞销的跨度内会发生弯曲,使整个活塞在活塞销座方向上的尺寸变大,如图 8-47b 所示。

3) 由于温度升高引起热膨胀,其中活塞销座部分因壁厚比其他部分要厚,刚度大,热膨胀时变形严重,如图 8-47c 所示。

以上三种因素的共同作用使活塞在工作时沿销轴方向膨胀,使裙部横截面的形状变成"椭圆"形,在椭圆形长轴方向上的两个端面与气缸间的间隙变小甚至消失,造成拉伤。

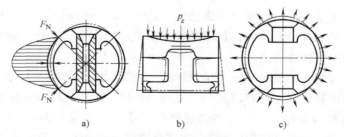

图 8-47 裙部活塞销轴方向上产生的三种变形情况
a) 侧向力作用　b) 气体爆发压力和惯性力的联合作用　c) 温度升高引起热膨胀

防止裙部变形的措施：选择膨胀系数小的材料，如采用铝合金加合金元素来控制膨胀系数；进行反椭圆设计；采用绝热槽隔离活塞顶传下来的热量，如图 8-48 所示；销座采用恒范钢片，如图 8-49 所示。热负荷严重的活塞环带也设计成椭圆，但与裙部椭圆度不同。

活塞直径在销轴方向的尺寸变化如图 8-50 所示，裙部加环形钢片如图 8-51 所示。

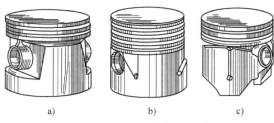

图 8-48　采用绝热槽的活塞
a）横向绝热槽活塞　b）纵横绝热槽活塞
c）纵向绝热槽活塞

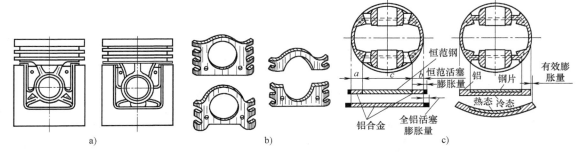

图 8-49　采用恒范钢片的活塞
a）活塞　b）恒范钢片结构　c）钢片的自动调节

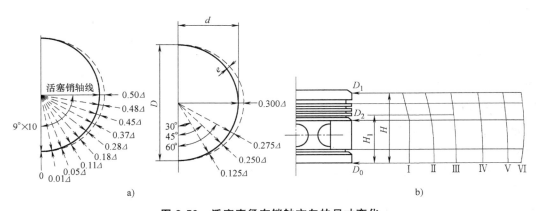

图 8-50　活塞直径在销轴方向的尺寸变化
a）活塞销轴向　b）活塞方向

为了减少活塞销轴方向的金属堆积，车用汽油机活塞在结构上采取了短活塞裙的轻量化设计方案，如图 8-52 所示。

（2）活塞裙部与气缸套的配合间隙　实践证明，过于光洁的表面，抗咬合性和摩擦情况都不好。采用专门修整的砂轮在活塞表面上加工出有规则的凹凸，能够提高抗咬合性和减少摩擦阻力。图 8-53 所示为推荐的两种活塞表面微观轮廓。凹处可以储存足够的润滑油，减小摩擦，而凸处则易于磨去，从而改善磨合。

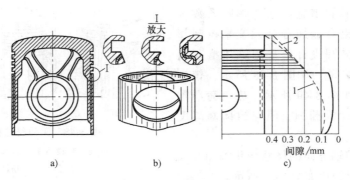

图 8-51 裙部加环形钢片

a) 活塞结构　b) 钢片形状以及钢片上端在活塞上的位置　c) 装配间隙的比较

1—单金属铝活塞　2—镶环形钢片铝活塞

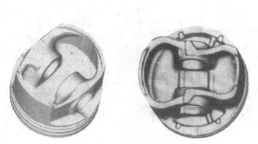

图 8-52 汽油机轻量化的活塞结构

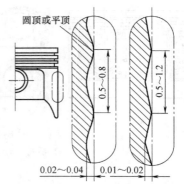

图 8-53 摩擦力小和抗咬合性良好的活塞表面微观轮廓

8.3.4 活塞环设计

1. 气环的工作情况与设计要求

活塞环可以分为气环和油环。气环的作用是密封气体,并传导热量;油环的作用是控制机油。

气环受气体压力、惯性力和摩擦力的作用,沿轴向振动;由于气缸内表面失圆或存在锥度,气环在做轴向运动时,在径向也产生频繁的收缩与扩张,也产生径向振动。由于两个方向的振动,使气环产生绕气缸中心线的回转运动;由于环槽积炭或活塞偏斜等原因,使气环在环槽中受到扭曲。

气环设计应满足的要求:具有足够的强度、弹力,良好的耐磨性、耐蚀性,良好的热稳定性及抗结焦能力。

2. 活塞环的失效

活塞环的常见故障有:

1) 活塞环卡死和折断。

2) 活塞环磨损。

3) 机油消耗量大。

活塞环的磨损基本上是两种类型：

1) 磨料磨损。由于气缸、活塞环和活塞环槽之间的摩擦表面进入了较硬的杂质微粒，如尘埃、积炭、金属屑及化学腐蚀生成物等。这些微粒磨料嵌入摩擦面，如活塞环槽或气缸，产生剧烈磨损。第一道气环由于其工作条件最为恶劣，因此其磨料磨损最严重。

2) 粘着磨损。粘着磨损也称熔着磨损，一般称之为"拉缸"。它是在高温状态下，因油膜破裂出现干摩擦面发生的表面撕裂现象。发生粘着时，在活塞和气缸的表面上有条状磨痕，表现为油耗变高和漏气，继而活塞环可能卡死。第一道气环的工作条件相对来说最为恶劣，大部分故障都发生在第一道气环。

3. 气环的密封机理

活塞环从自由状态收缩到工作状态时产生了弹力，此弹力使气环压向气缸工作面，形成了第一密封面。高压气体冲入活塞与气缸之间的间隙，由于第一密封面的阻挡，气体只能进入气环与环槽的侧隙和气环的背面，将气环压向环槽的下端面，形成了第二密封面，如图 8-54 所示。

4. 气环的导热作用

活塞顶吸收的热量通过气环与环槽的接触面传给气环，再通过气环与气缸的接触面传给气缸及冷却水。对于不采取特殊冷却措施的非冷却式活塞，约 70% 的热量是经活塞环组传出的，其中第一道气环传出的热量又占活塞环组总散热量的 50%。气环的导热作用如图 8-55 所示。

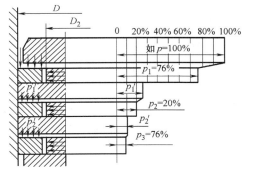

图 8-54 气环的密封机理

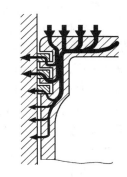

图 8-55 气环的导热作用

5. 活塞环的材料、表面处理及成形方法

(1) 气环的材料要求　对气环的材料要求有：

1) 足够的机械强度，且热稳定性好。
2) 良好的耐磨性。
3) 良好的磨合性及减摩性。

(2) 常用的活塞环材料　常用的活塞环材料主要有：

1) 铸铁。以优质珠光体或奥氏体和珠光体为基体材料。质量要求较高的活塞环，为了提高铸铁的力学性能及热稳定性，在铸铁中还加入适量的镍、铬、钨、钼等元素。

球墨铸铁弹性模量高，抗弯强度大，合金化后，性能更好，可用于高速强化内燃机。若球墨铸铁中石墨含量、形状和分布状况合适，其耐磨性会非常好，即使出现局部熔着磨损现象，也由于石墨的润滑及吸油性而不致扩大。球墨铸铁活塞环对铸造技术要求高，必须达到合适的金相组织状态。

可锻铸铁机械强度虽不如钢和球墨铸铁,但比灰铸铁要高,可防止环折断。由于可锻铸铁所含石墨量小,其耐熔着磨损方面性能不如灰铸铁。

2) 钢。钢具有较高的机械强度,其主要缺点是耐熔着磨损的性能差,热稳定性差。一般弹簧钢、不锈钢、渗氮钢均可以用作活塞环材料。如 65Mn 弹簧带钢可用于制造气环,热稳定性一般,强度也高,可保证第一道气环在强烈的冲击载荷和冷却不良的条件下,仍不致折断。采用钢制气环时,其外圆表面采用松孔镀铬以减少磨损。

3) 粉末冶金。利用其多孔性吸附机油的特点,可提高耐磨性。粉末冶金的金属陶瓷活塞环有下列优点:

① 具有多孔性,保持润滑油的能力好。

② 可以获得在金属学理论上无法组成的合金。

③ 通过多孔度的调整及硬质点的配合,可以得到弹性模量值低而硬度高的材料,耐磨性更好。

④ 加工中不存在熔炼过程,因此容易获得稳定的质量。

⑤ 可以将二硫化钼、石墨等润滑剂浸入孔隙内,提高耐磨性。

(3) 活塞环的表面处理　为改善活塞环的工作性能,可进行多种表面处理,就其作用而言可分为两大类:以延长寿命、提高耐磨性为目的,可采用镀铬、喷钼等;以提高耐蚀性和改善活塞环的初期磨合性为目的,可采用镀锡、磷化等。

常用的表面处理方法有:

1) 镀铬。由于镀铬层的硬度高(900~1000HV),熔点高(1170℃),其抗磨料磨损及抗熔着磨损的性能好。但镀铬层对于机油附着性差,对润滑条件敏感,因此要求对镀层外表面进行松孔,即在镀铬表面造成沟纹或多孔性组织,以储存少量机油。一般镀铬层厚度为 0.08~0.15mm,松孔层厚度为 0.04~0.06mm。

2) 喷钼。钼比铬有更高的熔点(2620℃)及相当的硬度,有高的热稳定性。因为喷钼层是多孔的,所以喷钼活塞环比镀铬活塞环具有更高的耐磨性,特别是抗熔着磨损方面比镀铬活塞环优越。钼层厚度为 0.1~0.3mm,对高强化内燃机可取上限。

3) 镀锡。锡的质地软、有良好减摩性,能改善环的初期磨合性能,并具有防锈、防蚀作用。锡层厚度为 0.01~0.02mm。

4) 磷化。在铸铁活塞环表面生成 0.001~0.003mm 厚的磷酸盐薄膜,此薄膜柔软并能储存机油,可改善磨合性和抗拉伤性能。

(4) 活塞环成形方法　一般常用的活塞环成形法有:

1) 单体浇注。活塞环浇注成自由状态形状,此时仅留有最小可加工余量,然后将此非圆形毛坯切断,使切口处具有自由状态所需的间隙,再闭合切口,最后加工到成品尺寸。此方法生产率较高,适用于大批生产。

2) 靠模加工。首先将毛坯外圆按自由状态的形状进行靠模加工,之后按自由状态间隙切口,再将活塞环合拢,按工作状态尺寸对内、外表面及侧表面进行加工。靠模加工可以减少活塞环毛坯加工中的残余应力。

3) 热固定法。活塞环粗加工成圆形后,用薄刀片切口,并且相当于自由状态下那样大小的间隙隔片将切口分开,或把活塞环套在一定形状的心轴上使切口分开。心轴形状相当于自由状态的理论形状。之后，将活塞环进行热固定，温度为 600~650℃，时间约 1h，这样处理使活塞环的弹力消失，并处于松弛状态。然后活塞环将缩小到工作状态，并被磨成规定尺寸。

6. 活塞环断面形状

活塞环断面形状设计要求如下：

1）能增强密封性能，即使在工作条件很不利的情况也不易漏气。

2）能够改善活塞环与气缸套的磨合性能。由于活塞环与气缸之间的高速滑动，表面在运转初期总不能完全贴合，只有低速小负荷运转一段时间后，才能保证摩擦副之间有理想的接触，因此要求磨合时间越短越好，磨合期的磨损应尽量小。

3）能够提高刮油能力。高速内燃机机油上窜问题严重，除了改进油环结构外，还要求气环起到控制机油的作用。

4）提高抗拉伤性，即避免出现熔着磨损。发生熔着磨损的原因是润滑油膜中断，局部的干摩擦产生大量的摩擦热，引起极细的熔化、粘着、扯断，如果继续发展则摩擦表面粘着成粗糙的表面。凡是促使油膜破坏的因素，均能引起熔着磨损，如窜气或过热、活塞环与气缸壁局部接触应力过大等，活塞环断面设计时应尽量避免。

图 8-56 所示为几种高速内燃机活塞环的断面形状。矩形断面环应用最广，因为这种活塞环加工工艺简单，易于保证所要求的压力分布，废品率低。为了使活塞环外圆面与气缸表面尽快磨合，外圆表面不能加工得太光滑，而应留有细微的加工刀痕来提高储油能力，避免

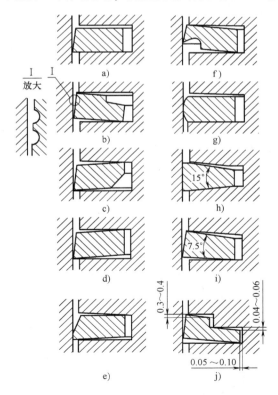

图 8-56　高速内燃机活塞环的断面形状

a) 微锥面环　b) 正扭曲内切环　c) 反扭曲锥面环　d) 锥面环　e) 倒角环
f) 鼻形环　g) 桶面环　h) 梯形环　i) 半梯形环（扭曲梯形环）　j) L 形环

在磨合期间拉缸。个别活塞环甚至规定加工出细小的端纹槽，如图 8-56b 所示。活塞环的上、下两个侧面要与环槽很好地贴合，要求侧面磨光磨平，表面粗糙度 $Ra<0.4\mu m$，挠曲度不大于 0.04mm。

与气缸套接触面积大且平直的简单矩形活塞环性能一般，为了改善活塞环的密封性、磨合性、刮油性和抗拉伤性，在矩形断面环的基础上发展出了微锥面环、扭曲环、锥面环等。

1) 微锥面环。如图 8-56a 所示，微锥面环可以改善活塞环的磨合性，活塞环与环壁的接触理论上为线接触，提高了表面比压，加快了磨合。按照图 8-56a 所示方向安装时，活塞环能够向下刮油。当其向上滑动时，斜面的油楔作用能使活塞环在油膜上浮起，即使局部有压力集中的棱缘负荷，一般也不会发生熔着磨损。注意表面斜角必须选择适当，如果斜角过大，活塞环外圆表面上的间隙就大，外圆表面受气压力作用，会削弱活塞环的背压，破坏密封作用，进而发生窜气，原设想的加速磨合也不能实现。一般斜角为 30′~60′，角度再小加工就困难了。在正常情况下，磨合后，微锥面的斜角一般会被磨去。微锥面环不可倒装，否则会因向上刮油而增加机油消耗。

2) 扭曲环。如果在活塞环的下内侧或上外侧切口，如图 8-56b、f、j 所示，装入气缸后扭曲成碟形，则称为正扭曲；如果在活塞环的下外侧或上内侧切口，如图 8-56c、e 所示，扭曲成盖形，则称为反扭曲。扭曲的共同特点是与缸壁成线接触，磨合性好；与环槽上、下也是线接触，密封性能得到改善，减轻对环槽的冲击，防窜气、窜油效果都较好。正扭曲环的向下刮油作用很好，但会有少量机油进入环槽。反扭曲环可能引起窜油，一般都与锥面环结合使用，一方面能够有效地向下刮油，另一方面又能防止机油流入环槽，可以用作最靠近油环的气环。扭曲环各断面的扭转角与该断面的工作应力成正比，即与该断面的弯矩成正比，所以不同的断面有不同的扭转角，最大扭转角在开口对面算起的 116°14′左右的位置上。但是扭转角一般都在开口对面的位置上测定，其值为 15′~60′。扭曲过大会破坏密封性，造成窜气，且会使磨损加大，弹力下降。所以，在决定活塞环的切槽或倒角尺寸时，应保证最大扭转角不超过 1°。扭曲环的作用原理如图 8-57 所示。

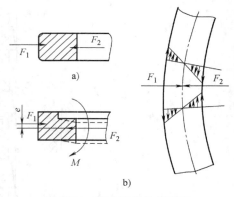

图 8-57　扭曲环的作用原理
a) 矩形断面环　b) 扭曲环

3) 锥面环。锥面环斜角角度比微锥面环大，可保留锥面到时间较长的运转期。这种活塞环也有扭曲性，其密封性良好，能改善窜气、窜油情况。但若锥角过大，也会破坏密封效果，使机油消耗量增加。可通过试验确定斜角角度。例如，某汽油机当第一道气环的斜角由 30′变到 2°时，对机油消耗量进行试验，当斜角为 30′~1°30′时，机油消耗量的增加不多；当斜角超过 2°时，机油消耗量会剧烈增加。

4) 倒角环。在活塞环外圆工作表面倒角，可以全部环高倒角，也可以一部分环高倒角，倒角的值比锥面环大，一般在 1°以上，甚至为 10°~20°。扭曲的工作状态接近于锥面下内切环。倒角环有良好的密封性能。图 8-58 所示为不同倒角下的漏气量，可见倒角环能显著改善漏气，其刮油性能也良好。组装锥面环或倒角环时，切勿装反，否则会使机油消耗量剧增。

倒角值可通过试验确定，也可以通过仿真模拟的方法来确定。为了防止倒角在长期运转后磨去，倒角值大些是恰当的，一般取 5°~10°。

5）鼻形环。如图 8-56f 所示，也属正扭曲环，但其扭曲作用不仅源于活塞环本身弹力，还有气压力作用。鼻形环具有刮刀般的棱边，刮油能力很强。如果外圆切槽一直通到开口环端，则漏气量会增加，所以不用于第一道气环，而多用作紧靠油环的最下一道气环，以加强刮油效果。鼻形环开口处留有一段不切槽，可以使漏气量减少，如图 8-59 所示。

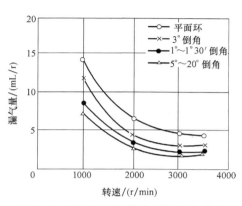

图 8-58 倒角环不同倒角下的漏气情况

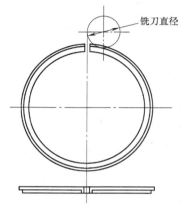

图 8-59 减少开口端隙处的鼻形环结构

6）桶面环。桶面环的特点是将活塞环外圆表面制成凸圆弧形，如图 8-56g 所示。桶面环广泛应用于高速高负荷机型上，是气环断面改进的趋势，通常作为第一道气环，表面镀铬。思路是由于试验发现，矩形环在工作一段时间后，其环周表面会自然呈现凸圆弧形，因此把新环外表面设计成凸圆弧形。桶面环具有下列优点：

① 保证良好的润滑。上、下运动时润滑油均能靠油楔作用把环浮起，从而减少磨损。

② 避免棱缘负荷。在使用短活塞的高速机中，活塞摆动剧烈，易产生棱缘负荷，会导致熔着磨损。桶面环能很好地适应活塞的摆动。

③ 密封性能好。桶面环与气缸的接触面积小，对气缸表面的适应性好。若结合采用扭曲环，则控制机油更有效。

④ 磨合性好。开始工作时也是线接触，所以磨合快。

桶面环的结构如图 8-60 所示，其推荐尺寸见表 8-6。

表 8-6 桶面环的推荐尺寸　　　　　　　　　　　　　　（单位：mm）

b	b'	h
1.5	0.8±1	0.03~0.12
2	1.2±1	
2.5	1.6±1	
3	2±1	0.05~0.16
3.5	2.4±1	
4	2.8±1	
4.5	3.2±1	

7）梯形环。高负荷机型第一道气环容易因粘着而失去活动性，或者活塞环与缸壁接触压力陡增引起拉缸，或者造成窜气、窜油。采用梯形环，如图 8-56h 所示，当活塞在侧压力

的作用下横向摆动时，环的侧隙 Δc 发生变化，如图 8-61 所示，可把积炭从环槽中挤出，促使润滑油更新，优于矩形断面环。梯形环的标准顶角为 15°。它可与扭曲环或桶面环配合使用，以适应不同的运转情况。

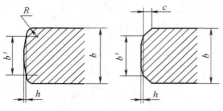

图 8-60 桶面环的结构

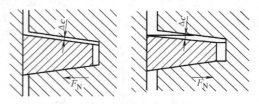

图 8-61 梯形环抗黏着性原理

若将上侧面加工成 7°的斜面，则称为单面梯形环。由于其断面形状不对称，因此使用时会引起挠曲，对改善初期磨合和减少机油消耗均有效果。梯形环的缺点是工艺复杂，特别是两侧表面是圆锥面，其精加工较困难。它常被用作大功率高速柴油机的顶环。

单梯形桶面环，兼有梯形环、桶面环和扭曲环三者的特点。

综上，具有相同结构参数、不同断面的活塞环，其平均径向压力不同，密封效果也有所差异。

8.3.5 活塞环的力学及结构计算

为了使气环对缸壁产生必需的压力，首先要计算在置入气缸前的自由状态自身弹力，气环的自由状态形状决定了活塞环的工作应力、耐磨性和寿命；其次是计算确定活塞环的结构参数；第三是验算既定参数的气环从自由状态装入气缸后，产生的应力是否超过材料的许用应力以及气环从自由状态分开套装时的应力值。

1. 活塞环的主要尺寸

气环的主要尺寸是活塞环的高度 b 和径向厚度 t。设计趋势是减少活塞环数和减小活塞环的高度。

气环径向厚度越大，活塞环对气缸壁的接触压力越大。但是径向厚度过大，应力也大，当活塞环往活塞上安装时易折断，对气缸壁的横向变形的适应性低。

汽车内燃机活塞环的高度为：气环 $b=2\sim3$ mm，油环 $b=2\sim5$ mm。活塞环的径向厚度 t，一般推荐的数值为：缸径 $D=50\sim100$ mm 时，取 $D/t=22\sim24$；缸径 $D=100\sim200$ mm 时，取 $D/t=24\sim28$。

2. 均压环的自由形状

活塞环在自由状态下，曲率半径 ρ 与工作状态的弯矩 M 的关系（图 8-62）为

$$\frac{1}{r_0}-\frac{1}{\rho}=\frac{M(\alpha)}{EI} \tag{8-34}$$

式中，E 为材料弹性模量；I 为环断面惯性矩，对于 $b\times t$ 的矩形断面，有

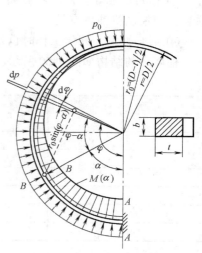

图 8-62 均压环工作状态弯矩图

$$I = bt^3/12 \tag{8-35}$$

为确定气环任意断面 BB 处的弯矩，可把气环看成在开口对面的对称断面 AA 处固定的悬梁，因为 AA 断面在气环变形时不发生扭转。于是，作用在单元段 $rd\varphi$ 上的单元力 $dp = p_0 br d\varphi$，对断面 BB 产生的弯矩为

$$dM = dp r_0 \sin(\varphi-\alpha) = p_0 br r_0 \sin(\varphi-\alpha) d\varphi = p_1 b r_0^2 \sin(\varphi-\alpha) d\varphi \tag{8-36}$$

式中，p_0 为均压环沿环周的平均弹力；$p_1 = p_0 r/r_0$ 为换算到环中线的环周压力。

因此，气环从 $\varphi=\alpha$ 到 $\varphi=\pi$ 的压力对断面 BB 的总弯矩为

$$M(\alpha) = \int_\alpha^\pi dM = \int_\alpha^\pi p_1 b r_0^2 \sin(\varphi-\alpha) d\varphi = p_1 b r_0^2 (1+\cos\alpha)$$

或者

$$M(\alpha) = \frac{1}{4} b p_0 D(D-t)(1+\cos\alpha) \tag{8-37}$$

将式（8-37）代入式（8-34），得

$$\rho = \frac{1}{2} \frac{D-t}{1-a(1+\cos\alpha)} \tag{8-38}$$

其中，$a = \dfrac{3}{2} \dfrac{p_0 D}{Et} \left(\dfrac{D}{t}-1\right)^2$。

3. 活塞环的弹力和应力计算

（1）平均弹力　活塞环在自由状态下每一断面外侧到活塞环中心的距离都不等于气缸半径 R，而是等于 $R+U$，U 随角度 α 变化而变化。当活塞环从自由状态变为工作状态时，长度为 $dS = r_0 d\alpha$ 的单元 AB，如图 8-63 所示的曲率半径由于弯矩 M 的作用由 ρ 减小到 r_0，这时 B 点绕 A 点转过一个角度，即

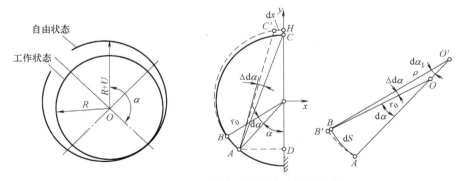

图 8-63　活塞环自由形状及自由端距计算

$$\Delta d\alpha = d\alpha - d\alpha_1 = d\left(1 - \frac{r_0}{\rho}\right) = r_0\left(\frac{1}{r_0} - \frac{1}{\rho}\right)d\alpha = \frac{rM(\alpha)d\alpha}{EI} \tag{8-39}$$

将式（8-37）带入式（8-39），得

$$\Delta d\alpha = \frac{b r_0 p_0 D(D-t)}{4EI}(1+\cos\alpha)d\alpha$$

再考虑到 B 点旋转的同时，活塞环端点 C 的位移量为

$$\overline{CC'} = \overline{AC}\Delta d\alpha$$

其在 x 方向的投影，即周向位移为

$$dx = \overline{CC'} = \frac{\overline{DC}}{\overline{AC}} = \overline{DC}\Delta d\alpha = r_0(1+\cos\alpha)\Delta d\alpha$$

$$= \frac{bp_0 r_0^2 D(D-t)}{4EI}(1+\cos\alpha)^2 d\alpha = \frac{3p_0 D(D-t)^3}{4Et^3}(1+\cos\alpha)^2 d\alpha$$

所以，活塞环在工作时端点的位移量为

$$x = \frac{3}{4}\frac{p_0}{E}D\left(\frac{D}{t}-1\right)^3 \int_0^\pi (1+\cos\alpha)^2 d\alpha = \frac{3}{4}\frac{p_0}{E}D\left(\frac{D}{t}-1\right)^3 \frac{3}{2}\times\pi \tag{8-40}$$

活塞环的自由端距为

$$S_0 = 2x = \frac{9}{4}\pi\frac{p_0}{E}D\left(\frac{D}{t}-1\right)^3 = 7.07\frac{p_0}{E}D\left(\frac{D}{t}-1\right)^3 \tag{8-41}$$

平均弹力为

$$p_0 = 0.141E\frac{S_0}{D\left(\frac{D}{t}-1\right)^3} \tag{8-42}$$

（2）工作应力　由式（8-37）可知，当 $\alpha=0$ 时，有

$$M_{\max} = \frac{1}{2}bp_0 D(D-t)$$

最大工作应力为

$$\sigma_{\max} = \frac{M_{\max}}{\frac{bt^2}{6}} 3p_0 \frac{D}{t}\left(\frac{D}{t}-1\right) \tag{8-43}$$

将式（8-42）代入式（8-43），得

$$\sigma_{\max} = 0.425E\frac{tS_0}{(D-t)^2} \tag{8-44}$$

活塞环套装时必须使其内径大于活塞头部直径，此时端距应该为 $8t$ 左右。即套装时端距的变形量为 $8t-S_0$，则最大套装应力为

$$\sigma'_{\max} = 0.425\times\frac{Et(8t-S_0)}{(D-t)^2} = 0.425\times\frac{8Et^2}{(D-t)^2} - 0.425\times\frac{EtS_0}{(D-t)^2}$$
$$= 3.4\times\frac{Et^2}{(D-t)^2} - \sigma_{\max} \tag{8-45}$$

$$\sigma_{\max} + \sigma'_{\max} = 3.4\times\frac{Et^2}{(D-t)^2} = C \tag{8-46}$$

式中，$\sigma_{\max}$、$\sigma'_{\max}$ 为最大工作应力；E 为活塞环材料的弹性模量；C 为常量。

一般选择 $\sigma'_{\max} = (1.2\sim1.5)\sigma_{\max}$，因为分开套装时间很短。

4. 活塞环主要参数选择

1）平均弹力 p_0。当设计转速 n 较高时，应提高 p_0，当活塞速度高时，由于节流作用，活塞环背压会下降。当活塞直径增大时，活塞环的工作应力增大，只有适当减小平均弹力

p_0，才能减少活塞环的工作应力。活塞环平均弹力 p_0 与内燃机转速（n）、气缸直径（D）的关系如图 8-64 所示。

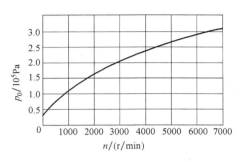
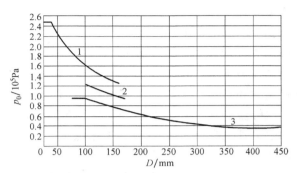

图 8-64　活塞环平均弹力与内燃机转速、气缸直径的关系
1—高压环　2—中压环（普通环）　3—低压环

2）自由端距 S_0 越大，工作应力越大。一般对于灰铸铁材料，$S_0 = (0.13 \sim 0.14)D$。
3）径向厚度 t 增加，p_0 增大。
4）活塞环高度 b 趋向于减小，最小可为 1.5mm，有利于减小活塞高度。
5）装配端口距离 Δd 越小，密封性越好，但 Δd 不能为零。从热膨胀方面考虑，应保证活塞环不会因为热膨胀而卡死。

5. 均压环磨损规律

在活塞环装入气缸之后，均压环的径向力呈均匀分布。在自由状态下，均压环外表面的曲率半径为

$$\rho = \rho' + \frac{t}{2}$$

$$\frac{\rho'}{r} = \frac{1}{\dfrac{D}{t}} \left[\frac{\dfrac{D}{t}-1}{1-a(1+\cos\alpha)} + 1 \right] \tag{8-47}$$

图 8-65 所示为均压环发生均匀磨损失效原理，可以看出，当均压环发生均匀磨损时，其外半径均匀磨去 $\Delta\rho'$，在开口 $\Delta\alpha$ 范围内，$\rho'/r<1$，即 $\rho'<r$（图 8-65 中虚线），故均压环不能凭本身的弹力与气缸贴紧，从而形成漏光。均压环的不同截面有不同的耐久性，开口附近最薄弱。因此，目前都不采用均压环，但均压环的力学原理可以作为设计非均压环的依据。

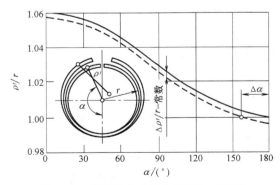

图 8-65　均压环发生均匀磨损失效原理

6. 非均压环设计

1）高点环（图 8-66 中曲线 1）。为了克服均压环的上述缺点，可使开口处压力比平均径向压力略高，有助于延长使用寿命。该环开口处压力与径向压力的比可提高到 3∶1。如果平均壁压已很高，那么开口处的径向压力提高不应过多。

我国关于内燃机活塞环的技术标准，推荐高速机采用"梨形"径向压力图的活塞环（或称高点环）。试验表明，高点环还具有较高的抗颤振能力。

2) 低点环（图 8-66 中曲线 3）。在采用不定位活塞环的二冲程机中，与平均壁压相比，低点环开口端的径向压力下降，避免环端跳入气口或撞击气口边缘而使活塞环折断。某些强化四冲程车用柴油机为避免由于气缸套和活塞环的变形等原因而造成的环开口处压力过高所引起的拉缸事故，也用低点环。低点环的径向压力分布呈"苹果形"。

图 8-66 中右侧的压力曲线是磨损后各种活塞环的径向压力分布。非均压环的径向压力沿圆周是变化的，所以其自由形状与均压环不同。活塞环设计不仅影响工作可靠性和寿命，对排放的影响也很大，尤其是对排放物中颗微粒的影响大。

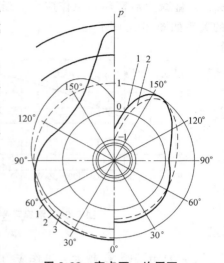

图 8-66 高点环、均压环、低点环压力分布
1—高点环 2—均压环 3—低点环

8.3.6 油环的设计计算

为了保证油环在高速下的刮油能力，油环的刮油口与缸壁的接触压力必须足够高，同时回油的通道必须畅通。目前采用的油环分为三类：普通槽孔式油环、弹簧胀圈油环和钢带组合油环。

1. 普通槽孔式油环

油环没有环背气压力来密封，其密封靠自身的弹力，为了减小油环与气缸的接触面积以提高比压，在油环的外圆面上开有环形槽，形成二道刮油滑肩，如图 8-67 所示。控制滑肩的高度便能改变平均壁压 p_0，普通油环压力为 $0.15\sim0.25\text{MPa}$。在转速较高的机型中，对油环的刮油能力要求高，常将滑肩倒角或车成鼻形，以进一步减小接触面积，提高刮油能力，倒角油环的压力一般为 $0.3\sim0.45\text{MPa}$。

2. 弹簧胀圈油环

在普通油环的内面安装板弹簧胀圈（图 8-68a）或螺旋弹簧胀圈（图 8-68b），可有更大的径向压力，板弹簧胀圈油环 $p_0=0.6\sim0.8\text{MPa}$，螺旋弹簧胀圈油环 $p_0=0.8\sim1.2\text{MPa}$。由于环背加装了弹簧，可采用径向厚度较小的柔性环，气缸失圆的适应性好，当油环外圆磨损时，弹力不会急剧下降，从而保持刮油能力和耐久性。但板弹簧胀圈的凸起与环背接触，此处易磨损而引起工作恶化，板弹簧胀圈油环多用于小型机。

螺旋弹簧胀圈较板弹簧胀圈更有柔性，因此对气缸有更好的适应性。螺旋弹簧胀圈油环的缺点是铸铁油环内表面和螺旋弹簧胀圈有相对运动，接触部分磨损会引起工作恶化，特别是在油环的开口部与螺旋弹簧相接触处。因此，必须将弹簧与环背间设计成面接触而非线接触，并镀铬以抗磨损。另外，为了避免弹簧因油污淤积而失去作用，其节距不能太小。螺旋弹簧胀圈油环适用于缸径在 100mm 以上的机型。

轨型弹簧胀圈油环是后发展起来的油环，如图 8-68c 所示，它解决了上述胀圈油环的磨损和积炭问题。

图 8-67 普通槽孔式油环断面

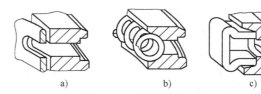

图 8-68 弹簧胀圈油环

a) 板弹簧胀圈油环 b) 螺旋弹簧胀圈油环 c) 轨型弹簧胀圈油环

3. 钢带组合油环

钢带组合油环由两片互相独立的刮片和衬环组成,刮片由厚度为 0.5~0.7mm 的带钢制成,如图 8-69 所示。这种油环的优点是:

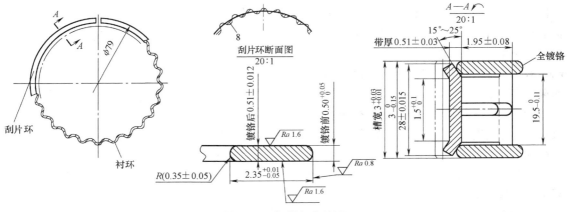

图 8-69 钢带组合油环

1) 与气缸壁的接触面积非常小,油环本身压力高,分布均匀。一般汽油机中 $p_0 = 0.5 \sim 0.6$MPa,柴油机中 $p_0 = 0.8 \sim 1.6$MPa。

2) 钢带具有柔性,上、下两刮片能单独动作或同时做不同的径向运动,对失圆气缸和活塞的变形和摆动的适应性好。另外,刮片不但与气缸的滑动面之间保持密封,且消除了环槽的上、下侧隙,起到了环槽"断面密封"作用,有效地防止了窜油。钢带组合油环的刮油性能好,机油消耗量低,一般比开槽铸铁油环降低了 50%~80%,用一道钢带组合油环可代替两道普通油环。

3) 回油通路大。钢带组合油环通路的开口比率为 30%~50%,而铸铁油环为 10%~15%。因此流动性好,有效防止了结胶和积炭。

4) 质量小,比铸铁油环减轻一半以上,对环槽的磨损小。

钢带组合油环的缺点是需要用优质钢材制造,刮片与气缸接触的表面须镀铬,成本高。

机油消耗是个综合性问题,改善油环设计仅是其中的一个方面。例如,从进气门导管处吸入的油雾较多,气缸轴线与曲轴轴线不垂直,气缸失圆,活塞上泄油通道不合理,都会使机油消耗量增加。

8.3.7 活塞环的组合

根据汽车内燃机的特点来选择活塞环的数目、断面形状和排列方式。有效的组合可以延长活塞环的使用寿命，降低机油消耗量，改善窜气，减少摩擦，缩短环区的高度及降低成本。

1. 配组原则

总的趋势是减少活塞环数，广泛采用镀铬等耐磨措施。最佳的组合要通过试验确定，在配组时要注意以下原则：

1) 第一道环的工作条件最差，从材料、镀覆和结构断面等方面都必须仔细设计，在可能的条件下力求强化。

2) 气环也应具有一定的刮油能力，故在选定第二道、第三道环的结构时，应重视其刮油作用。例如，某车用柴油机试验：当第二道、第三道气环为矩形环时，机油消耗量为75g/h；为锥面环（锥角为1°）时，机油消耗量为25g/h；为外扭曲环时，机油消耗量为6.5~8.5g/h；为倒装锥面环时，机油消耗量高达577g/h。图8-70所示为另一项对比试验的结果。考虑到气环起封气和刮油双重作用，组合时要注意两种作用的配合，如鼻形环总是紧靠油环安装。

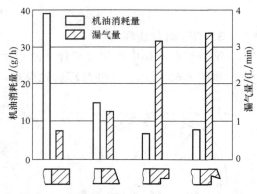

图8-70 不同气环漏气量和机油消耗量的对比

3) 四冲程机第二道环的工作条件不是很差，故尺寸大多较第一道环薄些，在高速机型上，它主要起到防止窜油的作用，为此，多要求使用扭曲环。

4) 在高速机中，由于要尽量缩短活塞高度，一般只使用一个油环。此时，必须强化油环结构、加强刮油效果。

5) 对于第二道环以下的气环，应充分分析其密封作用，并不是气环越多密封性就越好。

2. 汽油机活塞环组的排列

四冲程汽油机活塞环组一般第一道气环采用矩形环或锥面环，第二道气环采用锥面环，油环采用普通油环。在机油消耗量较大的机型上，第二道气环可采用外阶梯扭曲环或内倒角扭曲环，油环则采用钢带组合油环或板弹簧胀圈油环。

3. 柴油机活塞环组的排列

四冲程柴油机活塞环组一般第一道气环采用矩形环，第二道、第三道气环采用锥面环。曾经大多采用两道油环，由于使用了钢带组合油环或螺旋弹簧胀圈油环，刮油能力得到加强，现减为一道油环。在高速、高负荷强化机型上，第一道气环普遍采用桶面环，对改善漏气有效。

更多活塞环的组合可查阅有关内燃机设计手册。

8.4 机体与气缸盖设计

一般车用内燃机气缸体与上曲轴箱为一体，称为机体，下曲轴箱是储油箱，储存机油，称为油底壳。

机体是构成内燃机的骨架，是各机构和各系统的安装基础，其内、外安装着所有的主要零件和附件，并承受各种载荷。主要固定件分为气缸盖、气缸体、上曲轴箱和下曲轴箱四段，大多数气缸盖为独立部件。因此，本节主要讨论气缸体与气缸盖的设计。

8.4.1 气缸体的工作条件与设计要求

1. 机械应力和热应力

气缸体与气缸盖、活塞形成工作循环的空间，并对活塞起导向作用。在气体燃烧压力和气缸壁内、外温差的作用下，气缸体受到极大的机械应力和热应力。

1) 气缸体承受复杂的机械负荷。
2) 气缸内气体对气缸盖底面和气缸孔表面的均布气压力。
3) 经活塞作用于气缸壁的侧向力。
4) 经曲轴施加在主轴承上的力，支架对整机的支承反力和反力矩。
5) 气缸盖螺栓、主轴承螺栓使被紧固部分受力。

以上各种力和力矩使机体各部分受到交变的拉压弯扭，呈现复杂的应力状态。此外，活塞组对气缸的侧压力和滑动摩擦使气缸体磨损。

2. 气缸体的设计要求

1) 须有足够的强度，以承受高温高压下的机械应力和热应力，保证气缸体的变形较小。
2) 须有良好的抗磨性能。气缸孔内表面（气缸套）有一定的珩磨沟纹和储油孔隙，以保证可靠润滑。
3) 合理设计气缸套的结构和选择材料，避免拉缸。
4) 气缸体应制造简单，维修方便，成本低。
5) 在气缸体设计中，必须对重要表面的尺寸、几何形状、相互位置等提出严格的公差要求。

3. 气缸体的结构形式

根据气缸体与油底壳安装平面的位置不同，通常把气缸体分为以下三种形式（图8-71）：

1) 一般式。也被称作平底式气缸体，主轴承的中心线与气缸体下表面在同一平面上，这种气缸体的刚度虽不如以下两种，但气缸体高度低，重量轻，容易加工，拆装曲轴方便，如图8-71a所示。

2) 龙门式。这种气缸体下平面低于曲轴中心线，该结构形式的气缸体略重，但刚度好，密封可靠，维修方便，可承受较大的机械负荷。一般车用柴油机和负荷较大的汽油机均采用此形式，V型机和铝合金缸体也多采用该形式，如图8-71b所示。

3) 隧道式。这种气缸体上的曲轴轴承座为整体式，形成隧道样。如采用滚动轴承的盘形曲轴，安装时，曲轴从一端插入，这种气缸体比较笨重，但刚度最好，如图8-71c所示。

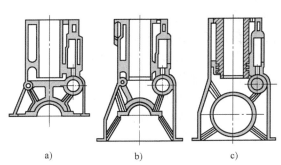

图 8-71 三种气缸体的结构形式示意图
a）一般式 b）龙门式 c）隧道式

按照气缸的排列方式不同，气缸体还可以分成单列式、V型和对置式。

1) 单列式。各气缸排成一列，一般竖直布置。单列式气缸体结构简单，加工容易，但整机长度和高度大。一般六缸以下机型多采用单列式。有的汽车为了降低高度，把内燃机倾斜一个角度。

2) V 型。各气缸排成两列，左、右两列气缸中心线的夹角 $\gamma<180°$，V 型内燃机与单列式机型相比，缩短了机体长度和高度，增大了气缸体的刚度，减轻了机体重量，但增大了机体宽度，且形状复杂，加工困难，一般用于六缸以上的机型。

3) 对置式。各气缸排成两列，左、右两列气缸在同一水平面上，即左、右两列气缸中心线的夹角 $\gamma=180°$，特点是高度小，总体布置方便，可降低重心，但缸孔润滑问题较多。

三种气缸体的排列形式示意图如图 8-72 所示。

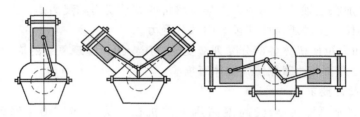

图 8-72　三种气缸体的排列形式示意图

8.4.2　气缸体的设计

1. 气缸体基本尺寸的确定

气缸体在曲轴箱部分的基本尺寸取决于连杆、曲轴组件旋转运动空间的需要，又须使外形尽可能紧凑。为了确保气缸体与运动件不相碰，曲轴箱内壁与连杆运动轨迹的最小距离应为 5~10mm。图 8-73 所示为某气缸体及气缸套内部结构。

(1) 缸心距 L_0　多缸内燃机在纵向的主要尺寸是气缸轴线的间距，简称缸心距 L_0，单列式内燃机的 L_0 取决于气缸布置形式。常用缸心距 L_0 与气缸直径 D 之比 L_0/D 作为汽车内燃机紧凑性的评价指标。采用湿式气缸套时，因为要考虑气缸套上下端的支承、定位、密封结构，L_0/D 值大。如采用全支承曲轴的四冲程六缸机，中央主轴承受到较大离心力的作用，因而主轴颈较长，使气缸轴距相应增大。

图 8-73　某气缸体及气缸套内部结构

L_0/D 统计结果为：

水冷汽油机，$L_0/D = 1.2~1.28$。

水冷柴油机，汽车用 $L_0/D = 1.25~1.35$；拖拉机用 $L_0/D = 1.35~1.40$。

二冲程机，因要在气缸上布置扫气道，$L_0/D = 1.58~1.63$。

V 型高速大功率机，$L_0/D = 1.37~1.40$。

缩短气缸缸心距 L_0 的结构方案如图 8-74 所示。如果缸间水套最小厚度为 4mm，气缸壁的最小厚度为 5mm，则气缸缸心距 $L_0 = D+14$mm，当 $D = 80$mm 时，$L_0/D = 1.17$。

为进一步缩小 L_0，有些机型把厚度为 5mm 的气缸在缸间局部减薄至 4mm（图 8-74b），有些机型采用变厚度气缸，即在纵向厚 4mm，在横向厚 6mm（图 8-74c）。这种在缸间局部减薄的气缸，对总的刚度影响不大。取消缸间水套可得最小缸心距 $L_{0min} \approx D+8$mm，对应一般汽油机 $(L_0/D)_{min} = 1.1$（图 8-74d）。

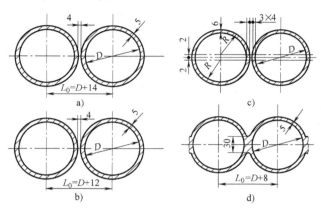

图 8-74 缩短气缸缸心距 L_0 的结构方案

（2）气缸孔与气缸套结构 水冷内燃机的气缸体周围和气缸盖中都加工有冷却水套，且气缸体和气缸盖的水套相通，冷却水在水套内循环，带走热量。

气缸孔直接加工在气缸体上叫作整体式气缸。整体式气缸强度和刚度都好，能承受较大的载荷，但对材料要求高，成本高。将气缸孔制造成单独的圆筒形零件即气缸套，然后压装到气缸体内，则气缸套采用耐磨的优质材料，而气缸体可用价格较低的一般材料，可降低成本。同时，气缸套可取出，便于修理和更换，可大大延长气缸体的寿命。

气缸套有干式和湿式两种。干式气缸套的特点是装入气缸体后，其外壁不直接与冷却水接触，而和气缸体的壁面接触，壁厚较薄，一般为 1~3mm；具有整体式气缸体的优点，强度和刚度都较好，但内、外表面都需要进行精加工，拆装不便，散热不良。

湿式气缸套装入气缸体后，其外壁直接与冷却水接触，气缸套仅在上、下各有一环带和气缸体接触，壁厚一般为 5~9mm。湿式气缸套散热良好，冷却均匀，加工方便，通常只需要精加工内表面，与冷却水接触的外表面不需加工，拆装方便，但强度、刚度都不如干式气缸套，且易漏水，须采取防漏措施。图 8-75 和图 8-76 所示分别为湿式、干式气缸套结构。

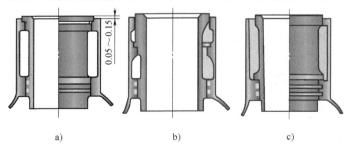

图 8-75 湿式气缸套结构
a）上端定位方式 b）距上端某位置定位方式 c）下端定位方式

2. 气缸套的材料

汽车内燃机气缸套要用耐磨性好、工艺简单、成本低的合金铸铁或钢制造。铸铁的金相组织对耐磨性影响很大。在铸铁中加入不同的合金可以使金相组织得到改变。合金铸铁中添加 P、Ni、Cr、Cu、Mo 等合金元素，能够使铸铁组织均匀，珠光体致密，高硬度的碳化物的形成有利于提高强度、耐磨性和耐蚀性。

气缸套材料的趋向是高磷铸铁、含硼铸铁、球墨铸铁和合金铸铁等材料，如 HT250。

1) 高磷铸铁。它可改善耐蚀性，但含磷量超过 0.8%（质量分数）时，铸铁变脆，铸造时易产生缩孔，壁厚不宜过薄，否则气缸套拆装时易断裂。

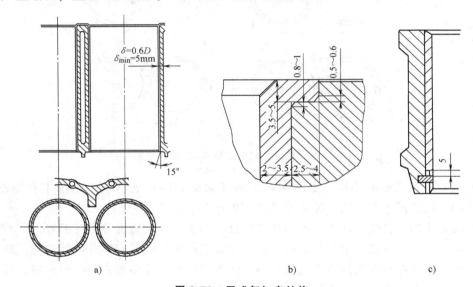

图 8-76　干式气缸套结构

a) 内部结构　b) 上端定位方式　c) 下端定位方式

2) 含硼铸铁。其韧性和强度均好、铸造性能优越，材料不脆，比高磷铸铁好。

3) 球墨铸铁。球墨铸铁也可以制造气缸套。球墨铸铁的石墨为球形，具有致密强韧的珠光体，强度比普通铸铁约大一倍，也比普通铸铁耐磨，但因球化石墨表面较小，其保油性比片状石墨差，在润滑条件不良时，易发生拉缸。

4) 合金铸铁。铸造和加工工艺复杂，消耗贵金属的数量大，成本高，逐渐被高磷铸铁和含硼铸铁所代替。

5) 车用内燃机经常在低温起动，以及在冷却水温度低于 80℃、低负荷和中低速下运转，气缸套以腐蚀性磨损为主，宜用奥氏体铸铁制造。

6) 在尘埃较多的野外重负荷下工作的重型汽车和拖拉机用的高速柴油机，气缸套以磨料磨损为主，气缸套用薄钢套制造，为干式气缸套，内表面镀铬或渗氮。

3. 气缸的磨损

如果气缸孔表面覆盖一层油膜，气缸表面与活塞环和活塞裙部之间是全液体润滑，且机油清洁无杂质，则气缸不会磨损。但是实际很难达到该理想状况，气缸表面与活塞环和活塞裙的相对运动表面可能会直接接触而磨损，或者因机油中含有机械杂质而磨损。磨损一般有下列三种类型：

1) 磨料磨损。由于吸入的空气中有尘埃，机油中有积炭、金属磨屑等外来坚硬杂质，形成磨料，引起气缸磨损，磨料粒子在气缸表面造成平行于气缸轴线的拉痕，个别粗大的磨料也会留下粗大的拉伤，俗称"拉缸"。

2) 腐蚀磨损。燃烧过程中产生的酸性物，如 CO_2、CO、SO_2 等，当冷却水温度降低或起动频繁时，燃烧生成物中的酸性物和水蒸气凝结在气缸表面，如果润滑油膜不足，酸性物与气缸表面金属接触，会对气缸进行腐蚀，在气缸上部形成较疏松的细小的洞穴，会使气缸孔金属脱落。

3) 熔着磨损。当气缸与活塞在润滑不良的情况下滑动时，两者有极微小部分的金属接触，摩擦形成局部高热，使之熔融粘着、脱落，逐步扩大即产生熔着磨损。如果油膜得以及时恢复，起到清洗和冷却作用，则温度下降，微小熔着部分脱落而不会扩展。如果油膜恢复迟缓，熔着扩展导致大范围磨损，气缸工作表面、活塞、活塞环严重损伤，在气缸表面呈熔融流动状态，带有不均匀、不规则边缘的沟痕和皱褶。与腐蚀磨损和磨料磨损相比，熔着磨损是一种破坏性更大的磨损。通常把这种磨损也称为"拉缸"。

4. 提高气缸耐磨性的措施

为了提高气缸的耐磨性，一般从引起磨损的因素出发，在气缸套的材料、结构、气缸表面的加工工艺以及使用条件等方面采取措施。

(1) 气缸套加工精度　气缸套内孔加工几何形状精度须在 2 级以上，当气缸直径 $D = 75 \sim 150$mm 时，其圆柱度不超过 $0.012 \sim 0.035$mm，缸径小时取下限值，否则气缸与活塞、活塞环接触不良，漏气增加，磨损加剧。

(2) 合理选择珩磨沟纹　交叉珩磨沟纹的夹角为 $22° \sim 32°$，每条沟纹须切削得很光滑，不能有碎落或叠积物质损伤。沟纹平均宽度为 $10 \sim 16\mu m$，深度为 $4 \sim 6.5\mu m$，间距为 $20 \sim 30\mu m$。在珩磨沟纹之间凸起的"方块"通过一定压力所产生。珩磨沟纹深宽合适且分布均匀。凸起的"方块"面积占 $1/2 \sim 1/3$，"方块"表面不进行抛光或磨光，保留原先的加工网纹。珩磨沟纹能使油膜均匀分布，往复运动件得到足够润滑，可在最小磨损下迅速形成较好的贴合面，同时机油消耗量小，寿命延长。

(3) 气缸套与活塞环匹配　一般铸铁气缸套与铸铁活塞环的硬度比值取 $1 \sim 1.12$ 为宜。活塞环压力太高，刮油能力强，但活塞环周的局部压力过高，会使油膜破坏，造成干摩擦。活塞环压力太低，容易漏气，造成熔着磨损。上文已述，第一道气环镀铬或喷钼，可以使活塞环的寿命提高 $3 \sim 5$ 倍、气缸套寿命提高 $1 \sim 1.5$ 倍。

(4) 气缸套孔表面处理　处理方法有：

1) 镀铬。气缸套孔表面可进行镀铬，如松孔镀铬、储油网点镀铬等，镀铬气缸套硬度高，耐磨性好，熔点高，抗熔着磨损，摩擦系数小，增加了耐蚀性，耐磨性能提高 50%，但成本高。

2) 高频淬火。球墨铸铁和合金铸铁可以提高其抗磨损性能 $1 \sim 2$ 倍，但淬火时气缸套容易变形和淬裂。

3) 磷化。磷化能改善磨合过程，防止拉缸；能提高耐磨性和耐蚀性。

4) 渗氮。渗氮分为气体渗氮和液体氮碳共渗。气体渗氮的缺点是生产周期长和必须采用适合渗氮的渗氮铸铁或渗氮钢，容易产生硬而脆的氮化铁层；液体氮碳共渗可以克服上述缺点，将气缸套置于盐浴炉中，在 $460 \sim 580$℃ 温度下处理。气缸套表面产生两层硬化层：

第一层由氮化铁和碳化物组成,厚度为 10~14μm,硬度为 46HRC 左右,但耐磨性较高。第二层是扩散层,主要由氮本身构成,具有很高的抗疲劳能力。液体氮碳共渗的优点是耐磨性、耐蚀性和抗穴蚀能力可提高一倍,且生产成本低,只有镀铬费用的 1/5。渗氮在大、中、小型柴油机气缸套中都得到了应用。

(5) 严格控制使用条件 如控制气缸套壁温,要高于酸性燃烧产物的露点,可减少腐蚀磨损。考虑到气缸套的冷却要求,第一道气环在上止点处温度不宜超过 180℃,一般要求气缸套上部温度在 140℃ 左右,下部温度为 100~120℃。

当环境中尘土很多时,要对空气滤清器和机油滤清器的选用、使用和保养进行严格把关,否则气缸会遭受强烈的磨料磨损。机油应热稳定性好、油膜强度高、不易胶结;燃油应硫分和水分少。尽可能避免频繁的冷起动或低温运转。在机油中添加抗腐添加剂可减轻腐蚀性磨损,选用黏度-温度性能好的机油可以减小冷起动磨损。

5. 湿式气缸套的穴蚀和预防措施

(1) 穴蚀现象及其机理 穴蚀现象是指,经过一段时间的运转,内燃机气缸套外表面在连杆摆动平面内的活塞主推力面一侧或在进水口及水流转弯处,有很多针状孔洞发生,孔洞表面清洁,没有腐蚀生成物的沉积,这些孔洞逐渐扩大、深化,最后使气缸套穿透,显著地降低了内燃机的寿命及可靠性。在机体上与此对应的一侧也同样有孔洞出现。引起穴蚀的本质原因目前还不十分清楚,但大多数认为:

1) 气缸套振动引起的冷却水交变压力和水流的冲击是产生穴蚀破坏的主要外因。
2) 气缸套材料本身存在着微观的小孔、裂纹、沟槽是产生穴蚀破坏的主要内因。

(2) 穴蚀的部位 尽管机型、气缸套结构、缸壁厚度、活塞与气缸套的配合间隙不同,但穴蚀的部位都聚集在连杆摆动平面以内,且在下述三个区域内最易产生穴蚀:

1) 连杆摆动平面的两侧,气缸套中上部及下部聚集如带状的深孔群,且在活塞主推力面一侧穴蚀较为严重。
2) 在进水口处及水流转弯处孔洞聚集,是振动和水力共同作用下产生的穴蚀。
3) 在支承及上、下配合密封凸肩处产生细小穴蚀,呈蠕虫形、条沟状凹坑,或者不规则的环形凹坑,严重时会形成裂纹。

(3) 防止气缸套穴蚀的措施 穴蚀可能是由振动和水流冲击引起的,防止穴蚀主要应从减小振动、吸收振动和控制空气泡的形成着手。

1) 减小气缸套振动。减小活塞和气缸间的配合间隙,间隙大时,活塞对气缸套的冲击力也大,气缸套的振动也大。为了减小气缸套振动,尽可能减小活塞与气缸套间隙,但活塞与气缸套间隙的减小始终受到可能拉缸的限制,因此,要采用膨胀系数小的活塞材料、桶面(椭圆)活塞裙结构、提高活塞加工精度、对活塞进行有效的冷却等措施,在避免拉缸的条件下,减小活塞与气缸套间隙。

2) 采用偏置活塞销。活塞销偏置可减小活塞在改变侧向力方向时对气缸的冲击力,将销座位置相对于活塞销主推力面偏移 1.5~4mm,相当于活塞直径的 3%,可减小活塞对气缸套的冲击和振动。

3) 提高气缸套刚度。适当地增加气缸套的壁厚,把气缸套下支承适当地向上移动,增加气缸套的支承刚度,可以减小气缸套振动。

4) 适当减小气缸套与气缸体间的配合间隙。气缸套上、下定位带与气缸体的配合间隙，也引起气缸套振动，产生穴蚀，因此，也应适当地减小气缸套与气缸体的配合间隙。

5) 控制空气泡的形成。空气泡的形成和炸裂导致穴蚀，水流的方向不应正对着气缸套，而应沿气缸套壁切线方向进入水套，以减小水流对气缸套的冲击。然后水流绕气缸套外壁呈螺旋上升，以减少空气泡的产生，即使有空气泡，也因切线流动能使其离开强烈振动区域，以减小对气缸套的穴蚀。此外，进水口在水平方向的宽度不要大于水套空间的径向宽度。冷却水套也不宜太窄，其宽度不应小于10mm，气缸套与机体间的水腔越小，越易加速气缸套穴蚀。冷却水套不应有局部狭窄，以防止流速及压力突然变化，要尽量使流速均匀，水流畅通，不应存在死区及涡流区。

6) 合理选择热处理工艺。气缸套的热处理温度对穴蚀也有影响，铸铁气缸套在600℃以下低温退火，只要不出现金相组织变化，就不会使耐穴蚀性能降低。高温退火会导致铁素体形成，析出石墨，并使耐穴蚀性好的片状渗碳体变为耐穴蚀性差的球状渗碳体。另外，淬硬状态比铸态更易受穴蚀。

对气缸套外表镀铬、镀镉和喷镀陶瓷可以对表面起保护作用。

6. 机体的细节设计

（1）可铸造性金属材料的壁厚　气缸间水套最小厚度为4mm，气缸壁最小厚度为5mm。有些机型采用变厚度气缸，即纵向厚4mm，横向厚6mm。气缸间局部减薄的气缸，对气缸体总刚度影响不大，极限情况可取消气缸间水套。

为了加强机体的受力局部的刚度，在基本壁面根据铸造工艺尽量薄（一般为4~6mm）的前提下，须加大局部壁厚。如顶面为10~12mm（汽油机）和15~20mm（柴油机），底面为8~12mm。壁厚的变化应圆滑过渡。气缸体壁的铸造结构设计实例如图8-77所示。气缸体壁的结构设计成凹形，顶部和下部较厚、中间较薄。因为气缸盖上的一部分热量需要通过气缸上部传递出去，为了更好地传热，将气缸上部做得厚一些，同时，作为支承也减少了此处的应力集中。

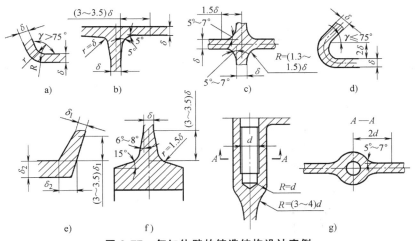

图8-77　气缸体壁的铸造结构设计实例

（2）考虑力传递的设计原则　主要载荷尽可能直线传递，避免产生附加的弯曲和扭转。图8-78所示为等应力弯壁的厚度对比。当两力错开一个相当于壁厚的距离时，壁厚要增加到不错开时的3倍才能保证同样的应力。从力的直线传递的角度看，每个气缸周围布置4个气缸盖螺栓最好,因为螺栓再多,就不可能实现这一原则。因此,对于高负荷强化内燃机,缸径不能太大。

气缸体上尺寸比较大的壁面设计成不间断弯曲的波浪形,而不是简单的大平面。图 8-79 所示为一单列式四缸机气缸体框架结构的改进实例。平壁改成弯壁,增大结构刚度,减小噪声辐射,同时相邻两缸间的气缸盖螺栓的轴线也靠近刚度较大的侧壁和下面主轴承螺栓的轴线。

(3) 气缸体材料 车用柴油机气缸体一般用高强度的优质灰铸铁铸造,因为铸造性能好,成本低。为了提高气缸表面的耐磨性,常在铸铁中加合金元素以改善金相组织。不过,即使合金的含量不高,但由于机体质量大,材料成本会提高很多,所以,宜采用普通铸铁机体加气缸套。车用轻型汽油机用压铸的铝合金机体加钢气缸套,使总质量大为减小。

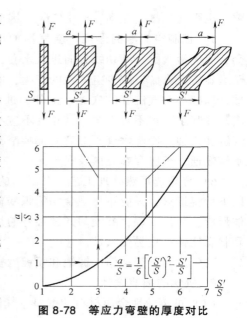

图 8-78 等应力弯壁的厚度对比

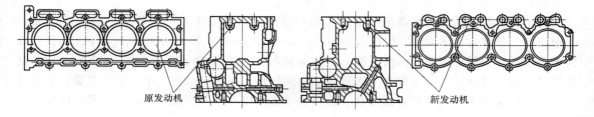

图 8-79 气缸体框架结构的改进实例

8.4.3 应用有限元法对机体进行结构设计

汽车内燃机机体是一个复杂的空间结构,应进行结构细节设计。目前,常用三维有限元结构分析和试验应力分析技术对机体进行结构设计,主要步骤如下:

1) 强度分析——应力应变计算。
2) 刚度分析——受力变形分析。
3) 模态分析——计算固有频率和固有振型。
4) 振动分析——振动与辐射噪声模拟分析。
5) 内冷却水流场和温度场分析。

首先要利用 CAD 软件建立三维模型,如图 8-80 所示;然后导入工程软件建立有限元模型,如图 8-81 所示;随后进行机体表面振动速度模拟计算,如图 8-82 所示;最后对机体进行模态分析——固有频率和固有振型的计算,如图 8-83 所示。

典型的有限元分析软件有 ANSYS、ABAQUS、MSC 等。

机体内冷却水流场和温度场分析应用计算流体力学(Computational Fluid Dynamics, CFD)进行模拟计算。典型的 CFD 分析软件有 ANSYS、STAR 等。图 8-84 所示为机体的冷却水套流场、机体传热及气缸套温度分析。

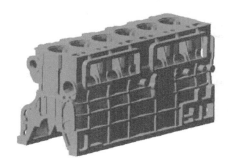

图 8-80 某六缸发动机气缸体的三维模型

图 8-81 气缸体有限元模型

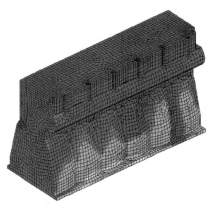

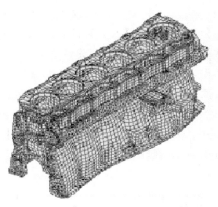

图 8-82 气缸体表面振动速度模拟计算　　图 8-83 气缸体模态分析——固有频率和固有振型的计算

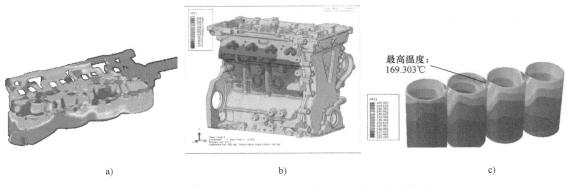

图 8-84 机体的冷却水套流场、机体传热及气缸套温度分析
a) 机体的冷却水套流场　b) 机体传热　c) 气缸套温度

8.4.4 气缸盖设计

1. 气缸盖的作用和工作条件

气缸盖用来密封气缸上部，与活塞顶及气缸内壁共同组成燃烧室。气缸盖上布置有进、排气道，以及气缸盖上的配气机构零件，还设有润滑油道等。在水冷式内燃机中，气缸盖上

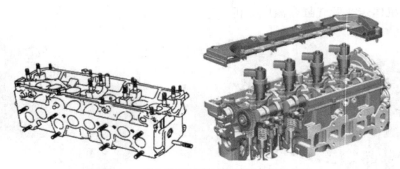

图 8-85　某四缸机气缸盖结构及安装部件

设有冷却水道。同时，气缸盖上还装有喷油器或火花塞、进/排气管和气门及其传动件等。在采用分隔式燃烧室的柴油机中，在气缸盖上还布置有燃烧室的一部分。图 8-85 所示为某四缸机气缸盖结构及安装部件。图 8-86 所示为某柴油机功能件布置草图。图 8-87 所示为某汽油机气缸盖-双顶置凸轮轴顶面和底面。气缸盖也承受极高的机械负荷和热负荷，几何形状复杂，各部分受热不均。内表面受炽热燃气作用，外表面则受冷却空气的作用。因此，在气缸盖中存在着较大的热应力，可产生较大的变形。

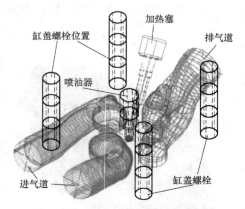

图 8-86　某柴油机功能件布置草图

 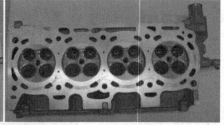

图 8-87　某汽油机气缸盖-双顶置凸轮轴顶面和底面

2. 气缸盖的设计要求

1）应具有足够的强度和刚度。应使工作时气缸盖变形最小，并保证与气缸的接合面和气门座的接合面有良好的密封。气缸盖变形过大会加速气门座磨损，使气门杆咬死以及气缸密封遭到破坏，造成严重漏气、漏水和漏油。

2）应根据混合气形成和燃烧方式布置出合理的燃烧室、气门和性能良好的气道，达到性能设计要求。

3）各部分温度应尽可能均匀分布，工作温度应不超过其材料的临界温度，在工作温度范围内均有足够的强度。

4）气缸盖应有良好的工艺性，结构简单、铸造工艺良好；冷却合适，气缸盖温度场分布均匀，热应力小，避免气门座之间形成裂纹。

3. 气缸盖的材料

乘用车汽油机的气缸盖一般采用铝合金铸造，铝合金密度小，导热性好，热导率为铸铁的 2~3 倍，且铸造性能也较好。汽车柴油机气缸盖材料一般采用灰铸铁。另外，根据工作条件，气缸盖应该采用抗热疲劳性能好的材料铸造。同一机型气缸体、气缸盖的材料应一致。

材料的导热性越好，膨胀系数越小，高温疲劳强度越高，越能承受交变热负荷作用。经验表明，铸铁、铝合金和钢三种材料相比：

1) 当温度低于 250℃ 时，铝合金具有相当高的热强度。
2) 当温度在 300℃ 时，铸铁和钢的热强度比较好。
3) 当温度达到 400℃ 时，铸铁的热强度也迅速下降。

因此，英国里卡多公司认为：铸铁气缸盖的工作温度不应超过 400℃，铝合金气缸盖的工作温度不应超过 220℃。

4. 气缸盖的结构形式和主要尺寸

水冷式汽车内燃机的气缸盖有整体式、分块式和单体式三种。

1) 当缸径 $D<105\text{mm}$ 时，一般多用整体式气缸盖，其零件数少，结构紧凑，制造成本低。
2) 当缸径 $D \geqslant 140\text{mm}$ 时，一般都用单体式（一缸一盖）气缸盖。
3) 当 $125\text{mm}<D<140\text{mm}$ 时，采用单体式、整体式和分块式（每两缸或三缸一盖）或者兼而有之。

中、小功率汽车内燃机，一般都采用各缸气缸盖连成一体的整体式气缸盖，结构紧凑，加工方便，但增加了铸造的复杂性。

气缸盖的主要尺寸：

1) 高度 H：$H=(0.9~1.2)D$，视燃烧室形式、气道布置、水套布置而定。
2) 底面厚度 δ：$\delta=10~15\text{mm}$，保证气缸盖的刚度和强度。

5. 气缸盖的冷却

气缸盖的进气门座之间、排气门座之间、火花塞与喷油器周围、喷油器与气门座之间以及火花塞与气门座之间的温度均很高，因此是热应力很高的"热点"，应加强冷却，一般采取以下措施：

1) 三角鼻梁区要重点冷却。
2) 减少三角区的金属堆积。
3) 出水口在最高点。
4) 清砂彻底。
5) 壁厚尽量均匀。

图 8-88 所示为柴油机气缸盖布置断面图。图 8-89 所示为 135 系列柴油机气缸盖。

6. 提高气缸盖刚度、强度的措施

气缸盖的变形会加速气门座剧烈磨损、气门导管咬死，使气缸的密封性以及摇臂室与气缸盖结合面的密封性遭到破坏。因此，除要求气缸盖有良好的散热性能外，还得有足够的刚度、强度。

提高气缸盖刚度、强度可采用下列措施：

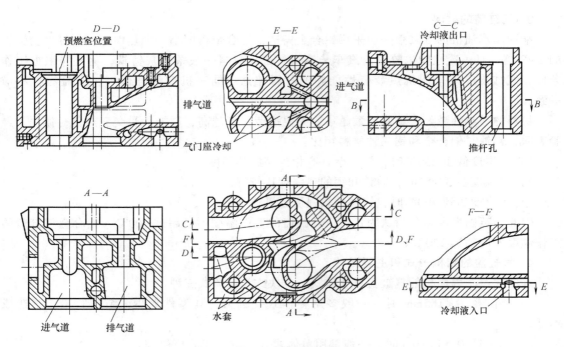

图 8-88 柴油机气缸盖布置断面图

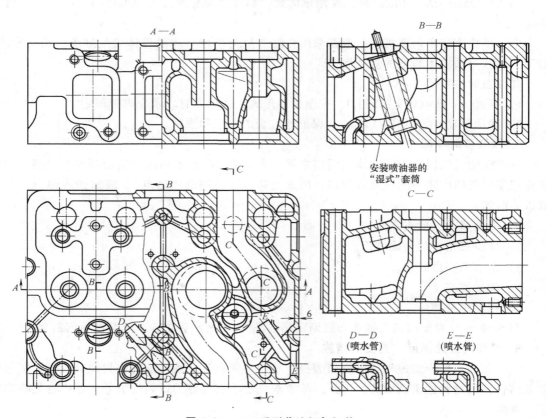

图 8-89 135 系列柴油机气缸盖

1) 防止热变形和出现裂纹，使其温度均匀，在设计时两气门之间的宽度不宜太小，应大于 5mm，为气缸直径的 5%~12%。

2) 适当增加气缸盖底面的厚度，既可增加刚度，又可增大气缸盖底面热流截面积，使螺栓的固紧力可以经摇臂轴、摇臂座传到气缸盖底面，而固定火花塞用的螺栓孔壁也应与气缸盖底面相连，以免气缸盖底面变形。

3) 在螺栓作用下，气缸盖底部的压力分布要均匀，保证气缸盖与气缸体间的密封。

4) 在铸造条件允许时，应尽可能使摇臂室、摇臂座、螺栓孔壁、火花塞座、进、排气管壁和气缸盖底面铸成一体，形成刚度良好的箱形结构。

8.4.5 气道设计的 CFD 方法以及气缸盖 CAE 分析

进气道与进气流动涉及内燃机的进气系统和燃烧系统，在本书的第 9 章中将分别讲述。气缸盖上的气道是进气系统和燃烧系统的重要结构。进气道的流量影响充气效率，从而影响内燃机动力性；而排气道的流量则决定了内燃机排气是否顺畅，并且直接影响换气损失的大小。

1. 多气门技术与气道布置

目前汽车内燃机大多采用 2~5 气门布置方式，采用多气门技术主要有以下优点：

1) 进气门和气道截面面积增大，可以弥补由于高转速造成的泵气损失，提高充气效率，因此有效地提高内燃机的功率、转矩，降低排放和燃油消耗。

2) 多气门改善了进气能力，进、排气重叠角可减小，从而有效降低了低负荷的排放。

3) 四气门柴油机喷油器安装在气缸盖中间，使油线的落点均布，燃烧室布置更加趋于合理，可以满足直喷后严格的排放标准。四气门增大了进气量，扫除缸内废气的效果好。

4) 多气门汽油机结构使相邻气门之间被浪费的燃烧室面积大为减少，增大了燃烧室表面积利用率，气门流通总面积大幅度增加。

因此，多气门内燃机的优点可以弥补两气门的不足，但是实现这一结构在设计和工艺上还必须解决以下关键技术：

1) 多气门进、排气道的结构设计。

2) 配气系统的结构和设计。

3) 进、排气道的冷却和成熟的气缸盖铸造工艺。

气门的相对位置布置与气道布置一般为：

1) 单列机有同侧布置和异侧布置。

2) V 型机一般进气道布置在 V 型夹角内，排气道布置在两侧。

实际上，多气门布置不仅取决于进、排气道的走向和形状，同时还要考虑配气系统的结构。例如，四气门柴油机进、排气道的位置首先应取决于气缸盖底平面两个进气门座圈孔和两个排气门座圈孔的中心位置，如果把四个气门的中心用直线连起来应该是一个正方形，如图 8-90 所示。

2. 进气道设计

在进气道的设计中，人们总结出两个定量描述进气道特性的参数，一个是流量系数，一个是涡流/滚流比。其中，流量系数描述气缸充气量，而涡流/滚流比影响缸内混合气的形成、发展、燃烧扩散的速度和稳定性。高涡流/滚流比可提高火焰传播速度，减小爆燃倾向，

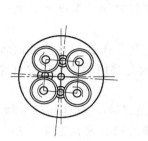
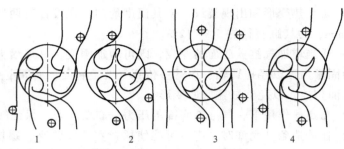

图 8-90 四气门柴油机进、排气门和气道的位置

提高燃烧稳定性。但涡流/滚流比的提升会制约气门流量系数的提高，从而影响充气效率，而提高流量系数时涡流/滚流比会降低，因此需要在两者之间取得一个折中。

一般采用 CFD 及试验方法来设计进气道，应尽量提高进气量，并获得恰当的进气涡流。图 8-91 所示为汽油机进、排气门计算区域。然后进行网格划分，图 8-92 所示分别为进气道整体网格、局部划分和气门网格。

图 8-91 汽油机进、排气门计算区域

图 8-92 计算网格

a) 整体网格　b) 局部划分　c) 气门网格

图 8-93 所示为部分气道 CFD 模拟计算结果（进气压力分布和流动迹线）。

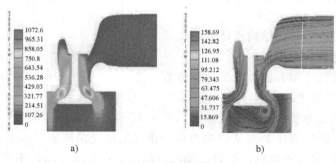

图 8-93 部分气道 CFD 模拟计算结果

a) 进气压力分布　b) 流动迹线

3. 其他 CAE 分析

（1）气缸盖热负荷分析　采用流、固耦合分析方法，分析内燃机的温度场和热应力。首先，建立水套的 CFD 计算模型，确定边界条件，如冷却水与气缸盖壁面的表面传热系数和环境温度等，具体为：

1）水套壁面的边界条件采用 CFD 软件计算得到。

2）燃烧室壁面的边界条件采用热力学软件计算得到。
3）气道边界条件通过试验数据或根据经验确定。
4）建立三维模型后，抽取三维模型的壳网格，将 CFD 边界条件映射至壁面，得到壁面的边界条件，然后进行计算，温度场部分计算结果如图 8-94 所示。

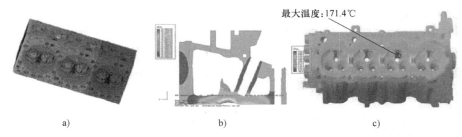

图 8-94　温度场部分计算结果

a）气缸盖整体网格　b）剖面温度场　c）鼻梁区高温点

（2）气缸盖的其他分析　在进行气缸盖基本结构设计时，还可以同时进行振动噪声、疲劳寿命、冷却水温度场的分析，基本流程与上文类似，如图 8-95 所示，可以参考相关文献。

图 8-95　气缸盖结构设计中的 CAE 分析流程

思考题和项目训练

一、思考题

1. 多拐曲轴强度最薄弱的环节是曲柄，曲柄的主要结构参数是哪两个？各自的变化对其强度有何影响？一般曲轴的设计安全系数要多大？

2. 在利用有限元方法进行曲轴强度分析时，一般模型与实际曲轴存在哪些差异？

3. 飞轮的转动惯量根据什么来确定？飞轮转动惯量与气缸数是什么关系？

4. 连杆的拉伸载荷是由什么造成的？计算连杆不同截面拉伸应力时，如何考虑？

5. 计算连杆的最大拉伸应力和压缩载荷时各选取什么工况？

6. 提高连杆螺栓疲劳强度的措施有哪些？

7. 采用有限元方法进行连杆拉伸强度计算时，连杆接合面应该如何考虑？

8. 活塞环的工作应力与套装应力之间是什么关系？请用公式说明。实际上如何考虑？

9. 高转速内燃机与低转速内燃机对活塞平均弹力 p_0 的要求有什么不同？为什么？缸径对 p_0 的要求如何？为什么？

10. 简述减轻活塞热负荷的设计措施。

11. 活塞裙部在工作时销轴方向的变形大，原因是什么？一般采用什么措施来进行限制？

12. 气缸体是内燃机轻量化设计的主要部件，主要轻量化措施有哪些？

13. 设计气缸盖时，应该先考虑哪些部件的布置？水套的设计原则是什么？

二、项目训练

1. 继续学习多体系统动力学专业内燃机分析软件 AVL EXCITE Designer 模块，利用图 8-3 所示的六缸柴油机曲轴结构，自定义尺寸，建立六缸机模型，完成下列计算任务：

1) 轴承计算：液体动力学轴承载荷（主轴承、连杆大头轴承和连杆小头轴承），得出载荷图。

2) 扭转振动计算：激振力矩和切向力分解，简谐分析，傅里叶变换，扭振结果。

3) 对曲轴强度进行校核计算（传统的应力集中系数法），提出改进措施。

2. 自行确定图 8-3 所示的六缸柴油机曲轴尺寸，完成曲轴的 CAD 三维模型，使用有限元分析软件 ANSYS 对曲轴强度进行校核计算。

3. 利用图 8-24 所示的某连杆工程简图尺寸，建立六缸机模型，完成连杆的 CAD 三维模型，导入有限元分析软件 ANSYS，对连杆强度进行校核计算，并进行模态分析。

4. 图 8-96 所示为某活塞工程简图，完成该活塞的 CAD 三维模型，导入有限元分析软件

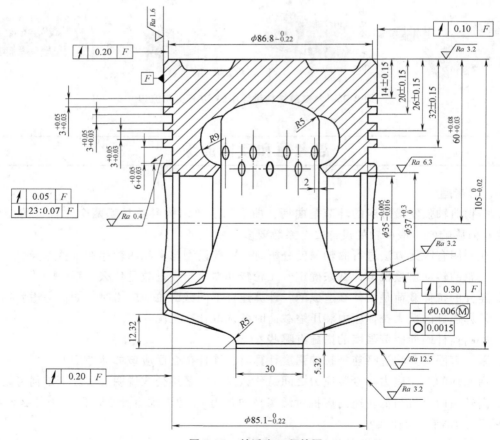

图 8-96 某活塞工程简图

ANSYS，对活塞进行分析计算，完成下列计算校核任务：

1）CAD 建模和有限元网格划分。

2）温度场计算。

3）热应力计算。

4）疲劳强度计算。

5）活塞冷、热态型线设计。

第9章 汽车内燃机系统设计

教学目标：掌握汽车用汽、柴油机各系统的设计要求、典型结构和设计原则，明确一些传统的系统结构的局限性和改进发展，分析各系统的开发设计及集成的新技术、新方法、新趋势，初步掌握现代工程软件在系统分析计算中的作用，明确智能化控制在各系统中的协调应用，进一步使汽车整车与内燃机成为一个协调工作的有机整体。

掌握新型汽、柴油机燃烧系统开发方法，掌握计算流体力学（CFD）在燃烧系统、进气和排气系统等开发中的应用。通过学习控制系统 ECU 的设计与标定方法，会用一般的控制策略来匹配供油系统、点火系统等，掌握润滑系统与冷却系统的经验设计法和网络分析与电子控制设计方法。认识发动机热管理系统与车辆热管理系统。初步认识商用 CFD 软件、ECU 标定软件以及其他专业内燃机、整车软件在系统分析中的应用。

9.1 燃烧系统

内燃机燃烧系统开发设计的预备知识为汽、柴油机混合气的形成和燃烧，也可以认为是内燃机燃烧室设计与调节参数优化。即综合应用燃油喷射、混合气形成和燃烧、热功转换、污染物排放等基本原理，讨论如何进行燃烧系统的设计和调节参数优化，以实现内燃机动力性、经济性、排放性以及噪声振动等性能的综合优化。

9.1.1 汽油机的燃烧室和燃烧系统

1. 汽油机燃烧室的形状和分类

汽油机的燃烧室设计影响充气效率、燃烧放热速率、散热损失、循环波动以及爆燃等，从而影响动力性、经济性和排放性能。为优化性能指标，汽油机曾出现过数十种燃烧室，如图 9-1 所示。但普及电控汽油喷射和三元催化反应器后，绝大多数采用的是四气门或五气门的篷型燃烧室，它们目前在高性能汽油机上广泛应用。

2. 汽油机燃烧室设计的基本要求

1）结构紧凑性。评价指标为面容比，即表面积（A）/容积（V），A/V 越小越好。小的面容比，火焰传播距离短，可避免爆燃，还可提高压缩比 ε，同时燃烧放热速率高，等容度

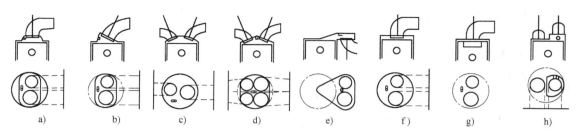

图 9-1 汽油机燃烧室的形状和分类

a）浴盆型 b）楔型 c）半球型 d）篷型 e）L型 f）盘型 g）桶型 h）火球型

提高，指示热效率 η_i 会提高。

2）合理的几何形状。几何上做到轮廓线圆滑、避免尖凸部，以防止表面点火；具有足够的进、排气流通截面，气门直径尽量大，气道形状合理，具有适宜的燃烧放热速率，如图9-2所示，图9-2中（a）、（b）、（c）三条曲线代表三种不同的燃烧室形状类型。

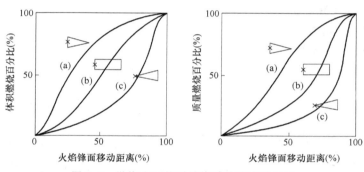

图 9-2 燃烧室形状对燃烧放热速率的影响

3）火花塞布置合理。要求火花塞至末端混合气的距离最短，爆燃可能性小。广泛应用的火花塞布置方案如篷型，火花塞靠近高温炽热区布置，爆燃的可能性小。另外，还要便于扫气，以扫除废气，有利于起动及低速低负荷的工作稳定。

4）组织适当强度的气流。气流流动使微观油气混合更均匀，形成足够的湍流强度以加快火焰传播，减小壁面淬熄层厚度以降低HC排放、扫除火花塞处的废气等。但是，气流运动不能过强，否则会增加流动、散热损失，使着火困难。

5）多气门布置。足够的进、排气门流通截面可以通过提高充气效率以提高功率，降低进气阻力。

3. 传统汽油机燃烧系统的缺点

传统汽油机燃烧系统是供油系统从化油器发展到电控燃油喷射系统的，使得燃烧效率有了巨大进步，但由于没有改变均质燃烧模式，汽油机"稀燃"的理想一直没有实现，还存在如下缺点：

1）由于采用量调节，存在较大的泵气损失，造成燃油经济性差，尤其是低负荷时更差。

2）由于爆燃倾向大而不能采用高压缩比，热效率低。

3）浓混合气的比热比 k 较低，使热效率低。

因此，汽油机燃烧系统一直向着"稀燃"的目标发展，如图9-3所示。但各类"稀燃"式燃烧系统并未走出实验室而形成成熟产品，直至缸内直喷式燃烧系统的成熟。

4. 稀燃缸内直喷式汽油机

缸内直喷（Gasoline Direct Injection，GDI）也称为燃油分层喷射（Fuel Stratified Injection，FSI）。GDI 大幅提高了汽油机的热效率，原因是：

1）近似空气循环，k 值增大，接近空气（由1.3左右变为接近1.4），指示循环效率 η_i 增大。

2）基本取消了进气节流，泵气损失降低15%以上；燃油汽化使压缩终点温度降低，爆燃倾向减小，压缩比 ε 可由10提高到12以上，改善经济性，比油耗降低，燃烧放热速率提高。

3）中小负荷时燃烧室周边基本是空气，散热损失小。

从运行特性看，与多点进气道喷射（Multi Port Injection，MPI）相比，GDI汽油机具有瞬态响应快、冷起动排放低、快速起停、热效率高、可实现分层燃烧等特点。

5. 典型稀燃 GDI 汽油机

1996年，三菱公司推出世界上第一款商品化GDI汽油机，如图9-4所示，采用气流与壁面复合引导方式GDI系统，应用进气滚流、高压伞形喷射、曲面活塞凹坑引导实现稀燃。总体过量空气系数 $\varphi_a > 1$，而火花塞周围是 $\varphi_a \leq 1$ 的浓混合气，以保证稳定着火。

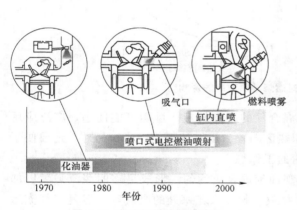

图9-3 汽油机燃烧系统发展

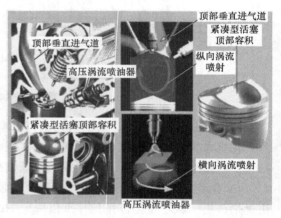

图9-4 三菱公司气流与壁面复合引导方式 GDI 系统

丰田公司稍后推出了 D-4 汽油机，采用斜涡流+扁平喷雾方式实现稀燃，如图9-5所示。

9.1.2 直喷汽油机燃烧系统开发

1. 直喷汽油机混合气形成方式

由以上实例，GDI汽油机存在着两种不同的工作模式：一是非均质、充量分层的稀薄燃烧；二是均质当量混合气燃烧。

采用充量分层稀薄燃烧的汽油机根据工况不同采用不同的混合燃烧模式，混合气的控制策略是根据负荷状况来控制喷油。在怠速和小负荷状态下，采用开启部分气门来保证催化剂后处理所需要的排气温度；部分负荷时汽油机在分层稀燃和废气再循环的条件下运行；在中高负荷时切换到均质混合气模式，保证功率输出。

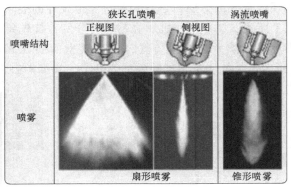
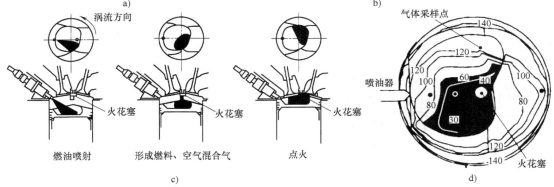

图 9-5　丰田斜涡流+扁平喷雾 D-4 GDI 系统

a) 内部结构　b) 喷雾形状　c) 混合气形成过程　d) 混合气浓度分布

GDI 汽油机通过进气涡流、燃烧室特定形状和燃油喷雾之间的配合,形成分层的可燃混合气。混合气的形成方式分为三种,分别是喷雾引导、壁面引导和气流引导,如图 9-6 所示。

1) 喷雾引导。其特点是喷油嘴的位置离火花塞距离近,其位置靠近燃烧室中心,结构相对其他两种引导方式更加简

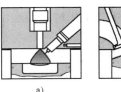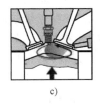

图 9-6　GDI 汽油机的混合气形成方式

a) 喷雾引导　b) 壁面引导　c) 气流引导

单。这种引导方式容易在火花塞点火区域形成浓度较大的混合气,而远离火花塞点火区域的混合气浓度较小,即产生了有效的分层。喷雾引导的缺点:一是喷油嘴的位置要求限制了进气门截面积,不利于提高充气效率;二是由于喷油嘴离火花塞太近,油液容易浸湿火花塞,使点火困难。

2) 壁面引导。其结构上喷油嘴安装在侧面,火花塞安装在燃烧室中心。喷油器将燃油喷入活塞凹坑内,靠活塞顶部形状形成气体滚流,将燃油带到火花塞附近,形成分层的可燃混合气。该方式对燃烧室的形状提出了很高的要求,需要精确的设计和制造才能保证分层混合气的质量。

3) 气流引导。其结构和壁面引导相似,两者的区别是喷油的方向不同,气流引导不将油喷入活塞顶部的凹坑,而是将喷油嘴对准火花塞,通过活塞表面和进气道形状产生进气涡

流来实现混合气的分层,该方式对进气道设计的要求高。

综上所述,GDI 汽油机燃烧系统的开发,首先要进行概念设计,研究结构布置,然后进行三维计算流体力学模拟仿真,喷雾模型的验证和标定(本书介绍激光诊断技术验证方法),最后是系统确定和试验验证等环节。典型的缸内直喷汽油机开发流程如图 9-7 所示。

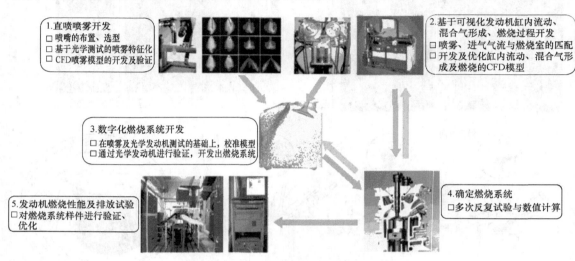

图 9-7　典型的缸内直喷汽油机开发流程

在燃烧系统的开发中,三维计算流体力学、激光诊断和基于光学发动机的燃烧诊断是三种重要技术。

2. 概念设计与结构布置

GDI 油气混合过程在缸内进行,必须按工况要求进行油气混合,油气混合质量影响到后期点火和燃烧过程,进而影响到整机的燃油经济性、动力性、排放性。而影响油气混合质量的因素很多,如气道流动特性、燃烧室的结构形状、喷油器和火花塞布置、喷油时刻、喷油压力和喷射角度等喷嘴参数等。图 9-8 所示为某 GDI 汽油机燃油喷射系统布置图。

3. 模拟计算

模拟计算可以优化缸内的混合气形成过程,初步确定燃烧系统的结构,包括喷油器的布置和喷雾特性的选择、火花塞位置、进/排气道形状以及燃烧室的形状等。缸内直喷汽油机燃烧的主要物理化学过程包括进气、燃油喷雾的雾化和蒸发、混合气的形成(均质或分层)、点火、早期火核的形成、湍流火焰传播、排气及后处理,要求气流、喷雾和燃烧室三者的合理匹配。

1)建立模型。如对某四缸四冲程单列式自然吸气式汽油机,在前期概念设计阶段,参照 GDI 汽油机设计要求,确定性能参数,利用一维热力学性能开发软件(如 AVL BOOST)做前期的优化工作,如增压器的选配、压缩比优化、气阀定时、点火提前角等。确定整机的性能开发目标和技术要求,利用 Pro/E 建立 3D 数字模型,再利用 CFD 软件(如 AVL-FIRE)进行缸内流动分析,边界条件及缸内初始条件可从前期性能计算中获取。

2)确定边界条件和计算任务。确定气道入口瞬态边界条件和计算任务,即计算工况,对进气和压缩两阶段进行计算分析,曲轴转角范围为 360°~720°,例如,在转速为 2000r/min 时,计算进气质量流量和温度,如图 9-9 所示。各计算任务(工况)见表 9-1。

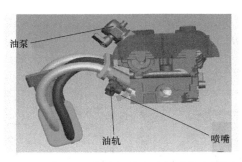

图9-8 某GDI汽油机燃油喷射系统布置图

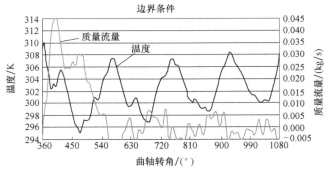

图9-9 气道入口瞬态边界条件

表9-1 各计算任务（工况）

工况序号	喷孔数	喷射压力/MPa	启喷角度/(°)	喷孔直径/mm	喷射持续期/(°)	喷射速度/(m/s)	喷射量/mg
工况1				无喷雾			
工况2	1	21	450	0.4	45	80	37.5
工况3	4	21	450	0.2	45	80	37.5
工况4	2	11	415	0.31	80	49	37.5

3）计算结果分析与运用。主要是速度场分析，图9-10所示为缸内纵面速度场，流场截面均处于两气道的中间位置，由图9-10中流场分析可知，油束附近的流场与油束方向一致，但喷油结束后，缸内的大尺度涡团数并未因喷雾而改变，而涡团的中心位置有一定的改变。另外，气缸下半部分缸内流场比上半部分受喷雾的影响要小。图9-11所示为缸内横截面速度场，流场截面均处于气缸上半部分，可为气缸盖顶以下某处的任意截面。可以看出，喷雾前、后横截面流场基本一致。

4）喷雾分析。图9-12所示为缸内喷雾视图，分析可知，三种工况时油束都有湿壁现象，单孔大喷嘴油束湿壁最为严重，而且喷雾结束后油滴尺寸大于$50\mu m$的数目较多，超过$50\mu m$则会影响燃油经济性和排放性，工况3中两个侧喷油束射流到两进气阀上，虽然工况4的喷嘴比工况3要少两个，但其喷射更长，更缓和，喷射速率小，湿壁较少，雾化最好。

4. 激光诊断技术

利用激光诊断技术对喷雾的结构、雾化和蒸发特性进行精确测量，测量的结果将作为喷油系统选型和参数设计的依据。激光诱导荧光（Laser Induced Fluorescence，LIF）法是利用激光去激发喷雾中的某些分子，然后搜集这些分子返回基态时的荧光。和散射光不同，LIF相对于入射光具有较大的频移，因而能够去除入射光的干扰，LIF法目前被大量运用在对喷雾的结构和蒸汽浓度的测量中。粒子图像测速（Particle Image Velocimetry，PIV）仪可以测量喷雾粒子速度场，通过LIF法和PIV仪的结合则可以同时测量喷雾中液滴速度和周围环境气体的流场。图9-13所示为LIF-PIV试验装置。

通过将喷雾激光测试的结果和三维计算流体力学模拟的结果进行对比，可实现对喷雾模型的验证和标定。图9-14所示为喷雾PIV图像及二维速度分布。

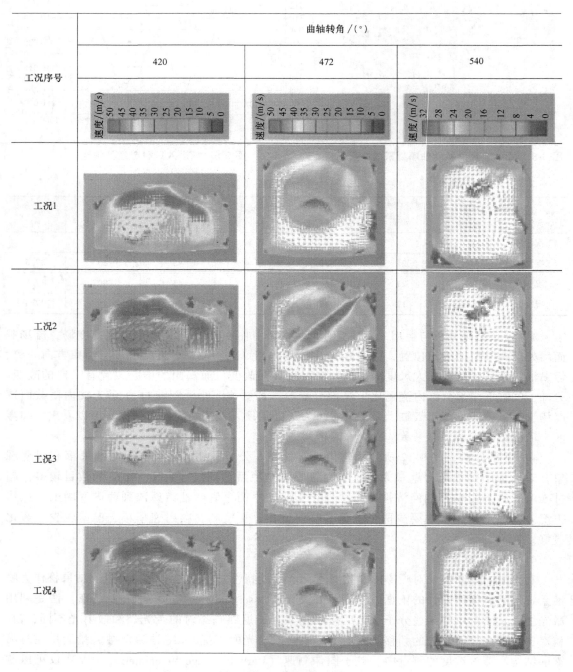

图 9-10 缸内纵面速度场

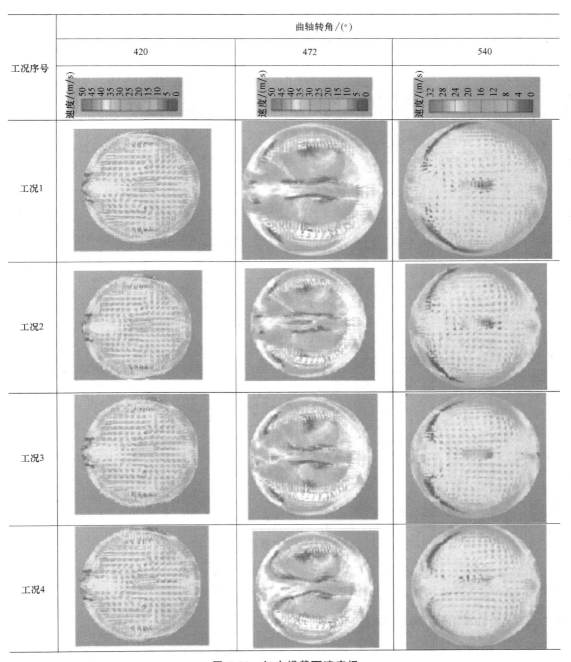

图 9-11 缸内横截面速度场

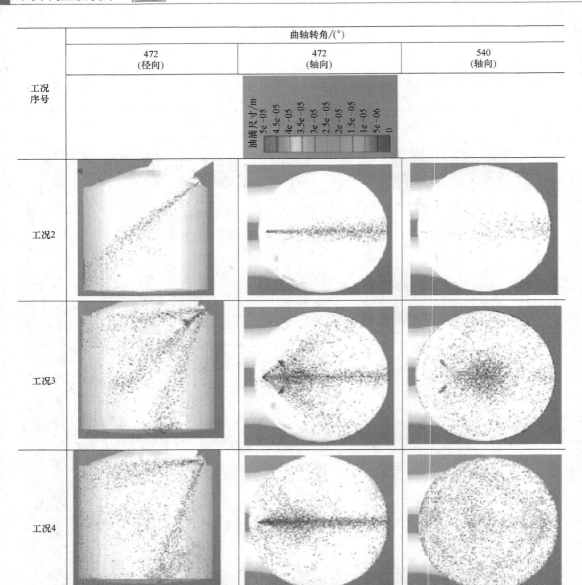

图 9-12 缸内喷雾视图

数值计算和激光诊断是两个相互指导、验证和促进的过程，利用激光诊断可以对 CFD 计算的准确性进行确认，而 CFD 的结果又可以指导激光诊断。

9.1.3 柴油机的燃烧室和燃烧系统

柴油机优化的目标是，在保证动力性（即提高平均有效压力 p_{me}）、优化经济性（即降低燃油消耗率 g_e）的基础上，不断降低 PM、NO_x 排放及振动噪声，优化 NVH 性能，须对燃烧系统和燃烧放热规律进行分析和优化。从车用柴油机的理论循环即混合加热循环可知，压缩比 ε、比热比 k 已很难再进一步提高，故重点是在压力升高比 λ 和预膨胀比 ρ 之间做优化和调整，以优化柴油机性能。

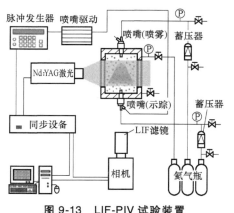

图 9-13 LIF-PIV 试验装置

图 9-14 喷雾 PIV 图像及二维速度分布
a) 轴向流场分布 b) 横断面流场分布

1. 柴油机燃烧放热规律

柴油机混合气形成和燃烧的特点是扩散燃烧，但在着火之前也有一部分燃油与空气形成了较均匀的混合气，其燃烧过程可分为预混合燃烧和扩散燃烧两个阶段。预混合燃烧时燃烧放热率快，这取决于在着火延迟期内所形成的可燃混合气量。而扩散燃烧时，燃烧放热率相对缓慢，这主要取决于空气和燃料的相互扩散的速率。下文将用燃烧放热规律进一步分析柴油机燃烧过程。

（1）燃烧放热规律的定义　瞬时燃烧放热率和累积放热率随曲轴转角的变化关系，称为燃烧放热规律。瞬时燃烧放热率是指在燃烧过程中的某一时刻，单位时间内（或1°曲轴转角内）燃烧的燃油所放出的热量；而累积放热率是指从燃烧过程开始至某一时刻为止已经燃烧的燃油与循环供油量的比值。燃烧放热规律如图 9-15 所示。

（2）柴油机合理的燃烧放热规律　一般将放热始点、放热持续期和放热率曲线形状称为柴油机放热规律三要素。

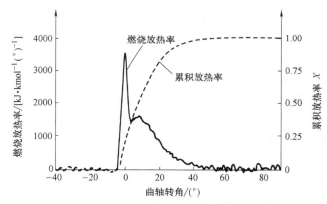

图 9-15 燃烧放热规律

放热始点决定了放热率曲线距压缩上止点的位置，在放热持续期和放热率曲线形状不变的前提下，也就决定了放热率中心（指放热率曲线包围的面积中心）距上止点的位置。这一因素对循环热效率、压力升高率和燃烧最大压力有重大影响。

放热持续期一定程度上是理论循环等压放热预膨胀比大小的反映，也是决定循环热效率的一个关键因素，对排放影响较大。

放热率曲线形状决定了前、后放热量的比例，对噪声、振动和排放都有影响。在放热始点和循环喷油量不变的条件下，放热率曲线形状的变化，既影响放热率曲线面积中心的位置，也影响放热持续期的长短，间接对热效率等性能指标产生影响。

2. 燃烧优化过程的基本原则

柴油机燃烧影响因素包括：

1) 燃油的物理化学性质，如十六烷值、热值、组分、杂质等。
2) 压缩气体状态，如温度、压力、残余废气量等。
3) 燃油喷射规律，如喷油正时、喷油速率、喷油持续期等。
4) 油气混合组织，如油束分布、穿透、雾化、气流运动。

以上因素可概括为油、气和燃烧室三要素。燃烧系统的优化就是要优化三者的组合，追求的目标是燃烧更完善、更柔和，损失更小，排放更清洁。

实际上，对柴油机燃烧过程的要求往往相互之间是矛盾的。例如，为提高柴油机经济性，应使燃油完全燃烧，希望增大过量空气系数，但这会导致气缸工作容积利用率降低，即升功率降低，动力性变差。要保证在上止点附近的迅速燃烧以提高动力性和经济性，但这又会使压力升高率和最大爆发压力都较高，工作粗暴，噪声和振动增大也会降低可靠性和使用寿命。

此外，降低柴油机废气中的有害排放往往是以降低动力性、经济性及提高制造成本作为代价的。降低两种主要有害排放物（PM 和 NO_x）的方法，往往也会产生矛盾。同时针对车用柴油机工作范围广的特点，希望不仅是在某一工况，而是在各种转速、负荷下，都能有较好的性能。一般应掌握以下基本原则：

1) 油、气和燃烧室的最佳配合。无论采用何种强度的涡流、何种喷油方式、何种形状的燃烧室，单独地看，并不存在最佳方案，但综合起来看，在一定的限制条件下，根据柴油机设计要求，只要油、气和燃烧室三者能恰当配合，达到综合的优化性能指标，就是最优方案。

2) 控制着火延迟期内的混合气生成量。为追求高的动力性和经济性，可适当增加着火延迟期内的混合气生成量，但为了降低 NO_x 排放和燃烧噪声，应减少着火延迟期内的混合气生成量。可采用的方法是优化喷油速率，控制气体流动和合理设计燃烧室。

3) 合理组织燃烧室内的涡流和湍流。通过增强涡流和湍流，可以加速混合气生成速率，避免局部混合气过浓。特别要增强压缩上止点附近及燃烧过程中的气流强度。但是，提高进气涡流强度会造成泵气损失增大、充气效率下降；增大燃烧室内气流运动强度会造成流动损失及散热损失的升高，因此，气流强度必须适当。目前解决这一矛盾的方法倾向于提高喷射压力，而适当降低气流强度。

4) 紧凑的燃烧室形状。与汽油机相同，柴油机的燃烧室也应做到形状紧凑、面容比小，以降低散热损失，同时减少难以进行燃烧的死角、提高空气利用率。各类燃烧室都应尽可能减小余隙容积（包括活塞顶与气缸盖之间的顶隙容积、气门凹坑容积、第一道活塞环以上的环岸容积等），使空气集中在燃烧室凹坑里而不分散到余隙容积中，以避免不完全燃烧和减少有害物排放，但显然不可能完全避免。

5) 加强扩散燃烧期间和燃烧后期的扰流。为了降低 NO_x 和燃烧噪声而又保证燃油经济性，在控制较缓的初期放热率的同时，加强扩散燃烧期间的气体扰动是一个极为有效的方法。此外，加强燃烧后期的混合气运动，还可加速炭烟的氧化和再燃烧，以降低烟度。

要全面优化柴油机的动力性、经济性能及排放性，则必须对各运转参数在变工况时进行实时调控，如供油提前角、空燃比（供油量）、压缩比、配气相位、进气涡流强度、增压和废气再循环等。

不同运转工况指的是不同的转速和负荷。

柴油机的负荷增大，循环供油量也增大，过量空气系数减小，单位容积混合气燃烧放热量增加，缸内温度上升，着火延迟期缩短，但燃烧过程会延长，使燃烧效率下降。

转速升高时，由于散热损失和活塞环的漏气损失减小，压缩终点的温度和压力增高，可以改善燃油的雾化和燃烧。转速过低或过高时，都会使燃烧效率降低。转速过低时，空气运动减弱，使混合气质量变差；转速过高时，燃烧过程所占的曲轴转角加大，燃烧变差。

柴油机必须对循环供油量和供油提前角进行实时调控。

供油提前角（或喷油提前角）是柴油机的重要调控参数，会影响燃烧过程，进而影响性能。供油提前角过大，燃油将喷入温度和压力相对较低的空气中，着火延迟期变长，而且在着火后，活塞仍在上行，使压力升高率和最大爆发压力都较高，工作粗暴，NO_x 的排放量也会由于燃烧温度的升高而增加，过早燃烧还会增加压缩负功，降低柴油机经济性和动力性；供油提前角过小，则会使燃油不能在上止点附近及时燃烧，经济性和动力性下降，同时炭烟的排放量增加，过迟燃烧还会使散热损失增加。对于每一种工况，均有最佳的供油提前角。

当转速升高时，为保证燃油在上止点附近及时燃烧，需要适当加大供油提前角；当负荷增大时，由于循环供油量增大以及燃烧过程变长，也需要适当加大供油提前角。机械式供油系统一般只能随转速变化调节供油提前角，而最佳供油提前角随负荷的变化调节则较难实现。只有在柴油机电控喷射系统中，才能实现最佳供油提前角随各种工况变化的精确调节，对空燃比（即供油量）的实时调控也优于机械式供油系统，同时可实现对更多参数随工况变化的准确调节。

3. 燃油喷射过程的优化

图 9-16 所示为柴油机燃烧方案理想图，虚线代表通常柴油机中的实际情况，实线代表理想情况。若要实现理想的燃烧，则必须对放热率进行有效的控制，在初期，要尽可能降低预混燃烧阶段的放热率峰值，以便降低燃烧温度，从而降低燃烧噪声和 NO_x 排放；在中期，要保持快速有效燃烧，以提高动力性和经济性；在后期，要尽可能缩短扩散燃烧，以便降低烟度和颗粒物排放。要实现这样的燃烧模式，必须对喷油规律实行优化。对喷油规律的基本要求是：

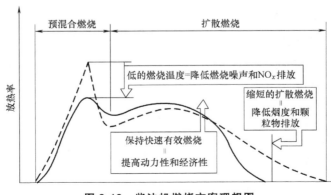

图 9-16 柴油机燃烧方案理想图

1）喷射开始阶段的喷油率不能太高，以便控制着火延迟期内形成的可燃混合气量，降低初期放热率。着火后,应有较高的喷油率以期缩短喷油持续期,加快燃烧放热率。可用"先缓后急,断油迅速"八个字来概括。

2) 尽可能减少喷油系统中的燃油压力波动,避免不正常喷射。机械泵式系统的供油规律由柱塞直径和凸轮几何尺寸决定,因此也称为几何供油规律。由于燃油高压系统的压力波动及弹性变形等,供油规律与喷油规律差别较大,对混合气形成和燃烧过程有直接影响的是喷油规律。

为了实现理想的燃烧过程,合理的喷油规律应如图9-17所示。

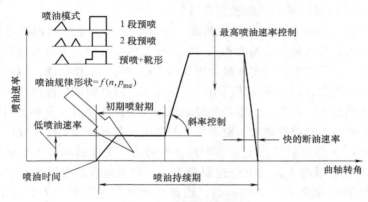

图 9-17 合理的喷油规律

4. 传统的柴油机燃烧室

柴油机燃烧室可分为两大类:直喷式燃烧室和分隔式燃烧室。

(1) 直喷式燃烧室 图9-18所示为有代表性的各种直喷式燃烧室的类型,有浅盆型、ω型、挤流口型、各种非回转体型、球型等。

浅盆型燃烧室如图9-18a所示,活塞顶中心呈略有凸起的浅ω型或平底的浅盆型,凹坑较浅,凹坑口径与活塞直径之比一般大于0.7,其混合气形成主要靠燃油的喷射,因此对雾化质量要求高,也就是对喷射系统的要求高。燃烧室采用较多喷孔数目(7~12个)的孔式喷油器和高喷射压力(>100MPa),一般不组织或只有很弱的涡流,混合气在燃烧室的空间形成,避免油束直接喷到壁面,通过油束与燃烧室形状的配合,燃油尽可能均匀地分布在整个燃烧室的空间中,属于较均匀的空间混合方式,适用于大缸径、低速柴油机。

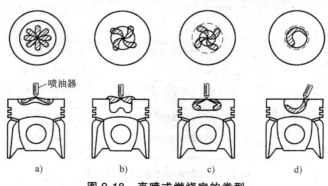

图 9-18 直喷式燃烧室的类型
a) 浅盆型 b) ω型 c) 挤流口型 d) 球型

ω 型燃烧室如图 9-18b 所示，其尺寸参数如图 9-19 所示，在活塞顶部设有比较深的凹坑，其中 ω 型凹坑的中心凸起是为了帮助形成涡流以及排除气流运动很弱的中心区域的空气而设计的。一般 $d_k/D \approx 0.6$，$d_k/h = 1.5 \sim 3.5$。采用 4~6 孔均布的多孔式喷油器中央布置（四气门时）或偏心布置（二气门时），喷雾贯穿率一般为 1.05。空气运动以进气涡流为主、挤流为辅。进气涡流比介于

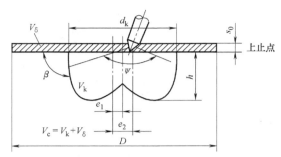

图 9-19 ω 型燃烧室的尺寸参数

最低的浅盆型燃烧室（<1.5）和最高的球型燃烧室（>3）之间，通过减小 d_k/D 和余隙高度 s_0，可增大挤流强度。与浅盆型燃烧室的"油找气"方式相比，ω 型燃烧室利用燃油喷射和空气运动共同的作用形成混合气，比浅盆型更容易形成均匀的混合气，提高了空气利用率，一般可在过量空气系数为 1.3~1.5 的情况下实现完全燃烧，满足了车用高速柴油机混合气形成和燃烧放热率更高的要求，因此运用广泛。

由于一般空气运动的强度随着转速提高而增大，而涡流强度过强或过弱会造成油束贯穿不足或过度，故 ω 型燃烧室对转速的变化较为敏感，适用于缸径为 80~140mm、转速低于 4500r/min 的中型柴油机。

若 ω 型燃烧室应用于更小缸径的柴油机中，则会在燃油喷射、气流运动与燃烧室形状间的配合上出现困难。同时，喷孔直径过小和喷油压力过高，给制造和使用提出更苛刻的要求。尽管如此，ω 型燃烧室的应用范围仍向着小缸径发展。

挤流口型燃烧室如图 9-18c 所示，混合气形成原理与 ω 型燃烧室基本相同，最大区别是采用了缩口型的燃烧室凹坑，使得挤流和逆挤流更强烈，涡流和湍流能保持较长时间。同时，随着 d_k/D 的减小，挤流口抑制了较浓的混合气过早地流出燃烧室凹坑，使燃烧初期的压力升高率较低，NO_x 排放和燃烧噪声均较 ω 型燃烧室低。但是，由于挤流口具有节流作用，活塞的热负荷高，挤流口边缘容易烧损，喷孔易堵塞，加工复杂。

由于适当组织微涡流（湍流）可以有效促进燃油与空气的微观混合，因此也可以采用非回转体燃烧室。这类燃烧室中具有代表性的有日本五十铃公司推出的四角型燃烧室、日本小松公司的微涡流燃烧室（Micro Turbulence Combustion Chamber，MTCC）、英国 Perkins 公司的 Quardram 燃烧室以及我国上海内燃机研究所研制的花瓣型燃烧室等，如图 9-20 所示。

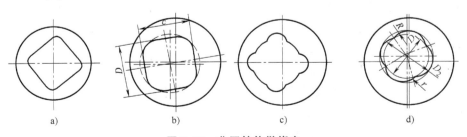

图 9-20 非回转体燃烧室
a）四角型燃烧室 b）微涡流燃烧室 c）Quardram 燃烧室 d）花瓣型燃烧室

图 9-21 所示为 MTCC 的结构和工作原理，其上部为四角形，下部仍为回转体，做涡流

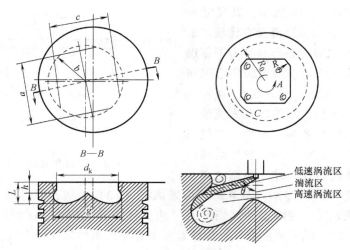

图 9-21 MTCC 的结构和工作原理

运动的气体一边旋转一边进入燃烧室凹坑，在缩口的四个角上以及四角形与回转形的交界处产生微涡流，将燃油喷向这些区域，可加快混合气形成和燃烧放热率。

非回转体燃烧室特殊设计的边角、凹凸对涡流有衰减作用，而且这种衰减作用随涡流的增强而增大，有利于解决燃烧室中存在的低速涡流太弱、高速涡流又太强的问题，特别适合于车用柴油机在较广的转速范围内工作的特点。所以，非回转体燃烧室的优点是：着火延迟期较短，压力升高率相对较低，燃烧比较完善，有害污染物排放量较小，转速适应性强。其缺点是：加工复杂，凸出部位的热负荷高，影响工作的可靠性。

综上所述，可以概括出直喷式燃烧室柴油机的性能特点：

1）由于燃烧迅速，故经济性好，有效燃油消耗率低。总体上直喷式燃烧室柴油机比分隔式燃烧室柴油机有效燃油消耗率低 10%~20%。

2）燃烧室结构简单，面容比小，因此散热损失小，也没有主、副室之间的节流损失（参见分隔式燃烧室），一方面可使冷起动性能较好，另一方面也可以使经济性更好。

3）对喷射系统的要求较高，特别是浅盆型燃烧室。

4）空气利用率低，不利于提高升功率。

5）要形成一定强度的进气涡流，使得进气道形状复杂、要求高，会降低充量系数。

6）NO_x 的排放较分隔式燃烧室柴油机高，尤其在较高负荷的工作区内。

7）对转速的变化较为敏感，较难同时兼顾高速和低速工况的性能，因而，适用转速比分隔式燃烧室柴油机的低。

8）相对于分隔式燃烧室柴油机，压力升高率大，燃烧噪声大，工作粗暴。

（2）分隔式燃烧室　分隔式燃烧室的结构特点是除位于活塞顶部的主燃烧室外，还有位于气缸盖内的副燃烧室，两者之间由连接通道相连。燃油不直接喷入主燃烧室内，而是喷入副燃烧室内。典型的分隔式燃烧室有涡流室燃烧室和预燃室燃烧室。

涡流室燃烧室的结构如图 9-22 所示。涡流室容积占整个燃烧室压缩容积的 50%~60%，涡流室与主燃烧室之间连接通道的截面面积为活塞截面面积的 1%~3.5%，连接通道方向与活塞顶成一定的倾斜角度。此外，还有采用双倾斜角连接通道形式的，连接通道由靠主燃烧室一侧较小的倾斜角度的部分和涡流室一侧较大的倾斜角度的部分组成，这样可降低连接通道的流动损失，改善混合气形成。

活塞顶部的主燃烧室一般有导流槽或浅凹坑。在压缩过程中，受活塞挤压的空气从主燃烧室经连接通道流入涡流室，在涡流室内形成强烈的有组织的压缩涡流（一次涡流），在混合气形成中起主要作用。燃油顺涡流方向喷入涡流室，迅速扩散、蒸发、混合。由于这种混合方式对喷雾质量要求不高，因而对喷油系统要求较低，一般可采用轴针式喷油器，开启压力可较低（10~12MPa），远低于直喷式燃烧室用的孔式喷油器。

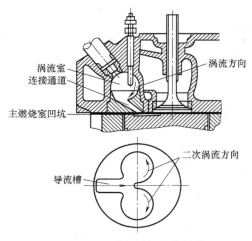

图 9-22　涡流室燃烧室的结构

着火过程一般由喷雾的前端开始，火焰在随涡流做旋转运动的同时，很快扩散至整个涡流室（一次混合燃烧）。随涡流室内温度和压力的升高，燃气带着未完全燃烧的燃油和中间产物经连接通道高速冲入主燃烧室，在活塞顶部导流槽导引下再次形成强烈的涡流（二次涡流），与主燃烧室内的空气进一步混合燃烧（二次混合燃烧），最后完成整个燃烧过程。

预燃室燃烧室的结构如图 9-23 所示。预燃室可以偏置于气缸一侧（二气门），也可以置于气缸中心线上（四气门）。预燃室容积占整个燃烧室容积的 35%~45%，预燃室与主燃烧室之间连接通道的截面面积为活塞截面面积的 0.3%~0.6%。相对涡流室燃烧室来说，预燃室燃烧室的容积和连接通道的截面面积都较小。

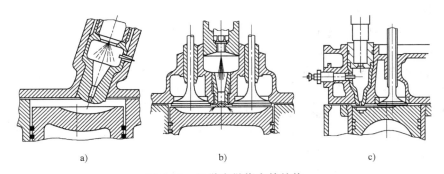

图 9-23　预燃室燃烧室的结构

a）倾斜偏置，单孔道　b）中央正置，多孔道　c）侧面正置，单孔道

预燃室燃烧室的工作原理与涡流室燃烧室类似，都是采用浓、稀两段混合燃烧。在压缩过程中，气缸内部分空气流入预燃室内，由于连接通道截面面积小，且不与预燃室相切，所以在预燃室内不形成涡流，而形成强烈的无组织的湍流。湍流使一部分燃油雾化混合，当着火燃烧后，预燃室内的压力和温度迅速升高，已部分燃烧的浓混合气高速喷入主燃烧室内，并在主燃烧室内形成强烈的燃烧涡流和湍流，促使其余燃油在主燃烧室内迅速与空气混合并燃烧。

综上所述，分隔式燃烧室柴油机的性能特点是：

1) 采用浓、稀两段混合燃烧方式，前段过浓（还原）气氛抑制了 NO_x 的生成和燃烧温度的升高，而后段的稀燃（氧化）气氛和二次涡流又促进了炭烟的快速氧化，因而 NO_x 和颗粒物排放均低于直喷式燃烧室柴油机，但低负荷下的炭烟排放量较大。

2) 由于初期放热率低，因而压力升高率和最高燃烧压力均低于直喷式燃烧室柴油机，燃烧柔和，振动噪声小。

3) 对于涡流室，压缩涡流随转速升高而增强，即转速越高，混合气形成和燃烧速度越大，因此适合于高速柴油机，其转速可高达 5000r/min。

4) 缸内气流运动自始至终比较强烈，空气利用率好，可在过量空气系数为 1.2 左右的条件下正常工作，有利于提高升功率。

5) 对喷油系统要求不高，不需要进气涡流，进气道形状简单，因而加工制造成本低。

6) 一般对燃油不太敏感，有较强的适应性。

7) 燃烧室结构复杂，面容比较大，加上强烈的空气运动，使散热损失较大，连接通道节流作用引起的流动损失更大。因此，分隔式燃烧室柴油机较直喷式燃烧室柴油机热效率低，经济性差。燃油消耗率比直喷式燃烧室柴油机高出 10%～15%。预燃室燃烧室连接通道节流损失更大，燃油经济性更差。

8) 由于散热损失大和喷雾质量不高，冷起动性能不如直喷式燃烧室柴油机，一般都要安装电预热塞，用于在冷起动时提高燃烧室内的温度，保证顺利起动。

(3) 燃烧室的选型　汽车柴油机各种类型的燃烧室有着各自的特点和适用场合，应结合各类燃烧室的特点并考虑柴油机的缸径、转速范围、具体使用要求以及制造维修水平等因素。柴油机燃烧室的选择规律一般是：

1) 由于直喷式燃烧室柴油机的燃油经济性明显优于分隔式燃烧室柴油机，在能源问题已成为全球性重大问题的今天，直喷式燃烧室柴油机由过去主要用于中重型货车逐渐向中小型货车以及轿车领域扩展。目前，缸径 $D>100mm$ 的高速柴油机几乎都采用直喷式燃烧室，而缸径 $D<100mm$ 的直喷式燃烧室柴油机也逐渐增多。

2) 分隔式燃烧室柴油机在原理上是低噪声、低排放燃烧方式。近年来发展的高压喷射、四气门和电子控制喷射等技术，使直喷式柴油机的噪声、NO_x 和颗粒物排放有了显著的改善，缩小了与分隔式燃烧室柴油机的差距。

3) 分隔式燃烧室柴油机噪声振动性能方面比直喷式燃烧室柴油机有优势，且存在高速性能好、制造成本低等优点，在缸径 $D<100mm$、转速 $n>3500r/min$ 的车用高速柴油机上仍有一定的应用，特别是涡流室燃烧室的高速性能比预燃室燃烧室更佳，因此在轻型柴油车特别是柴油轿车上应用居多。由于经济性上不如直喷式燃烧室柴油机，因而应用范围逐渐减少。

4) 重型汽车、大型工程机械用柴油机几乎全部采用直喷式燃烧室，一般采用 ω 型、挤流口型、各种非回转体型等燃烧室。在缸径 $D>200mm$、转速 $n<1000r/min$ 的大型增压柴油机上，目前几乎都采用无涡流或低进气涡流的浅盘型燃烧室。

5) 在包括农用车和小型拖拉机在内的农用柴油机领域，考虑到对制造成本、工作可靠及寿命的要求，涡流室燃烧室仍被较多地应用，但直喷式燃烧室的应用比例在扩大。

9.1.4　CFD 在柴油机燃烧系统开发中的应用

与 GDI 汽油机燃烧系统开发类似，CFD 在柴油机燃烧系统开发中涉及进气系统和供油

系统,作为示例,本小节仅介绍利用工程软件计算燃油在燃烧室里与空气进行混合并燃烧,其主要作用有:

1) 导流空气并加速进气涡流的旋转,在上止点附近形成挤流和逆挤流,促进混合气形成。

2) 引导喷注前锋,沿壁面涂布油膜或使燃油尽可能远离壁面向燃烧室中心分布。

3) 通过边、角等部位组织微涡流,促使燃油与空气以分子尺度迅速混合,进一步完善燃烧。

采用了 CFD 软件对不同形状的燃烧室进行三维数值模拟,研究混合气的形成状况和燃烧质量,分析不同燃烧室的工作过程特点,探索其形状和结构参数对混合气影响的规律,为进一步的优化设计提供依据,可以降低开发成本,缩短开发周期。三维数值模拟的主要过程有:

1) 进气道与进气流动设计。传统上,进气道设计依靠形成强烈的气流来实现更好的雾化,但随着加工技术的进步、喷孔直径的减小、喷油系统的发展、喷油压力的提高,混合气形成条件有所改善,所以,涡流比有减小的趋势。图 9-24 所示为气门开度最大时气门周围的流场。

2) 喷雾。对喷雾进行定义,图 9-25 所示为喷雾各参数的几何意义。

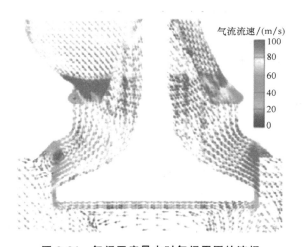

图 9-24 气门开度最大时气门周围的流场

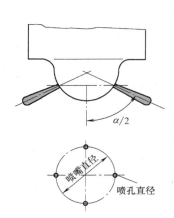

图 9-25 喷雾各参数的几何意义

3) 燃烧室模型及计算网格划分。柴油机燃烧室模型及计算网格划分如图 9-26 所示。

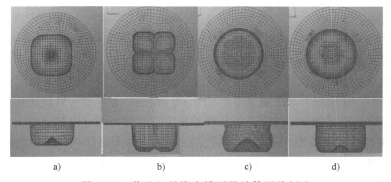

图 9-26 柴油机燃烧室模型及计算网格划分

a) 四角型凹坑燃烧室 b) 花瓣型燃烧室 c) 缩口型燃烧室 d) 底部凸起较小的燃烧室

4）计算与分析。某车用柴油机 ω 型燃烧室预设了三种方案进行计算分析比较，如图 9-27 所示。

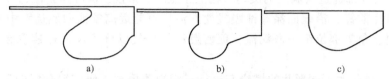

图 9-27 某汽车柴油机 ω 型燃烧室的三种方案
a）方案 1 　b）方案 2 　c）方案 3

在曲轴转角为 -15° 时燃油开始喷入缸内，图 9-28 所示为此时过喷孔垂直剖面处三种方案燃烧室内的速度场对比。

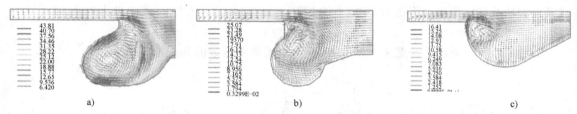

图 9-28 　ω 型燃烧室的三种方案在曲轴转角为 -15° 时燃烧室内的速度场对比
a）方案 1 　b）方案 2 　c）方案 3

在压缩过程的后期，气缸内的空气被挤入活塞顶内的燃烧室，在燃烧室的纵向平面内形成挤流。由图 9-28 可知，由于方案 1 燃烧室具有较大的收口，中心凸台起着良好的导流作用，因此活塞表面上方的空气被压入燃烧室后沿凹坑壁面向喉口处发展，在凹坑内形成一个较大尺度的逆时针旋涡，并且气流运动剧烈，最高速度达 43.81m/s，有利于混合气的形成，使燃烧更为完善。方案 2 燃烧室为直口凸台，呈哑铃状，挤气面积较小，且凸台导向作用没有方案 1 燃烧室明显，在靠近壁面处形成一个中等尺度的逆时针旋涡，占燃烧室空间的一半左右，中心部分的气流运动较弱。方案 3 燃烧室敞口较大，挤流效果最弱，仅在喉口部分形成一个较小尺度的旋涡，大部分气流速度不足 2m/s，所以这种类型的燃烧室通常需要加强进气涡流，可采用小孔高压喷射来提高雾化质量。

图 9-29 所示为 ω 型燃烧室的三种方案在曲轴转角为 -5° 时燃烧室内的浓度场和温度场分布对比。

由图 9-29 可知，喷注与燃烧室壁面发生撞击，形成油膜和浓混合气，虽然在垂直于壁面的方向上浓度梯度很大，但是扩散率很低，无法掺混大量的空气，不利于蒸发，且受壁面温度较低的影响，燃烧质量较差，容易生成大量的炭烟和未燃 HC。方案 1 燃烧室喷注撞击壁面的入射角度很小，雾束基本沿燃烧室壁面向下平行发展，大量燃油以粒子形式存在，在挤流的强烈作用下，较早形成的稀薄混合气被吹到雾束下方，燃烧室底部形成着火点。方案 2 燃烧室中喷注撞击在直口和圆弧的交界处，造成二次雾化掺混大量空气，可以加速燃油蒸发，撞击点下方有许多细小的燃油颗粒。在挤流的作用下，雾束下方形成较多混合气，首先形成着火点，此处温度高达 2486K，分布范围较大；雾束上方形成的混合气稍微少些，温度较低，形成第二着火点，分布范围小。方案 3 燃烧室喷孔到壁面的距离略大于贯穿度，在喷注前锋

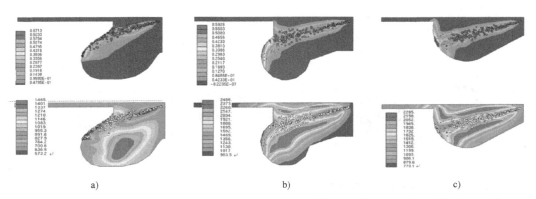

图 9-29 ω 型燃烧室的三种方案在曲轴转角为 −5° 时燃烧室内的浓度场和温度场分布对比
a) 方案 1　b) 方案 2　c) 方案 3

处较大的燃油粒子破碎成细小颗粒,在撞击点处较细的燃油粒子又发生堆积,所以壁面附着较多的燃油。方案 3 燃烧室挤流作用不明显,燃油雾化蒸发基本呈对称分布,温度场分布比较均匀。

燃烧过程继续向前发展,到上止点后 5°(曲轴转角)时,供油基本结束,燃烧室内浓度场和温度场分布对比如图 9-30 所示。

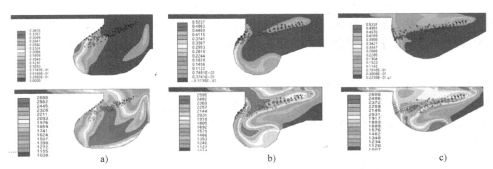

图 9-30 ω 型燃烧室的三种方案在曲轴转角为 5° 时燃烧室内浓度场和温度场分布对比
a) 方案 1　b) 方案 2　c) 方案 3

方案 1 燃烧室燃油主要分布在燃烧室侧壁,此时整个燃烧室基本都是高温区域,表明燃烧主要在燃烧室内进行,燃烧较为充分。从图 9-30 中的温度场分布来看,此时方案 1 燃烧室率先达到最高温度,说明在相同的供油规律下,方案 1 燃烧室内剧烈的气流运动加速了混合气的形成,燃烧更加迅速。但喷嘴处的高温会造成燃油炭化堵塞喷孔,影响供油质量,使柴油机的可靠性和稳定性下降。尖底凸台温度较高,且不易散热,较大的热应力会使活塞烧蚀,应设法避免。方案 2 燃烧室燃油分布在侧壁和凹坑内,中心空气利用不足,高温区域分布范围比方案 1 燃烧室小,缸内温度也比方案 1 燃烧室低一些。方案 3 燃烧室燃油主要分布在燃烧室上半部与气缸盖之间,燃油进入顶隙明显,这个区域空气流动变慢,加上壁面处火焰淬熄,因此不完全燃烧产物氧化受阻,这是导致炭烟和未燃 HC 发生的原因。

当燃烧进入后期,到上止点后 15°(曲轴转角)时,燃烧室内速度场和浓度场分布对比如图 9-31 所示。

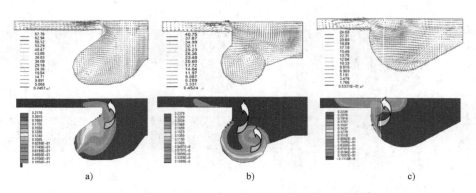

图 9-31 ω 型燃烧室的三种方案在曲轴转角为 15°时燃烧室内速度场和浓度场分布对比
a) 方案 1 b) 方案 2 c) 方案 3

逆挤流和燃烧涡流进一步加强空气的运动，保证燃烧室内混合气生成速率，加强扩散燃烧，高温高压气体携带未燃燃油和燃烧中间产物冲出燃烧室，到上部及周边寻找新鲜空气，保证燃油的完全及时燃烧。由图 9-31 可知，方案 1 燃烧室对挤流有很好的保持作用，并维持一定的强度，使已燃气体和未燃混合气之间的扩散和渗透作用都得到强化。燃油主要集中分布在侧壁处，在箭头所示的逆挤流作用下不断蒸发，投入的后期燃烧，许多未完全燃烧的中间产物随之进行二次氧化，减少了有害污染物的排放。方案 2 燃烧室在凹坑内分布一个较大尺度的旋涡，湍流强度较方案 1 燃烧室小一些，燃油主要分布在凹坑底部，在涡流的作用下先向凹坑中部集中，然后在逆挤流的作用下向气缸盖方向运动，进行氧化燃烧。方案 3 燃烧室主要以燃烧涡流为主，燃油主要集中分布在燃烧室的上方，此处空间较小，气流运动缓慢，且温度较低，燃烧得不到充分进行，造成排放指标恶化。方案 1、方案 2 燃烧室在保持涡流的同时，也意味着废气不易排出干净，残余废气系数较大。

因此，利用 CFD 可以分析缸内复杂的流动与燃烧过程以及设计参数对发动机性能的影响，能够精确控制缸内气体流动、混合气生成过程以及燃烧过程，在保证动力性与经济性的同时，满足日益严格的排放法规。

以上算例选自参考文献 [15]。

9.2 进、排气系统

把空气或混合气导入内燃机气缸的零部件集合体称为进气系统，主要部件有进气道、空气滤清器、空气滤清器出气管、增压器、中冷器等。进气系统的作用是为燃烧提供清洁、干燥、充足的空气。

组织和利用脉冲波可加强谐振进气效果，降低进气噪声，使各缸进气分配均匀，一些汽油机的进气系统中装有谐振器和谐振进气歧管，有的还装有能适应转速和负荷变化、自动改变进气管容积或长度的可控谐振系统。

部分柴油机还设有冷起动用的进气预热装置。

排气系统由排气歧管、排气总管和消声器等组成。在采用各种催化反应器进行排气净化的汽车内燃机上，排气系统中还包括催化反应器，如汽油机三元催化反应器、柴油机氧化催化反应器和有关传感器等，多数汽车柴油机上还装有颗粒滤清器或颗粒捕集器。

排气系统要保证废气流道畅通,要有效消减排气噪声,同时增压机型对废气能量要能够有效利用。

汽车用柴油机和汽油机的进、排气系统有不同的要求,甚至不同的燃烧系统要有不同的进、排气系统与之匹配。

9.2.1 车用柴油机进气系统

车用柴油机进气系统的布置和安装影响整机性能、工作稳定性、可靠性、环保和寿命。统计表明,柴油机的早期磨损、冒烟、油耗高、无力等故障,很多与进气系统设计布置不合理有关。通常,进气道和连接管路截面面积越大,弯曲越少,管壁越光滑,以及空气滤清器流量越大,中冷器冷却能力越强,则整个进气系统性能越好,柴油机性能也越好。

1. 进气系统匹配设计要求

车用柴油机进气系统设计一般遵守以下原则:

1) 进气口位置应设置在少尘、防雨和防水,以及吸不到热空气的地方,进气口应设计得没有锐弯和急剧的面积改变。

2) 标定工况下进气阻力(压力降)≤4kPa,其中管路阻力≤0.5kPa,空气滤清器阻力≤3.5kPa。

3) 空气滤清器前应进行防水设计或安装适当的除湿系统。

4) 管路应能承受足够的真空而不塌瘪变形,真空度9.8kPa下保持3min,外形尺寸变化率≤5%。

5) 系统管路不与其他部件磕碰,较长的管子应有支承。

2. 空气滤清器流量计算

空气滤清器流量应根据柴油机额定功率及额定转速时对空气量的需要来选择。

空气滤清器额定空气体积流量计算公式为

$$Q = \frac{P_e g_e \alpha L_0}{1000\rho} \tag{9-1}$$

式中,Q 为额定空气体积流量(m^3/h);P_e 为发动机额定功率(kW);g_e 为额定功率时的燃油消耗率[$g/(kW \cdot h)$];α 为额定功率时的过量空气系数;L_0 为燃烧1kg燃油所需的理论空气量(kg),柴油为14.7kg;ρ 为空气密度(kg/m^3),标准状态下的空气密度为1.2005kg/m^3。

考虑到空气滤清器使用一段时间后,进气阻力会增加,为此需要增加5%的储备,所以空气滤清器所需流量为计算值的1.05倍。同时,在安装空间允许的前提下,适当采用大容量和大流量的空气滤清器,有助于减小进气阻力,增大储尘能力和延长保养周期。

3. 空气滤清器类型选择

1) 普通空气滤清器。单级干式空气滤清器,通常用于路况比较好的公路车辆,包括载货车、牵引车等。全寿命滤清效率不低于99.9%,进气阻力≤2.5kPa。普通空气滤清器如图9-32所示。

2) 沙漠空气滤清器。要做成二级过滤,第一级为离心式,第二级是纸质滤芯。沙漠空气滤清器通常用于路况比较差的牵引车和自卸车。沙漠空气滤清器总成如图9-33所示。

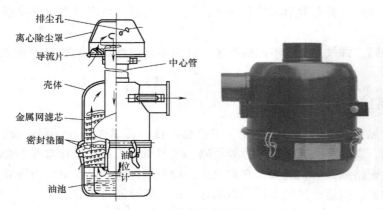

图 9-32 普通空气滤清器

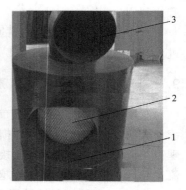

图 9-33 沙漠空气滤清器总成
1—进气口 2—滤芯 3—出气口

3）复合式油浴空气滤清器。其主要用于路况比较差的矿用自卸车上。复合式油浴空气滤清器如图 9-34 所示。空气从进气口 1 通过进气道 2 到达油面 3；由于空气的流动使油面上升到一级过滤网 4，经过旋流叶片 5 使油、气、灰尘的雾化物继续上升到二级过滤网 6，到达气体通过腔 7，此气体的清洁度为 93%（利用机油有粘附灰尘的功能）；再往上是空气滤清器的滤纸 8，经过安全滤芯 9，从滤清器的出气口 10 进入气缸的气体清洁度为 99.6%。复合式油浴空气滤清器使空气更清洁。

4. 空气滤清器的布置要求

1）空气滤清器排尘口的安装位置应尽可能远离柴油机表面和汽车迎风面，否则会使进气温度升高。

2）在空气滤清器与进气管路之间增加软连接。

3）空气滤清器与消声器布置太近时，应在空气滤清器和消声器之间加装隔热挡板。

4）空气滤清器原始进气口应尽可能高，并且其截面面积是空气滤清器进气口的 1.5 倍左右，以确保能吸进清新、足量的空气。

5）空气滤清器原始进风口不能布置在柴油机机舱内，否则进气温度过高，且容易吸入由风扇吹来的热风、杂物和路面积水，容易堵塞原始进风口。

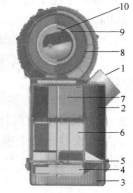

图 9-34 复合式油浴空气滤清器
1—进气口 2—进气道 3—油面
4——级过滤网 5—旋流叶片
6—二级过滤网 7—气体通过腔 8—滤纸 9—安全滤芯 10—出气口

5. 中冷器的匹配

中冷器的作用是降低柴油机增压后的进气温度。柴油机排出的废气通过增压器给进气侧加热会提高进气温度，空气在被压缩的过程中，密度增大，温度也会升高。进气温升影响充气效率，降低进气温度可提高充气效率。有数据表明，在相同的空燃比条件下，增压空气的温度每下降 10℃，柴油机功率就能提高 3%~5%。

未经冷却的增压空气进入燃烧室，除了会影响充气效率外，还容易导致燃烧温度过高、工作粗暴等问题，会增加 NO_x 排放。

例如，某重型货车用柴油机中冷器匹配要求如下：

1）满足整车布置要求，重型货车的中冷器一般布置在驾驶室发动机舱内，具体为散热器的前部、保险杠的上方。

2）增压前进气温升≤17℃。

3）测试环境温度在25℃时，中冷后温度与环境温度差值≤30℃；测试环境温度在32~43℃时，中冷后温度与环境温度差值≤23℃。

4）中冷器的压力损失≤12kPa，包括管路压力损失。

5）管路应能承受足够的压力和温度而不爆裂。

6）中冷器必须弹性连接，管道必须进行适当固定。

7）整个中冷系统所有零部件所含杂质的总和≤90mg，且杂质颗粒≤1.6μm。

该中冷器在重型货车上的安装位置如图9-35所示。

9.2.2 车用柴油机排气系统

汽车排气系统的要求是降低排气噪声、防止排气泄漏和保持排气畅通。例如，一般货车要求在任何工况下的排气阻力≤10kPa，否则将引起柴油机输出功率降低，油耗增加，自由加速烟度过大，有害污染排放物增多，加速性变差等。

1. 排气管路布置

（1）管路布置的一般原则

1）车用柴油机排气管路的安装应保证不会因其自重、热膨胀及相关的各种运动而使排气歧管或增压器承受附加应力。排气管路与排气口之间应用一段柔性的金属波纹管连接，可以消除或减少增压器出口处所承受的附加应力，并使柴油机的振动与车架的变形互相隔离，有利于隔振，提高可靠性。

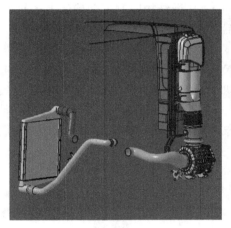

图9-35 中冷器在重型货车上的安装位置

2）为减小排气阻力，排气管路应尽可能直，对于发动机后置的客车等车型，总布置需要管路弯曲时，弯道的曲率半径也应尽可能大。增压器涡轮机出口设计为一直管件，长度取决于装配位置，直到连接管出口处直径要相当于涡轮机出口面积的2倍以上。

3）排气消声器与排气口。排气消声器起到降噪作用，既要满足车辆噪声要求，又要满足排气阻力要求，还须满足消耗功率尽可能少的要求。排气消声器的容积根据柴油机最大排气流量来确定。

4）由于柴油机与排气管之间有相对位移，消声器与排气管件要用浮动式支架固定，即消声器通过橡胶软垫固定到车架上，以减少车架与柴油机之间的相对位移造成的对增压器排气口的附加弯矩。

5）排气口要保证雨、雪或洗车时飞溅的水不能进入排气管和消声器，必要时应采用罩帽进行遮挡。排气出口方向应避开燃油箱、散热器、中冷器、空气滤清器、空气进口及驾驶舱等。

（2）排气系统的防火注意事项 排气系统都是高温部件和管件，其布置设计与安装对车辆特别是客车的火灾事故影响很大,须有完善的防火措施。

1) 排气系统各管件的连接必须密封牢靠,紧固件要有可靠的防松措施,防止管件和接口泄漏,防止因振动而引起接口松脱,因排出的高温气体,甚至火焰、火星都容易引起火灾。消声器前排气管与发动机连接,须用双螺母防松,禁止用弹簧垫片。

2) 为防止排气系统各部件及管路释放的热量传至发动机舱,造成零部件的热变形甚至火灾,应充分考虑设计隔热措施,对客车尤为重要。

3) 排气管和消声器等高温的外露零部件,要确保和周边零部件有足够的间隔:与车身木质零部件的间隔应≥100mm;与电线束的间隔应大于≥200mm;与发动机悬置橡胶软垫、散热器悬置橡胶软垫、消声器悬置橡胶软垫等的间隔应≥200mm;与起动机、急速提速装置、电动停油装置等电器设备的间隔应≥200mm;与燃油滤清器、机油滤清器及管路的间隔应≥200mm。

4) 受结构限制不能确保上述间隔的地方,应设置隔热板进行隔热,设置有效的隔热板后,与隔热板的间隔应≥35mm。

5) 高压油泵、喷油器、燃油滤清器和机油滤清器、燃油和机油的管件及接头、机油标尺管口、呼吸器管口的正下方不允许布置消声器和排气管等高温外露零部件,以免因燃油、机油滴漏引起火灾,如果因结构限制需要布置时,必须设置有效的挡板。

车用柴油机排气系统不仅应具备消声功能,随着排放法规的日趋严格,还应同时具有排气净化的功能。图 9-36 所示为某车用柴油机排气系统废气净化装置。

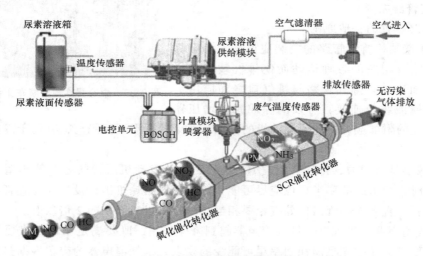

图 9-36 某车用柴油机排气系统废气净化装置

2. 车用柴油机后处理系统

对车用柴油机排气净化的要求是降低 NO_x、HC、CO 和 PM 排放。常用的降低柴油机排放的实施方法有:

1) 选择性催化还原(Selective Catalytic Reduction,SCR)技术,主要处理 NO_x 排放。

2) 氧化催化器(Diesel Oxidation Catalyst,DOC),主要用来处理 HC、CO 排放。

3) 颗粒氧化催化器(Partial Oxidation Catalyst,POC),主要用来处理 PM 排放。

4) 颗粒捕捉器(Diesel Particle Filter,DPF),主要用来处理 PM 排放。

5) 催化型颗粒捕集器（Catalyzed Diesel Particle Filter，CDPF），部分降低 NO_x 并处理 PM 排放。

6) 氨氧化催化器（Ammonia Slip Catalyst，ASC），也称氨逃逸催化器，降低 SCR 泄漏的氨气（NH_3）。

SCR 是利用体积分数为 $(32.5\pm0.5)\%$ 的尿素水溶液，将 NO_x 还原为 N_2 和 H_2O，即选择性催化还原技术。

NH_3-SCR 在与 NO_x 反应时主要发生以下 4 个反应：

1) $4NH_3 + 4NO + O_2 \rightarrow 4N_2 + 6H_2O$
2) $4NH_3 + 2NO + 2NO_2 \rightarrow 4N_2 + 6H_2O$
3) $6NO_2 + 8NH_3 \rightarrow 7N_2 + 12H_2O$
4) $4NH_3 + 3O_2 \rightarrow 2N_2 + 6H_2O$

反应 1) 为标准 SCR 反应，由于柴油机排气中的 NO 与 NO_2 的比例一般在 9∶1 以上，此时 SCR 催化器中主要发生标准 SCR 反应。反应 2) 称为快速 SCR 反应，研究表明，此反应可以在较低温度下进行，并且在较低温度下反应速率是标准 SCR 反应的 17 倍。提高 NO_x 中 NO_2 的比例可以使 SCR 在较低温度下发生快速 SCR 反应，有利于提高 NO_x 转化率。

因此，提高尾气中 NO_2 的比例是提高 SCR 转化率的有效途径。SCR 本身对硫不敏感，适合在燃油含硫量偏高的国家使用。

SCR 技术通常需要前置 DOC 来调节 NO_2 的比例，或者后置 DOC 来处理泄漏的 NH_3，而 DOC 对硫敏感，只有通过提高燃油品质、降低燃油中的硫含量才能解决该问题。

为了同时去除排气中的 NO_x 和 PM，需将不同排气后处理技术合理结合。国内主流的重型商用车柴油机国六后处理系统技术路线及布置方案如图 9-37 所示。

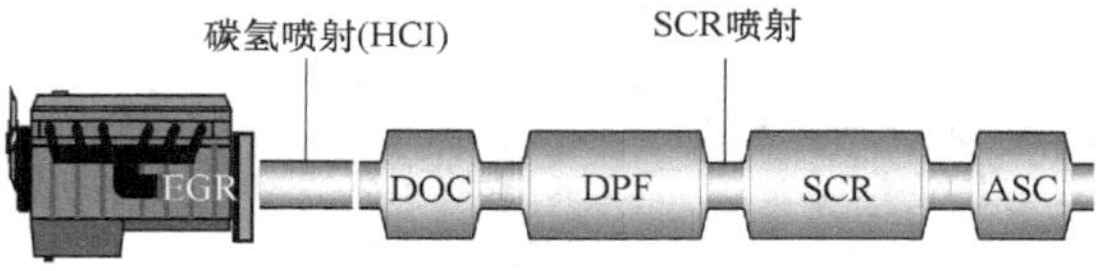

1) 为了减轻 SCR 系统的负担，并考虑燃油经济性，需要一定的废气再循环（EGR）率。

图 9-37 重型商用车柴油机国六后处理系统技术路线及布置方案

2) 考虑重型商用车柴油机正常工况时排气温度较低，为避免机油稀释，需要尾管加热装置来辅助 DPF 再生。

3) 考虑对氨气泄漏量的限制，需要在末端安装氨逃逸催化器。

9.2.3 乘用车汽油机进气系统

传统汽油机最大输出功率和转矩受到进气量限制，多气门技术的使用使这一问题在一定程度上得到解决，而在宽广的工况（转速和负荷）范围内对汽车动力需求的适应性是靠更加成熟的进气控制技术实现的，包括可变气门正时和可变进气系统。例如，目前主流乘用车汽油机进气系统（缸内直喷+废气涡轮增压）如图 9-38 所示。

乘用车汽油机进气系统的空气滤清器、中冷器以及所需进气流量的计算，以上柴油机的设计要求和计算方法也适用，具有普遍性。因此，本小节主要讨论汽油机进气系统的特殊性，即利用可变进气系统，达到提高低、中转速及高转速时转矩适应性的目的。

1. 可变进气歧管长度及断面面积式

在低、中转速，空气经过细长进气歧管，利用脉动惯性增压的效果，使较多的混合气进

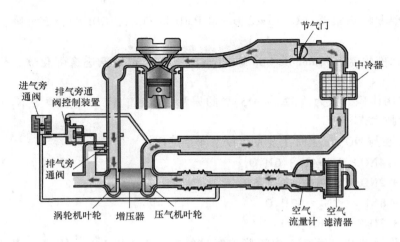

图 9-38 缸内直喷+废气涡轮增压汽油机进气系统

入气缸，提高输出转矩；而在高转速时，空气则经过较短的进气歧管，管径变粗，进气阻力小，充气效率高，以维持高输出转矩。图 9-39 所示为某汽油机可变进气歧管长度及断面面积式进气系统的构造。

可变进气歧管长度及断面面积式进气系统优化了汽油机动力性，如图 9-40 所示。

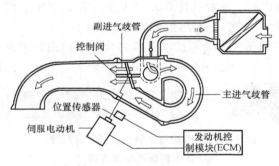

图 9-39 某汽油机可变进气歧管长度及断面面积式进气系统的构造

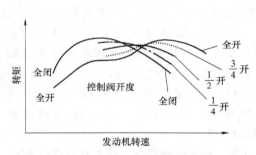

图 9-40 汽油机动力性与进气歧管控制的关系

1）低转速。副进气歧管上的控制阀全关，进气流速快，进气惯性得以利用，使充气效率提高，输出转矩增大。

2）中转速。发动机转速上升，控制阀慢慢打开，进气歧管的断面面积增大，使进气阻力减小，加上进气惯性效果，故输出转矩也增加。

3）高转速。控制阀全开，进气断面面积最大，进气阻力最小，充气效率最高，汽油机输出功率及转矩均增大。

2. 可变进气道式

图 9-41 所示为丰田公司采用的可变进气道式可变进气系统，在两个进气道的其中一个上安装控制阀，低、中转速时控制阀关闭，高转速时打开，可得到如图 9-42 所示的结果，以提高低转速时的转矩，同时也不会影响四气门汽油机在高转速时高输出的特性。

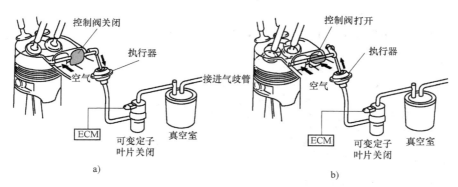

图 9-41 可变进气道式可变进气系统
a) 控制阀关闭 b) 控制阀打开

9.2.4 乘用车汽油机排气系统

乘用车汽油机排气系统要求与柴油机类似。图 9-43 所示为典型乘用车汽油机排气系统布置图。

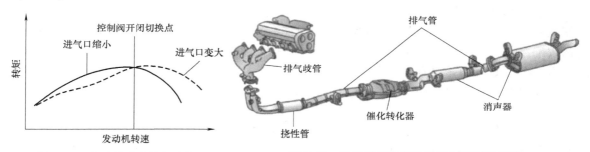

图 9-42 汽油机动力性与进气道控制的关系

图 9-43 典型乘用车汽油机排气系统布置图

1. 三效催化转化器

三效催化（Three Way Catalyst，TWC）转化器主要由隔热材料、催化剂、护盖和壳体等组成，如图 9-44 所示。其中，催化剂是核心部分。三效催化转化器的内部由上千个孔洞组成，这些孔洞的内表面涂有铂、铑、钯、碱土和稀土等，多孔的表面使其表面积扩大了 7000 倍以上。

传统的均质燃烧的汽油机，只有在过量空气系数 $\alpha=1$（理论空燃比为 14.7∶1）附近，三效催化剂才对 CO、HC 和 NO_x 能同时达到较好的净化效果。三类有害物经转化后可变成 H_2O、CO_2 和 N_2，

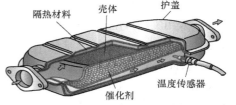

图 9-44 三效催化转化器的结构

三效催化转化器在理论空燃比附近转化效率达到 90% 以上，工作温度为 200~800℃。

因此，三效催化剂一旦起燃，实际有害物排放量很少。据统计，70%~80% 的 HC 排放是在三效催化转化器起燃之前产生的，因此应降低冷起动时的 HC 排放以满足更加严格的排放法规要求。所以均质燃烧的汽油机多采用多级催化剂+HC 吸附+预热+TWC 的技术方案。

例如,图 9-45 所示为本田公司某传统均质燃烧的汽油机排气系统,装备有烃捕集器(HC Trap,HCT)和电加热催化器(Electronically Heated Catalyst,EHC)。

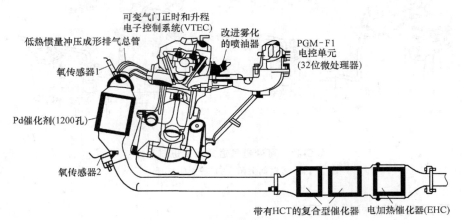

图 9-45 某传统均质燃烧的汽油机排气系统

2. 稀燃 GDI 汽油机与稀燃催化剂（Adsorption Reduction Catalyst,ARC）

稀燃 GDI 汽油机尾气的特点是,氧气含量高（可达 1.5%~10%）,CO、HC 的含量低,尾气温度（300~600℃）低,这些特征使得只能在空燃比为 14.7∶1 附近一个很狭小窗口内高效工作的传统三效催化剂对稀燃汽油机尾气中 NO_x 的转化率大为降低。目前,尾气中转化 NO_x 采用选择催化还原法,反应式为

1) $NO_x + HC + O_2 \rightarrow N_2 + CO_2 + H_2O$
2) $NO_x + CO \rightarrow N_2 + CO_2$

开发适合稀燃汽油机的稀燃催化剂的思路是将 NO_x 和 HC、CO 分开处理,即加装一个捕集装置 LNT(Lean NO_x Trap),该装置对 NO_x 进行捕集后再经催化,使之与尾气中的 HC、CO 反应转化为 N_2,但需要加装辅助监控装置对净化的持续时间和频率等参数进行控制。通过控制汽油机交替工作在稀燃和浓燃条件下达到使尾气净化的目的。基本原理是稀燃条件下捕集 NO_x,然后利用浓燃条件下产生的 HC、CO 等使 NO_x 还原。在不同工况下,需要加装传感器不断调整汽油机工作参数才能使尾气排放达标,两种燃烧条件下交替工作会使油耗升高。因此,目前降低稀燃汽油机 NO_x 排放的技术主要是：

1) 采用废气再循环（EGR）技术,能有效降低燃烧最高温度,抑制或者减少 NO_x 的生成。
2) 采用 NO_x 吸附还原催化剂进行后处理。

3. 汽油机颗粒捕集器（Gasoline Particle Filter,GPF）

GDI 汽油机尾气的另一个特点是颗粒物排放,GPF 作为应对日益严苛的排放法规的后处理装置,成为满足国六标准汽油机后处理系统中的配置。与柴油机的 DPF 一样,GPF 属于表面型颗粒捕集器,壁流式捕集器的过滤主体由大量正方形的孔道组成,相邻的孔道之间由透气的薄壁陶瓷面隔开。图 9-46 所示为壁流式汽油机颗粒捕集器。TWC 与 GPF 在 GDI 汽油机中有如图 9-47 所示的布置方案。

当一个孔道的进口被堵住时,相邻的另一个孔道的出口就被堵住。这样尾气就可以通过敞开的入口进入孔道,再穿过透气的薄壁陶瓷面进入出口敞开的相邻孔道,尾气中的颗粒物因此附着在进口通道的壁面上,达到了颗粒捕集的目的。

第9章 汽车内燃机系统设计

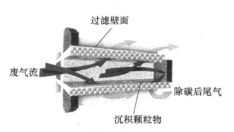

图 9-46　壁流式汽油机颗粒捕集器

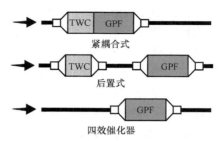

图 9-47　GDI 汽油机尾气处理布置方案

9.2.5　排气系统噪声和振动设计

噪声与振动问题，与功率损失、进气口噪声、排气尾管噪声紧密相关，管道中的背压与功率损失问题也应考虑。

1. 排气系统的噪声源

图 9-48 所示为排气系统的噪声源。噪声源包括空气动力噪声、冲击噪声、辐射噪声和气流摩擦噪声。

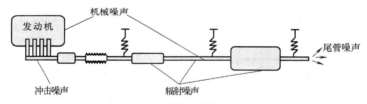

图 9-48　排气系统的噪声源

（1）空气动力噪声　气流稳定运动产生声音，在排气管道中传播而形成空气动力噪声。空气动力噪声取决于排气管道的直径，在一定的气流量时，直径越大，空气动力噪声就越稳定。空气动力噪声的大小取决于排气系统的结构，单纯的声学设计就是针对这类噪声的。

（2）冲击噪声　排气管道中不稳定的气流会对管道产生冲击，形成冲击噪声。如果排气歧管弯曲段的弧度太小，排气流会对其产生强烈冲击，从而发出"砰、砰"的冲击噪声。在管道截面面积突然变化时，也会产生冲击噪声。加大管道过渡圆弧和渐进改变结构的变截面面积可减小冲击噪声。

（3）辐射噪声　当一个振动体与流体接触的时候，会推动流体运动而产生声音，即传声器传声原理。排气系统的管道和消声元件被机械振动激励或者受内部流体压力波动引起振动，这些被激励的结构对外将声音辐射出去，形成了辐射噪声。

（4）气流摩擦噪声　当管道中气体流动速度非常高时，流体与管壁之间产生摩擦，一方面形成湍流，扰动板振动并产生辐射噪声，另一方面，当气流传到尾管时，又对外发出巨大噪声，即气流摩擦噪声。

2. 排气系统消声器的选择与设计

排气系统中使用的消声器原理三种：抗性消声原理、阻性消声原理、主动或者半主动消声原理。抗性消声是将能量反射回到声源，从而抑制声音。阻性消声是声能被吸声材料吸收并转化为热能。内燃机噪声有纯声和混杂声。纯声是窄频带的，所以用抗性消声器，主要是反射声。混杂声是宽频带的，所以用阻性消声器，主要是吸声。主动或者半主动消声原理及消声器设计本章不涉及。

从结构上分析，一般内燃机排气系统使用赫尔姆兹消声器、三管迷路消声器、四分之一波长管、穿孔消声器、复合消声器等，应用的是抗性消声或阻性消声原理以及二者的结合。

（1）赫尔姆兹消声器　由于排气系统安装空间的限制，赫尔姆兹消声器通常设计在一个大壳体内被"隐藏"起来，常见种类有：

1）内装式赫尔姆兹消声器，如图9-49所示，有两个腔室，进入管直接通向右边空腔，构成了赫尔姆兹消声器。容积为右边空腔容积，管道的直径是进入管的直径，长度为最右端小孔到进入管末端的距离。

2）三管迷路赫尔姆兹消声器，如图9-50所示，三管迷路赫尔姆兹消声器中的共振腔是图中右边的空腔。在空腔的左边安装一个小管，其直径和长度如图中所示。同时气流在三个管子上的小孔中流通。

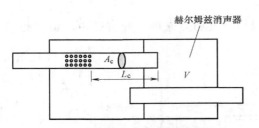

图9-49　内装式赫尔姆兹消声器

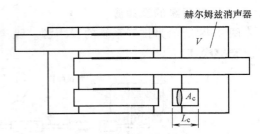

图9-50　三管迷路赫尔姆兹消声器

3）同心赫尔姆兹消声器，如图9-51所示，一个空腔内插入一根细管和一根粗管，细管套在粗管之中。气流从细管进入，通过粗管流出。空腔就是赫尔姆兹消声器的共振腔，细管为连接管道，其长度为细管与粗管公共的长度。

4）旁支赫尔姆兹消声器。在出气管上安装一个管道与消声器内的一个密封腔相连接。其长度、截面面积和共振腔体积的关系如图9-52所示。

图9-51　同心赫尔姆兹消声器

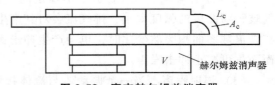

图9-52　旁支赫尔姆兹消声器

（2）三管迷路消声器　如图9-53所示，气流从最上面的管道流入，经过下面的管道，从中间管道流出。三个管道有很多小孔，气流除了在三个管道中流动外，还从这些小孔流出。气流能量在三个管道的小孔上不断交换，一部分声能被抑制住，达到消声的目的。三管迷路消声器主要消除中频音，消声的效果和频率取决于小孔占管道表面面积的比例和形状。

（3）四分之一波长管　由于安装空间

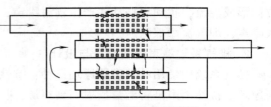

图9-53　三管迷路消声器

的限制，排气系统中四分之一波长管通常与管道结合在一起，其常见结构如图 9-54 所示。

1) 在主管道外套另一个管，在主管上开口，外管与内管之间形成共振腔。这个小孔和套管就组成了一个四分之一波长管，如图 9-54a 所示。

2) 图 9-54b 所示是另外一种四分之一波长管。其结构与图 9-54a 所示结构类似，不同的是在主管上加工有很多小孔。

3) 在主管道与扩大腔室之间安装迷宫样的几个管套，形成两个独立的气流走道，以及两个四分之一波长管，如图 9-54c 所示。

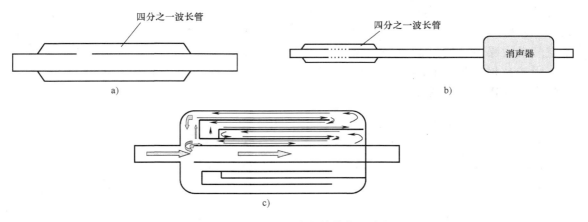

图 9-54 四分之一波长管的常见结构

（4）穿孔消声器　如图 9-55 所示，穿孔消声器的消声效果和频率与穿孔的直径和面积有关。如果管壁上的直径非常小，那么穿孔消声器就相当于一个赫尔姆兹消声器，小孔就是赫尔姆兹消声器中的连接管。如果小孔的面积大，其功能就是扩张消声器。

（5）复合消声器　排气系统中的消声器通常是多种消声器安装在一个壳体内。图 9-56 所示为复合消声器，它由三部分组成：赫尔姆兹消声器、三管迷路消声器和框型罐加吸声材料。

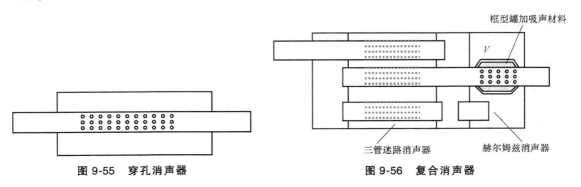

图 9-55 穿孔消声器　　　　图 9-56 复合消声器

1) 赫尔姆兹消声器用于低频消声，频率作用范围一般为 40～200Hz。
2) 三管迷路消声器用于中频消声，频率作用范围一般为 100～500Hz。
3) 框型罐加吸声材料用于高频消声，频率作用范围一般为 500Hz 以上。

3. 噪声分析

（1）尾管噪声的组成　尾管噪声由两部分组成：空气动力噪声和气流摩擦噪声。

稳定的气流在尾管处发出空气动力噪声，而不稳定的气流则产生气流摩擦噪声。在尾管噪声中，这两种噪声所占成分取决于气流流量的大小和速度。流量小和速度低时，气流空气动力噪声占主要成分；而流量大和速度快时，气流摩擦噪声占主要成分。但实际测量时很难将这两种噪声区分开来，但用计算的方法可以区分。图9-57所示为一个排气系统的尾管噪声的组成。

（2）管道截面面积对尾管噪声的影响　因流体速度与流量成正比，而与管道直径的二次方成反比，如果流量一定，则直径越大，速度越慢。图9-58所示为某排气系统中管道直径与尾管噪声的关系，可以看出，内燃机转速在2700r/min以下时，直径越大，尾管噪声越高。因为低转速时，气流摩擦噪声对尾管噪声几乎没有影响，几乎都是空气动力噪声。空气动力噪声又和消声设备与管道截面面积之比，即扩张比直接相关。当转速提高到2700r/min以上时，管道中的流量迅速增加，流速也快速增大，这时气流摩擦噪声起主导作用。

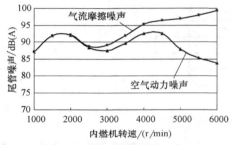

图9-57　尾管噪声的组成

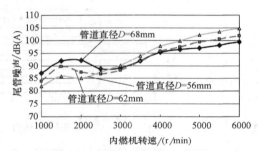

图9-58　某排气系统中管道直径与尾管噪声的关系

（3）单排气系统与双排气系统　排气系统有单排气系统和双排气系统之分。两个系统消声器的结构相同，前置消声器的容积也相同，每个后置消声器的容积也相同，不同的是双排气系统从前置消声器之后比单排气系统多了一个分支，即增加了一个排气通道和一个后置消声器。双排气系统从两个分支流通，尾管的气流摩擦噪声大大降低。

图9-59所示为某四缸机单排气系统与双排气系统尾管噪声的计算比较。当内燃机转速高于2500r/min时，双排气系统的尾管噪声比单排气系统低2~7dB（A）。因此，采用双排气系统对减小尾管噪声有利，但会增加成本，并受安装空间限制。

4. 排气系统的消声容积

排气系统的消声容积是指系统中所有消声设备容积之和。常见的消声设备有两个消声器，一个是放在前面的抗性消声器，称为前置消声

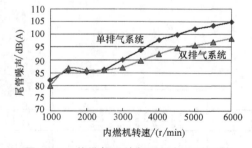

图9-59　单排气系统与双排气系统尾管噪声的计算比较

器；另一个是放在后面的混合式消声器，称为后置消声器。多数情况下，消声容积是指这两个消声容积之和。消声容积越大，消声器插入造成的流动损失也越大，消声效果越好，当然其压力降（背压）也就越大，功率损失增加。但是当消声容积增加到一定值时，其消声效果的增强慢慢趋缓。

9.3 供油系统

汽车汽、柴油机供油系统目前都实现了电控化,与点火系统、进/排气系统乃至汽车的整车构成智能控制系统。供油系统由专业企业开发,对于整车和内燃机企业,供油系统的主要设计工作是匹配和标定,因此本节仅讨论汽、柴油机电控供油系统的组成及集成,供油系统及其电控单元(ECU)的设计与标定见第9.4节。

9.3.1 汽油机供油系统

早期的汽油机供油系统是化油器式,现已被淘汰,目前应用广泛的是各种类型的电控汽油喷射(Electronic Fuel Injection,EFI)系统。汽油喷射是用喷油器将一定数量和压力的汽油直接喷射到气缸或进气歧管中,与进入的空气混合而形成可燃混合气。

将安装在不同部位的传感器所测得的参数,输入电控单元(Electronic Control Unit,ECU),ECU通过汽油喷射时间(喷油脉冲的时间宽度)来控制喷油器的喷油量,从而改变混合气浓度,使汽油机在各种工况下都能得到合适的空燃比。典型电控汽油喷射系统如图9-60所示。

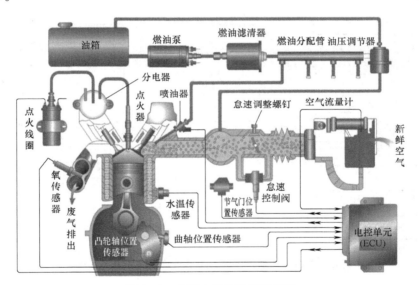

图 9-60 典型电控汽油喷射系统

电控汽油喷射系统按喷油器的布置方式可分为多点喷射(Multipoint Injection,MPI)系统、单点喷射(Single-Point Injection,SPI)系统(MPI和SPI又称为进气管喷射)和缸内喷射(GDI)系统,如图9-61所示。全系统执行供(喷)油、点火、可变进气等功能,又分为空气供给系统、燃油供给系统、电控系统三个子系统,三个子系统之间的内部逻辑关系如图9-62所示。

1. 空气供给系统

空气供给系统的作用是向汽油机提供与负荷相适应的清洁空气,同时测量和控制进入气缸的空气量,使空气在系统中与喷油器喷出的汽油形成空燃比符合要求的可燃混合气;同时

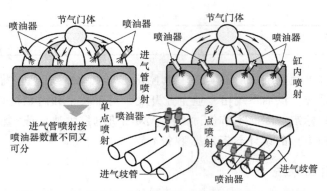

图 9-61　电控汽油喷射系统按喷油器的布置方式分类

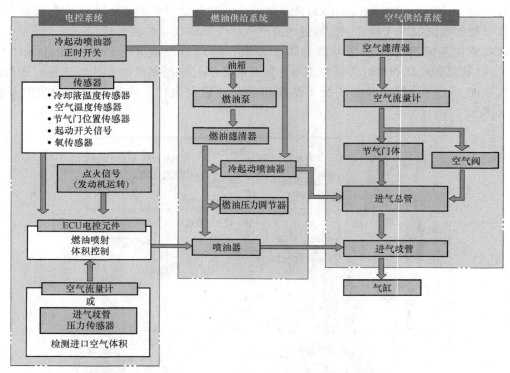

图 9-62　电控汽油喷射系统三个子系统之间的内部逻辑关系

在有限的气缸容积中尽可能多和均匀地供应空气。

空气供给系统由空气滤清器、空气流量计（有的为进气管绝对压力传感器）、节气门体、进气总管和进气歧管等组成，如图 9-63 所示。

2. 燃油供给系统

燃油供给系统由油箱、电动燃油泵、燃油滤清器、燃油压力调节器、燃油管

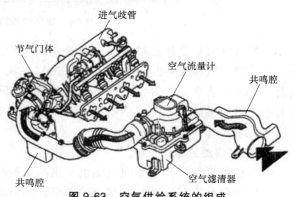

图 9-63　空气供给系统的组成

路、喷油器以及电控系统的其他执行器等组成。

传统进气道喷射的燃油供给系统经历了油轨安装燃油压力调节器即标准型供油系统、无回油管系统和按需供油系统等形式，ECU对油量运用不同的控制策略，如图9-64所示。

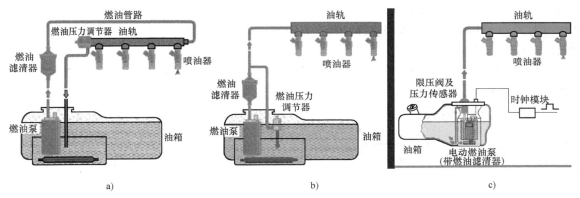

图9-64 燃油供给系统的形式
a）标准型供油系统 b）无回油管系统 c）按需供油系统

标准型供油系统的燃油压力调节器装在油轨上，油轨中的燃油连续流动，多余的燃油经回油管流回油箱。油轨中的燃油温度较高，使油箱中的汽油温度升高，不利于蒸发污染控制。燃油压力调节器根据进气管压力调节油压，使油轨中的压力和进气管压力之差保持不变，喷油量唯一由喷油器开启时间，即喷油脉宽决定。

鉴于标准型供油系统的缺点，发展产生了无回油管系统，其优点是：
1）将回油管和燃油压力调节器与燃油泵一起组合安装在燃油箱内。
2）燃油泵供给的多余燃油在油箱完成回流，从而避免了回油吸热导致油箱内油温升高。
3）燃油压力调节器只相当于一个限压阀，输油管内的油压恒定，而油轨和进气管压力差则是随工况变化的，ECU要依据该压力差修正喷油脉宽。

按需供油系统根据工况提供汽油机需要的油量和油压，取消了燃油压力调节器，由ECU闭环控制输出油压，改变油泵电动机的驱动电压，从而控制油量。

缸内直喷燃油系统的喷油器将汽油直接喷入缸内，喷射压力比进气管喷射要高得多，因此，该类型系统低压油路的喷射压力为0.3~0.5MPa，高压油路的喷射压力为5~12MPa，即喷油器为喷射压力由ECU根据工况设定。

低压部分与进气道喷射基本相同，低压油泵在油箱中，高压部分由连续供油的凸轮轴驱动高压泵实现，多余的汽油经油压控制阀回到低压油路。ECU根据汽油机工况控制油压控制阀，从而调整油压。缸内直喷燃油系统的供油子系统如图9-65所示。

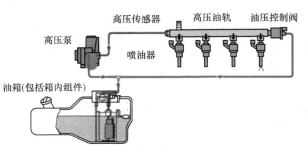

图9-65 缸内直喷燃油系统的供油子系统

3. 电控系统

电控系统由电控单元、各种传感器

和执行器组成。

1）电控单元（ECU）是电控汽油喷射汽油机的控制和指挥中心，其功用是给各传感器提供参考（基准）电压，接收传感器或其他装置输入的电信号，并对所接收的信号进行存储、计算和分析处理，根据计算和分析的结果向执行元件发出指令。

大多 ECU 的电路结构大同小异，其控制功能的变化则依赖于软件及输入/输出模块的变化，并随控制系统所完成任务的不同而变化。

2）各种传感器的作用是把各种反映汽油机工况和汽车运行状况的参数（非电量参数）转变为电信号（电压或电流）提供给电控单元，使电控单元正确地控制汽油机运转或汽车运行。汽车用传感器的种类见表 9-2。

表 9-2 汽车用传感器的种类

种类	检测量或检测对象
温度传感器	冷却液、排出气体（催化剂）、吸入空气、机油、自动变速器液压油、车内外空气
压力传感器	进气歧管压力、大气压力、燃烧压力、机油油压、自动变速器油压、制动压力、各种泵压力、轮胎压力
转速传感器	曲轴转角、曲轴转速、转向盘转角、车轮速度
速度/加速度	车速（绝对值）、加速度
流量传感器	吸入空气量、燃料流量、废气再循环量、二次空气量、冷媒流量
液量（面）传感器	燃油、冷却液、电解液、风窗玻璃清洗液、机油、制动液
位移/方位传感器	节气门开度、废气再循环阀开度、车辆高度（悬架、位移）、行驶距离、行驶方位、GPS（全球定位系统）
气体浓度传感器	氧气、二氧化碳、NO_x、HC、柴油烟度
其他传感器	转矩、爆燃、燃料成分、湿度、玻璃结雾、鉴别饮酒、睡眠状态、电池电压、蓄电池容量、灯泡断线、负荷重、冲击物、轮胎失效、风量、日照、光照、地磁等

3）执行器用来完成电控单元发出的各种指令，是电控单元指令的执行者，包括各种指示灯、油泵、喷油器、点火模块、废气再循环阀、炭罐、怠速控制、加热器、空调等。

电控系统的典型组成如图 9-66 所示。

9.3.2 柴油机电控供油系统

1. 车用柴油机供油系统的分类与发展

柴油机供油系统形式多样，经历了机械式的直列泵与分配泵系统、电控调速器系统、电控喷油系统的演变，由于成本及多种因素影响，各形式的供油系统都有一定范围的应用。车用柴油机主要应用电控喷油系统。

（1）电控调速器系统　电控调速器系统也称位置控制式系统，只是将直列泵、分配泵的机械离心式调速器改为电控调速器。利用各种传感器将柴油机运转时的转速、气压、油压等工况参数转化成电信号送给电控单元（ECU），经程序处理后将指令传送到执行机构进行控制，通过不断的反馈修正使柴油机的工况接近理想状况。ECU 将转速传感器的反馈信号经程序处理后，将控制信号作用于电磁执行机构，利用电磁力控制加油或减油，泵体部分和机械离心式调速器的完全一样。此类系统继承性强，安装方便，相对机械式喷油泵和调速器，控制油量和供油时刻精确、灵敏。在需要扩大控制功能时，只需改变 ECU 的存储软件，即可改变控制特性；一种喷射系统可用于多种柴油机，也可在一种柴油机上实现不同的控制

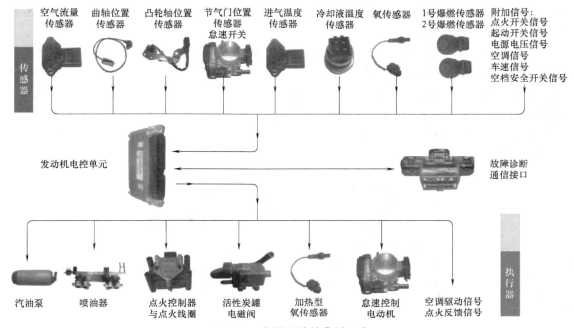

图 9-66 电控系统的典型组成

模式（如可实现两种调速模式）。

电控调速器系统不能对喷油率和喷油压力进行调控。此外，由于对油量和定时的控制通过的各中间环节惯性大，响应速度不能满足更高要求，同时也做不到对各缸的独立控制。日本电装公司 VE 分配泵的电控调速器系统如图 9-67 所示。

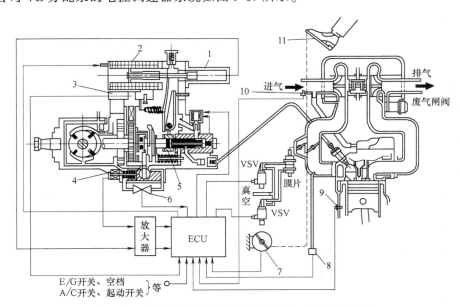

图 9-67 日本电装公司 VE 分配泵的电控调速器系统

1—供油量调节套筒位置传感器 2—供油量控制电磁阀 3—转速传感器 4—定时器位置传感器
5—供油量调节套筒 6—定时器控制阀 7—加速踏板位置传感器 8—进气压力传感器
9—冷却液温度传感器 10—进气温度传感器 11—加速踏板

（2）电控喷油系统　电控喷油系统主要有电控泵喷嘴、电控单体泵和电控高压共轨系统。这里主要介绍电控高压共轨系统。

电控高压共轨系统不再应用柱塞副的脉冲供油原理，而是先将柴油以高压蓄积在被称为共轨（Common Rail，CR）的容腔中，然后利用电磁阀将共轨中的压力油引到喷油器中完成喷射任务，与汽油机类似。图 9-68 所示为德国 Bosch 公司的共轨燃油喷射系统，高压油泵 2 只起向共轨管 6 供油的作用，其工作频率与柴油机转速没有固定的约束关系，可任意选择，只需保持共轨腔的油压即可，将油箱来的低压油泵入，经调压器 5 上的调压控制阀调节到喷油所需的高油压。

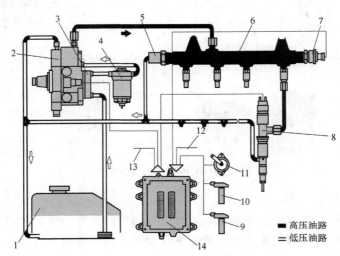

图 9-68　Bosch 公司的共轨燃油喷射系统
1—油箱　2—高压油泵　3—齿轮泵　4—燃油滤清器　5—调压器　6—共轨管　7—油轨压力传感器　8—喷油器　9—曲轴位置传感器　10—转速传感器　11—加速踏板　12—其他传感器　13—其他执行器　14—电控单元（ECU）

电控高压共轨系统具有下列优点：

1) 喷油压力与柴油机转速无关，只取决于共轨中按要求调整的压力，因而彻底解决了传统喷油泵高、低速时喷油压力差别过大、性能难以兼顾的矛盾。

2) 解决了传统喷油泵脉动供油时峰值转矩过大，凸轮轴瞬间转速变化过快，不能稳定控制小喷油量的矛盾。

3) 共轨压力可任意调节，可灵活控制电磁阀升程，能实现喷油压力和喷油率的柔性控制。

4) 可以实现与整车的协调控制功能。

2. 车用柴油机电控供油系统的功能

电控喷油系统逐渐在车用及其他柴油机上得到广泛应用，这里仅讨论电控高压共轨系统在柴油机及所装备的整车上的控制功能。

（1）在柴油机上的控制功能　以电控喷射为主的柴油机电子管理中心可以实现下述各项功能：

1) 目标喷油量控制。可按要求来设计任何模式，如全程、两极调速器的油量调速曲线，以及包括起动加浓、转矩校正在内的"校正外特性"曲线。若有需要，还可利用转速反馈达到调速率为零的等速控制曲线。图 9-69 所示为电控高压共轨系统油量控制特性曲线。此时柴油机加速踏板的位置只是一种控制信号，反映驾驶人的一种意愿。

2) 目标喷油定时控制。根据排放、油耗、功率和其他性能指标如噪声、冷起动等多方面的综合要求来确定各工况所需的最优化定时值。

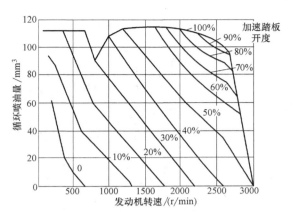

图 9-69 电控高压共轨系统油量控制特性曲线

3) 油量及喷油定时的补偿控制。根据环境状态及某些运行状态参数的变化对目标喷油量和定时进行补偿控制。这些参数包括大气压力、大气温度、冷却液温度、柴油油温等。此时将试验归纳出的经验公式或数据输入 ECU 供其发出执行指令时选用。

4) 冷起动及怠速稳定性控制。冷起动油量和定时都由起动转速、加速踏板位置以及冷却液温度、燃油温度共同决定，并按一定程序实现冷起动-暖机-怠速的全过程。

5) 过渡性能与烟度控制。可通过对过渡过程中油量和定时的综合补偿来满足最佳过渡性能和降低烟度的要求。例如，增压柴油机开始加速时，通过加大供油提前角可使加速转矩增大，并减小冒烟量。

6) 喷油规律与喷油压力的控制。通过控制电磁阀升程和调节共轨腔中的压力达到控制喷油率、喷油压力和预喷射油量的目的，每循环的喷油量可由多次喷射完成，如分为预喷射和主喷射。

7) 其他参数及性能的控制。目前，车用柴油机能实现的控制项目很多，取决于具体机型的要求。这些项目有：增压油量与增压时进气量的补偿控制；废气再循环控制；增压器涡轮机喷口的可变截面控制；可变气门定时、可变进气涡流、可变进气管长度的控制；暖机时对进、排气的节流控制；部分停缸控制等。此外还有柴油机低油压保护、增压器工作状态保护、传动系统的配套控制以及故障自动诊断功能、故障保险功能等。另外，同样可以和汽油机一样实现车-机联合控制。

例如，某重型商用车将发动机电控单元（EECU）、整车电控单元（VECU）和自动变速器控制单元（TCU）通过 CAN 总线连接起来，形成信息共享、多功能协调控制，如图 9-70 所示。

（2）在柴油车上的控制功能　电控高压共轨燃油喷射系统在柴油车上的协调控制功能有：

1) 基本功能，如控制供油量和喷油正时，满足排放要求，提升柴油机性能。

2) 电控特性，如油门联锁、巡航控制、发动机制动、电子风扇控制、快怠速暖机、远程油门〔（Power Take Off，PTO）/Remote PTO〕、进气加热、怠速控制。

3) 自诊断，即 ECU 对大多数电路和参数进行检测，当在某个电路中检测到故障或参数超限，ECU 就激活一个故障码。

4) 发动机保护，如检测关键的发动机温度和压力，当检测得到的数据高出或低于正常

汽车内燃机设计

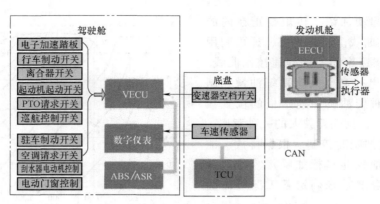

图 9-70 某重型商用车多功能协调控制框图

工作范围,要根据情况的严重程度采取降功率、降转速保护,甚至停机保护措施。

9.4 ECU 的设计与标定

汽车用汽油机、柴油机的电控燃油喷射系统扩展为内燃机本身与整车的控制系统。进行 ECU 的开发设计以及与机-车的匹配是汽车内燃机开发的关键,近年来,对汽车内燃机运行的精确控制促进了汽车及内燃机领域技术的巨大进步。ECU 的外形及内部结构如图 9-71 所示。

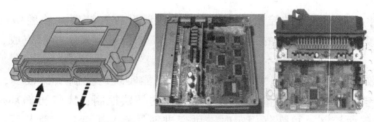

图 9-71 ECU 的外形及内部结构

9.4.1 ECU 的开发流程

ECU 的开发设计形成了较成熟的开发流程,即 V 形开发流程,如图 9-72 所示。

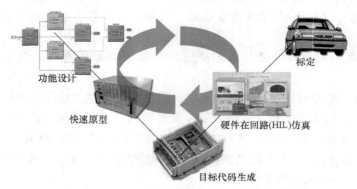

图 9-72 内燃机电控系统 ECU 的 V 形开发流程

1)功能设计。在各种电控系统中,功能设计虽然略有差异,但基本功能一致,即传感器作为输入部分,用于测量温度、压力等各种物理信号,并将其转化为相应的电信号;ECU 的作用是接收传感器的输入信号,并按设定的程序进行计算处理,产生相应的控制信号输出到驱动电路,驱动电路通过驱动各个执行器执行各种动作,使内燃机按照既定的控制策略进行运转;同时 ECU 的故障诊断系统对系统中各部件或控制功能进行监控,一旦检测到故障并确认后,则存储故障码,调用"跛行回家"模式继续运转和行驶,当检测到故障被消除,则恢复正常值运行。

2)快速原型。快速原型也称为原型动力总成控制模块(Powertrain Control Module,PCM),简称原型。其代表设计产品 ECU 的早期阶段,主要用来定义基本结构、设计底层软件以及开发控制策略。其硬件配置较为灵活,信号调节和输出信号驱动都是初始设计的。原型 PCM 体积较大,并未考虑产品阶段的要求,原型 PCM 只用来设计实现软件功能。

3)标定阶段。标定阶段也称为标定 ECU 阶段,即将原型 PCM 上开发的软件移植到开发 ECU 中,在开发 ECU 中主要用来修改 ECU 的标定参数,以使得 ECU 与具体的内燃机和整车能够匹配。标定 ECU 和产品 ECU 极为相似,结构相同,很多开发 ECU 都是在产品 ECU 的基础上修改的。在开发 ECU 中,只可以改标定参数,但不可以改策略,开发 ECU 用来优化软件质量。

4)产品 ECU-产品开始(Start of Production,SOP)阶段。该阶段即进行产品小批量生产阶段。经过原型设计,匹配标定,最终的软件以及标定参数被固化到产品 ECU 的存储器中,需要进一步优化产品的电气性能及电磁兼容性能等,产品 ECU 的内容一般不再修改。

9.4.2 汽车内燃机的核心控制策略和控制功能

1. 基于转矩需求控制的策略

汽车内燃机是通过转矩输出来驱动车辆的,因此基于转矩需求控制即核心控制策略。所有内部需求和外部需求都用内燃机的转矩或效率要求来定义,如图 9-73 所示。

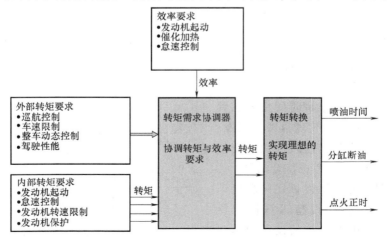

图 9-73 以转矩需求为核心控制策略的系统结构

转矩为核心控制策略的目的是把各不相同的控制目标联系在一起,通过将内燃机的各种需求转化为转矩或效率的控制变量,然后将这些变量首先在中央转矩需求协调器模块中进行处理。系统将诸多相互矛盾的要求按优先顺序排列,执行最重要的一个要求,通过转矩转化模块将要求转化成所需的喷油时间、点火正时等内燃机控制参数。某控制变量的执行对其他变量没有影响,这也是以转矩为主控制系统的优点。

同样,在进行汽车与内燃机匹配时,由于基于转矩控制系统具有的变量独立性,在匹配内燃机特性曲线和脉谱图时只依靠内燃机数据,与其他功能函数和变量没有干涉,因此避免了重复标定,简化了匹配过程,降低了匹配成本。

2. 内燃机模型

内燃机模型是控制系统的核心,模型的选择要受到硬件系统运算速度的限制,现有的控制系统中应用的模型主要有图表模型和平均值模型。

图表模型的特点是模型的计算以查表和拟合公式为主,也称为 MAP(脉谱),例如,在各种工况下所需的喷油和点火控制的 MAP 图。采用三维图形将数据按一定形式存储在 ECU 中,根据工况确定基本燃油喷射时间和基本点火提前角,如图 9-74 所示。模型的建立主要依赖于对试验数据的拟合,也可以先用软件编制再根据试验数据进行修正。图表模型的优点是计算量较小,对内燃机稳态工况特性的控制能达到一定的精度。

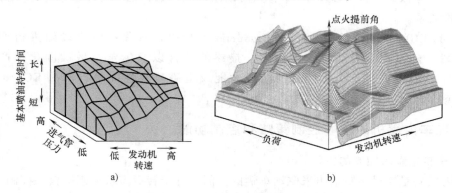

图 9-74 喷油和点火控制的 MAP 图
a)喷油 MAP 图 b)点火控制 MAP 图

随着研究的深入,出现了许多新的内燃机模型,其中应用广泛的是平均值模型。与图表模型不同,平均值模型以代数方程和微分方程的形式对内燃机建立动态模型,认为内燃机的所有高频量都是瞬时变化并达到稳态的,从内燃机的基本物理量特性出发,按时间尺度原则,只考虑内燃机状态变量的时间平均效应和各个过程的综合结果。

平均值模型具有既可以描述内燃机动态特性,又不需很大的模型运算量的特点,因而在内燃机电控系统的设计中得到了广泛应用。图 9-75 所示为某汽油机平均

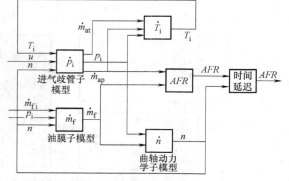

图 9-75 某汽油机平均值模型的描述

值模型的描述。

图 9-75 中，$\dot{m}_{ap}$ 为流入进气门的空气质量流量（kg/s）；p_i 为进气管压力（10^5Pa）；$\dot{m}_f$ 为进气门的燃油质量流量（kg/s）；$\dot{m}_{fi}$ 为喷油器喷射质量流量（kg/s）；$\dot{m}_{at}$ 为通过节气门的空气质量流量（kg/s）；T_i 为进气歧管温度（K）；n 为曲轴转速（kr/min）；u 为节气门开度（%）。

在 V 形开发流程的各阶段中，基于模型的设计是全面覆盖的，即不断对模型进行修正和验证，如图 9-76 所示。

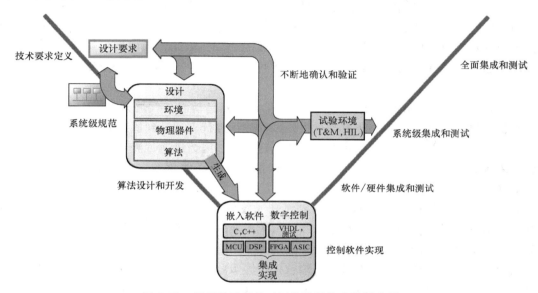

图 9-76　基于模型设计对开发流程的全过程应用

内燃机模型可以通过软件建立，即目前成熟应用的是采用基于模型的设计方法，通过 MATLAB/SIMULINK 模型生成的控制软件支持内燃机匹配标定时（见 9.4.3 节）所需的在线标定和离线标定功能。

使用通过 SIMULINK 自动代码生成，生成基于嵌入式处理器的电控单元（ECU）的发动机控制代码，并进行台架试验。自动生成产品代码是 ANSI C 和 ISO C 代码，可读性强，可快速运行和优化的内存资源，支持对目标机的特定优化。

3. 主要控制功能

1）开环控制与闭环控制。ECU 提供有关操作（驾驶）人、内燃机、车辆或其他设备方面的控制特性，系统采用开环和闭环（反馈）控制相结合的方式，对内燃机的运行提供各种控制信号。反馈控制框图如图 9-77 所示。

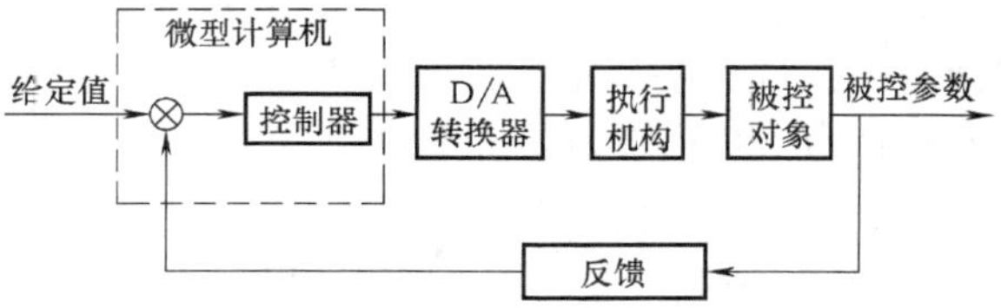

以重要的参数之一喷油量（空燃比）控制为例，开环控制即对空燃比不进行反馈控制，只将内燃机的各种需求转化为转矩或热效率的控制变量，通过计算处理后输出喷油时间。通过试验确定的

图 9-77　反馈控制框图

内燃机各工况的最佳供油参数预先存入 ECU 存储器，在内燃机工作时，ECU 根据系统中各

传感器的输入信号，判断自身所处的运行工况，并计算出最佳喷油量。其精度直接依赖于所设定的基准数据和喷油器调整标定的精度。

闭环控制对空燃比进行反馈控制。排气管上加装了氧传感器，根据排气中含氧量的变化，判断实际进入气缸的混合气空燃比，通过与ECU设定的目标空燃比进行比较，并根据误差修正喷油量，空燃比控制精度较高。

2）起动控制。在起动过程中，要采取特殊计算方法来控制充气量、喷油和点火正时。该过程的开始阶段，进气歧管内的空气是静止的，进气歧管内部压力显示为周围大气压力。节气门关闭，急速调节器指定为一个根据起动温度而定的固定参数。燃油喷射量根据内燃机的温度而变化，以促使进气歧管和气缸壁上油膜的形成，因此，当内燃机达到一定转速前，要加浓混合气。在起动工况下点火角也要不断调整，随着冷却液温度、进气温度和转速的改变而变化。

3）暖机和三效催化器的加热控制。内燃机在低温起动后，气缸充气量、燃油喷射和电子点火都被调整以补偿更高的转矩要求，该过程继续进行直到升到适当的温度阈值。

在该阶段中，最重要的是三效催化器的快速加热，因为迅速过渡到三效催化器开始工作可大大减少废气排放。在此工况下，采用适度推迟点火提前角的方法利用废气进行"三效催化器加热"。

4）加速/减速和倒拖断油控制。喷射到进气歧管中的燃油有一部分不会及时到达气缸参加接着的燃烧过程。相反，会在进气歧管壁上形成一层油膜。随着负荷的提高和喷油持续时间的延长，储存在油膜中的燃油量会急剧增加。

当节气门开度增加，部分喷射的燃油被该油膜吸收。所以，必须喷射相应的补充燃油量对其补偿并防止混合气在加速时变稀。一旦负荷降低，进气歧管壁上燃油膜中包含的附加燃油会重新释放，因此在减速过程中，必须减少相应的喷射持续时间。

倒拖或牵引工况指飞轮处提供的功率是负值的情况，内燃机的摩擦和泵气损失可用来使车辆减速。倒拖或牵引工况时，喷油被切断以减少燃油消耗和废气排放，并保护三效催化器。

5）急速控制。系统以转矩为主控制策略：依据闭环急速控制来确定在任何工况下维持要求的急速转速时所需的输出转矩。系统通过要求更大转矩以响应新的"负荷变化干扰因素"，如空调压缩机的开停或自动变速器换档。在内燃机温度较低时，为了补偿更大的内部摩擦损失和/或维持更高的急速转速，需要增大转矩。所有这些输出转矩要求的总和被传递到转矩协调器。转矩协调器进行处理计算，得出相应的充量密度、混合气成分和点火正时。

6）蒸发排放控制。由于外部辐射热量和回油热量传递，油箱内的燃油被加热，并形成燃油蒸气。排放法规不允许含有大量HC成分的蒸气直接排入大气，燃油蒸气通过导管被收集在活性炭罐中，并在一定里程或运转时间后通过吹洗进入内燃机参与燃烧，吹洗气流的流量由ECU控制炭罐控制阀来实现。

7）爆燃控制。系统通过安装在气缸体上的爆燃传感器检测爆燃发生时的特性振动，转换成电子信号以便传输到ECU中并进行处理。ECU利用处理算法，在每个气缸的每个燃烧循环中检测是否有爆燃现象发生。一旦检测到爆燃则触发爆燃闭环控制。当爆燃趋势消除后，受影响的气缸的点火逐渐重新提前到预定的点火提前角，爆燃控制的阈值对不同的工况

第9章 汽车内燃机系统设计

和不同标号的燃油具有良好的适应性。

4. 故障诊断功能的实现

故障诊断功能是通过在 ECU 中开发在线自诊（On-Board Diagnostic，OBD）系统实现的。

（1）故障信息记录　ECU 不断地监测着传感器、执行器、相关电路、故障指示灯和蓄电池电压等，甚至 ECU 本身，并对传感器输出信号、执行器驱动信号和内部信号（如空燃比闭环控制、冷却液温度、爆燃控制、怠速转速控制和蓄电池电压控制等）进行全面的可信度检测。一旦发现某个环节出现故障，或者某个信号值不可信，ECU 立即在 RAM 的故障存储器中设置故障信息记录。故障信息记录以故障码的形式储存，并按故障出现的先后顺序显示。

故障按其出现的频度可分成"稳态故障"和"偶发故障"，例如，由于短暂的线束断路或者接插件接触不良造成的故障即为"偶发故障"。

（2）诊断内容　基本诊断内容及确定方法包括：

1）失火诊断。在常温下冷起动后排放污染物排放试验中设定指定失火率时，应在规定次数内点亮故障诊断灯（Malfunction Indicator Lamp，MIL），且排放满足开发目标。在匹配样车上保证在正常的工况范围内，MIL 不被误点亮。

2）催化器诊断。将催化转化器替换为已劣化的或有缺陷的催化转化器，或者用电子仪器模拟已劣化的或有缺陷的催化转化器，使 HC 排放量超过给定的限值时，必须点亮 MIL。在匹配样车上保证在正常的工况范围内，装配老化程度相当于或低于八万公里劣化催化器的转化器时，MIL 不被误点亮。

3）氧传感器诊断。将氧传感器替换为已劣化的或有缺陷的氧传感器，或者用电子仪器模拟已劣化的或有缺陷的氧传感器，使其排放量超过给定的限值时，必须点亮 MIL。在匹配样车上保证在正常的工况范围内，MIL 不被误点亮。

4）与排放相关零部件和系统诊断。与排放相关零部件或系统出现故障时，必须点亮 MIL。在匹配样车上保证在正常的工况范围内，MIL 不被误点亮。与排放相关零部件和系统包括电控系统各传感器和执行器、燃油蒸发系统等。

初期的 OBD 系统没有自检功能，比 OBD 系统更先进的 OBD-Ⅱ系统在 20 世纪 90 年代中期产生，美国汽车工程师协会（SAE）制定了一套标准规范，要求各汽车制造企业按照 OBD-Ⅱ系统的标准提供统一的诊断模式，有严格的针对性排放监测。

目前的 OBD-Ⅲ系统会通过汽车车载通信系统，将车辆的身份代码、故障码及所在位置等信息传输至管理部门，管理部门根据该车辆排放问题的等级对其发出指令，包括去就近修理厂维修的建议，解决排放问题的时限等，还可对超出时限的违规者的车辆发出禁行指令。

9.4.3　ECU 的标定

1. 标定的概念

电控汽油机、柴油机为了满足各控制目标，尤其是严格的排放标准，以及获得有竞争力的动力性、经济性和高可靠性，要调整 ECU 软件中的变量，将所有变量赋予优化值的过程称之为标定。标定工作是内燃机性能和排放开发的重要工作，因此，标定须与燃烧系统开发同步进行。

从前述的内燃机模型及控制技术可知，内燃机是一个动态、多变量、高度非线性、具有响应滞后的时变系统，其工作过程包含复杂的动力学、热力学、流体力学、化学反应动力学等过程。

在开发电控内燃机时，无论是利用哪一种内燃机控制模型，都必须与内燃机的实际工作参数"对标"。即通过大量的试验，把所获得的各种工况下的动力性、经济性以及排放性能等试验数据，按照一定的优化准则和相关法规的要求，采取适当的优化方法，最终获得的控制参数和各种修正参数随内燃机转速和负荷等因素变化的规律，把按照这种规律变化的控制参数值储存在 ECU 中，即获得实际 MAP 图。实际运行时，ECU 根据采集到内燃机工况参数和储存的控制数据进行逻辑分析和判断，并根据预设的控制算法经过计算后发送给执行器的控制量（如喷油量、喷射时刻、点火提前角、共轨压力等）。

一般电控汽油机、柴油机的匹配标定主要包括以下几部分内容：
1) 燃油喷射系统与内燃机燃烧的匹配。
2) 整机台架试验的电控 MAP 图匹配标定。
3) 整车道路试验的电控 MAP 图匹配标定。

本小节以柴油机 ECU 的标定为例进行说明。

2. 标定策略

柴油机 ECU 通过控制喷油器电磁阀的开启持续时间以及开启时刻来控制喷油量和喷射定时，能够适应在不同负荷和转速工况下对喷油量和喷射定时的要求，使柴油机的各项性能指标得到兼顾和改善。例如，将喷油量和喷射定时表达成函数：

喷油量 $Fuel = f(Pedal, n, \delta_1)$；喷射定时 $Timing = f(Pedal, n, \delta_2)$。

其中，Pedal 为油门，反映驾驶人的操作愿望，n 为转速，两者是决定喷油量和喷射定时的决定性因素，δ_1 和 δ_2 分别代表喷油量和喷射定时的修正因子，分别由不同影响因素的修正系数相乘得到。喷油量修正因子 δ_1 的影响因素主要有燃油温度和冷却液温度，间接的还有增压中冷后的进气温度和压力。根据计算出的进气流量，通过标定空燃比（过量空气系数）来修正喷油量。喷射定时修正因子 δ_2 的影响因素主要有冷却液温度、增压中冷后的进气压力和温度。影响柴油机性能的可变因素较多，通过不同的手段对这些因素进行控制，能够使柴油机达到工程目标的性能。不同厂家、不同类型的电控燃油系统所采用的控制策略和标定方法也不尽相同，但大同小异。

ECU 的标定内容主要有：转矩油量的转换，即每输入一个加速踏板位置，则输出一个喷油量（脉宽）和喷射时刻。油量的标定可以完成驾驶性标定、转矩限制、烟度限制、过热保护、增压器保护、起动标定、怠速控制、调速控制等。每项标定内容都有相应的控制策略。下面仅以怠速控制和调速控制进行说明。

（1）怠速控制　柴油机怠速控制采用的是目标怠速闭环比例积分（PI）控制方法。其中，目标怠速随冷却液温度的改变以及空调是否打开而改变，喷油定时的修正是冷却液温度修正，即冷机或热机。采用的怠速控制策略使柴油机怠速平稳，合理的目标怠速更加适应暖机、排放性能以及经济性。例如，某柴油机进入怠速控制的条件为：油门开度小于2%、转速大于 500r/min 且不超过（目标怠速+150）r/min。

（2）调速控制　柴油机采用不同的喷油 MAP 图形成灵活的调速控制方式，在体现动力性和经济性的同时更突出其低排放的性能特点。调速控制的瞬态过程则采用两个特殊的控制手段：一是瞬态空燃比的控制策略；二是增压压力的定时修正控制策略。

1) 瞬态空燃比的控制策略是根据增压中冷后的进气温度和压力以及当前的柴油机转速来得到当前的进气流量，再根据此工况下允许的加速空燃比，计算出此时允许的最大喷油量（以不冒烟为依据），如果查到的稳态主控制喷油量大于允许的最大喷油量，那么执行当前允许的最大喷油量。控制中当前进气流量的计算是采用图表法，即通过查 MAP 图的方式得到。将台架上得到的柴油机转速、增压中冷后的进气压力以及实测的进气流量三者之间的关系做成 MAP 图，根据其中的两个量即可得到第三个未知量即进气流量。

2) 增压压力的定时修正控制策略。仅仅是瞬态空燃比的控制策略使柴油机在加速加负荷时不会因喷油量过多引起冒烟，但会导致动力不足。在加速加负荷过程中能够使喷油定时适当提前，在相同进气量情况下可以实现多喷油而不冒黑烟，可提高柴油机的动力性。因此电控系统增加了增压压力的定时修正控制策略。检测到柴油机的进气增压压力同台架稳态时的增压压力有一定压差时，系统会根据这种压差的大小计算出修正系数，由油门位置与转速查增压压力修正 MAP 图，得到该工况下的最大修正偏移定时，与计算出的系数相乘即得到当前应该增加的定时偏移量。通过进气空燃比的控制和增压压力定时修正策略的运用，在保证加速不冒烟的情况下使柴油机拥有足够的动力性。

除了各种喷油量和喷油定时 MAP 图，电控 MAP 图匹配标定主要完成柴油机各种传感器的信号 MAP 图、各种修正补偿 MAP 图等的标定工作。例如，加速踏板传感器的标定如图 9-78 所示。

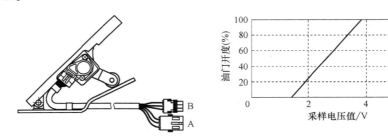

图 9-78　加速踏板传感器的标定

根据实测的传感器输出的线性电压信号，标定出 0% 和 100% 这两个点的电压值。传感器在具体使用时可将最大电压值用作 100% 油门，最小电压值定为 0% 油门，也可反过来使用。

3. 柴油机控制 MAP 图的匹配标定

车用柴油机控制 MAP 图的匹配标定一般包括：主控制稳态 MAP 图、起动控制 MAP 图、急速控制 MAP 图、增压中冷后的进气压力 MAP 图、冷却液温度喷油定时修正 MAP 图、限制 MAP 图等。

主控制稳态 MAP 图又包括稳态油量 MAP 图和稳态喷油定时 MAP 图，是柴油机的关键 MAP 图。基本喷油量和基本喷射定时的控制均由这两个 MAP 图决定，如图 9-79 所示。

(1) 稳态油量 MAP 图　主控制稳态油量 MAP 图是由转速 n、油门 Pedal 和喷油量 Fuel 构建的三维结构 MAP 图，柴油机正常运转时根据当前的转速和油门开度，在该 MAP 图中查表并插值计算出所对应的喷油量（喷油脉宽）。对主控制稳态油量 MAP 图的匹配标定步骤如下：

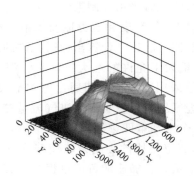 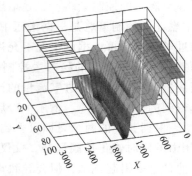

图 9-79 喷油量和喷射定时的标定

1) 根据油泵试验台的数据和将要匹配柴油机的功率初步粗略制作出一个控制 MAP 图，油量控制曲线采用两级调速（或全程调速）的方式，其最大油量要比实际外特性所需的油量略大，以便于进行外特性功率的调整试验。

2) 根据试验确定出在没有 PI 控制下暂时的怠速区域油量，用于台架的控制试验，试验台架应有怠速 PI 控制功能，如果台架没有怠速 PI 控制功能，将怠速 PI 控制 MAP 图标定完毕并起作用时，主控制油量 MAP 图在此区域不起作用。

3) 进行不同转速区的油量线的斜率标定试验，确定出不同区域内的油量变化率，即油量线的斜率，尤其是低速小负荷区域，因为该区域柴油机的油量不均匀性变大，不合适的油量变化率很容易造成转速波动变大，甚至发生游车和抖动现象。油量变化率较大的油量 MAP 图下的转速波动严重，而油量变化率较小的油量 MAP 图下的转速波动小。

4) 进行柴油机排放控制区的匹配标定试验，使稳态排放结果达到工程目标值。根据控制区排放匹配标定后的结果，确定出控制区内的外特性油量。根据柴油机厂家对低速和高速调速率的要求做非排放区的匹配试验，确定出这两个区域的外特性油量。

至此，完成了主控制稳态油量 MAP 图数据。

(2) 稳态喷油定时 MAP 图　其匹配标定同主控制稳态油量 MAP 图一样，主控制稳态喷油定时 MAP 图也是一个三维结构，由转速 n、油门 Pedal、喷射定时 Timing 三个参数组成。由当前的转速和油门开度即可通过查该 MAP 图得到柴油机的当前基本喷油定时。

对主控制稳态喷油定时 MAP 图的匹配标定步骤如下：

1) 根据经验，在 MAP 图中赋予一个合适的喷油定时初值，如 25°（曲轴转角），先能够正常起动运转。

2) 用在线修改的方式，进行排放控制区的匹配标定，使稳态值达到满意的结果。然后进行非排放控制区的性能匹配标定。根据动力性、经济性以及排放（烟度）限值，每间隔 100 r/min （或根据具体情况而定）做负荷特性点的喷油定时优化试验，找到最佳喷油定时。低速非排放控制区负荷特性优化标定做到最低怠速，高速非排放控制区的负荷特性点做到标定转速，超过标定转速之后的调速区可根据标定转速下的优化结果适当增大定时即可作为其喷射定时。

3) 根据已经做好的主控制稳态油量 MAP 图，由已匹配优化出的各点的油量反查主控制稳态油量 MAP 图，得到该点所处的油门开度，然后根据该油门开度，在主控制稳态喷油定时 MAP 图的相应位置将该点所对应的喷油定时优化值填入 MAP 图。可将油门开度坐标按

5%的间隔设置,查到的油门开度处的小区域内,全部按该点的喷油定时优化值填写数据。

4)将上一步没有数据的区域按相邻点的简单插值结果填入 MAP 图,即为主控制稳态喷油定时 MAP 图。

5)将起动控制区的匹配标定(见下文)结束后,再将主控制稳态喷油定时 MAP 图在该区的数据完成。

至此,主控制稳态喷油定时 MAP 图基本完成。

(3)起动控制 MAP 图 起动控制 MAP 图匹配标定主要是确定起动油量及进行起动喷射定时的优化,目的是使柴油机起动顺利、工作柔和且没有黑烟产生。

起动油量 MAP 图是由转速 n、冷却液温度 T_C、喷油量 Fuel 构成的三维 MAP 图。由于起动策略规定了柴油机转速超过 500 r/min 时即脱离起动控制,因此起动油量 MAP 图中转速均在 500r/min 以下。匹配的方法:分别在热机状态(>60℃)、常温状态(25℃左右)和低温状态(<0℃)下进行起动试验,测量起动油量,监测柴油机的烟度及起动时间,优化出最佳的起动油量,如图 9-80 所示。

起动喷油定时的标定:在热机状态起动油量 MAP 图标定试验中,同时对起动喷油定时进行优化,将最终结果写入主控制稳态喷油定时 MAP 图的起动区,完成主控制喷油定时 MAP 图的标定。

(4)怠速控制 MAP 图 怠速控制 MAP 图的匹配标定包括目标怠速 MAP 图的匹配标定、目标怠速油量 MAP 图的匹配标定、怠速油量 PI 控制参数 MAP 图的匹配标定。其中,PI 控制参数分为转速低于目标怠速和高于目标怠速两种情况。

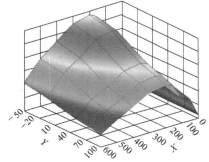

图 9-80 起动油量的标定

1)目标怠速 MAP 图。设定目标怠速是为柴油机能根据环境温度自动调整怠速的高低,有利于更快地热机及降低怠速 HC 排放。目标怠速只与冷却液温度或者空调开关的状态(ON/OFF)有关。一般空调开关打开,目标怠速为 800 r/min,或当前由冷却液温度查出怠速>800 r/min,目标怠速即为标定的转速值。

柴油机的目标怠速油量 MAP 图用于怠速 PI 控制时的初始油量赋值。为了适应不同的环境,目标怠速油量也采用三维 MAP 图,不同转速下的目标怠速油量随冷却液温度的变化而变化。目标怠速油量的匹配标定主要是使柴油机从起动状态或调速状态回到怠速的过程平顺,避免转速超调甚至出现转速振荡现象。目标怠速油量过大会导致从调速回怠速的瞬间虽然进行了初次的 P(比例)调节,但较大的油量仍然使柴油机转速又回升到调速状态,之后再回到怠速,造成从怠速和调速两个状态不断切换而出现转速振荡的现象。目标怠速油量过大还会使柴油机从起动到怠速时转速升高过快而超调,使起动粗暴。目标怠速油量过小又会使柴油机从调速回怠速的过快而出现转速下降太多的超调现象,同时还可能导致无法从起动过渡到怠速。另外,目标怠速油量要考虑 PI 控制的参数情况来决定。

2)怠速油量 PI 控制参数 MAP 图的匹配标定。要使怠速油量的 PI 控制使柴油机达到满意的运转状况,须建立合适的 PI 控制参数。为了使柴油机从调速平稳地回到怠速并且具有一定的承载能力,有的柴油机采用两套变参数 PI 控制 MAP 图,以便能够合理地适应对柴油机怠速的要求。

转速高于目标怠速时，将 P、I 参数定义为 P−、I−。这时控制参数 MAP 图的匹配标定方法是：柴油机进入 PI 控制时，P、I 参数的大小由当前转速 n 和目标怠速 n_T 的差 Δn 所决定，Δn 越大，P、I 值越大。柴油机从调速向怠速过渡时，不希望转速下降过快，转速下降过快会导致控制超调，尤其是在带有一定负载的时候（如空调打开）。I（微分）值过大还会导致转速周期的振荡。图 9-81 所示为怠速的 P−和 I−标定。为了避免过渡时超调，希望转速平稳下降，要求 P、I 值偏小。

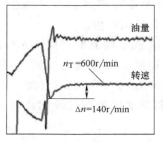 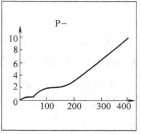 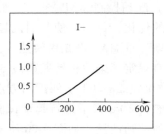

图 9-81 怠速的 P−和 I−标定

转速低于目标怠速时，将 P、I 参数定义为 P+、I+。怠速的 P+和 I+标定如图 9-82 所示。根据上文对转速高于目标怠速 n_T 时的控制特点，当转速低于目标怠速时应该适当的增大 P、I 控制参数值，使转速不至于下降太多，但要注意的是在转速差 Δn 还不是很大的区域内，P、I 参数也不能刻意追求过大，因为 P、I 参数过大会造成运转不稳。适当地加大 P、I 值能够解决带负载回怠速时的转速下降太大甚至熄火的问题。P、I 值过大即造成怠速振荡。

总之，P、I 参数需要精细调整，直到使柴油机达到满意的运转效果为止。

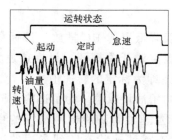 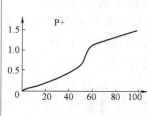 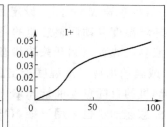

图 9-82 怠速的 P+和 I+标定

(5) 增压中冷后的进气压力 MAP 图　增压中冷后的进气压力 MAP 图是柴油机稳态进气压力 MAP 图，是通过稳态试验的负荷特性结果建立的稳态控制 MAP 图，类似于进气流量 MAP 图的做法，将负荷特性数据结果中的转速、油门开度、增压中冷后的进气压力三者进行数学关系拟合处理，以等油门开度步长和转速拟合出增压中冷后进气压力数据矩阵，在控制 MAP 图中建立对应的坐标轴，填入数据，标定出电控柴油机的增压中冷后的进气压力，即增压压力 MAP 图。

1) 数据拟合对原始数据中油门开度的取值处理。电控柴油机如果采用的是全程调速油量控制模式，非额定转速区域油门开度在没有达到 100% 时也达到最大喷油量，再加大油门开度，增压压力也不会增加。因此，输入数据时每条转速下的负荷特性数据的外特性点的油门开度必须按照刚达到该转速下最大油量的对应油门开度设置。

例如，1200r/min 下 70%油门开度即达到外特性油量，而负荷特性试验中该转速下最大负荷点用的是 100%油门开度，如果用 100%油门开度进行拟合，必然会导致数据结果偏差较大。而用 70%油门开度拟合则结果比较真实，只需要在拟合后把该转速下 70%油门开度以后的增压压力按 70%油门开度时的拟合值即可，其他转速下的做法依此类推。

2) 增压中冷后的进气压力影响下的喷油定时修正 MAP 图的匹配标定。增压中冷后的进气压力喷油定时修正 MAP 图是由转速、油门开度、定时修正量构成的三维控制 MAP 图。喷油定时修正量是当前工况点即 (n, Pedal) 下的最大修正量，瞬态调速控制过程中要进行增压压力修正系数的计算后，再与最大定时修正量相乘，得到当前的最佳喷油定时修正量，能够满足不同工况下的定时修正。

电控柴油机为了满足较为苛刻的排放法规一般都在排放控制区将喷射定时控制为较小值，而稳态主控制定时 MAP 图高低不平。采用增压压力定时修正方法，可以在定时较小的区域赋给较大定时修正量，同样的修正系数下可以使定时区域产生较大的修正量，使加速加载瞬态过程中修正后的定时变化比较小，工作稳定柔和。

增压压力修正系数用于喷油定时修正的计算，一般在处理该修正系数时采用的是查 MAP 图的方法。在处理系数时先得到当前的增压压力与标定值的差值，然后标定出不同压力差值 A (小) 和 B (大) 作为修正系数的 0 和 1 对应的压力差值。该方式的不足之处在于只能体现中、高速区的修正量，而在低速区由于最大增压压力差较小，因此系数也小，需要对定时偏移量 MAP 图进行精细的匹配标定才达到理想的修正量，修正参数的大小也没有很直观地反映出定时修正的程度，会给标定人员造成"不起作用"的错觉，并增大了定时偏移量 MAP 图的标定工作量。

柴油机在修正控制方面还采用燃油温度对喷油量的修正以及冷却液温度对喷射定时的修正两种策略。电控柴油机可以根据燃油温度的变化对喷油量进行修正，使之拥有较为稳定的输出特性。根据台架性能标定时对燃油温度的控制情况，例如，燃油温度修正 MAP 以 30℃时的燃油密度为基准，按照密度随温度的改变特性进行标定。对燃油温度修正 MAP 的标定策略为：运行时间的长短或者运行环境温度的改变等都会使燃油温度发生改变，引起燃油密度变化。

(6) 冷却液温度喷油定时修正 MAP 图　环境温度的改变会对柴油机的起动及运转性能产生影响。为了满足更苛刻的排放法规要求，鉴于主控制喷油定时 MAP 图不平坦，控制区内喷油定时普遍较小，低温起动困难及冷机运转时很容易出现冒白烟等现象。如果只对喷油定时进行简单的温度修正，很难达到满意的结果。因此，在进行冷却液温度喷油定时修正时采用了类似于瞬态调速过程中处理增压压力喷油定时修正时的方法，将温度修正系数按照温度的高低进行修正系数的归一化处理，依据主控制喷油定时 MAP 图的分布特点进行针对性补偿，MAP 图中的喷油定时修正量为最大修正量。

某机型试验表明，在冷却液温度低于 50℃时，中低速控制区的部分负荷工况可能冒少许白烟；冷却液温度高于 60℃时，冒白烟现象消失，因此将温度高于 60℃时的喷油定时修正系数设置为 0；冷却液温度低于 60℃时设置为 1，而当温度低于 0℃时，需要更大幅度地加大定时修正量来解决起动性及冒白烟的问题。

其他环境状态下的喷油定时标定情况参考冷却液温度定时修正 MAP 图的匹配标定。

(7) 限制 MAP 图 电控柴油机为了保证最安全地运行，在传感器出错或其他导致喷油量和喷射定时出现错误计算等情况下，要对最终执行的喷油量和喷油定时进行限制。其中对喷油量的要求较为严格，采用了总油量限制和怠速油量限制的手段，限值的大小以 MAP 图的方式设定，对喷油定时的限制相对简单，在控制程序中设定固定的 40°（曲轴转角）。

1) 总喷油量的限制 MAP 图的标定。将稳态主控制油量 MAP 图中 100% 油门开度即外特性的油量数值整体加大一定的幅度，即可作为总喷油量的限值。通常设定柴油机的总油量限值是外特性油量的 110%。

2) 怠速 PI 控制油量的限制 MAP 图的标定。对怠速喷油量的限制主要是为了防止柴油机在台架试验时因不慎未将怠速 PI 控制功能关掉而和台架测控系统的恒转速控制模式产生冲突，冲突会造成怠速的转速大幅波动并且喷油量被 PI 控制系统调高到很大的数值，柴油机工作抖动且冒黑烟，可能会使柴油机及台架受损。另外，对怠速喷油量进行限制有利于整车调试时的安全性。

怠速油量限值的确定是根据对柴油机怠速时的最大承载能力的要求，通过台架模拟调整试验，得到不同目标怠速下最大承载能力所需要的稳定喷油量，再适当地加大后即可作为怠速油量限值。

9.5 润滑系统和冷却系统

汽车内燃机润滑系统和冷却系统的研究和设计，早期采用的是经验设计与试验相结合的方法。随着计算机仿真技术的发展，网络法原理辅以先进的计算工具，如高性能计算机软、硬件，成为润滑系统和冷却系统分析计算的主要手段。

9.5.1 润滑系统设计

1. 润滑系统的功能和设计要求

（1）功能 设计良好的润滑系统可减少机械损失，提高机械效率，延长使用寿命。其功能包括以下方面：

1) 润滑作用。润滑运动零件表面，减小摩擦阻力和磨损，减小内燃机的功率消耗。
2) 清洗作用。机油在润滑系统内不断循环，清洗摩擦表面，带走磨屑和其他异物。
3) 冷却作用。机油在润滑系统内循环带走摩擦产生的热量，起到冷却作用。
4) 密封作用。在运动零件之间形成油膜，提高密封性，有利于防止漏气或漏油。
5) 防锈蚀作用。在零件表面形成油膜，对零件表面起保护作用，防止腐蚀生锈。
6) 液压作用。润滑油可用作液压油，起液压作用。
7) 减振缓冲作用。在运动零件表面形成油膜，吸收冲击并减小振动，起减振缓冲作用。

（2）设计要求 基本上包括以下方面：

1) 保证以一定的油压、一定的油量供应摩擦表面。
2) 能够自动滤清机油，保持机油的清洁。
3) 能够自动冷却机油，保持油温。
4) 消耗功率小，机油损失量小。

5) 无堵油、漏油，工作可靠，维护、修理方便。

2. 润滑系统的总体方案

润滑系统部件及关键润滑点是由众多的部件以及局部结构组成的，包括机油箱、机油泵、机油滤清器、机油散热器、各机油管路、主轴承、凸轮轴承及各附件润滑轴承等。

现代汽车内燃机一般采用复合式润滑方案。图 9-83 所示为某重型车用柴油机润滑油路。

3. 润滑系统的研究设计方法

（1）经验设计法　常用的经验设计法有英国里卡多（Ricardo）和奥地利 AVL 两公司所推荐的方法，两者都是通过计算循环油量的经验公式来估算选定机油泵流量。里卡多法以内燃机全速全负荷运转时单位时间内流经主油道的机油量作为循环油量；AVL 法则以润滑间隙的总量来计算循环机油量。

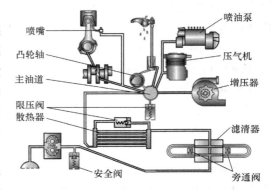

图 9-83　某重型车用柴油机润滑油路

1）里卡多经验设计法。经验设计的基本思想是，内燃机润滑系统的基本参数是单位时间内流经主油道的机油量，称为循环机油量。里卡多经验设计法定义的循环机油量包括内燃机各种轴承形成承载油膜所需要的润滑油量和冷却油量。对于装有喷油冷却活塞的机型，还需要计入冷却喷嘴的喷油量，但不包括经过离心式滤清器和调压阀的旁通油量。

里卡多经验设计法以内燃机全速全负荷时循环油量 V_p 为设计依据，先确定不考虑机油泵效率循环油量时的 V_e，对于不采用喷油冷却活塞的机型，V_e/P_e 的范围为 $22\sim26\mathrm{L/(kW\cdot h)}$；对于采用喷油冷却活塞的机型，$V_p/P_e$ 的范围为 $25\sim30\mathrm{L/(kW\cdot h)}$。对于增压柴油机，先按不增压时的功率来计算循环机油量，机油泵的实际供油量 V_p 为 V_e 的 $1.5\sim2$ 倍，再根据机油泵效率 η 便可以确定机油泵之理论供油量 $V_p=(1.5\sim2)V_e/\eta$。

2）AVL 经验设计法。该方法循环机油量定义与里卡多经验设计法相同，但 AVL 经验设计法是以润滑间隙的总量为依据计算循环机油量。据 AVL 经验设计法推荐，在最低工作转速时，每平方毫米的间隙面积每小时所需机油泵供油量为 $3\mathrm{L/(mm^2\cdot h)}$，因此有

$$V_p = bS/\eta \tag{9-2}$$

式中，b 为润滑单位间隙面积的油量 $[\mathrm{L/(mm^2\cdot h)}]$，可取为 $3\mathrm{L/(mm^2\cdot h)}$；$S$ 为内燃机需要润滑的各种轴承最大间隙的最大总面积（$\mathrm{mm^2}$）。最大间隙是指孔取最大值和轴取最小值时的间隙。对喷油冷却活塞机型还要计入冷却喷嘴的流量，可以用试验比较法或估算法获得流量值。AVL 经验设计法推荐的内燃机活塞冷却喷嘴总油量为 $5.44\mathrm{L/(kW\cdot h)}$，并规定增压机以不增压时的功率计算。

3）我国采用的经验方法。该方法由必须被机油带走的热量 Φ_c（kJ/h）计算，公式为

$$\Phi_c = (15\% \sim 20\%)\Phi_f \tag{9-3}$$

设每小时加入内燃机的热量为 Φ_f（kJ/h），则

$$\Phi_f = \frac{3600P_e}{\eta_e} \tag{9-4}$$

式中，P_e 为有效功率（kW）；η_e 为有效热效率，汽油机的 $\eta_e \approx 0.25$，柴油机的 $\eta_e \approx 0.3$。

$$\Phi_c = \frac{0.015 \sim 0.02}{0.025 \sim 0.35} \times 3600 P_e \approx (160 \sim 280) P_e \tag{9-5}$$

所以，机油循环量 V_p（L/h）为

$$V_p = \frac{\Phi_c}{\gamma c \Delta t \eta} \tag{9-6}$$

式中，η 为机油泵效率；γ 为机油密度（kg/L）；c 为机油的比热容 [kJ/(kg·℃)]；Δt 为机油带走热量时的平均温差。一般取 $\gamma = 0.85$ kg/L，$c = 1.7 \sim 1.2$ kJ/(kg·℃)，$\Delta t = 8 \sim 15$℃。

根据经验：不用机油冷却活塞时，$V_p = (0.12 \sim 0.28) P_e$(L/min)；用机油冷却活塞时，$V_p (0.42 \sim 0.57) P_e$(L/min)。

机油须达到的压力：

$$p_y = \begin{cases} 0.2 \sim 0.3 \text{MPa} & \text{汽油机} \\ 0.3 \sim 0.6 \text{MPa} & \text{柴油机} \\ 0.6 \sim 0.9 \text{MPa} & \text{高速强化（增压）机型} \end{cases}$$

机油要控制的温度 t：巴氏合金轴承，$t \leq 100$℃；铅青铜合金轴承，$t \leq 110$℃；油底壳内机油温度 $t \leq 105$℃。机油的循环次数 $n_{油} \leq 3$ 次/min。

对于一般要求的机油循环次数，油底壳储油量 V_0（L）为

$$V_0 = \begin{cases} (0.07 \sim 0.16) P_e & \text{车用汽油机} \\ (0.14 \sim 0.27) P_e & \text{车用柴油机} \\ (0.27 \sim 0.54) P_e & \text{固定和农用机型} \end{cases}$$

机油泵分为外啮合齿轮式和内啮合转子式机油泵，一般汽车汽油机、柴油机根据机油循环量决定，即机油泵的泵油量 V_{p1} 为

$$V_{p1} = (2 \sim 3) V_p$$

（2）系统网络模拟分析法　传统内燃机润滑系统开发，重点放在零部件开发上，如机油泵、机油滤清器等，在总成开发成功并在整机装机后，再通过简单的油道压力等判断润滑系统性能。该研究方法是由零件、总成到系统是简单的经验组合，比较粗糙，定性比定量的系统性能差，优化改进效率低，且很难获得最优量化参数。

润滑系统不同型号部件的液力特性相差较大；系统布置形式可多种多样，经验设计虽然提供了部件选型及参数确定的方法，实际只能依赖设计者成功设计的经验和样机试验中确定的合适结构及参数。另外，系统的选型和布置也与机油泵的流量相关，对一台全新内燃机的设计估算与实际情况有较大的差别。

现代设计方法目标是对润滑系统进行优化，准确计算摩擦表面所需的润滑油量，结合润滑油的温升、油压、油速的非线性方程得出最小循环油量，确保每个元件有足够的润滑油量，同时降低功率消耗。针对润滑系统各组成部分及零部件关键界面上摩擦与润滑现象以及全润滑系统的性能进行研究，最终确定合理供油量。

系统网络模拟分析法于 20 世纪 70 年代由美国福特公司提出。内燃机润滑系统是由许多部件和局部结构构成的复杂油路网络系统，是一个变载、变速、变温、变阻的非线性油路网络；网络模拟分析法将其各部分描述成独立的流动阻力系统，然后用节点和线连成复杂的模拟网络。图 9-84 所示为某机型润滑系统网络模拟分析示意图，该系统中网络节点数很多，各支路都有不同的液力特性，且随系统布置不同，网络结构特

性也发生变化。可利用质量守恒原理、能量守恒原理以及相关润滑点上的润滑模型来确定节点上的流量与压力关系。

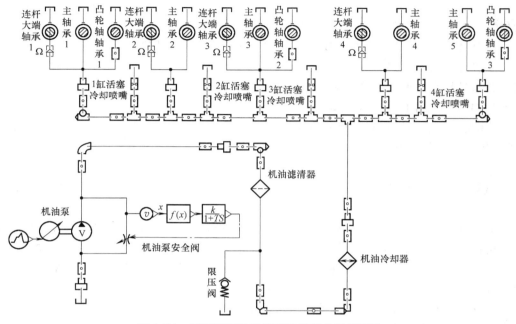

图 9-84 某机型润滑系统网络模拟分析示意图

利用现代设计方法和仿真手段建立系统网络分析模型,对润滑系统的压力场、流量场、温度场等流场特性进行分析,对相应压力、流量、温度等条件下的各摩擦表面进行相关的性能研究,以此作为判断的依据。

网络中的元件满足以下假设:

1) 每个元件只能有一个进口和一个出口,元件内部均为一维流动。

2) 元件内的流体总温不变,热交换元件的热作用发生在元件出口处,即只影响下游元件的进口流体温度。

把一个复杂的部件作为一个元件处理,几个不同元件的进口和出口在一个腔室,即并联形式,因为流体通过每个元件的压力损失和流量相同,若并联元件的参数相同则可作为一个元件。网络节点通常是系统的边界和腔室及因计算分解要求而设立的连接点,每个元件的进口和出口都是网络的节点,分别称为边界节点和内节点,节点之间以质量流量连续和能量守恒定律为基础与进口和出口相联系。

为了确定经过流量网络的质量流量和压力分配,首先,流量网络的每个连接点都服从质量守恒定理,即所有进入一个连接点的流量代数和 Q_i 为零。对于不可压缩流体,节点处的连续方程为

$$\sum_{i=0}^{n} Q_i = 0 \tag{9-7}$$

其次,对同一条流线,单位质量的能量连续。同一个管路的两个节点间的热力学能相等,对于相同流线上的不可压缩流体,满足能量平衡方程,即伯努利方程:

$$\frac{p_a}{\rho g}+\frac{v_a^2}{2g}+Z_a=\frac{p_b}{\rho g}+\frac{v_b^2}{2g}+Z_b+h_f \tag{9-8}$$

式中，p_a、p_b、v_a、v_b、Z_a、Z_b 分别为 a、b 两点的压强、速度和高度；h_f 为摩擦损失，包括沿程阻力损失与局部阻力损失；ρ 为流体的密度；g 为重力加速度。

法国 IMAGINE 公司开发的 AMESim 仿真软件采用建模方式来描述系统中各元件的相互关系，能够反映出元件间的负载效应及系统中的功率流，元件间均可双向传递数据，规定的变量一般都是具有物理意义的变量，遵从因果关系。

图 9-84 所示模型的主要特点如下：

1）模型是根据内燃机真实尺寸建立的一维模型，真实反映了各润滑节点及管路分布。

2）模型中各管路都有压力损失，其大小取决于机油性能、温度、流量、管路的结构及粗糙度。

3）模型中各节点代表实际的机油消耗部件，其特性真实地反映了润滑系统的机油分配。

在节点计算时，假定机油流动是连续的、不可压缩的。通过对所建模型流场特性的综合计算，可进行油压分布分析、轴承油膜分析、轴心轨迹分析等，同时得到主油道和各个零部件的压力场分布。在局部部件仿真时，压力场分析又分为油路沿程损失计算分析、机油滤清器流阻计算分析、曲轴轴承计算分析和活塞喷口计算分析等。通过模拟网络管道，计算润滑油的管压损失，从而验算出关键供油部位的油压，判断是否满足内燃机的正常运转要求。如果不满足，可通过修改管道和元件参数来修正原设计。

9.5.2 冷却系统设计

1. 冷却系统的作用和设计要求

内燃机运转时，与高温燃气接触的零件受到强烈的加热作用，如果不加以适当冷却，会使内燃机过热，充气效率下降，燃烧不正常，机油变质和烧损，零件的摩擦和磨损加剧，使可靠性、耐久性、动力性和经济性全面恶化。但如果冷却过强，则会使摩擦损失、散热损失增加。冷却系统的作用是使内燃机各种环境和工况下都能够以合适的温度工作。

一个良好的冷却系统，应满足下列各项要求：

1）散热能力满足内燃机在各种工况下运转时的需要，当工况和环境条件变化时，仍能保证内燃机可靠地工作和维持最佳的冷却液温度。

2）应在短时间内排除系统的压力。

3）应考虑膨胀空间，一般其容积占总容积的 4%~6%。

4）具有较高的加水速率，初次加注量能达到系统容积的 90% 以上。

5）在高速运转、系统压力盖打开时，水泵进口应为正压。

6）有一定的缺水工作能力，缺水量大于第一次未加满冷却液的容积。

7）设置水温报警装置。

8）密封好，不得漏气、漏水。

9）冷却系统消耗功率小，起动后，能在短时间内达到正常工作温度。

10）使用可靠，寿命长，制造成本低。

车用内燃机的冷却系统为闭式冷却系统，内冷却液加压 0.1~0.15MPa，提高了冷却液的沸点。采用水与冷却液添加剂的混合液,具有防腐、抗寒等作用。

2. 车用内燃机冷却系统的总体布置

冷却系统总布置主要考虑两方面:一是空气流通系统;二是冷却液循环系统,以提高通风系数和冷却液循环中的散热能力。

为了提高通风系数,总的进风口有效面积和散热器正面积之比应≥30%。对于空气流通不畅的结构,需要加导风装置使风能有效地吹到散热器的正面积上,提高散热器的利用率。

在整车空间布置允许的条件下,尽量增大散热器的迎风面积,减薄芯子厚度。这样可充分利用风扇的风量和汽车的迎面风,提高散热器的散热效率。一般货车芯厚不超过四排水管,轿车芯厚不超过两排水管。

1) 散热器布置。散热器一般采用纵流水结构,货车的布置空间较宽裕,而且纵流水结构的散热器强度及悬置的可靠性较好,轿车多采用散热器横流水结构,因为轿车车身较低,空间尺寸紧张。

散热器悬置布置,散热器通常为四点悬置,也可以采用三点悬置。其中主悬置点为2个,辅助悬置点为2个或1个。所有悬置点应布置在同一个部件总成上,以改善散热器受力情况,以尽量减小散热器的振动强度。主悬置点与其连接的部件总成之间以胶垫或胶套等柔性非金属材料过渡以达到减振的目的。主悬置点的胶垫压缩量一般为其自由高度的1/5左右。

中、重型载货汽车由于散热器的质量大及使用环境较差,一般要在散热器的外部增加一个刚性较大的保护框架,以防止振动等外界力直接作用在散热器上,悬置点设置在框架上。轻型货车和轿车一般不加保护框架,悬置点设置在散热器的侧板或水室上。为提高散热器强度,一些汽车散热器上加有十字加强筋。

2) 护风罩布置。护风罩的作用是确保风扇产生的风量全部流经散热器,提高风扇效率。护风罩对低速大功率风扇效率提高特别显著。

风扇与护风罩的径向间隙越小,风扇的效率越高。但间隙过小,汽车在行驶中由于振动会造成风扇与护风罩之间的干涉。风扇与护风罩之间的径向间隙一般控制在5~25mm。风扇与护风罩安装在同一部件总成上(如同在底盘或同在车身上),风扇与护风罩之间的间隙可以取下限,不在同一部件总成上取上限。风扇与护风罩的轴向位置一般为:风扇径向投影宽度的2/3在护风罩内,1/3在护风罩外,以增加导流减小背压。

在某些车型中,特别是轿车,护风罩常开有多个窗口并加以单向帘布。当车速较高,风扇停止运转时,帘布打开,减小护风罩的风阻;当风扇起动后,帘布关闭,提高风扇效率。

3) 风扇布置。风扇直径大小应和散热器的形状相协调,条件允许时可增大风扇的直径,降低风扇转速,以达到减小功率消耗和降低噪声的目的。在某些散热器长、宽比例相差较大时,如轿车散热器,采用两个直径较小的风扇。在要求转速较高的风扇中已全部采用塑料风扇。

电动风扇由电动机来驱动风扇,电动机的起动与停止由水温感应的温度开关来控制。电动风扇具有起动温度与设定温度一致,布置位置灵活,不受内燃机转速的影响,汽车在低速急速时冷却效果好等优点,冷车起动时水温上升也较快。电动风扇多用于发动机横置的轿车。

4) 节温器布置。目前汽车上应用的节温器均采用蜡式感应体节温器。节温器一般布置在内燃机的出水口处。要求节温器的泄漏量小，全开时流通面积大。节温器多通过提高阀门升程来增大流通面积，可以减少因增大节温器阀门直径带来的卡滞、密封不严等问题。但是增大节温器的升程，对节温器技术要求较高。有些机型为增加节温器的流通面积，多采用两只节温器并联。

5) 水泵布置。水泵的流量及扬程根据不同的机型而定。流量一般为内燃机额定功率所需流量的 1.5~2.7 倍，扬程一般为 0.7~1.5kPa，扬程过高对冷却系统的密封性会产生不利的影响。

6) 膨胀箱布置。尽量靠近散热器布置，使得水管长度最短；膨胀箱的高度要高于冷却系统所有部件。

图 9-85 所示为典型乘用车冷却系统布置图。

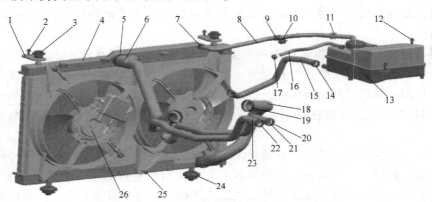

图 9-85 典型乘用车冷却系统布置图

1—散热器张紧板　2、10、12、25—六角法兰面螺栓　3—橡胶衬套　4—散热器总成
5、7、14、17、19、20、22—弹性卡箍　6—发动机出水管　8—水管-膨胀箱至散热器
9—水管卡片　11—管夹　13—膨胀箱总成　15—水管-膨胀箱至水泵
16—水管-发动机至膨胀箱　18—发动机进水管　21—暖风机进水管
23—暖风机出水管　24—橡胶软垫　26—风扇电动机带护风罩总成

3. 冷却系统的主要部件匹配设计要点和主要设计参数计算

(1) 冷却系统的主要部件匹配设计要点　主要有以下要求：

1) 在整车总布置空间允许的条件下，尽量增大散热器的迎风面积。

2) 在保证风量不变的条件下，可以适当增加风扇直径，降低风扇转速，减少噪声和功率消耗。

3) 冷却系统的最高水温应以允许使用水温为标准。节温器的全开温度应为正常工作水温范围的中限，开启温度应为正常工作水温范围的下限。但因节温器的自身特性，开启温度一般低于全开温度 10℃ 左右。

(2) 冷却系统的主要设计参数计算　包括以下项目：

1) 循环水量计算。设计或选用冷却部件时应以散入冷却系统的热量 Q_w 为原始数据来计算冷却系统的循环水量。

散入冷却系统的热量 Q_w(kJ/h) 的计算公式为

$$Q_w = \frac{A g_e P_e H_u}{3600} \tag{9-9}$$

式中，A 为传给冷却系统的热量占燃料热能的百分比，汽油机的 $A=0.23\sim0.3$，柴油机的 $A=0.18\sim0.25$；g_e 为额定功率时的燃油消耗率 [g/(kW·h)]；P_e 为标定功率（kW）；H_u 为燃料低热值（kJ/kg）。

冷却水循环量 V_w 为

$$V_w = \frac{Q_w}{\Delta t_w \rho_w c_w} \tag{9-10}$$

式中，V_w 为冷却水循环量（m³/h）；Δt_w 为冷却水在内燃机中循环时的允许温升（℃），一般为 $4\sim8$℃；ρ_w 为水的密度（kg/m³）；c_w 为水的比热容 [kJ/(kg·℃)]。

则考虑水泵的容积效率 η_V 的泵水量 V_{p0}（m³/h）为

$$V_{p0} = \frac{V_w}{\eta_V} \tag{9-11}$$

式中，η_V 为水泵的容积效率，主要考虑泄漏情况，$\eta_V = 0.6\sim0.85$。

2）散热器计算。计算所根据的原始参数是散热器散发的热量和外形尺寸，散热器散发的热量是内燃机传给冷却水的热量。

已知散热器散发的热量后，所需散热面积 F 的计算公式为

$$F = \frac{Q_w \varphi}{k \Delta t_m} \tag{9-12}$$

式中，k 为散热器的传热系数；φ 为散热器储备系数，受水垢及油泥等影响，一般取 $\varphi = 1.1\sim1.5$；Δt_m 为冷却水与空气的平均温差（℃）。

散热器的不同部位，其冷却水与空气温差不同，通常采用平均温差，平均温差 Δt_m 的计算公式为

$$\Delta t_m = \frac{t_{s1} + t_{s2}}{2} - \frac{t_{k1} + t_{k2}}{2} \tag{9-13}$$

式中，t_{s1} 为散热器进水温度（℃）；t_{s2} 为散热器出水温度（℃）；t_{k1} 为空气进入散热器时的温度（℃）；t_{k2} 为空气离开散热器时的温度（℃）。

散热器的传热系数 k 的计算公式为

$$k = \frac{1}{\frac{1}{\alpha_w} + \frac{\delta_\alpha}{\lambda_\alpha} + \frac{1}{\alpha_L}} \tag{9-14}$$

式中，α_w 为从冷却水到散热器壁的表面传热系数，当冷却水流速为 $0.2\sim0.6$m/s 时，$\alpha_w = 2000\sim3500$；λ_α 为散热管热导率 [W/(m·K)]，纯铝热导率为 230W/(m·K)；δ_α 为散热管壁厚（mm）；α_L 为散热管到空气的表面传热系数，当流过散热管的空气流速为 $10\sim20$m/s 时，$\alpha_L = 60\sim105$。

在计算出散热面积之后，是散热器芯部的选择。从结构上分，散热器主要有管片式散热器和管带式散热器两种，如图 9-86 所示，根据汽车行业标准选用管带式散热器或管片式散热器，根据所需散热面积确定数量。

3）膨胀箱总成设计。冷却液在冷却回路流动，随温度升高体积膨胀，为吸收这部分膨胀体积而设置膨胀箱。具有膨胀箱的冷却系统根据有无加压分为以下两种：

有加压系统：在加压系统内具有冷却液的膨胀空间（膨胀箱），冷却液循环到膨胀空间中，进行气液分离。膨胀箱应耐热、耐压，位置高于散热器并保持系统内压力适宜。

无加压系统：在加压系统内具有冷却液的膨胀空间（膨胀箱），仅在溢流至膨胀箱时进行气液分离。膨胀箱的耐热性、容量、位置要求低些。

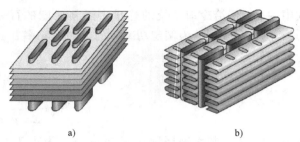

图 9-86　散热器
a）管片式　b）管带式

膨胀箱由两个注塑件组成，通过焊接组成一体，形式不一。

4）冷却风扇的计算。在水冷车用内燃机上应用轴流式风扇，其性能参数包括风量 V、压头 Δp、功率 P_f 和冷却空气需要量 V_a。

考虑到风量的漏损，风扇的实际风量 V 要比计算所得的空气需要量 V_a 大，即

$$V = \varphi_0 V_a$$

式中，φ_0 为考虑到漏损的系数，通常 $\varphi_0 = 1.05 \sim 1.15$。

风扇的压头

$$\Delta p = \Delta p_R + \Delta p_f \tag{9-15}$$

式中，Δp_R 为散热器风阻（Pa）；Δp_f 为除散热器外的风道阻力（Pa），根据经验数据 $\Delta p_f = 200 \sim 500 \mathrm{Pa}$。

风扇的功率 P_f（kW）为

$$P_f = \frac{\Delta p V}{1000 \eta_f} \tag{9-16}$$

式中，η_f 为风扇效率，一般 $\eta_f = 0.3 \sim 0.6$。

根据风扇性能参数和参考同类型风扇，风扇风量 V 与风扇直径 d、风扇转速 n 之间的关系为

$$V = K n d^3 \tag{9-17}$$

式中，K 为比例系数。

汽车水冷内燃机上常用螺旋桨式风扇，风扇叶片材料有钢、塑料和铝合金。为了减轻振动噪声，风扇叶片间夹角不等，叶片数为 4~6 片。

4. 冷却系统调节

风扇转速和水泵转速不变，则通风量和泵水量也不变，因而冷却系统的散热能力也不变。所以，按大负荷设计的冷却系统，在小负荷时就可能过冷；按小负荷设计的冷却系统，在大负荷时就可能过热。因此，冷却系统一般按高温气候条件下的额定功率工况设计。在其他工况下，如果出现过冷，则需对冷却系散热能力进行调节。

（1）传统冷却系统　要保证在各工况下都有合适的温度，传统冷却系统调节的方法有：

1）采用蜡式节温器。蜡式节温器是传统的调节方式，蜡式节温器由上支架、下支架、主阀门、旁通阀、感应体、中心杆、橡胶管和弹簧等组成，如图 9-87 所示。

冷却液升温时，石蜡融化，体积膨胀，压缩橡胶管，挤压推杆向外伸出。由于推杆固定在阀座上，反作用力推动感应体总成打开主阀门（同时使副阀门关闭），进行大循环的冷却

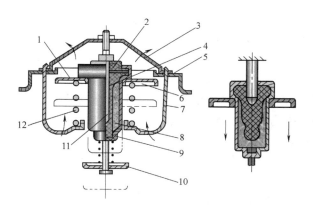

图 9-87 蜡式节温器

1—主阀门 2—盖和密封垫 3—上支架 4—橡胶管 5—阀座 6—通气孔
7—下支架 8—石蜡 9—感应体 10—旁通阀 11—中心杆 12—弹簧

液增加。当冷却液温度降低，石蜡降温，体积收缩，在弹簧的推动下，感应体总成被逐渐拉回原位，主阀门逐渐关闭，副阀门则逐渐打开，进行小循环的冷却液增加。

蜡式节温器参数的选择：底部旁通型，阀最大升程一般为 10mm，节温器阀直径为 d_V，节温器壳内径为 d_H，d_H 与 d_V 之间形成的截面面积设计时大于 $\dfrac{\pi d_V^2}{4}$，如图 9-88 所示。

2）采用风扇离合器。除采用节温器外，利用硅油风扇离合器、电磁风扇离合器、机械风扇离合器、电控风扇等，不但调节了冷却系统的冷却强度，也可减小消耗的功率。图 9-89 所示为一种以高黏度硅油为传递转矩介质，并利用散热器后气流温度进行自动控制的硅油风扇离合器。

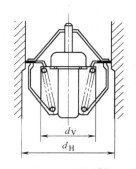

图 9-88 蜡式节温器参数

主动板与主动轴固定连接，主动轴与水泵轴连接。从动板上有进油口，平时阀片关闭，若偏转阀片，则进油口即可打开。阀片的偏转由螺旋双金属感温器控制，从动板上有凸台限制阀片最大偏转角。螺旋双金属感温器的外端固定在前盖上，内端卡在阀片轴的槽内，从动板外缘有回油口。

当冷起动或小负荷下工作时，冷却水及通过散热器的气流温度不高，进油口被阀片关闭，工作腔内无硅油，离合器处于分离状态。主动轴转动时，仅仅由于密封毛毡圈和轴承的摩擦，风扇随同壳体在主动轴上空转打滑。当负荷增大时，冷却水及通过散热器的气流温度随之升高，超过 65℃ 时，感温器受热变形而带动阀片轴转动。进油口被打开，于是硅油从储油腔进入工作腔。主动板即利用硅油的黏性带动壳体和风扇转动。风扇离合器处于接合状态，风扇转速迅速提高。

为了不使工作腔中硅油温度过高而黏度下降，应使硅油在壳体内不断循环。由于主动板转速高于从动板，在离心力作用下从主动板甩向工作腔外缘的油压力高，油液从工作腔经回油口流向储油腔，而储油腔又经进油口及时向工作腔补充油液。

(2) 电控冷却系统 现代汽车内燃机冷却系统综合考虑了多种因素，如内部的摩擦损失、冷却系统所用的冷却介质、水泵的功率和液体流速、燃烧条件（如燃烧室温度、充量密度、充量温度），并采取了系统化、模块化、智能电子控制的设计方法，使冷却系统既能保证内燃机正常工作，又能做到节能减排。

在与整车的匹配方面，研究内燃机冷却系统与节能减排及安全行驶的关系，正确使用冷却液，可以带来节能减排效益，改善冷却系统的效能，提高汽车经济性和减少污染物排放，同时提高汽车行驶安全性。

概括起来，电控冷却系统的优点：改变了传统冷却系统的循环；根据内燃机的负荷控制冷却循环；部分负荷时，可获得良好的经济性；可减少 CO 和 HC 的排放。

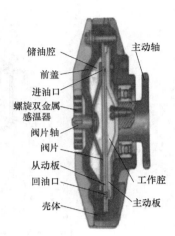

图 9-89 硅油风扇离合器

电控冷却系统可全部或部分地实现以下功能：

1）温度设定。内燃机正常工作温度的极限值取决于进、排气门周围区域最高温度，理想的情况是按金属温度来设定而不是按冷却液温度来控制冷却系统。

2）精确冷却。精确冷却系统考虑到冷却水套的结构设计与冷却液流速。在精确设计的冷却系统中，冷、热关键区如进、排气门周围，冷却液有较大的流速，热传递效率高，冷却液的温度变化梯度小，需要缩小这些地方冷却液通道的横截面、提高流速、减少流量来调节冷却液的温度。

3）分流式冷却。分流式冷却实现气缸盖和气缸体由各自的液流回路来冷却，气缸盖和气缸体具有不同的温度，可节能减排。

4）可控式冷却。冷却系统采用传感器、执行器和电控模块，能够根据内燃机工作状况调整冷却液流量，以降低功率损耗，一般可以减少油耗 2%～5%。

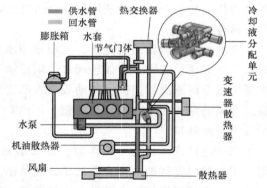

图 9-90 电控冷却系统机械系统部件

5）先进冷却液（介质）。选择无腐蚀、无沉淀、沸点高的优质冷却液是维护汽车内燃机冷却系统的基础。先进冷却液能够起到快速预热内燃机并保持内部恒温、提升动力、有效降低油耗和排放等效果。

电控冷却系统的机械系统基本部件包括水套、散热器、风扇、冷却液分配单元、水泵、膨胀箱等，还有机械系统外延部件，如机油散热器、变速器散热器、热交换器、节气门体，如图 9-90 所示。

电控冷却系统电控部分由传感器信号输入、内燃机电控单元（ECU）、输出控制执行器等组成，如图 9-91 所示。

电控部分的核心部件是冷却液分配单元，它连接系统各用水部件，是其他相关部件安装的基础件，如图 9-92 所示。冷却液控制单元装在冷却液分配单元中，依据 ECU 的指令改变冷却液的循环路线，调节冷却强度和冷却液分配，控制散热器中冷却液的流量，如图 9-93 所示。

第9章 汽车内燃机系统设计

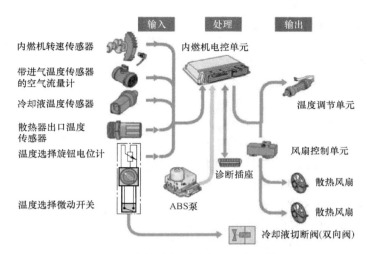

图 9-91 电控冷却系统电控部分的组成

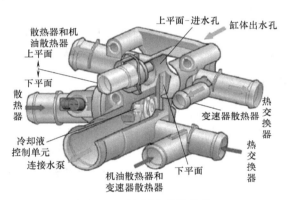

图 9-92 冷却液分配单元

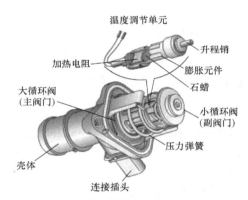

图 9-93 冷却液控制单元

冷却液温度传感器检测冷却液的温度,布置在气缸体水套出口处和散热器出口处,如图 9-94 所示。

内燃机冷却影响其性能,负荷与冷却是相对应的。当部分负荷时,需要温度高,降低燃油消耗,降低有害物质排放;全负荷时,需要温度低,进气加热作用较小,提高充气效率、增加动力输出。

典型实际调整值的确定与风扇控制策略是:将以上电控冷却系统的特性制成三维 MAP 特性图置于 ECU 内,包括但不限于以下 5 种:

1) 冷却液温度特定值Ⅰ-转速-负荷。
2) 冷却液温度特定值Ⅱ-车速-进气温度。
3) 预控制脉冲-温度-转速。
4) 散热风扇 1 档时,温度差值-空气流量(负荷)-转速。
5) 散热风扇 2 档时,温度差值-空气流量(负荷)-转速。

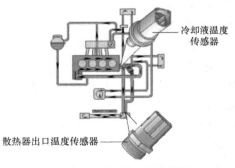

图 9-94 冷却液温度传感器

冷却液温度的特征值存储于控制单元中,实际的冷却液温度值通过循环系统中两个不同的点识别，如图 9-95 所示，并且传输给控制单元一个电压信号。

1）冷却液温度实际值 1：安装于冷却液法兰的冷却液出口处。

2）冷却液温度实际值 2：安装于散热器前出水口处。

比较特征值与温度值 1，给出一个脉冲信号，为节温器的加热电阻加载电压。比较温度值 1 和温度值 2，调节电子风扇，冷却液低温时（全负荷）要求具有足够的冷却能力。为了

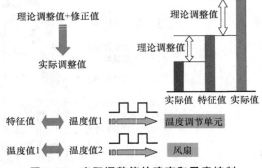

图 9-95 实际调整值的确定和风扇控制

提高冷却能力，控制单元为风扇电动机设置了两个转速。依靠水泵出水口与散热器出水口温度的差值来控制风扇的转速。控制单元中储存有风扇介入或切断的两个特性图，由转速和空气流量（负荷）决定。如果故障发生在第一风扇的输出端，则第二风扇被激活（替代）。如果故障发生在第二风扇的输出端，则控制单元将节温器完全打开（安全模式）。关机后，由于温度的影响，风扇会继续运转一段时间。车速超过 100km/h，风扇不介入，因为高于此车速时，风扇无法提供额外的冷却。车辆待牵引或空调系统介入后，两个风扇电动机均工作（大循环）。

9.5.3　汽车内燃机热管理系统与整车热管理系统

内燃机热管理系统（Engine Thermal Management System，ETMS）与整车热管理系统（Vehicle Thermal Management System，VTMS），在汽车与汽车内燃机设计中起到了重要作用，润滑系统网络模拟分析法和电控冷却系统可认为是汽车内燃机热管理系统的组成部分。

热管理从系统角度看，集成控制内燃机的燃烧、增压与进排气、冷却系统和机舱等的传热，提高循环效率，减低热负荷，控制零部件高低温极限、温度分布及其规律变化，在提高冷却能力的同时，保持内燃机具有良好的动力性、经济性、排放性和可靠性。

整车及内燃机的流场研究，主要研究机舱的冷却系统和驾驶室的人员环境的舒适性。整车热管理广义上包括对所有车载热源系统进行综合管理与优化。整车热管理系统现阶段以冷却系统为核心，综合考虑润滑系统机油冷却器、空调系统冷凝器及中冷器等与冷却系统之间的相互影响。

汽车热管理系统也适用于冷却和温度控制，如对发动机、机油、润滑油、增压空气、燃料、电子装置以及废气再循环（EGR）的冷却和对机舱及驾驶室的温度控制等。汽车热管理系统由各个部件和传热流体组成，部件包括换热器、风扇、冷却液泵、压缩机、节温器、传感器、执行器、冷却水套和各种管道；传热流体包括空气、冷却液、机油、润滑油、废气、燃料、制冷剂等，这些部件和流体必须协调工作以满足车辆散热和温度控制要求。本书不严格对 ETMS 和 VTMS 进行区分。VTMS 包含内燃机在内的车辆系统级模拟，需要制定热管理控制策略并将其嵌入 ECU 中。图 9-96 所示为整车热管理系统及子系统。

热管理系统的设计依赖工程软件，目前应用比较多的有 AMESim、Flowmaster 和 AVL 公司的 CRUISE M 软件。

以 CRUISE M 为例，该软件针对车辆冷却系统提供了热库、热流体库及冷却系统库等专业库，涵盖了冷却系统建模所需的全部部件，通过拖放操作就可以快速建立起冷却系统的

图 9-96　整车热管理系统及子系统

仿真模型。

利用工程软件对系统进行建模仿真计算，必须考虑以下物理现象：

1）系统各支路流量、压力与温度分布。
2）节温器的工作特征。
3）系统动态过程温度波动。
4）系统各处的换热情况。

图 9-97 所示为应用 CRUISE M 软件建立的车辆冷却系统模型，通过设定系统外部边界条件（大气压力、大气温度等）及系统初始条件，给定仿真周期，CRUISE M 软件能够自动选择最优的积分算法与步长，快速完成系统瞬态计算。CRUISE M 软件中车辆冷却系统典型部分仿真结果如图 9-98 所示，图 9-98a~d 分别为不同方案下冷却液流量与水泵转速的关系。

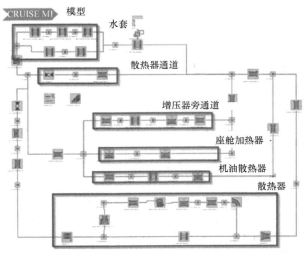

图 9-97　应用 CRUISE M 软件建立的车辆冷却系统模型

由图 9-98 可知，通过 CRUISE M 软件建模仿真可以计算系统各支路流量与流动阻力，对系统整体性能进行评估，选择关键部件的尺寸并设计控制策略等。基于 CRUISE M 软件的

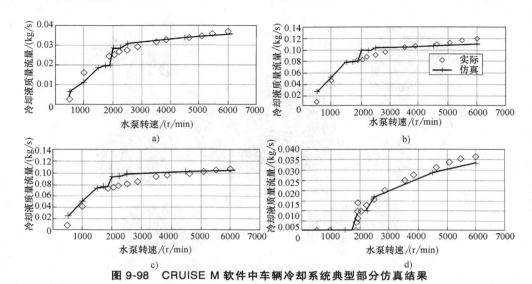

图 9-98 CRUISE M 软件中车辆冷却系统典型部分仿真结果

冷却系统解决方案,可以研究新的部件、新型结构对系统效率和性能的影响。

思考题和项目训练

一、思考题

1. 在汽油机上燃烧稀混合气有什么优点?它所面临的主要困难是什么?目前解决的途径有哪些?
2. 分析 GDI 燃烧系统的技术优势和技术难点。
3. 柴油机燃烧过程优化的基本原则是什么?
4. 燃烧放热规律三要素是什么?什么是柴油机合理的喷油规律?为什么共轨式燃油喷射系统对喷油规律优化的自由度大?
5. 简述发动机标定的基本概念,以及车用发动机标定的主要内容。
6. 冷却风扇的基本设计参数有哪些?设计时外圆周尺寸根据什么来确定?
7. 冷却水的循环量根据什么来确定?
8. 如何确定润滑系统中润滑油的流量?

二、项目训练

1. 查阅相关资料,说明为了实现汽油机动力性、经济性、排放性等指标的优化和折中,汽油机通常采取的控制功能和控制策略。
2. 查阅相关资料,结合柴油机的喷油泵、调速器、喷油提前器,说明共轨燃油柴油喷射系统在控制参数和控制功能上的优势。
3. 阅读 GB 18352.6—2016《轻型汽车污染物排放限值及测量方法(中国第六阶段)》和 GB 18352.5—2013《轻型汽车污染物排放限值及测量方法(中国第五阶段)》,比较国六和国五的不同点,阐述车用汽油机达到国六标准的技术路线。
4. 查阅资料,如某汽车公司《消声系统设计开发指南》,了解企业标准制定的程序和方法。对开发指南进行简要介绍。
5. 查阅资料,了解市场主流标定软件,如 ATI VISION、ETAS INCA、RA DiagRA、Vector CANape、dSpace CalDesk 等。重点了解 ATI VISION 的特点及功能。

第 10 章
汽车内燃机开发的试验评价与产品定型

教学目标：试验评价与产品定型是新产品开发的重要环节，要充分认识到从事任何产品设计都要遵守标准和法规的重要性。掌握汽车产品领域的标准体系，明确国家标准、部颁标准、汽车行业标准、企业标准等的统属和制约关系。通过学习汽车内燃机开发过程中要遵守的标准系列，明确零部件、总成和整机在设计、试验中各自遵守的标准。

掌握汽车内燃机定型试验规程，掌握定型试验的内燃机应提交的设计图样和技术文件的要求，通过查阅资料，能够模拟编写某机型的定型试验报告。

10.1 汽车内燃机开发过程中遵守的标准

汽车内燃机开发过程中，无论是零部件、总成还是整机和整车都要遵守相关的标准，这些标准包括国家标准、部颁标准、汽车行业标准、企业标准等。

国家标准包括强制性标准（GB）和推荐性标准（GB/T）。GB 是必须遵守和达到的，GB/T 是推荐性国家标准。推荐性国家标准是指在生产、交换、使用等方面，通过经济手段或市场调节，而自愿采用的国家标准。这类标准企业有权决定是否采用，违反这类标准不承担经济或法律方面的责任。但是，标准一经接受并采用，或各方商定同意纳入经济合同中，就成为各方必须共同遵守的技术依据，具有法律约束性。

QC/T 是汽车行业推荐性标准的代号，是行业标准。JB/T 是机械行业推荐性标准的代号，与推荐性国家标准类似。HJ 为环境保护标准，必须强制遵守。

汽车内燃机开发过程中遵守的标准参见表 10-1。

表 10-1 汽车内燃机开发过程中遵守的标准

标准编号	标准名称	被替代标准编号
GB/T 5181—2001	汽车排放术语和定义	GB/T 5181—1985
GB/T 16570—1996	汽车柴油机架装直列式喷油泵 安装尺寸	
GB/T 17692—1999	汽车用发动机净功率测试方法	
GB/T 18297—2001	汽车发动机性能试验方法	

(续)

标准编号	标准名称	被替代标准编号
GB/T 18377—2001	汽油车用催化转化器的技术要求和试验方法	
GB/T 19055—2003	汽车发动机可靠性试验方法	QC/T 525—1999
GB/T 25983—2010	歧管式催化转化器	
GB/T 34595—2017	汽车零部件再制造产品技术规范　水泵	
GB/T 34596—2017	汽车零部件再制造产品技术规范　机油泵	
GB/T 34600—2017	汽车零部件再制造产品技术规范　点燃式、压燃式发动机	
QC/T 33—2006	汽车发动机硅油风扇离合器试验方法	QC/T 33—1992
QC/T 288.1—2001	汽车发动机冷却水泵技术条件	QC/T 288—1999
QC/T 288.2—2001	汽车发动机冷却水泵试验方法	
QC/T 289—2001	汽车发动机机油泵技术条件	QC/T 289—1999
QC/T 468—2010	汽车散热器	QC/T 468—1999
QC/T 469—2016	汽车发动机气门技术条件	QC/T 469—2002
QC/T 471—2006	汽车柴油机技术条件	QC/T 471—1999
QC/T 481—2005	汽车发动机曲轴技术条件	QC/T 481—1999
QC/T 526—2013	汽车发动机定型　试验规程	QC/T 526—1999
QC/T 631—2009	汽车排气消声器总成技术条件和试验方法	QC/T 631—1999 和 QC/T 630—1999
QC/T 644—2014	汽车金属燃油箱技术条件	QC/T 644—2000 和 QC/T 488—2000
QC/T 747—2006	汽车发动机硅油风扇离合器技术条件	
QC/T 748—2006	汽车发动机气门　气门座强化磨损台架试验方法	
QC/T 777—2017	汽车电磁风扇离合器技术条件	QC/T 777—2007
QC/T 828—2010	汽车空-空中冷器技术条件	
QC/T 829—2019	柴油车排气后处理系统技术条件	QC/T 829—2010
QC/T 907—2013	汽车散热器散热性能试验方法	
QC/T 968—2014	金属催化转化器中铂、钯、铑含量的测定方法	
QC/T 1070—2017	汽车零部件再制造产品技术规范　气缸体总成	
QC/T 1071—2017	汽车发动机气缸盖气道稳态流动特性测试方法	
QC/T 1074—2017	汽车零部件再制造产品技术规范　气缸盖	
QC/T 1075—2017	排气催化转化器用金属蜂窝载体技术条件	
QC/T 1090—2017	汽车发动机用密封垫片技术条件	
QC/T 29061—2013	汽车发动机用蜡式调温器技术条件	QC/T 29061—1992
GB 14097—2018	往复式内燃机　噪声限值	GB/T 14097—1999 和 GB/T 15739—1995
GB 19756—2005	三轮汽车和低速货车用柴油机排气污染物排放限值及测量方法（中国Ⅰ、Ⅱ阶段）	

（续）

标准编号	标准名称	被替代标准编号
GB 20891—2014	非道路移动机械用柴油机排气污染物排放限值及测量方法（中国三、四阶段）	GB 20891—2007
GB/T 725—2008	内燃机产品名称和型号编制规则	GB/T 725—1991
GB/T 726—1994	往复式内燃机 旋转方向、气缸和气缸盖上气门的标志及直列式内燃机右机、左机和发动机方位的定义	
GB/T 727—2003	涡轮增压器 产品命名和型号编制方法	GB/T 727—1985
GB/T 1147.1—2017	中小功率内燃机 第1部分：通用技术条件	GB/T 1147.1—2007
GB/T 1147.2—2017	中小功率内燃机 第2部分：试验方法	GB/T 1147.2—2007
GB/T 1150—2010	内燃机 湿式铸铁气缸套 技术条件	GB/T 1150—1993
GB/T 1151—2012	内燃机 主轴瓦及连杆轴瓦 技术条件	GB/T 1151—1993
GB/T 1859.1—2015	往复式内燃机 声压法声功率级的测定 第1部分：工程法	
GB/T 1859.2—2015	往复式内燃机 声压法声功率级的测定 第2部分：简易法	
GB/T 1859.3—2015	往复式内燃机 声压法声功率级的测定 第3部分：半消声室精密法	
GB/T 1859.4—2017	往复式内燃机 声压法声功率级的测定 第4部分：使用标准声源简易法	
GB/T 1883.1—2005	往复式内燃机 词汇 第1部分：发动机设计和运行术语	GB/T 1883—1989
GB/T 1883.2—2005	往复式内燃机 词汇 第2部分：发动机维修术语	GB/T 1883—1989
GB/T 2061—2013	散热器散热片专用铜及铜合金箔材	GB/T 2061—2004
GB/T 2940—2005	柴油机用喷油泵、调速器、喷油器弹簧技术条件	GB/T 2940—1982
GB/T 3821—2015	中小功率内燃机 清洁度限值和测定方法	GB/T 3821—2005
GB/T 4556—2001	往复式内燃机 防火	GB/T 4556—1984
GB/T 4672—2003	往复式内燃机 手操纵控制机构 标准动作方向	GB/T 4672—1984
GB/T 4759—2009	内燃机排气消声器 测量方法	GB/T 4759—1995
GB/T 4760—1995	声学 消声器测量方法	GB 4760—1984
GB/T 5264—2010	柴油机喷油泵柱塞偶件 技术条件	GB/T 5264—1985
GB/T 5770—2020	柴油机柱塞式喷油泵总成 技术条件	GB/T 5770—2008
GB/T 5771—2010	柴油机喷油泵出油阀偶件 技术条件	GB/T 5771—1986
GB/T 5772—2010	柴油机喷油嘴偶件 技术条件	GB/T 5772—1986
GB/T 6072.1—2008	往复式内燃机 性能 第1部分：功率、燃料消耗和机油消耗的标定及试验方法 通用发动机的附加要求	GB/T 6072.1—2000
GB/T 6072.3—2008	往复式内燃机 性能 第3部分：试验测量	GB/T 6072.3—2003
GB/T 6072.4—2012	往复式内燃机 性能 第4部分：调速	GB/T 6072.4—2000
GB/T 6072.5—2003	往复式内燃机 性能 第5部分：扭转振动	
GB/T 6072.6—2000	往复式内燃机 性能 第6部分：超速保护	GB/T 6072—1985
GB/T 6809.1—2009	往复式内燃机 零部件和系统术语 第1部分：固定件及外部罩盖	GB/T 6809.1—2003

313

(续)

标准编号	标准名称	被替代标准编号
GB/T 6809.2—2013	往复式内燃机 零部件和系统术语 第2部分:气门、凸轮轴传动和驱动机构	GB/T 6809.2—2006
GB/T 6809.3—2013	往复式内燃机 零部件和系统术语 第3部分:主要运动件	GB/T 6809.3—2006
GB/T 6809.4—2007	往复式内燃机 零部件和系统术语 第4部分:增压及进排气管系统	GB/T 6809.4—1989
GB/T 6809.5—2016	往复式内燃机 零部件和系统术语 第5部分:冷却系统	GB/T 6809.5—2010
GB/T 6809.6—2009	往复式内燃机 零部件和系统术语 第6部分:润滑系统	GB/T 6809.6—1999
GB/T 6809.7—2009	往复式内燃机 零部件和系统术语 第7部分:调节系统	GB/T 6809.7—2005
GB/T 6809.8—2010	往复式内燃机 零部件和系统术语 第8部分:起动系统	GB/T 6809.8—2000
GB/T 6809.9—2013	往复式内燃机 零部件和系统术语 第9部分:监控系统	GB/T 6809.9—2007
GB/T 6809.10—2018	往复式内燃机 零部件和系统术语 第10部分:点火系统	
GB/T 6809.11—2018	往复式内燃机 零部件和系统术语 第11部分:燃油系统	
GB/T 6809.12—2021	往复式内燃机 零部件和系统术语 第12部分:排放控制系统	
GB/T 8188—2017	往复式内燃机 排放术语和定义	GB/T 8188—2003
GB/T 8190.1—2010	往复式内燃机 排放测量 第1部分:气体和颗粒排放物的试验台测量	GB/T 8190.1—1999
GB/T 8190.2—2011	往复式内燃机 排放测量 第2部分:气体和颗粒排放物的现场测量	GB/T 8190.2—1999
GB/T 8190.3—2003	往复式内燃机 排放测量 第3部分:稳态工况排气烟度的定义和测量方法	
GB/T 8190.4—2010	往复式内燃机 排放测量 第4部分:不同用途发动机的稳态试验循环	GB/T 8190.4—1999
GB/T 8190.5—2019	往复式内燃机 排放测量 第5部分:试验燃料	GB/T 8190.5—2011
GB/T 8190.6—2006	往复式内燃机 排放测量 第6部分:测量结果和试验报告	
GB/T 8190.7—2018	往复式内燃机 排放测量 第7部分:发动机族的确定	GB/T 8190.7—2003
GB/T 8190.8—2018	往复式内燃机 排放测量 第8部分:发动机系组的确定	GB/T 8190.8—2003
GB/T 8190.9—2017	往复式内燃机 排放测量 第9部分:压燃式发动机瞬态工况排气烟度的试验台测量用试验循环和测试规程	GB/T 8190.9—2010
GB/T 8190.10—2010	往复式内燃机 排放测量 第10部分:压燃式发动机瞬态工况排气烟度的现场测量用试验循环和测试规程	
GB/T 8190.11—2009	往复式内燃机 排放测量 第11部分:非道路移动机械用发动机瞬态工况下气体和颗粒排放物的试验台测量	
GB/T 10398—2008	小型汽油机 振动评级和测试方法	GB/T 10398—1989 和 GB/T 10399—1989
GB/T 10414—2017	同步带传动 汽车同步带轮	GB/T 10414.2—2002
GB/T 10716—2012	同步带传动 汽车同步带 物理性能试验方法	GB/T 10716—2000

(续)

标准编号	标准名称	被替代标准编号
GB/T 10826.1—2007	燃油喷射装置 词汇 第1部分:喷油泵	GB/T 10826—1989
GB/T 10826.2—2008	燃油喷射装置 词汇 第2部分:喷油器	GB/T 10826—1989
GB/T 10826.3—2008	燃油喷射装置 词汇 第3部分:泵喷嘴	GB/T 10826—1989
GB/T 10826.4—2008	燃油喷射装置 词汇 第4部分:高压油管和管端连接件	GB/T 10826—1989
GB/T 10826.5—2008	燃油喷射装置 词汇 第5部分:共轨式燃油喷射系统	
GB/T 11355—2008	V带和多楔带传动 额定功率的计算	GB/T 11355—1989
GB/T 11356.1—2008	带传动 V带轮(基准宽度制) 槽形检验	GB/T 11356.1—1997
GB/T 11356.2—1997	带传动 普通及窄V带传动用带轮(有效宽度制) 槽形检验	GB 11356—1989 中窄V带轮槽形检验部分
GB/T 11545—2008	带传动 汽车工业用V带 疲劳试验	GB/T 11545—1996
GB/T 12732—2008	汽车V带	GB 12732—1996
GB/T 12734—2017	同步带传动 汽车同步带	GB/T 12734—2003
GB/T 13352—2008	带传动 汽车工业用V带及其带轮 尺寸	GB/T 13352—1996 和 GB/T 13405—1992
GB/T 14096—2008	喷油泵试验台 试验方法	GB/T 14096—1993
GB/T 17804—2009	往复式内燃机 图形符号	GB/T 17804—2003
GB/T 18183—2017	汽车同步带疲劳试验方法	GB/T 18183—2000
GB/T 20064.1—2015	往复式内燃机 手柄起动装置 第1部分:安全要求和试验	GB/T 20064.1—2006
GB/T 20064.2—2006	往复式内燃机 手柄起动装置 第2部分:脱开角试验方法	
GB/T 20787—2006	往复式内燃机 中、高速往复式内燃机底脚结构噪声测试规范	
GB/T 20651.1—2018	往复式内燃机 安全 第1部分:压燃式发动机	GB/T 20651.1—2006
GB/T 20651.2—2014	往复式内燃机 安全 第2部分:点燃式发动机	
GB/T 21404—2008	内燃机 发动机功率的确定和测量 方法 一般要求	
GB/T 21405—2008	往复式内燃机 发动机功率的确定和测量方法 排气污染物排放试验的附加要求	
GB/T 21406—2008	内燃机 发动机的重量(质量)标定	
GB/T 21428—2008	往复式内燃机驱动的发电机组 安全性	
GB/T 23337—2009	内燃机 进、排气门 技术条件	
GB/T 23338—2018	内燃机 增压空气冷却器 技术条件	GB/T 23338—2009
GB/T 23339—2018	内燃机 曲轴 技术条件	GB/T 23339—2009
GB/T 23340—2018	内燃机 连杆 技术条件	GB/T 23340—2009
GB/T 23342—2009	往复式内燃机 回弹式绳索起动装置 基本安全要求	
GB/T 23640—2009	往复式内燃机(RIC)驱动的交流发电机	
GB/T 24748—2009	往复式内燃机 飞轮 技术条件	
GB/T 26653—2011	排气歧管铸铁件	
GB/T 32796—2016	汽车排气系统用冷轧铁素体不锈钢钢板和钢带	

(续)

标准编号	标准名称	被替代标准编号
JB/T 6012—2005	内燃机 进、排气门 技术条件	JB/T 6012—1992
JB/T 6012.2—2008	内燃机 进、排气门 第2部分:金相检验	JB/T 6720—1993
JB/T 6012.3—2008	内燃机 进、排气门 第3部分:磁粉探伤	JB/T 6719—1993
JB/T 6012.4—2008	内燃机 进、排气门 第4部分:摩擦焊气门 超声波探伤	JB/T 5093—1991
JB/T 6012.5—2014	内燃机 进、排气门 第5部分:荧光渗透检测	
JB/T 6013—2011	柴油机 低压金属油管组件 技术条件	JB/T 6013—2000
JB/T 6014—2011	柴油机 高压油管组件 技术条件	JB/T 6014—2000
JB/T 6015—2011	柴油机 低压输油胶管组件 技术条件	JB/T 6015—2000
JB/T 8118—1997	内燃机活塞销技术条件	JB/T 8118—1995
JB/T 8126.1—2010	内燃机 冷却水泵 第1部分:总成 技术条件	JB/T 8126.1—1999
JB/T 8126.2—2010	内燃机 冷却水泵 第2部分:总成 试验方法	JB/T 8126.1—1999
JB/T 8126.3—2011	内燃机 冷却水泵 第3部分:总成 台架可靠性考核	JB/T 50033—1999
JB/T 8126.4—2014	内燃机 冷却水泵 第4部分:水封 技术条件	JB/T 5086.1—1999
JB/T 8126.5—2014	内燃机 冷却水泵 第5部分:水封 试验方法	JB/T 5086.2—1999
JB/T 8126.6—2010	内燃机 冷却水泵 第6部分:V带轮 技术条件	JB/T 6718—1993
HJ 437—2008	车用压燃式、气体燃料点燃式发动机与汽车车载诊断(OBD)系统技术要求	
HJ 438—2008	车用压燃式、气体燃料点燃式发动机与汽车排放控制系统耐久性技术要求	
HJ 439—2008	车用压燃式、气体燃料点燃式发动机与汽车在用符合性技术要求	

10.2 汽车内燃机开发试验项目总揽

汽车内燃机开发过程中的试验评价包括关键零部件试验、系统及其重要参数测试和总成试验,现分述如下。注意,所涉及的试验均是在整机(样机)已经试制出来的条件下进行的,且通过整机运转实现。

10.2.1 关键零部件试验

1)活塞拉缸试验(热态/冷态)。活塞与活塞环的开发可以与供应商共同进行,该试验是为了确保活塞与活塞环的拉缸安全性,试验将在严格的条件下进行,如最小活塞间隙。

2)曲轴系统扭转振动试验。曲轴系统扭转振动性能的分析涉及减振器的设计,采用扭转测量技术对曲轴的扭振效果(曲轴角振动)进行测定和校核。

3)关键零件温度的测量。主要是气缸体、气缸盖、活塞、气门、缸孔,包括温度场试验,在每个气缸上安装热电耦温度传感器,试验在不同的冷却液及机油温度下进行,测定气缸盖与气缸体的最高温度。在相关机构上安装专用测量装置,测定气门和活塞的最高温度。

10.2.2 系统及其重要参数测试

（1）配气机构　配气机构及其驱动部件的动态试验，测量在点火运转时进行，对配气机构及带轮驱动机构的动态性能及角振动性能进行观测。在凸轮轴传动带上装配专用传感器，对凸轮轴、曲轴的角振动进行测量。利用气缸盖装配专用检测工具，如感应式传感器、应变式传感器，测量气门升程及气门落座速度，测量张紧轮运行情况。

进行热急速试验，评估配气机构在恶劣的高温下的润滑性能。组装时所有相关接触面不涂抹机油，在高急速条件下运转 2h。起动时机油温度通过机外调节到 130℃。同时，选择最大泄漏量，进行热急速条件下的液压挺柱功能评估。

进行过速试验，评估配气机构在恶劣的过速条件下的性能。

（2）冷却系统　冷却系统性能试验，发动机装配量产的散热器、加热器及机油散热器等，对冷却系统的功能及特性（如冷却液及机油的温度、压力和流量等）进行检验，试验在不同的冷却液及机油温度下进行。另外，还包括节温器功能检查（静态/动态控制），水泵气穴特性的确定，冷却系统的压力建立，冷却液沸腾后的影响等。

（3）润滑系统　包括润滑系统性能试验和润滑系统通气及曲轴箱通风试验。

1）润滑系统性能试验。试验在不同的冷却液及机油温度下进行，对润滑系统的功能及特性（如冷却液及机油的温度、压力和流量等）进行检验。另外，还要测量主油道的机油温度，测量各油道的机油压力和流量，观测较高机油温度下的机油通风和机油液面。

2）润滑系统通气及曲轴箱通风试验。机油通气试验包括对润滑系统中空气含量的测量，测量在不同的润滑油液面（包括溢流和未满）及不同机油温度条件下进行。

在耐久性或性能开发试验中，监测活塞漏气量。也可在活塞环/气缸体开发或者磨合完毕后，进行该试验，为项目开发建立试验数据库。绘制活塞窜气量图谱、曲轴箱压力图谱和曲轴箱压力控制图谱。

测定机油流失量，评价机油分离器的功能，评价机油加注液面对机油流失量的影响。

进行内燃机倾斜试验，确保在机油回流和通气时的安全性。试验在专用试验台上进行，观测不同的倾斜位置以及不同机油液面和旁通量的运行状况。

测定机油消耗，开发降低机油消耗水平的技术。

（4）起动系统　包括冷起动试验和热起动试验。

（5）附件驱动机构　进行附件共振试验，考察所有附件及其支承上由于其振动引起的负荷，须在内燃机的工况平面上找到共振工况。测定多楔带或 V 带的硬度和阻尼水平，确定张紧轮特性，测定附件的负荷波动。

以上试验项目仅对于但不限于一般情况而言。企业可以依据自身产品特色增加试验项目，目标是保证整机、系统的性能和可靠性。

10.2.3　内燃机总成试验

1. 整机及系统的标定

标定是汽车内燃机电控化以后，达到开发整机并与汽车匹配目标的重要工作，通过调整 ECU 的输入输出参数和内部控制模型来实现，总成试验仅涉及达到内燃机性能的台架标定。

（1）台架预标定　利用标定软件（如 EMS 软件），调节喷油脉宽，修正油量（基础、部件保护、全负荷）达到内燃机特性（各参考点、怠速、全负荷），观测确认硬件（涡轮增压器、喷油器、火花塞）基本功能。

（2）进行基本特性分析和优化　如全负荷、特征点爆发压力（如 2000r/min 和 0.2MPa）、怠速等工况，定义喷油器针阀落座时刻，修正点火（喷油）时间脉谱（表格）。还包括：

1）确认燃油轨内压力，根据空气质量流量或进气系统压力修正进气流量。
2）优化转矩模型程序。
3）增压压力控制。
4）爆燃控制。
5）排气温度模型（对台架试验）。
6）整车附加功能的预标定（如氧传感器和净化控制）。
7）精调全负荷曲线。
8）（高）温度修正。

（3）排放优化　排放按国家标准中的检测方法进行优化，如针对新欧洲驾驶循环（NEDC），标定炭罐净化控制，燃油蒸气处理，催化器上、下游的空燃比控制，优化排气温度模型，进行部件保护等。

诊断标定，确认基础诊断数据（OBD），包括确定空燃比传感器的加热/老化、失火检测、道路检测、催化转化检测、燃油系统检测、正常性检测、功能失常检测等。

（4）与整车的软件初步匹配　包括（冷）起动和预热，怠速转速控制，踏板脉谱图（电子油门），瞬态（动态）修正，内燃机转速和整车速度限制等。

2. 整机试验

1）验证热力学性能开发试验。主要是内燃机性能验证试验，包括全负荷试验、部分负荷试验、排放试验、经济性（包括机油油耗）试验。

2）耐久性试验。初始耐久性试验包括 200h 标准耐久性、1500h 循环初始热冲击试验、800h 循环负载试验、500h 活塞和气缸盖裂纹试验、3000h 循环热冲击试验、150h 高速耐久试验等。

3）噪声与振动试验。在声学试验台架上对三种转速负荷工况进行测量分析。

10.3　汽车内燃机定型试验

10.3.1　《汽车发动机定型　试验规程》介绍

汽车内燃机开发完成的标志是定型，包括定设计、定制造（工艺）、定材料设备。具体而言，包括设计图样确定，工艺路线（制造过程）确定，所用材料、工装设备确定。定型的内燃机，生产的质量一致，批次差异小，可以大规模生产制造。为了简便起见，本节只概括介绍 2013 年 4 月 25 日发布的 QC/T 526—2013《汽车发动机定型　试验规程》。

每当新标准发布时，对替代标准要做必要的说明。QC/T 526—2013《汽车发动机定型　试验规程》（下面简称"新标准"）替代了 QC/T 526—1999《汽车发动机定型　试验规程》（下面简称"原标准"）。与原标准相比新标准的主要技术内容变化如下：

1) 拓展了标准适用范围，适用于乘用车、商用车的水冷内燃机，其中包括点燃式内燃机及压燃式内燃机，适用于燃用汽油、柴油、天然气、液化石油气、醇类等燃料的内燃机。

2) 删除了原标准对"重大改进的汽车发动机"的定义，增加了"基础发动机"和"发动机系族"的定义，增加了规范性附录 A 发动机系族。

3) 对原标准"实施条件"的内容做了简化和修改，明确规定了"定型试验汽车发动机的技术要求和定型试验类别及台次"。

4) 删除了原标准"组织与领导"章节，修改了"定型试验评定"的内容。

5) 修订了原标准"定型试验项目"的内容，明确"新设计或改进的汽车发动机（基本型）和发动机系族的定型试验项目由强制性标准检测、发动机台架性能试验和可靠性试验三部分组成"。新标准简化定型流程，突出发动机强制性检测和台架试验的重点，更为合理。

6) 修改了原标准"定型试验程序"的内容，属试验方法的内容并入新标准"定型项目"中，并明确了定型试验中应终止试验的情况。

7) 增加了"试验报告"一章，规定了试验报告的内容，并要求在试验报告中做出结论。

根据新标准的目录，新标准可以分为以下几个主要部分：
前言、1 范围、2 规范性引用文件、3 术语和定义、4 实施条件、5 定型试验项目、6 定型试验程序、7 定型试验的评定、8 试验报告、附录 A（规范性附录）发动机系族。

10.3.2 新产品定型过程

1. 新标准的总则

（1）"基础发动机"的定义　基础发动机（the Basic Type of Engine）指新设计或改进的发动机系族中，额定功率和最大转矩最大的机型。

（2）发动机系族的概念　发动机系族（Engine Strain）在新标准的附录 A 中规定：与基础发动机比较，满足下列要求的发动机属于同一发动机系族。系族内基础发动机为可靠性试验用机型。

发动机基本参数：发动机系族中的缸径、冲程、缸心距、气门数量、气缸数目及排列形式应相同，下列主要特征也相同：

1) 燃料种类。
2) 进气方式。
3) 配气机构形式。
4) 点火方式。
5) 排气后处理系统。
6) 燃料供给系统与燃烧系统形式。
7) 冷却系统、润滑系统形式。

最大转矩、额定功率和最高转速不应高于基础机型。

新标准规定了新设计或改进的汽车发动机（基础机）和发动机系族进行定型试验时所应遵循的试验规程，包括定型试验的实施条件、试验项目、试验程序、试验评定和报告内容。

2. 新标准的实施条件

（1）定型试验汽车内燃机的技术要求

1）定型试验的内燃机应符合设计图样和技术文件的要求。

2）定型试验的内燃机所装附件应由生产厂交验合格证书。

3）定型试验前，还应提供下列文件：

① 按规定程序批准的设计任务书及技术条件。

② 发动机的装配调整规范和使用维护简要说明。

③ 相关试验报告（包括关键零部件总成试验、机械开发试验等）。

④ 其他认为必要的资料和技术文件。

（2）定型试验的发动机类别和台次　按表 10-2 的规定。注意，台次不得少于 2 台，允许重复使用。

表 10-2　定型试验的发动机类别及台次

类别	排放测试	油耗测试	噪声测试	台架性能试验	台架可靠性试验
台次	3	1	1	2	2

3. 定型试验项目

基础发动机和发动机系族的定型试验项目由强制性标准检测、发动机台架性能试验和可靠性试验三部分组成。制造厂至少应完成上述三类项目，也可进行制造厂认为需要的其他试验项目。

（1）排放测试　压燃式内燃机可见污染物测试方法按 GB 3847 的规定进行；压燃式内燃机排气污染物的测试方法按 GB 17691 的规定进行；轻型汽车的内燃机，应提交按 GB18352.6—2016 进行的排放达标的试验报告；重型汽车的点燃式内燃机，其污染物排放测试按表 10-3 的规定进行。

表 10-3　用于重型汽车的点燃式内燃机污染物排放测试规定

排放测试要求	内燃机类型		
	汽油机	单一燃料气体内燃机	汽油及气体燃料/双燃料内燃机
排气排放	GB 14762	GB 17691	GB 17691
曲轴箱污染物排放	GB 11340	GB 11340	GB 11340/仅适用汽油
蒸发污染物排放	GB 14763	—	GB 14763/仅对汽油

（2）噪声测试　内燃机的噪声测试按 GB/T 1859 的规定进行，两用燃料内燃机应在分别燃用两种燃料条件下进行测试。

（3）燃油消耗量测试　乘用车内燃机，应提交满足 GB 19578 规定的测试报告；装用轻型商用车的内燃机，应提交按 GB/T 19233 进行的、满足 GB 20997 规定的测试报告。

（4）台架性能试验　内燃机净功率试验按 GB/T 17692 的规定进行；其他性能试验按 GB/T 18297 的规定进行。

（5）台架可靠性试验　系族内的发动机只需做基础发动机的台架可靠性试验。台架可靠性试验按 GB/T 19055 的规定，在至少两台样机上进行，其中至少一台用于负荷试验，一台用于冷热冲击试验。内燃机装车类别、试验规范及运行持续时间见表 10-4。

表 10-4 不同最大总质量汽车内燃机可靠性试验规范及运行持续时间

装机的车辆分类	负荷试验规范			冷热冲击试验规范
	交变负荷	混合负荷	全速全负荷	
汽车最大总质量≤3500kg	400h	—	—	200h
3500kg<汽车最大总质量≤12000kg	—	1000h	—	300h
汽车最大总质量>12000kg	—	—	1000h	500h

两用燃料内燃机可靠性试验按照 GB/T 19055 的有关规定进行。试验期间,燃用代用燃料运行每隔 8h 转换燃用汽油 20min,时间计入可靠性考核时间。双燃料内燃机可靠性试验时,按设计任务书规定的掺烧比例进行可靠性试验。

可靠性试验时所燃用燃料的标号应按制造厂的规定。

4. 定型试验程序

汽车内燃机定型试验应按照以下程序进行:

1) 按新标准规定的定型试验项目编制试验大纲。

2) 对定型试验内燃机进行检查验收,登记内燃机号。

3) 按制造厂规定进行磨合试验。

4) 按试验大纲规定的试验项目组织定型试验。

5) 在试验过程中发现运转异常或其基本性能达不到定型试验的要求时,应暂停试验。经查明原因,排除故障,达到要求后方可继续进行试验。

6) 在试验过程中出现如下情况时应终止试验:

① 需要做较大变更才能符合强制性标准检测项目的要求。

② 需要做较大变更才能符合设计任务书规定的性能要求。

③ 凡出现机体、气缸盖、曲轴、连杆、活塞、凸轮轴、气门等零件的断或裂,或燃油电控喷射系统、增压器中影响性能的主要零件需要更换。

④ 试验单位认为必须终止试验的其他情况。

5. 定型试验的评定与试验报告

(1) 定型试验的评定 内燃机的强制性检测项目由国家认定的质量监督检验中心出具检验报告进行评定。内燃机的主要性能指标按设计任务书的规定进行评定。台架可靠性试验按 GB/T 19055 附录 A 的规定进行评定。最终,对内燃机定型试验做出结论。

(2) 定型试验报告 定型试验结束后,编写定型试验报告。试验报告的主要内容如下:

1) 试验任务来源。

2) 试验目的。

3) 试验对象。试验发动机技术参数按 GB/T 18297 附录 A "点燃机主要参数表" 或附录 B "压燃机主要参数表" 的内容填写,并附加图形、照片及必要的说明。

4) 试验项目。

5) 试验结果。

6) 定型试验的评定。

7) 结论。根据试验结果和评定,对内燃机定型试验做出通过、基本通过或不通过的结论;对基本通过的内燃机,应提出改进和补充试验的建议。

思考题和项目训练

一、思考题
1. 什么是强制性国家标准和推荐性国家标准？举例说明。
2. 举例说明关键零部件试验。
3. 举例说明汽车内燃机系统性能测试。
4. 结合 ECU 标定的措施，说明如何进行整机排放优化。
5. 说明"基础发动机"的定义。"发动机系族"又是如何规定的？

二、项目训练
阅读 QC/T 526—2013《汽车发动机定型 试验规程》，写一篇摘要，阐述汽车发动机定型过程要做的工作。

参 考 文 献

[1] 刘峥,王建昕. 汽车发动机原理教程 [M]. 北京:清华大学出版社,2001.
[2] 韩同群. 汽车发动机原理 [M]. 2版. 北京:北京大学出版社,2012.
[3] 张保成,苏铁熊,张林仙. 内燃机动力学 [M]. 北京:国防工业出版社,2009.
[4] 林杰伦. 内燃机工作过程数值计算 [M]. 西安:西安交通大学出版社,1986.
[5] 袁兆成. 内燃机设计 [M]. 3版. 北京:机械工业出版社,2019.
[6] 许道延,丁贤华. 高速柴油机概念设计与实践 [M]. 北京:机械工业出版社,2004.
[7] 杨忠敏. 现代车用柴油机电控共轨喷射技术综述 [J]. 柴油机设计与制造,2005,(1):5-6+38.
[8] 刘显玉. 汽车发动机连杆的有限元分析 [J]. 机电设备,2005,(3):9-11.
[9] 段亮,杜爱民,田永祥. 汽油机进气道的三维CFD分析 [C]//中国内燃机学会燃烧、节能、净化分会2008年学术年会.
[10] 周海涛,闫萍,王新权. 电控柴油机平均值模型建模研究 [J]. 柴油机,2010,32(2):12-17.
[11] 章健勇,吕世亮,陈林,等. 基于快速原型系统的汽油机控制策略开发 [J]. 车用发动机,2011,(2):25-28.
[12] 童宝宏,桂长林,陈华,等. 发动机润滑系统的研究与进展 [J]. 车用发动机,2007,(2):5-8+17.
[13] 郭新民,高平,孙世民,等. 自控电动冷却风扇在汽车发动机上的应用 [J]. 内燃机工程,1993,(1):79-82.
[14] 张志强,杨慎华,寇淑清. 发动机连杆裂解材料 [J]. 新技术新工艺,2005,(6):3.
[15] 何旭,刘卫国,高希彦,等. 燃烧室形状对柴油机性能影响的研究 [J]. 小型内燃机与摩托车,2006,35(1):1-5.